中国社会科学院
民族学与人类学研究所

青年学术论坛

（2012年）

中国社会科学院民族学与人类学研究所　编

社会科学文献出版社
SOCIAL SCIENCES ACADEMIC PRESS (CHINA)

图书在版编目(CIP)数据

中国社会科学院民族学与人类学研究所青年学术论坛.2012年/中国社会科学院民族学与人类学研究所编.—北京：社会科学文献出版社，2015.7
 ISBN 978-7-5097-6710-8

Ⅰ.①中… Ⅱ.①中… Ⅲ.①民族学-文集②人类学-文集 Ⅳ.①C95-53②Q98-53

中国版本图书馆CIP数据核字（2014）第262789号

中国社会科学院民族学与人类学研究所青年学术论坛（2012年）

| 编　　者 / 中国社会科学院民族学与人类学研究所

| 出 版 人 / 谢寿光
| 项目统筹 / 宋月华　周志静
| 责任编辑 / 周志静

| 出　　版 / 社会科学文献出版社·人文分社（010）59367215
|　　　　　　地址：北京市北三环中路甲29号院华龙大厦　邮编：100029
|　　　　　　网址：www.ssap.com.cn
| 发　　行 / 市场营销中心（010）59367081　59367090
|　　　　　　读者服务中心（010）59367028
| 印　　装 / 北京京华虎彩印刷有限公司
| 规　　格 / 开　本：787mm×1092mm　1/16
|　　　　　　印　张：28.75　字　数：479千字
| 版　　次 / 2015年7月第1版　2015年7月第1次印刷
| 书　　号 / ISBN 978-7-5097-6710-8
| 定　　价 / 128.00元

本书如有破损、缺页、装订错误，请与本社读者服务中心联系更换

▲ 版权所有 翻印必究

中国社会科学院民族学与人类学研究所
青年学术论坛

编辑委员会

主　任	王延中　张昌东
委　员	王延中　张昌东　方　勇　尹虎斌　何星亮
	王希恩　刘世哲　赵明鸣　色　音　刘正寅
	朱　伦　龙远蔚　周庆生　扎　洛　王　锋

编辑组

组　长	扎　洛　王　锋
成　员	扎　洛　王　锋　蒙凤姣　刘　玲
	陈玉瑶　杨春宇　燕海雄　李晨升

序

中国社会科学院民族学与人类学研究所所长、研究员　王延中

2013年底，中国社会科学院民族学与人类学研究所按照年度工作计划召开了第二届青年学术论坛，由所学术委员会委员对参会论文进行了点评，并评出会议优秀论文。根据会议要求，参会同志对论文进行了修订完善，于2014年底交付社会科学文献出版社结集出版。我代表所学术委员会和本书编委会，对于本书的顺利出版表示祝贺，对提交论文参加会议的各位青年同志以及为召开论坛、编辑、出版此文集付出辛勤劳动的各位同志表示衷心感谢。

青年学者是最有朝气活力和发展前途的学术群体，代表着民族学与人类学研究所的未来。作为一个老所、大所，在相当长的时间内青年学者得到的学术资源有效，崭露头角的学术舞台不是很多。近些年社科院和研究所高度重视青年工作和青年人才的培养。民族学与人类学所为此专门搭建了"青年学术论坛"，组织全所青年学者结合院所课题和研究室学科发展，充分发挥自己的学术专长，认真组织学术论文，在青年学术论坛展示、交流、提高。同时，研究所学术委员不仅认真参会、听会，而且审读学术论文，提出专业评议意见，帮助青年学者完善论文。这样的"青年学术论坛"成为研究所名副其实的学术盛会。由于2014年年度工作过于饱和，学者们各项工作应接不暇，没有专门组织"青年学术论坛"。但通过这几年的努力，"青年学术论坛"招牌已经亮出，希望能持续下去，能够结合研究所、研究室工作不定期举办，也希望全所同志特别是青年学者继续踊跃撰写高质量的学术论文，早日成才，为中国特色民族学、人类学学科的发展建设做出更大的贡献。

本书出版在即，编辑组负责同志要我作序。上述几句话，权当算序。

2015年3月5日

目　录

民族学

南苏丹的族际矛盾 …………………………………………… 于　红 / 3
中国经济转型期少数民族就业的实证分析 ……………… 王剑峰 / 25
藏彝走廊文化域中的羌文化刍议 ………………………… 普忠良 / 38
二战后 ethnohistory 凸显于美国学界的动因分析 ………… 刘海涛 / 49
论少数民族流动人口传统节日休假权的法律保障 ……… 刘　玲 / 69
关于当今中国亚国家层次民族概念及英译的新思考
　　——"族元"（national ethnic unit）概念的学术初探 ……… 马俊毅 / 80
论《史记》的民族观念与国家认同 ……………………… 彭丰文 / 101

民族历史学

1921 年西藏新派驻京僧人史事探析 ……………………… 邱熠华 / 117
波斯文《史集》部族志唐古特部分阅读札记二则 ……… 苏　航 / 131
清末民族国家建设与赵尔丰在康区的法制改革 ………… 扎　洛 / 144
没有围墙的城市
　　——承德地景的历史分析及从结构中解放历史的尝试 …… 张亚辉 / 162
祈报考
　　——以《诗经·载芟》《诗经·良耜》为讨论中心 ………… 许　恰 / 182

民族文献学

中国民族自治地方网络信息化发展调查与分析 ………… 孔　敬 / 193
新疆游牧民族及其相关研究文献述评 …………………… 王小霞 / 209

试论创新环境下图书馆员的职业技能与道德素质培养 ········· 林 浩 / 219
民族文字网络搜索引擎开发现状与关键技术 ··············· 马 爽 / 228
清末的"国语"转型 ······································· 张 军 / 238
《云龙白曲残本》整理与建库 ······························· 韦 韧 / 256
纳西东巴文化中的有翼神兽形象及字符考源 ··············· 木仕华 / 269

民族语言学

原始仡央语小舌音构拟 ··································· 吴雅萍 / 311
白语南部方言中来母的读音 ······························· 王 锋 / 322
论汉藏语言复辅音的演化与音节结构的关系 ··············· 燕海雄 / 332
孟高棉语次要音节 ······································· 陈国庆 / 338
蒙古语标准音塞音及其音变
    ——基于声学和生理数据的实验研究 ··············· 哈斯其木格 / 348
关于鄂温克语辅音系统 ··································· 乌日格喜乐图 / 365
蔡家话代词系统探析 ····································· 胡鸿雁 / 382
拉坞戎语及物动词形态变化的特点 ······················· 尹蔚彬 / 392
傈僳语与 $mɯ^{31}hɑ^{33}$（"雨"）结合的动词词汇化研究 ········· 李文宇 / 406
现代书面藏语名词短语的组合模式 ······················· 龙从军 / 413
藏缅语存在类动词的概念结构 ··························· 黄成龙 / 424
朝鲜语汉字音声母的历史演变
    ——以端组字为例 ································· 千玉花 / 447

民族学

南苏丹的族际矛盾

于 红[*]

内容提要： 南苏丹在经历了长期的战争后终获独立，但其发展前景很不乐观，族际分裂和族体冲突是这个新生国家面临的最大威胁，极有可能将南苏丹拖入内战和军阀割据的深渊。打造对国家民族的认同是化解族际冲突的最终途径，而南苏丹创建统一国家民族的物质资源和历史文化资源极其贫乏，异族统治和长期内战又严重扭曲了各民族发展的历史进程，强化了族际疆界，在各族体中制造了仇恨和互不信任的情绪，为南苏丹未来族际关系的发展投下浓重的阴影。

关键词： 南苏丹　内战　族际冲突

2011年7月9日，南苏丹在经历了长期的解放战争后终获独立，成为当今世界上最年轻的国家。国际社会普遍对南苏丹的发展前景并不乐观，战略与国际研究中心（Center for Strategic and International Studies）对苏丹评估的报告认为，南苏丹在今后的10年里将努力保持最低限度的稳定。"稳定"在南苏丹意味着领土完整，为国民提供基本的安全，确保地方性的低烈度冲突不会演化为内战。[①] 美国中情局亦在2010年警告："在今后的5年里，南苏丹是最有可能发生大屠杀或种族灭绝的地方。"[②] 在南苏丹面临的众多挑战中，族际分裂和族体冲突是这个新生国家面临的最大威

---

[*] 于红，中国社会科学院民族学与人类学研究所副研究员。
[①] Richard Downie, *Sudan: Assessing Risks to Stability*, Center for Strategic and International Studies, June, 2011.
[②] "Sudan: Transcending tribe", *Al Jazeera English*, Archived from the original on 17 March, 2011, http://english.aljazeera.net/photo_galleries/africa/201111010324526960.html, Retrieved 30 April 2011.

胁，极有可能将南苏丹拖入内战和军阀割据的深渊，变成另一个索马里。打造对南苏丹国家民族的认同是化解族际冲突的最终途径，而南苏丹创建统一国家民族所具备的物质资源和历史文化资源极其贫乏，异族统治和长期内战又严重扭曲了南苏丹各民族发展的历史进程，强化了族际疆界，在各族体中制造了仇恨和互不信任的情绪，为南苏丹未来的族际关系发展投下了浓重的阴影。学者詹米·格兰特称，族类分裂就埋藏在萌芽中的南苏丹国家的 DNA 中。① 本文在溯源南苏丹族际矛盾的基础上，分析南苏丹创建国家民族的困境，评估南苏丹族际关系的走向。

一　南苏丹的族体构成

与非洲绝大多数国家一样，南苏丹是人为建构的国家。在前殖民时代，南苏丹从未建立过统一的政治实体，这就是说南苏丹没有构建现代民族国家可资利用的历史记忆和历史资源。现代民族国家是现代化进程的产物，是迈向现代化进程的历史载体，离不开其赖以生存和发展的经济和社会基础，而南苏丹的经济和社会结构均停留在前现代阶段，难以支撑起民族国家的建构。

南苏丹是世界上最不发达的地区之一，基础设施极为落后，全国仅有50公里铺设沥青的道路。2008 年的人口约为 826 万人，农村人口占 83%，仅有 1.9% 的人口完成了小学教育，识字率为 27%，85% 的成年人是文盲，婴儿死亡率接近 20%。2005 年后从苏丹北部返回的人口为 230 万人。②

南苏丹是世界上族体和语言分布最复杂的地区之一，在其国土上生活着 200 多个族体。大多数族体属于苏丹尼格罗人种的尼罗特人，大约占南苏丹总人口的 3/4，所操语言亦同属尼罗—撒哈拉语系沙里—尼罗语族东苏丹语支的尼罗特支系。尼罗特各族体相互之间存在着联系，且很可能有着共同的祖先，其体貌特征和社会经济文化均存在诸多相似之处。在经济上，南苏丹各族体均从事农业，不同的族体畜牧、种植业、渔业所占的比

---

① Jaimie Grant, *Sub‐Ethnic Division is Being Embedded into the DNA of South Sudan's Emerging State*, Think Africa Press, 11 January, 2011, http://thinkafricapress.com/article/sub‐ethnic‐division‐being‐embedded‐dna‐south‐sudan%E2%80%99s‐emerging‐state.
② Richard Downie, *Sudan: Assessing Risks to Stability*, Center for Strategic and International Studies, June, 2011, p. 16.

例亦不尽相同。

丁卡和努埃尔是南苏丹两个最大的族体,其人口分别占全国人口的40%和20%,① 两族在南苏丹的战争和族类冲突中都处于旋涡的中心,两族间的关系对南苏丹的统一和稳定具有决定性意义。丁卡人广泛地分布在南苏丹的北部和中部地区,努埃尔人主要居住在中部地区,常常与丁卡人或其他族体比邻而居。努埃尔人骁勇善战,是少数几个直到20世纪后才被欧洲殖民者征服的非洲族体之一。丁卡人和努埃尔人都不是统一的政治实体,努埃尔人包括10个较大的支系,其下又由众多的小部落组成。英国人类学学者普利斯查德对努埃尔人进行了长期的田野研究,认为努埃尔人是一个大型的国家性部落(nation-tribe),保持着"秩序井然的无政府状态"。② 努埃尔人未曾建立起国家,亲缘关系、同根同源、宗教仪式以及其他各种密切联系,将努埃尔人很好地整合在一起,使其一直保持着对自身领地的控制。丁卡人的社会组织形式与努埃尔人类似,由25个支系构成。

丁卡人和努埃尔人从来都不是界限固定的社会集团。两族世代通婚频繁,并通过口传的文化和习俗承认双方有着共同的祖先。在19世纪早期,努埃尔人的支系开始从故地沿着白尼罗河西岸向东进入丁卡人居住的地域。19世纪末,这支努埃尔人抵达埃塞俄比亚边境地区,将其控制的区域扩大了两倍,吸收、同化了数万丁卡族居民、战俘和移民。一名努埃尔人曾经这样总结这一同化进程:"没有真正的努埃尔人,我们都是丁卡人"。③ 努埃尔人为了增强自己的势力、争夺部落的领导地位,努力吸引尽可能多的丁卡人附庸,争取他们的效忠,不惜慷慨地为其提供努埃尔妇女和牛群。在族类身份问题上,努埃尔人一直持比较宽容开放的态度,认为语言、文化、习俗、对共同体的参与,是决定一个人属于努埃尔人的标准,即一个人只要符合努埃尔人的行为规范,就可以成为一个"Naath"(努埃尔人的自称,意即"真正的人")。相比而言,丁卡人面临被努埃尔人同化

---

① John Young: "The South Sudan Defence Forces in the Wake of the Juba Declaration", *Small Arms Survey*, Graduate Institute of International Studies, November, 2006.
② E. E. Evans Pritchard, "The Nuer of the Southern Sudan", E. E. Evans – Pritchard M. Forde & E. E. Evans Pritchard, eds., *African Political Systems*, London: International African Institute, 1987, p. 276.
③ Sharon Elaine Hutchinson, "Nuer Ethnicity Militarized", *Anthropology Today*, Vol. 16, No. 3, Jun., 2000, pp. 6 – 13.

的巨大压力，强调族类疆界，认为族类身份是由血统等先赋性的因素决定的。20 世纪 80 年代，丁卡移民的后裔可以成为努埃尔人的酋长，但相反的情形却很少见。①

南苏丹各族裔错杂居住，因为游牧集团的季节性迁徙，彼此间的边界常常没有明确划定。丁卡人与努埃尔人或周边其他族体常常因争夺水源、牧场或牛群发生冲突。异族入侵对南苏丹各族体之间的关系产生了极大的影响。丁卡人的某些支系受到殖民当局的宠用，努埃尔人则一直极力抵抗异族统治，从而导致两族处于敌对关系。南苏丹的各族体都有调解冲突的传统机制。冲突发生后，长者在冲突双方之间进行调解。世袭的宗教人员和酋长是理想的调解人员，其他德高望重的长者也有资格调解纠纷。过错方对受害者进行赔偿。② 各方在冲突中也会恪守一些道德准则，如一般不会蓄意地焚烧房屋、摧毁庄稼等，更不会屠杀、伤害老幼妇孺，认为这不仅是应当受到谴责的怯懦的行为，而且是对神的亵渎，会招致神怒，为杀人者及其直系家属带来重疾、暴亡或其他的灾难。尼罗特人是父系制的社会，妇女婚后是丈夫家庭的成员，孩子的族属是由父亲决定的，妇女的族属具有一定的模糊性，可以跨越族类疆界。在以往各族裔集团之间的劫掠行动中，有时会劫走年轻的妇女和儿童，他们往往被吸收进掳劫者的家庭。妇女在冲突中不仅不会成为攻击目标，而且常常同其丈夫、兄弟或孩子上战场，以便保护他们、搬运伤员。一名妇女如果将受伤的武士用自己的身体掩盖起来，交战的另一方绝不会将其身下的伤者拖出来杀掉。③ 无论是丁卡人还是努埃尔人在长期以来一直恪守这些准则，以免冲突恶化失控。

在经济上，丁卡人和努埃尔人都是以牧牛为生，以较为原始的简单农业和渔业为补充。牛对于丁卡人和努埃尔人具有极为重要的意义，可以说是社会价值体系的根基，其社会制度、风俗习惯和日常生活的方方面面都与牛直接相关。在宗教仪式上，人们宰杀牛献祭给神灵和祖先，以祈福消灾。个人的财富和社会地位主要通过其拥有的牛群数量来衡量。牛是支付

---

① Sharon Elaine Hutchinson, "Nuer Ethnicity Militarized", *Anthropology Today*, Vol. 16, No. 3, Jun., 2000, pp. 6 – 13.
② Dr. Samson S. Wassara, "Traditional Mechanisms of Conflict Resolution in Southern Sudan", *Berghof Foundation for Peace Support*, March 2007.
③ Sharon Elaine Hutchinson, "Nuer Ethnicity Militarized", *Anthropology Today*, Vol. 16, No. 3, Jun., 2000, pp. 6 – 13.

彩礼的手段，没有足够的牛，男性就无法娶妻成家，无法被社会承认为成年人，亲属关系和人际交往也通过牛的交换来体现。人们只有在献祭或在婚礼上宴客时才会宰杀牛，一般情况下会让牛自然死亡，在牲畜死后才食用其肉，除非在发生饥荒不得已时才会主动杀牛。丁卡人和努埃尔人的经济高度自给自足，在前殖民时期，货币经济几乎不存在，人们采用实物交换的方式来满足自身需要。英国建立殖民统治后，收取人头税，迫使丁卡人和努埃尔人不得不出售自己的牲畜来换取货币交税。尽管阿拉伯商人深入丁卡人和努埃尔人居住地区进行贸易，也有一些丁卡人和努埃尔人从事商业，但贸易在丁卡人和努埃尔人的生活中一直未占据重要地位，市场的规模较为狭小。

赞德人（Zande，即阿赞德人Azande）是南苏丹第三大族体，也是最大的非尼罗特人族体，操赞德语，人口约占全国人口的10%，分布在苏丹、刚果和中非共和国，属于跨界民族。阿赞德人大约在16世纪进入南苏丹，建立了该地区最大的国家，其统治一直延续到19世纪末英国人到来的时候。阿赞德人在政治上实现了统一，在文化上也不断趋同，族类整合进行得较为顺利，一体化程度较高。南苏丹其他较大的族体有托波萨人（占总人口的8%）、施鲁克人（占总人口的5%）、穆尔勒人（占总人口的4%）等，其余的族体为数虽多，但规模都比较小，在全国人口中所占的比例大多不足1%。①

目前，南苏丹各族体的经济基本上都是自给自足的农牧业，商品经济和市场的发育程度都很低，缺乏能够将各族体和各地区联系起来的经济力量。各族体对土地和水源等自然资源的竞争激烈，相互之间的合作与依存甚少。不仅各族体之间的联系薄弱，就是在丁卡和努埃尔这样的大族内部，整合程度也很低，努埃尔人的不同支系之间就经常发生冲突。可以说，构建现代民族国家的政治、经济和文化诸要素在南苏丹先天发育不良。

二 苏丹内战与南苏丹的族类冲突

外部势力的侵入打断了南苏丹的自然历史进程，北方阿拉伯人从一开

---

① John Young: "The South Sudan Defence Forces in the Wake of the Juba Declaration", Small Arms Survey, *Graduate Institute of International Studies*, November, 2006.

始就作为异质性、破坏性的力量来到南苏丹。苏丹独立后，北方对南方实行的歧视性同化政策加深了南北之间的仇恨和对立，导致了旷日持久的内战。在苏丹内战中，南苏丹各族体都受到苏丹政府的剥削、歧视和压迫，在反抗喀土穆当局不公正统治的斗争中存在共同利益。尽管如此，南苏丹的族际矛盾却并未因共同的敌人而就此消弭，精英之间的角逐导致了南方两大族体之间惨烈的兄弟阋墙之争，丁卡人与努埃尔人之间的内战进行得如火如荼。苏丹政府坐收渔利，利用南方人打南方人，不断寻找可以扶植、利用的南方武装组织，导致南方的分裂与冲突愈演愈烈，上演了苏丹内战中最惨烈的一幕。南苏丹各派别间冲突所导致的死亡人数超过了南方与苏丹政府军作战的人员损失。

1. 第一次苏丹内战

在19世纪20年代以前，南苏丹处于自然历史发展进程中，由于尼罗河上游存在着大沼泽这样的天然地理屏障，南北苏丹呈相对隔绝的状态。1821年，埃及的统治者穆罕默德·阿里侵入苏丹，深入尼罗特人的地区，开展大规模的掠奴行动。苏丹的阿拉伯人也积极参与掠奴活动，有些黑人部落遭受了灭顶之灾。苏丹爆发马赫迪起义时，丁卡人、巴里人、希卢克人、朱尔人等族体的人民广泛参与，尼罗特各族恢复了独立地位。19世纪末，英国镇压了马赫迪运动，重新征服并占领了苏丹。英国殖民当局采取了分而治之的政策，人为地制造南北方之间的屏障。苏丹的南北方不仅被隔绝开来，而且发展极不平衡，彼此间的差距进一步拉大。英国在南苏丹建立殖民统治的主要目的是保证尼罗河流域的安全，其政策是以最小的代价维护社会秩序，为此在南苏丹实行间接统治，地方上由部落酋长管理，南苏丹原有的社会结构几乎未受触动地保留下来。殖民当局借口维护非洲人利益，保持其传统社会形态，没有在南方进行任何投资和建设，使南方的经济和社会发展几乎处于停滞状态。英国人曾经有意将南苏丹与乌干达合并，但遭到北方阿拉伯人的激烈反对而作罢。

1956年苏丹独立时，南北方就处于敌对和仇视的状态中。独立后，南苏丹人民一直处于二等公民的地位，受到北方精英主导的苏丹政府的歧视和压迫，视北方阿拉伯人为取代英国人的新的殖民统治者。苏丹内战的烽火在独立前就已点燃，直到1972年才告结束。第一次内战中，南苏丹成立了反政府武装阿尼亚运动，给政府军以重创，但是囿于族类分歧，未能成为一个有效的军事组织。丁卡人在南方解放运动中占主导地位，其他族体对其一直怀有戒心。

1972年3月，苏丹政府与南方解放运动领导人共同签署《亚的斯亚贝巴协议》，结束了第一阶段的内战，为苏丹带来了11年的和平时光。20世纪80年代后，苏丹总统尼迈里公然撕毁和平协议，宣布在苏丹实行伊斯兰教法律，阿拉伯语为官方语言，将南方重新划分为三个省，解散南方地区的议会和行政机构，取消地方选举，剥夺地方对贸易和自然资源的控制权。虽然多数南方人反对分裂南方，但也有一些小的南方族体欢迎此举。他们认为丁卡人在南方的政府中一直居于主导地位，占据着大部分行政职位，这种情况应该改变，将南方重新划分为三个区有助于削弱丁卡人的势力，为其他族体创造更大的活动空间。南苏丹各族体之间各怀心事的矛盾与分裂状态由此可见一斑。

2. 苏丹第二次内战（南苏丹内战）

20世纪80年代初，努埃尔人就开始对北方的商人和地方政府机构发动袭击。1981~1982年，努埃尔人组成的第二安亚尼亚运动在埃塞俄比亚西南部的比尔帕姆建立了反政府武装的基地。埃塞俄比亚的门格斯图政府准许它们存在，但没有为其提供支持。1983年5月，丁卡人约翰·加朗发动兵变，并率部来到了比尔帕姆基地。南方反政府组织发生领导权之争。7月末，加朗成立了以丁卡人为主体的苏丹人民解放运动（下文简称人解），得到埃塞俄比亚门格斯图政府的大力支持，苏丹第二次内战全面爆发。加朗摒弃了以往的南方独立的主张，提出了建立民主的新苏丹的政治构想，在南方民众和反政府武装组织内部产生了巨大影响。加朗采取强硬手段打击反对派，与以努埃尔人为主体的第二安亚尼亚运动发生了激烈的冲突，双方都将对方控制区的平民作为打击目标。努埃尔人的领导人盖伊·塔特试图与加朗和解，但遭遇伏击被杀。人解军官拒绝了塔特部下提出的安葬其领导人遗体的请求，令其暴尸荒野并将其尸体抽打得面目全非。这一侮辱性行为深深地刺痛、打击了第二安亚尼亚运动的其他努埃尔领导人，他们很快投靠到苏丹政府军一边，与加朗领导的人解为敌。由于南苏丹努埃尔人的居住地区延伸到埃塞俄比亚的西南部，第二安亚尼亚运动给人解造成了很大的麻烦。

加朗逐步加强了对人解的控制，他致信邀请努埃尔族的里耶克·马查、施鲁克族的拉姆·阿考尔等南方知名人士加入人解。苏丹政府支持的阿拉伯民兵大肆劫掠上尼罗州的西北部地区，给当地居民带来巨大的灾难,人解军队从埃塞俄比亚的营地返回南苏丹。人解中的丁卡和努巴族官兵为了报复第二安亚尼亚运动的行动,对沿途中遇到的努埃尔平民抢劫烧杀,其行动未受到任何惩罚。努埃尔人及其他族裔的南方居民将人解视为占领军,而不是保护他们抵御北方侵扰的正义之师。在里耶克·马查的领导下,人解控制了局势,建立了一道阻止阿拉伯民兵袭击的屏障。马查将第二安亚尼亚运动的主体吸收到人解之中,但仍有为数不少的残部拒绝同人解和解,其中包括鲍利诺·马提耶普领导的努埃尔人的一个支系——布尔努埃尔人(Bul Nuer)。这些努埃尔人的武装力量在北方的扶植和支持下,继续与人解为敌,阻断了人解通向油田的通路。

到20世纪80年代末,人解成功地控制了南方的大部分地区,但其内部一直矛盾重重,加朗的建设新民主苏丹的政治主张及其不能容忍任何反对派的态度与独断专权的作风,令许多人解的将领对加朗十分不满。1991年8月,人解发生内讧和分裂。马查与拉姆·阿考尔率领不满加朗领导的将领在兵变未遂后,成立人解纳斯尔派(SPLA - Nasir),加朗同其支持者则称为人解主流派。

无论是加朗还是马查,为求自保都打出族类牌,人解高层的争斗演变成丁卡人与努埃尔人这两个南方最大族裔之间的对抗,一场惨烈的南苏丹内战拉开帷幕。1991年9月,丁卡将领袭击杀戮正在丁卡人地区放牧的努埃尔人,对人解内讧和分裂尚一无所知的西部努埃尔人成为南方内战的第一批牺牲品。东吉卡尼努埃尔人和洛乌努埃尔人在人解纳斯尔派的支持下,深入加朗的家乡波尔丁卡人地区,焚毁村庄,掠夺牛群,杀死了2000余名平民,2.5万人死于劫掠导致的饥荒,大约10万人被迫流亡。这次史无前例的暴行被称为"波尔大屠杀"。加朗指责马查等兵变的领导人蓄意反对旨在消灭丁卡人的战争。人解主流派深入努埃尔人地区针锋相对地展开报复性行动。丁卡族和努埃尔族将领为了巩固自己的地位、招募兵员,都极力渲染敌对族裔对本族的威胁,把丁卡人和努埃尔人以往因争夺资源引发的冲突转变为政治化的族际战争。双方展开了拉锯战,在一次又一次的报复与反报复行动中,冲突不断升级、愈演愈烈。加朗领导的人解部队曾在1995年夜袭上尼罗州西部的努埃尔人居住地区,使用AK-47步枪、机枪、火箭弹等武器,将众多努埃尔人的村庄夷为平地。

这场南苏丹两大族之间的内战践踏了丁卡人和努埃尔人以往一直遵循的暴力冲突的道德界限。在1991年人解分裂之前,老幼妇孺都不会成为蓄意攻击的目标，而在南方内战中，他们却成为主要的受害者。蓄意攻击、杀害妇女和儿童的行为说明族类疆界的固化，特别是对于曾经吸收了大量其他族裔成员的努埃尔人而言尤为如此。丁卡男孩不是被掳走，而是被杀死，这种行为意味着努埃尔人对于族性的认识发生了改变，即族属是由血统决定的，丁卡男孩只会成长为丁卡男人，族类疆界是不可逾越的。

南苏丹人称丁卡人与努埃尔人之间的冲突为"两个博士的战争"①。一位丁卡族的领导人称，"我们和努埃尔人之间的战争不再是我们传统的战争……我们无力控制。检视这次袭击造成的破坏，我们真不知道袭击者的目的何在。传统上，当努埃尔人袭击我们时，他们带走牛，从不会动妇女、儿童和老人，也不会追击逃跑的人。我们则会哀悼死去的人，挽回损失，在时机成熟时进行复仇。过去事情一直是这样的，我们都有长矛，旗鼓相当。现在平衡被打破了"。一位著名的西努埃尔人酋长也持相近观点："努埃尔人与丁卡人的这次战争比我们过去经历的任何事情都要糟得多。""今天的战争是屠杀手无寸铁的妇女儿童的胆小鬼进行的战争"。"这种肮脏下流的战争不是我们的战争，而只是文化人让我们打的战争"。② 绝大多数丁卡和努埃尔人表示两族的平民并不存在政治上的分歧，一位努埃尔酋长称"我们的冲突一直都是经济方面的，因为我们从未属于一个政治机构，我们从未为了政治权力而战"。"政治上的分歧只限于受教育的精英。他们将丁卡和努埃尔在争夺经济资源方面的冲突变为政治冲突。"③ 精英们将政治分歧与经济竞争混在一起，强调敌对族裔的威胁。内战前的两个族体之间的冲突和对抗持续时间很短，很少超过几天，双方的领导人一般会在几天内着手解决冲突。而由丁卡和努埃尔精英挑起的这场将枪、政治、经济和族性等因素混合在一起的战争则惨烈而漫长。

苏丹政府是南方内战的最大受益者。"让南方人自相残杀，我们与最后剩下的人讲和"。喀土穆当局一直否认对南方的歧视性和压迫性政策是导致南方问题的症结所在，而极力将其描绘为所谓部落主义导致的结果，

---

① 加朗和马查都获得过博士学位。
② Sharon E. Hutchinson, "A Curse from God? Religious and Political Dimensions of the Post–1991 Rise of Ethnic Violence in South Sudan", *The Journal of Modern African Studies*, Vol. 39, No. 2, Jun., 2001, pp. 307–331.
③ Jok, J. M. & S. E. Hutchinson, "Sudan's prolonged civil war and the militarization of Nuer and Dinka ethnic identities'", *African Studies Review*, 1999, 42, 2, pp. 125–145.

南方的内部争斗为其提供了口实。为此，喀土穆当局积极煽动南方武装组织之间的内部冲突。

马查叛离人解后，其领导的武装组织很不稳定，几经重组。为了解决武器弹药的供给问题，马查接近苏丹政府，以便对抗加朗。1997年，马查及其他的前人解将领、南方反政府武装组织领导人与政府媾和，签订了喀土穆和平协议，其军事力量被整编到苏丹军队中，称为"南苏丹防卫力量"，成立南苏丹防卫部队，由苏丹军队军事情报部门提供装备，并受其指挥。此外，马查等人认可"伊斯兰教法"作为国家的立法基础，参与南方过渡政府。作为回报，喀土穆当局极为含糊地同意在四年（或更长时间）后举行南方的全民公决。拉姆·阿考尔领导的派别与苏丹政府单独签署《法绍达和平协议》，也获得了政府许诺的举行全民公决的权利。南苏丹的民众对马查等人的行为感到困惑和失望，认为这是与敌人同流合污。南方防卫部队内部的各军事组织没有明确的政治和军事目标，也没有固定的敌友的界限，昨天的敌人有可能成为今天的盟友，其内部各集团常常处于不断的变动过程中，苏丹政府蓄意使其保持各自为政的分裂状态。各集团最关心的是从哪里可以获取物资和装备，"部落、氏族或地区的忠诚以及对个人利益的追逐远胜过意识形态"①。

苏丹政府并没有打算执行和平协议，只是将其作为控制南方石油资源的缓兵之计。和平协议的墨迹未干，苏丹政府就着手策动马查手下处于边缘化地位的将领发动兵变，反对马查，以削弱其力量。通过许诺成立独立的军队以及在北方军界中的高位等，苏丹政府成功地诱惑在人解分裂后归顺马查的马提耶普等人率布尔努埃尔人叛离，两支努埃尔人武装在苏丹政府的挑拨下彼此攻击，使得上尼罗州西部的努埃尔人民不聊生，大批逃亡。马查的故乡以及该地区接收国际人道主义援助物资的集散地里尔在1998年两次被焚毁，7万努埃尔人沦为难民。在此期间，苏丹政府修建了连接西开罗州首府本提乌至北方红海码头长达1110公里的输油管道，1999年9月正式投入运营使用。

尽管人解因分裂以及南方的内战元气大伤，但仍然能够从其他非洲国家获得武器和给养，在与马查等人领导的武装组织经历了几年的相持阶段

---

① John Young: "The South Sudan Defence Forces in the Wake of the Juba Declaration", *Small Arms Survey*, *Graduate Institute of International Studies*, November, 2006.

后，人解逐渐重新控制了南方的局势。在新苏丹教会理事会的协调下，丁卡与努埃尔酋长、教会及公民团体的领导人、妇女与青年代表于1999年2月27日至3月8日在扎加勒的万利特召开了和平与和解大会，缔结和平与和解盟约，宣布结束丁卡人与努埃尔人之间为期7年半的激烈冲突，双方永久停火，并对所有1999年1月1日前的暴行实行大赦。和平盟约虽然对军事组织没有实际的约束力，但表达了丁卡与努埃尔民众的声音，对结束南苏丹惨烈的内战起到了积极的推动作用。马查眼见喀土穆和平协议成为一纸空文，其率领的军队不断分裂叛离，个人的威望也一落千丈，遂于2001年辞去在苏丹政府的职务，与喀土穆当局划清界限。2002年1月，马查与加朗在内罗毕签署统一宣言，在分裂11年后与人解实现和解，其率领的所剩无几的军队被整编到人解之中，里耶克也成为继加朗和人解军队司令基尔之后的第三号人物。马查的回归对于苏丹的和平进程具有积极意义，尽管马查因挑起丁卡人和努埃尔人的兄弟阋墙之争以及投靠苏丹政府而备受非议，但其毕竟是苏丹努埃尔人的领袖，他的回归有助于弥合南苏丹两大族之间的矛盾与冲突。人解力量得到增强，在与苏丹政府的谈判过程中也占据了有利地位。

2003年，达尔富尔危机的爆发使得苏丹政府陷入巨大的困境，在国际社会的敦促和压力下，苏丹政府和人解于2005年1月9日签署《全面和平协议》，苏丹内战正式宣告结束。根据协议，苏丹将组建由北南方共同参与的民族团结政府，进入为期6年的过渡期。2011年，南方居民通过公决决定自己的未来。

苏丹独立后，喀土穆当局的歧视性政策导致南方的经济和社会人文发展一直处于停滞状态，国家和公民等现代的文化和观念从未在南苏丹的民众中扎下根基。多年的内战造成了大批流离失所的难民，传统的社会控制机制虽有所减弱，但在动荡的社会环境中，人们更多地向原生性的共同体寻求庇护和慰藉，进一步强化了族类意识，族类疆界更加分明、固化，加剧了社会四分五裂的状态。

三　内忧外患中的南苏丹

在6年的过渡期内，南苏丹的族际矛盾没有平息，内战的遗留仍在发酵。2011年7月9日，南苏丹正式独立后，面临着内忧外患的威胁。南北苏丹虽已分离，但仍旧存在着一些悬而未决的棘手难题，阿布耶伊和南科尔多凡都有可能成为双方冲突再起甚至战火重燃的导火索。在南苏丹内部，形势更为严峻，争夺资源引发的冲突在民间和精英层面同时展开，族类成为冲突中最重要的动员因素。

（一）内忧

南苏丹各集团围绕权力和资源的竞争十分激烈，在2010年的大选前后形成了高潮。与此同时，以掠夺牛群和争夺自然资源为主的传统族际冲突仍在继续，其规模和强度越来越大，动辄造成数百人死亡，上万人流离失所。据路透社报道，2011年1~7月，南苏丹有2638人在330次冲突中被杀。

军队整编。全面和平协议结束了人解与苏丹政府之间的战争，但并没有了结南苏丹的内部冲突。没有了北方这个共同的敌人，各族体之间的竞争和冲突更加凸显。以南苏丹国防军为首的众多武装组织成为重建和平的最大威胁。2005年，南苏丹国防军估计有1万~3万名士兵，分属于30多个武装集团。加朗一直对南苏丹国防军持敌视态度，斥之为喀土穆当局的走狗，在与苏丹政府谈判的过程中有意将其排斥在外。2005年，加朗意外坠机身亡，基尔接替加朗，就任南苏丹政府主席。基尔一改加朗强硬固执的做法，向南苏丹的各派武装组织伸出橄榄枝。2006年1月，基尔签署《朱巴宣言》，对各派武装组织实行一揽子大赦，既往不咎，并将其将吸收整编到人解的军队中。《朱巴宣言》是南苏丹政府的一个重大外交胜利，避免了南苏丹再次爆发大规模的内战，对于实现和平、稳定局势具有极为重要的意义。到2009年，近30个武装组织的32000名士兵加入了人解。马提耶普，前南苏丹国防军参谋长，获得了苏丹人民解放军副司令的职位，成为基尔后的人解军队第二号人物。

在消除安全隐患的同时，整编也留下了严重的后遗症。整编后人解大约有12.5万人，其中1/4来自南苏丹国防军，异质性和不稳定性大大增强，以前的敌人现在成为战友，内战期间彼此间的暴行所导致的旧恨未泯，矛盾和冲突时有发生。人解的领导人不得不承认他们只能控制30%的部队，如果将来发生战事，他们也不确定其余70%的部队会如何行事。在人解内部，新成员对人解仍旧持疑惧态度，视其为丁卡人主导的组织，对其在人解内的边缘化地位感到不满，担心日后的前途与出路。许多接受整编的前武装集团的高级首领在新的位置上对地位、势力和资源的争夺使得人解内部派系斗争激烈。他们虽然将自己率领的部队整编到人解中，但仍保留了私人武装。2009年10月，马提耶普与统一州州长塔班·邓的部队发生冲突，导致13人死亡、19人受伤。基尔曾在2008和2009年发布命令，要求解除这些人解高官私人部队的武装，但都无果而终。

过于庞大的人解规模对于赤贫的南苏丹来说无疑是个无法承受的沉重负担。在对国家安全进行评估的基础上，确定人解军队的人数，是当务之急。"解除武装、复员和融入社会"的计划已经开始艰难地启动。

武装反叛活动。2010年4月，苏丹根据全面和平协议的规定，举行了大选。大选的结果决定了南苏丹日后的政治走向和权力分配框架，政治和军事精英角逐政治权力的竞争趋于白热化。南苏丹的各族体普遍将人解及其领导的南苏丹政府视为丁卡人垄断权力和资源、压迫其他族裔的工具，人解不愿意分享权力、视其为禁脔、不容他人染指的做法则证明这一观点并非毫无根据。大选中落败的竞选者纷纷组建武装反叛组织，发动袭击。大多数武装组织的首领是人解以前的将领。在长期的内战中，南苏丹的政治和军事精英普遍形成了军阀心态。为了争夺权力和资源可以不择手段，他们不在乎归属于哪个阵营，里耶克、拉姆·阿考尔、马提耶普等众多人解的高层人物曾多次改换门庭，甚至不惜投奔苏丹政府。一旦在争夺权力的斗争中落败，他们就动员本族裔，成立武装组织，以便和政府讨价还价。内战导致的各族裔之间的宿怨和敌对不断被政客和军阀们利用，政治投机与族际矛盾交织在一起，人解在平叛过程中采取的手段进一步加深了各族体对政府的不满和疑惧情绪，致使冲突不断升级。希卢克人的例子就颇为典型。

与丁卡人和努埃尔人相比，希卢克人是南苏丹上尼罗河州的一个较小的族体，以农业为主，兼事牧业和渔业，人口约为38.5万人，约占全国人口的5%。希卢克人建立了一个王国，社会组织程度和凝聚力都高于其他族体。希卢克人和丁卡人在土地问题上一直存在矛盾。苏丹内战结束后，丁卡人称南起泽拉夫河口、北至莫鲁特的白尼罗河东岸土地属于丁卡人，要求该地区的所有希卢克人迁至尼罗河西岸，而希卢克人则认为是丁卡人占据了他们传统的家园。2009年1月9日，在马拉卡镇庆祝全面和平协议签署5周年之际，两个族体爆发了较为严重的冲突。丁卡人宣称马拉卡镇属于他们，并袭击了参加庆祝活动的希卢克人。当天夜里，两个希卢克人的村庄遭到袭击，数十名希卢克平民被杀。希卢克人对人解领导的南苏丹政府持不信任态度，认为其偏袒丁卡人，迫害希卢克人。一位联合国的官员称"人们认为丁卡人利用他们在政府和军队的地位来攫取土地"①。

除了土地问题外，希卢克精英拉姆·阿考尔也影响到了希卢克人与南苏丹政府之间的关系。拉姆·阿考尔在 1997 年与苏丹政府签署《法绍达和平协议》后站在喀土穆当局一边。2003 年 10 月，阿考尔重返人解。2005~2007 年，阿考尔作为人解成员出任苏丹团结政府的外交部部长。此后，阿考尔再次离开人解，在 2009 年 6 月建立了反对党派"人解—民主变革"，批评人解腐败、缺乏民主、部落主义，呼吁实行改革。阿考尔支持南北苏丹统一，与人解的独立主张亦相左。自成立伊始，人解就公然对阿考尔的"人解—民主变革"持敌对态度，斥其为苏丹执政党国家大会党扶植、控制的第五纵队，名为政党，实则为武装组织，企图禁止其参加大选，但被苏丹的宪法法庭驳回而未果。2010 年 4 月，阿考尔与基尔竞选南苏丹总统落败，但 4 名"人解—民主变革"的候选人在上尼罗州当选为南苏丹立法议会的议员。人解拒绝接受选举结果，逮捕了新当选的希卢克族议员，将其拘押到 5 月末。直到 8 月 31 日，议会才恢复他们作为当选议员的豁免权。人解的做法令本已紧张的局势急剧恶化，该地区出现了多支希卢克人的反叛组织，发动武装袭击和劫掠行动。反叛组织的领导人基本上都曾经在人解的军队中供职，他们都宣称是因为希卢克人受到丁卡人和人解政府的迫害而发动叛乱的。

人解断言叛乱活动是由拉姆·阿考尔和苏丹政府主使、支持的，并对叛乱活动予以残酷打击。2010 年夏，人解的部队洗劫、焚毁了希卢克王国，数十个村庄被夷为平地。军队强奸、虐待村民和王室的成员，男女老幼均难幸免，被杀害的人数未明。1 万余人被迫在雨季逃离家园，躲入森林中，没有住处和食物，许多儿童死于饥寒。希卢克人视为神圣的国王也逃到了法绍达避难。希卢克的武装叛乱头领称，"当战斗开始后，希卢克人的战士被迁移到另外一个州，人解带来的士兵大部分是丁卡和努埃尔部落的，由他们来干这些活"。② 一位无家可归的希卢克妇女称人解的士兵的残暴令人发指，他们

---

① Sudan Human Security Baseline Assessment：*SPLM/A – Shilluk Conflict in Upper Nile.*
② Steven Costello, "A Second 'Split' for South Sudan? Ethnic Violence, the State, and Whether Peter Gatdet is the Most Dangerous Man in South Sudan".

强奸所有妇女，连老人、盲人和尚在怀抱的幼童都不放过。与希卢克人比邻而居的丁卡人在听到枪声后，就过河同人解的军队一道抢劫，带走了牲畜和所有能够拿走的东西，最后将留下的东西和房屋付之一炬。当受伤的希卢克人挣扎着来到医院时，却发现医院也被洗劫一空。

发生在希卢克王国的并不是孤立的个案，以暴制暴是人解军队平叛的典型做法。2011年4月23日，人解军队进入马拉卡尔城南边的努埃尔人的村庄，与叛军领导的反政府武装交火。在反叛部队被赶走后，人解扫荡，洗劫了村庄，杀死了数百名村民。他们不满足于挨家挨户屠杀平民，遂命令村民用努埃尔语向逃进丛林里的人喊话，当这些逃跑的人以为战事结束返回村庄时，人解的士兵向他们开枪射击。随后，红十字会在尼罗河水里找到许多尸体。在南苏丹与埃塞俄比亚交界地区的穆尔勒人中，另外一场叛乱也在酝酿之中。据一位穆尔勒人的妇女称，"人解士兵把塑料袋套在人们头上点燃，把燃烧的塑料滴在孩子的身上，以逼迫父母交出武器。如果认为叛乱者在一个村庄过夜，他们就焚毁那个村庄，强奸妇女。在有些村庄，人们被活活烧死在茅屋里"。以暴制暴的后果就是加深族际仇恨，推动更多人加入反叛组织的行列。

目前，在南苏丹至少存在着六七个规模和影响较大的反政府武装组织。因竞选琼莱州州长失利而起兵反叛的前人解高级将领乔治·亚瑟·邓是丁卡人，除了乔治·亚瑟·邓和希卢克人领导的反叛组织外，其余的反叛组织领导者均为努埃尔人，他们大多曾经与喀土穆当局有瓜葛。彼得·盖杰特与马提耶普的经历颇为类似，都是石油重镇统一州的努埃尔军阀，内战中协助苏丹政府控制石油产区。全面和平协议签署后努埃尔军阀接受了人解招安整编，但在2011年3月叛离，组建了南苏丹解放军，在统一州从事扰乱活动，对地方的安全造成了严重的威胁。盖杰特在其发表的《芒雍宣言》中指责人解政府堕落腐败，管理混乱，实行丁卡人主导的一党专制，大搞族类排异政治，南苏丹人民的生存环境没有丝毫的改善，依旧在极度的贫困和动荡中挣扎。南苏丹的民众普遍认为盖杰特本人虽非善类，但对宣言却颇有共鸣，认为它确实反映了南苏丹的现实。实际上，这种现实才是叛乱活动得以存在的温床。

叛乱活动在2010年持续不断，并且延续到了2011年。现存的反叛组织基本上处于各自为战的状态，领导它们的军阀大多不得人心，不足以对人解政权构成现实的威胁。但是，南苏丹政府也不具备将其彻底铲除的实力，不得不采取了武力打击和特赦谈判相结合的策略。2010 年 10 月，为保证即将到来的全民公决顺利举行，基尔召集了南方的和解大会，对反对人解的军事首领实行大赦。在此后的时间里，政府与各反叛组织的谈判几起几落，一波三折。执政的文官领导人和军队之间在关于应对叛乱的安全政策上存在严重的分歧。军方反对特赦、优待叛军首领，主张武力平叛，由此粉碎叛军并震慑未来的叛乱企图。政府和军方之间或其内部的分歧会破坏任何协定，导致形势突变。有些叛军打着投诚的幌子，却利用临时停火来推进自己的阵地或继续招募新兵。而人解领导的国家安全机构使用带欺骗性质的手段与部分叛军接触，破坏了政府的公信力，使招安叛军的努力更为艰难。特赦招安的政策存在严重后患，会鼓励心怀野心者兴兵作乱，以此作为索取高官厚禄的捷径，但对于一个刚刚独立的国家而言，内乱无疑是不可承受的灾难。在两难的处境下，南苏丹政府可做的选择实在很有限。

掠牛行动与族际冲突。以掠夺牛群和争夺自然资源为主的传统族际冲突仍在南苏丹继续，其规模和强度越来越大，动辄造成数百人死亡，上万人流离失所。牛群在丁卡、努埃尔等许多南苏丹的族体中都占据十分重要的地位，劫掠牛群及其引发的冲突一直是族体冲突的核心内容，世代以来都是南苏丹农牧民生活的一部分。在多年内战的影响下，抢掠的性质和范围已经改变，暴力行为不断增多，引发了严重的社会动荡。在努埃尔人与丁卡人聚居的琼莱州和统一州，情况尤为严峻。和平协议签署后，人们希望南苏丹政府能够提供福利和服务，但和平红利甚少，基础设施近乎于无，在许多地区，政府在行政、安全和司法等领域的影响力都极为有限，这些都放任助长了持续的牛群掠夺行为。人解的部队在战时通过暴力管理控制区，提供一定程度的秩序。人解军队撤出并作为一支专业军队集结到兵营中后，在其撤出的区域形成真空地带。被国际顾问称为"世界尽头"的治理和安全的真空地带也是劫掠牛群最猖獗的地区。努埃尔人、穆尔勒人等许多族体都感觉自己被丁卡人主导的政府边缘化，他们经常在放牧地带与共用该地的丁卡人发生冲突。许多掠牛行动发生在不同的族体之间，更加深了族体之间的裂痕。掠夺与报复性反掠夺的恶性循环无疑会破坏南苏丹脆弱的政治凝聚力。

2011 年 8 月，庆祝独立的狂欢尚未结束，南苏丹局势最动荡的琼莱州就爆发了努埃尔人与穆尔勒人之间的冲突，导致 600 多人死亡，上千人受伤。穆尔勒人袭击了努埃尔人的驻地，偷走了 4 万头牛，并绑架了众多的努埃尔儿童。皮耶里城的大部分被焚毁。此举是对努埃尔人6月袭击穆尔勒人的报复。此后，双方冲突不断。2012年伊始，6000余名武装的努埃尔人大举攻击穆尔勒人。据琼莱州的地方官员称，大约3000名穆尔勒人被杀，数万人逃入丛林中，30多万头牛被劫走。副总统马查在事发后来到琼莱州，与州长曼扬一道在冲突双方中进行调解，但努埃尔人拒不听从。联合国在琼莱州部署了维和部队，南苏丹政府在袭击发生后，派遣3000名安保人员到冲突地区并计划用军队在冲突的集团之间构建起一个缓冲带，并承诺对冲突进行调查，起诉罪犯。尽管如此，冲突仍难遏止。

掠牛行动猖獗的原因是多方面的，其中最根本的是各社会集团对资源的竞争。由于经济发展迟滞和贫困，年轻人没有什么就业和发展的机会，加之传统的社会结构在内战中受到严重挑战，部落酋长等传统权威的约束力减弱，无所事事的年轻人就成为掠牛行动的主力军。"嫁妆经济"的影响则是掠牛行动最主要的助推剂。在丁卡、努埃尔和穆尔勒等以牧业为主导的族体聚居的琼莱州和统一州，嫁妆基本上都是由牛来支付的，因而这些地区也是掠牛行动最严重的地区。由于战争和社会动荡的影响，牛的数量在下降，而彩礼的价格则在不断上涨。根据一份联合国报告，自2005年以来，南苏丹彩礼的价格上涨了44%。牛成为南苏丹男性青年面临的最严重的问题，"没有牛你就不能结婚，就不能被叫作一个男人"。为了获得赖以成婚的牛，许多年轻人不惜铤而走险，加入反叛的武装集团或从事掠牛行动。内战期间，大量的武器弹药流散到民间，改变了掠牛行动的性质。枪支作为力量的象征，已经融入了南苏丹许多游牧集团的文化之中，成为成年礼仪式的组成部分。"如果你不带一杆枪，人们会嘲笑你是一个没有防卫能力的女人"[①]。现代武器的泛滥使得以往棍棒和利矛、很少发生人员伤亡的掠牛行动变得格外血腥惨烈，动辄造成数百人死亡和数万人流离失所，使得冲突后的和解极为困难，仇恨越来越不可化解，陷入了以眼还眼的掠夺与报复性反掠夺的恶性循环中。

在内战期间，丁卡和努埃尔的年轻人为了保护牲畜，都组建了松散、分散的武装组织。他们处于武装冲突旋涡中心，已经习惯了刀头舐血的战争生活方式，随时准备保卫牛群不受武装袭击者的侵扰。努埃尔人的组织

---

① Marc Sommers and Stephanie Schwartz, "Dowry and Division Youth and State Building in South Sudan", *United States Institute of Peace*, Special Report.

被称为白军，其成员并不是严格意义上的军事人员。有枪的人，特别是年轻人，就被称为白军，他们平时过着平民的生活，只是在保护牛群或掠牛行动中聚集起来。内战期间人解分裂后，白军站在喀土穆当局一边，与人解为敌。白军没有统一的领导，各集团之间常常相互为敌，但有时也可以团结起来，打击共同的敌人。①

为了减少白军等集团对政府造成的威胁，缓解掠牛行动及其引发的族类冲突，南苏丹政府着手解除武装，收缴民众手中的武器。2006年1~5月，人解命令琼莱州的努埃尔人解除武装。丁卡人要求努埃尔人在进行季节性迁徙前解除武装，但遭到拒绝，双方的分歧越来越大。努埃尔人中的武装人员，主要是白军，袭击了猝不及防的人解，双方进行了大规模的战斗，人解遭到重创。被激怒的人解指挥官彼得·波尔·孔在朱巴南苏丹政府的默许下追袭白军，从努埃尔人手中收缴了3000多件武器，代价是大约有400名人解士兵、1200名白军成员和200多名平民死亡，财产损失难以估算，在当地造成了严重的饥荒。努埃尔人认为自己受到了人解的迫害，更加深了对南方政府偏袒丁卡人的印象。因为他们是当时唯一一个被解除武器的集团，容易受到邻近的丁卡人和穆尔勒人的劫掠和攻击。大约一年半之后，努埃尔人重新武装起来。

在解除武装问题上，国际社会呼吁采取和平的手段，例如与地方上的传统领导人合作，鼓励民众自愿交出武器。人解则倾向于采取强制性措施。一名人解的军官称，"你杀了500人，但其余的人会把枪交上来。使用一支装备精良的部队去收缴武器是必需的。我们不想伤害任何人，但我们必须从某个地方开始"②。这种暴力解除武装的举措在付出巨大代价的情况下，收效甚微，留下了种种安全困局，加深了各族群之间的仇恨，也削弱了政府的公信力。人解的军队食物供给不足，需要宰杀食用被解除武装地区的牛，导致当地饥荒。此外，南苏丹政府囿于交通运输能力和地形的限制，无法同时解除一个地区不同族体的所有共同体的武装。政府对收缴来的武器的存放和管理不善，且不愿意销毁武器，这使得解除武装的效果

---

① John Young, "The White Army: An Introduction and Overview", *Small Arms Survey*, Graduate Institute of International Studies, Geneva 2007.
② Cecily Brewer, *Disarmament in South Sudan*, Center for Complex Operations, Washington: National Defense University, 2010.

大打折扣，被收缴的武器可能还会回流到各族体手中。

收缴民众手中的武器确实是解决日益严重的劫掠牛群行为的必要举措，但并不能从根本上解决问题。在没有消除冲突根源的情况下收缴武器，使得人们没有了自卫的手段。发展经济，发展农村基础设施，消除贫困，为年轻人提供更多的经济机会，化解政治和社会不满，建立专业和强大的军警队伍，改变"彩礼文化"和"枪文化"，才能够逐渐消除掠牛冲突屡禁不止的土壤，但这些都是长期性的、异常艰难的。

（二）外患

南北苏丹虽已分离，但往日的仇恨和矛盾远未化解，且一些悬而未决的问题考验着双方的关系，爆发武装冲突乃至战争的阴影时刻笼罩在双方的头上。对南北苏丹关系具有重要影响的问题主要是阿布耶伊的归属、石油利益的分配和南科尔多凡问题。

阿布耶伊问题。阿布耶伊地区位于南北苏丹交界中段靠北方一侧，水源丰沛，牧场肥美，地下石油资源丰富。2003 年，阿布耶伊的石油产量曾占苏丹的 1/4，此后产量下滑。苏丹输出石油的大动脉大尼罗河石油管道，就穿越阿布耶伊，将海格利格油田、团结油田经喀土穆与苏丹在红海的港口连接起来。无论从能源还是战略而言，阿布耶伊都十分重要。从 18 世纪起，丁卡人的一个支系恩格克丁卡人（Ngok Dinka）便在阿布耶伊安家落户，以农牧为生。米赛瑞亚（Messiria）阿拉伯人每年旱季游牧至阿布耶伊的巴赫河谷，在此地居留半年左右。恩格克丁卡人和米赛瑞亚阿拉伯人一直相安无事。在英埃共管苏丹期间，米赛瑞亚人主要居住在科尔多凡省，被认为属于北方，而恩格克丁卡人则位于加扎勒省，被认为属于南方。1905 年，英国殖民当局将 9 个恩格克丁卡人酋邦重新划入了科尔多凡省。

在苏丹第一次内战期间，恩格克丁卡人和米赛瑞亚人开始交恶，1965 年，72 名恩格克丁卡人在米赛瑞亚人的巴巴努萨镇被杀害，埋下了仇恨的种子。恩格克丁卡人加入了反政府武装组织安亚尼亚运动，而米赛瑞亚人则支持喀土穆政府，站在了北方的阵营一边。1972 年《亚的斯亚贝巴协定》结束了苏丹的第一次内战，协定中有条款规定准许阿布耶伊举行全民公决，决定其留在北方还是加入自治的南方。这次预定的全民公决并未举行。阿布耶伊及其他南北交界地区石油的发现，促使尼迈里总统首度试图将石油储量丰富的这些地区划入北方的行政版图之内。在第二次苏丹内战中，一直饱受压迫的恩格克丁卡人加入人解反对苏丹政府，更有多人跻身于人解的领导层，与约翰·加郎建立了密切的联系。米赛瑞亚人组建了民兵组织，抢劫南方的村庄，掠卖南方人做奴隶。在内战结束的时候，阿布耶伊爆发激烈的战斗，大多数恩格克丁卡人逃离了阿布耶伊，米赛瑞亚人遂自居为该地区的主人。在苏丹政府与人解谈判时，阿布耶伊的归属是争议最大的问题之一，双方争执不下。在和平过渡期内，阿布耶伊地区多次爆发冲突，阿布耶伊镇几乎被夷为平地，数万人沦为难民。

2009 年，国际仲裁法院做出裁决，在 2011 年 1 月 9 日与南方公投日同一天举行阿布耶伊的公投，决定该地区的归属。裁决议定书重新划定阿布耶伊的边界，将其面积缩减 40%，北方得以控制阿布耶伊地区储量最丰富的油田，南方也得到至少一个油田。新边界将绝大多数米赛瑞亚人都排除在外，使阿布耶伊基本上成为一个恩格克丁卡人的地区，这使得该地区在未来的全民公决中极有可能归属于南方。但与此同时，裁决也赋予米赛瑞亚人每年旱季时到阿布耶伊放牧的权利。直至 2001 年公投前夕，阿布耶伊的边界仍未划定，在"谁是阿布耶伊居民，谁有权参加公决"的问题上仍未达成协议，米赛瑞亚人坚持认为他们应当在公决中有投票权，恩格克丁卡人则坚决反对。阿布耶伊的公投不得不被推迟。就在 1 月 9 日南方公投日的前一天和当天，恩格克丁卡人和米赛里亚人再次发生激烈的流血冲突。

2011 年 5 月 20 ~ 21 日，苏丹趁南苏丹独立在即、无暇他顾之际，派遣军队占领阿布耶伊，解散阿布耶伊联合政府，导致 100 多人在冲突中被杀，约 10 万恩格克丁卡人逃离家园。南苏丹政府不愿被拖入战争，努力寻求和平解决阿布耶伊危机的途径，副总统马查率队与喀土穆当局协商，但苏丹政府拒绝撤军。经过国际社会的斡旋，双方达成临时协议，联合管理阿布耶伊，联合国在阿布耶伊地区部署 4200 人的埃塞俄比亚维和部队。时至 2012 年 2 月，苏丹军队依然驻留在阿布耶伊。虽有一些恩格克丁卡人返回家乡，但阿布耶伊的大部分居民仍流亡在外，苏丹的驻军、地雷和安全保障缺乏都阻碍了恩格克丁卡人的返乡之路。目前，阿布耶伊的前景波谲云诡，可以肯定的是，南北苏丹在阿布耶伊问题上都不会轻易让步，再次爆发冲突的可能性不容低估。

石油问题。南苏丹占原苏丹石油储量的 3/4，石油日产量约为 35 万桶。苏丹和南苏丹在经济上都高度依赖于石油收入，特别是南苏丹，其

98%的财政预算来源于石油收入,而苏丹则为一半左右。南苏丹没有炼油设施,且为内陆国,不得不利用北方的炼油厂炼油和获取成品油,并仅能通过石油管道将其出产的石油输送到北方的港口出口。南苏丹的独立使苏丹损失了大部分的石油收入,故而苏丹利用南苏丹在石油技术、开采、出口渠道等方面对苏丹的依赖,竭力在石油利益分配上争取最大的利益。南北苏丹因石油过路费争执不休,苏丹向南苏丹索要每桶原油32美元的高额过路费,约占其出口收入的1/3,后又涨至36美元,比国际上通行的过路费大约超出10倍之多,南苏丹称其为经济战争。

为了能够在石油出口方面不再受制于人,南苏丹也另辟蹊径。日本丰田公司游说南苏丹修建一条通往肯尼亚的石油管道,预计耗资15亿美元,但一些专家称鉴于地形(需穿越大沼泽)及长度(3600多公里),该工程可能会耗资数十亿美元,即使在资金充足的前提下,也需耗费数年才可设计并建成。以南苏丹目前的石油储量估计,该计划在经济上不具可行性,因为到其建成时,南苏丹的石油输出会迅速下降。根据驻苏丹的欧洲石油联盟估计,南苏丹的石油输出到2016年会降至每天20万桶,到2018年会进一步降至每天18万桶。有鉴于此,苏丹有恃无恐地狮子大张口,南苏丹在石油出口方面不得不忍受苏丹的重利盘剥,双方在石油问题上的矛盾近来有愈演愈烈之势。苏丹在2011年底扣留南苏丹的石油作为其应得的份额,南苏丹则宣称苏丹窃取其石油,在2012年1月22日停止石油生产。双方将继续在分割石油利益方面展开激烈的博弈,经济战是否会升级,尚不可预知。两国的经济都对石油高度依赖,南苏丹尤甚,如果在这个问题上反目,无疑两败俱伤,故双方不会轻易大动干戈。

南科尔多凡问题。南北苏丹有可能爆发冲突的另外一个地点是南科尔多凡的努巴山区。努巴山区的居民努巴人是黑人,受到苏丹政府的歧视和压迫,在苏丹第二次内战中大批努巴人加入了人解,对抗苏丹政府。南苏丹独立后,他们不能加入南苏丹国籍,其去向就成了问题。为此,人解成立了"北方局",继续留在北苏丹,演变为苏丹境内的反政府武装,并且与达尔富尔反政府武装"公正与平等运动"等组织联系,共同反对苏丹政府。从2011年9月开始,苏丹政府军对青尼罗州和南科尔多凡州的人解"北方局"武装进行清剿,而后者则凭借努巴山区的有利地形继续与苏丹政府军对抗。由于亲缘关系和历史原因,努巴人与喀土穆当局的冲突引发了许多南苏丹人的同情,但南苏丹如介入其中将陷于危险的境地。边境冲突会不可避免地影响到南苏丹的稳定,产生大批难民并导致经济困难,令南苏丹的情况雪上加霜。喀土穆当局对达尔富尔的反政府武装获得南方的援助或是到南方避难十分警惕。

在南苏丹,内忧和外患常常是交织在一起的,对南苏丹的独立和国家完整造成很大的威胁。南北苏丹爆发全面战争的可能性不太大,毕竟双方已经打了几十年,谁也未取得决定性胜利,大规模的战争对任何一方都是不可承受之重,况且两国在石油方面存在着共同利益。在将来很长的一段时间内,南北苏丹之间将维持紧张的对抗性关系,爆发冲突乃至局部战争将是大概率事件。除了直接对抗外,两国极有可能通过支持对方的反政府武装,策动"代理人的战争"。在苏丹第二次内战期间,苏丹几乎将这一策略用到极致,使南苏丹陷入族类分裂、自相残杀的境地,苏丹得以兵不血刃地坐收渔利。至今,南苏丹的反政府武装首脑人物往往在过去都与喀土穆当局有瓜葛,并常常有报道称其得到苏丹政府的支持。

目前,南苏丹国家构建和民族构建的进程均刚刚起步。行政、司法、税收等各项国家制度以及军队、警察等国家暴力机关都处于草创或改造阶段。新的政治格局正在形成过程中,执政的人解面临着从反叛组织向统治政党的转型,其领导国家的资质和经验都令人担忧。政府中除了人解的成员外,另有许多从欧美或其他国家重返南苏丹的前难民及其后裔。前者大多行伍出身,不少人是大字不识的文盲,而"海归"虽然整体素质较高,但他们多年在外,不了解南苏丹的国情。南苏丹许多地方处于治理的真空地带,政府的存在几乎感觉不到。南苏丹政府在很长的时间里都难以对自己的领土进行有效的控制,为其公民提供最基本的保障和服务。如此,自然难以培育国民对国家的认同和归属感。自身虚弱、困难重重的政府自然难以成为锻造国家民族的有效动力源。

中国经济转型期少数民族就业的实证分析

王剑峰*

内容提要：促进少数民族就业是中国政府的一项重要民生政策。在中国经济由计划向市场转轨过程中，劳动用工制度也随之市场化。计划经济时代实施的少数民族就业优惠政策实际上已经失去效力，新的促进少数民族就业的政策处于缺位状态。通过对新疆和内蒙古的实证分析，说明劳动用工市场化过程中少数民族就业面临的挑战。

关键词：市场化 劳动就业 少数民族 民族政策

劳动就业既是一个民生问题，也是一个人权问题。在现代人权观念中，劳动就业权是一项基本人权；对一个正常的成年人而言，只有劳动就业权得到保障，其生存权、发展权也才有保障。基于这一认识，当今世界上任何一个国家的政府都高度地关注民众的就业问题，不仅要保持经济快速发展，创造更多就业岗位，而且要依法制裁就业歧视，实现公民就业公平。从经济学角度看，就业歧视是一种不合理且带有偏见的资源配置行为，会损害劳动者的工作机会和就业权利；而从社会学角度看，就业歧视会使弱势群体进一步陷入困境，从而酿成社会不稳定性因素。因此，就业不能承受歧视之重。我国向来重视促进就业，反对任何形式的就业歧视。我国既是 WTO 成员，也是国际劳工组织的成员，而这两个组织中的核心价值观念之一，就是消除就业歧视。由此可见，积极消除就业领域中或明或暗的任何歧视，保障每一个劳动者的就业机会和待遇平等，是顺应国际

---

* 王剑峰，中国社会科学院民族学与人类学研究所副研究员。

潮流的切实之举，当然，更是我们建设和谐社会的必然选择。毕竟，就业是民生之本。

劳动用工市场化过程中民族差异的研究文献并不多见。中国统计部门虽然发布了少数民族自治地方的宏观统计数据，但是按民族分类的收入、就业、失业数据还未曾见到。因此，相关研究文献和数据的缺乏增加了研究的难度，也使得本文的研究意义更加凸显。笔者正是在中国经济转轨的视域内，探讨劳动用工市场化条件下少数民族就业所面临的挑战。分析劳动用工市场化对不同民族的影响。本文使用的是"就业减贫和少数民族劳动权益保障"课题2006年内蒙古和新疆的调查数据。

一 民族身份是否对就业构成影响

目前，在我国基于性别、年龄和职业的就业歧视已成为一个不争的事实，尤其是面对依然严峻的就业形势，就业歧视问题更加需要引起重视。在劳动力供大于求、工作岗位供不应求的条件下，劳动者处于被动和被选择的地位，其就业权益也极易遭到损害和侵犯。当前，在中国劳动力市场上基于性别、职业、身份及地域的歧视已经被关注，亦有诸多研究，但基于民族的歧视尚未得到关注，有关少数民族平等劳动权益问题的研究尚未引起足够的重视。中国政府一贯反对任何形式的就业歧视，但在经济转型时期，变化的劳动力市场中是否存在忽视少数民族劳动权益的问题，尤其在就业方面？这里我们将就此进行分析。

在西方工业化国家，针对移民工人和少数民族工人的歧视很普遍。在上岗、培训、工作分配、内部提升，以及就业条款和工作环境方面，歧视是一个非常普遍的现象。[1] 因而，从国际视野来看，民族因素会影响求职者的求职行为和招聘者的录用结果。

由于每个人对歧视的感知和认知程度不同，问卷的问题设计避开了对歧视的态度测度，而改用"影响"测度。表1的数据显示：在某种程度上，民族身份已经成为影响人们就业的因素之一。从总体来看，汉族中没

---

[1] Zegers de Beijl, "Labor Market Integration and Legislative Measures to Combat Discriminations against Migrant Workers", in Bohning, W. R.; Zegers, de Beijl, R.: *The Integration of Migrant Workers in the labor market: policies and their impact*, Geneva, ILO. p. 23.

有人认为民族身份会影响就业，不论城镇汉族还是乡村汉族。而近30%的非汉族认为民族身份是寻找工作的影响因素之一，其中哈萨克族最高，为48.72%；维吾尔族次之，近45%。回族和蒙古族分别为9.18%和7.79%。从居民身份的城乡划分来看，非汉族城镇居民认为民族身份影响就业的比例略低于农民工，但各个民族间差异很大。哈萨克族仍然最高，71.43%的城镇居民认为民族身份影响找工作，而农民工只有22.22%有相同的看法。维吾尔族城镇居民这一数值是48.09%。值得注意的是，蒙古族和回族农民工认为民族身份影响就业的比例普遍比城镇居民高，说明民族身份影响就业的感知率在这两个民族中农民工比城镇居民要高。这一方面说明该问题在蒙古族和回族的城镇居民中不明显，另一方面说明蒙古族和回族城镇居民社会融入度较高。

表1　民族身份是否对找工作带来影响

单位:%

	汉族	非汉族	维吾尔族	哈萨克族	蒙古族	回族	其他
回答为"是"的比例	0	29.96	44.99	48.72	7.79	9.18	0
其中：城镇居民	0	28.44	48.09	71.43	5.56	3.73	0
农民工	0	31.73	42.16	22.22	10.94	20.97	0
样本量	704	988	549	39	154	196	50

数据来源：2006年"就业减贫与少数民族劳动权益保障"课题调查数据。

我们可以认为，在某种程度上，民族身份已经成为影响人们就业的因素，而不论城镇居民还是农民工。城镇居民由于他们接受的信息比较多，受教育程度较高，民族意识较农民工强烈。某些少数民族更容易受到影响。对此我们的解释是：一是人们对地域具有根深蒂固的偏见，二是某些少数民族求职者比其他少数民族更难以融入或适应主流文化。

一般来说，歧视现象可以是直接的，也可以是间接的。直接的歧视意味着基于民族、种族、性别或其他可比较的条件而对工作者进行不利的区别对待，但现实中存在更多的可能是间接歧视。可以肯定地说，间接歧视通常藏匿更深，难以察觉，因而也更加难以抵制。间接歧视一般发生在明显中立的环境中，即对所有申请工作的人或雇员，使用相同的条件、待遇或标准，其结果却使某一群体的人受益，而使另一群体的成员处于劣势地位。

二 就业促进政策在不同民族中的实践

在促进就业的过程中，给少数民族以优先或照顾政策，这是新中国成立以来政府保护少数民族平等劳动权利的重要措施之一，当然，这亦是政府公共服务的职责，是构建和谐社会的重要手段。

表 2 数据揭示：在找工作过程中，大致来说，汉族和非汉族都享受过优待。从平均值来看，享受优惠的概率相同。

总体来看，近 2% 的非汉族享受过"降低录用标准待遇"，而汉族这一比例仅有 0.28%。哈萨克族最高，达到 5.13%，维吾尔族次之，达到 2.73%。蒙古族和回族都低于 1%。说明享受"降低录用标准待遇"的，少数民族比汉族多。

"在同等条件下优先录用"的比例，少数民族也高于汉族，二者相差逾 0.7 个百分点，维吾尔族高于汉族 0.12 个百分点，蒙古族和回族的这一比例较高，超过 3%。"当企业有用工指标时被优先录用"，维吾尔族和汉族分别高出非汉族这一均值 0.47 个、0.69 个百分点，但维吾尔族低于汉族 0.22 个百分点。总体来看，说明市场化过程中，随着现代企业制度的建立，企业用工日益自主化，他们更有可能雇用劳动生产率较高的汉族。

享受过"其他优先政策"的，哈萨克族和汉族分别高出少数民族均值 6.82 个、1.67 个百分点。总体来看，享受过其他优惠待遇的汉族，其比例高于少数民族。

表 2 你找工作过程中享受过优待吗？（总体）

单位：%

	汉族	非汉族	维吾尔族	哈萨克族	蒙古族	回族	其他
降低录用标准（是）	0.28	1.92	2.73	5.13	0.65	0.51	0
在同等条件下优先录用（是）	1.70	2.43	1.82	2.56	3.90	3.06	2.0
当企业有用工指标时被优先录用（是）	2.41	1.72	2.19	0	0	2.55	0
其他优先政策（是）	5.11	3.44	4.37	10.26	1.30	2.04	0
样本量	704	988	549	39	154	196	50

数据来源：2006 年"就业减贫与少数民族劳动权益保障"课题调查数据。

大体来看，在找工作过程中，汉族和少数民族都享受过优惠待遇，有些方面少数民族比例偏高，而有些方面汉族比例偏高。

下面我们就从不同身份（城镇居民和农民工）来分析。对于城镇居民而言（见表3），非汉族"降低录用标准的比例"高出汉族2.17个百分点，哈萨克族和维吾尔族这一比例更高些，蒙古族次之。非汉族"在同等条件下被优先录用"的比例高于汉族0.33个百分点。而蒙古族和哈萨克族这一比例较高。维吾尔族则低于汉族0.58个百分点，低于少数民族平均值0.91个百分点。"当企业有用工指标时被优先录用"，汉族比少数民族总体高出0.34个百分点，回族偏高。享受过"其他优先政策"的汉族高出非汉族近2.7个百分点。如果考虑样本误差的因素，汉族的比例可能还要高。唯一不同的是哈萨克族这一比值达到9.52%。说明城镇少数民族居民享受优先政策的比率略高于汉族，但有些政策领域没有得到很好的落实。

表3 你找工作过程中享受过优待吗？（城镇居民）

单位：%

	汉族	非汉族	维吾尔族	哈萨克族	蒙古族	回族	其他
降低录用标准（是）	0.28	2.45	3.82	9.52	1.11	0	0
在同等条件下优先录用（是）	2.49	2.82	1.91	4.76	5.56	2.24	4.17
当企业有用工指标时被优先录用（是）	1.66	1.32	1.53	0	0	2.24	0
其他优先政策（是）	4.71	2.07	2.29	9.52	1.11	1.49	0
样本量	361	531	262	21	90	134	24

数据来源：2006年"就业减贫与少数民族劳动权益保障"课题调查数据。

对于农民工来说（参见表4），享受过"降低录用标准"的比例，汉族高于非汉族1.61个百分点，高于维吾尔族1.18个百分点。而"在同等条件下优先录用"的汉族则低于非汉族1.1个百分点，回族的比例偏高，达到4.84%。"当企业有用工指标时被优先录用"的比例，汉族比少数民族略高。享受"任何其他优先政策"的比例，汉族与非汉族大体一致，分别为5.54%和5.03%，但各个少数民族之间的差异很大，哈萨克族的比例最高，达到11.11%，维吾尔族为6.27%，蒙古族仅有1.56%。

表 4　你找工作过程中享受过优待吗？（农民工）

单位：%

	汉族	非汉族	维吾尔族	哈萨克族	蒙古族	回族	其他
降低录用标准（是）	2.92	1.31	1.74	0	0	1.61	0
在同等条件下优先录用（是）	0.87	1.97	1.74	0	1.56	4.84	0
当企业有用工指标时被优先录用（是）	3.21	3.13	2.79	0	0	3.23	0
任何其他优先政策（是）	5.54	5.03	6.27	11.11	1.56	3.23	0
样本量	343	457	287	18	64	62	26

数据来源：2006 年"就业减贫与少数民族劳动权益保障"课题调查数据。

通过以上分析，我们的结论是：总体来看，在找工作过程中，少数民族享受的优待与汉族大体相当，并没有显示出明显优势。但是，城镇少数民族失业者得到优惠政策的比例要高于农村打工者，可能的解释是针对城镇居民的就业服务比针对农民工的就业服务要好。

三　劳动力市场中对少数民族的态度：谨慎乐观

关于劳动力市场中少数民族所面临的挑战，我们可以通过在找工作或被雇用过程中所感受到的别人对他们的态度来考察。

从总体来看（见表 5），对"面试时，招聘人曾问我'你是少数民族吗'或问'你是什么民族'但又没雇用我"的回答为"是"的，汉族只有 0.43%，而非汉族却有 19.12%，哈萨克族最高，达到 41.03%，维吾尔族次之，达 28.24%，回族近 9%，其他民族为 6%，蒙古族为 3.25%。在美国，如果雇主招聘过程中询问或暗示应聘者的民族情况，但又未录用应聘者，会因就业歧视而遭到起诉。这一指标说明，少数民族在劳动力市场中潜在因民族因素而影响就业的情况。

对"单位或老板给我的工资和待遇偏低"的回答为"是"的，少数民族为 15.18%，高出汉族近 10 个百分点。维吾尔族这一比例最高，达到 24% 强，哈萨克族次之，达 10% 强，回族和蒙古族都超过 3%，但是低于汉族比例。

对问题"我的生活习惯跟别人不一样，招工时单位或老板没有聘用我或把我解雇了"的回答为"是"的，汉族几乎不存在，少数民族平均值为

2.23%，维吾尔族为2%，只有哈萨克族的比例较高，达到15%强。

对问题"单位食堂或其他工作场所没有给穆斯林提供专门的清真饮食"的回答为"是"的，少数民族的平均值不到5%，回族近16%，维吾尔族为3.28%。回族之所以偏高，是因为他们的流动性很强，而大多数单位又极容易忽视穆斯林生活习惯。

对问题"在同等条件下，晋升职务时，单位或老板都没有考虑我"，其回答为"是"的，汉族为0，非汉族为4.55%，维吾尔族较高，达6.38%，回族为3.06%，其他民族都在3%以下，说明社会上仍然存在对少数民族的偏见。

对问题"单位或老板不同意我参加民族节日或合法的民族宗教活动"，其回答为"是"的，汉族和少数民族都有发生，但汉族仅有0.28%，可以忽略不计，非汉族有近3%，哈萨克族和蒙古族都为6%以上，回族为5.22%，维吾尔族为2.91%。

对问题"由于我参加了民族节日或合法的民族宗教活动，单位或老板找借口把我解雇了"，其回答为"是"的，各个民族比例都不高，汉族为0，少数民族平均在1%左右，大多是穆斯林。

对问题"其他不公正待遇"的回答为"是"的，少数民族平均值近5%，汉族仅为0.28%。维吾尔族和哈萨克族比例稍高，分别为7.65%和5.13%。

表5 劳动力市场中对少数民族的态度（总体）

单位:%

	汉族	非汉族	维吾尔族	哈萨克族	蒙古族	回族	其他民族
面试时，招聘人曾问我"你是少数民族吗"或问"你是什么民族"但又没雇用我（是）	0.43	19.12	28.24	41.03	3.25	8.96	6.0
单位或老板给我的工资和待遇偏低（与其他和我干同样工作的人相比）（是）	5.40	15.18	24.41	10.26	3.25	3.57	0
我的生活习惯跟别人不一样，招工时单位或老板没有聘用我或把我解雇了（是）	0.18	2.23	2.0	15.38	0	2.55	0

续表

	汉族	非汉族	维吾尔族	哈萨克族	蒙古族	回族	其他民族
单位食堂或其他工作场所没有给穆斯林提供专门的清真饮食（是）	0.28	4.96	3.28	0	0	15.82	0
在同等条件下，晋升职务时，单位或老板都没有考虑我（是）	0	4.55	6.38	2.56	1.95	3.06	0
单位或老板不同意我参加民族节日或合法的民族宗教活动（是）	0.28	2.94	2.91	6.49	6.12	5.22	0
由于我参加了民族节日或合法的民族宗教活动，单位或老板找借口把我解雇了（是）	0	1.11	1.28	0	0.65	1.53	0
其他不公正待遇，请说明	0.28	4.76	7.65	5.13	0	1.53	0
样本量	704	988	549	39	154	196	50

数据来源：2006年"就业减贫与少数民族劳动权益保障"课题调查数据。

劳动者的来源有城乡之别，劳动力市场对其包容与拒斥也表现不同。表6显示企业主对不同民族身份城镇劳动者的就业态度。对表6第一个问题回答为"是"的，汉族和少数民族都有此情况发生，但汉族比非汉族低大约13个百分点，比维吾尔族低逾22个百分点，比哈萨克族低51个百分点，比回族低约3个百分点，但高于蒙古族和其他民族。维吾尔族比哈萨克族低约29个百分点。工作场所中是否尊重少数民族的风俗习惯，例如对问题"单位食堂或其他工作场所没有给穆斯林提供专门的清真饮食"的回答，汉族和少数民族都有一定的比例，回族高于其他民族。

总体看来，在某些情境中，一些少数民族更容易受到不公正对待。但我们也应该看到，测量劳动力市场上的不公正问题，特别是相关的民族心理问题，具有较大的难度。一方面是因为这是一种心理测量和态度测量，具有不确定性；另一方面，它也跟样本的选择有较大的关联。毫无疑问，中国政府一向反对各种民族歧视，但由于中国就业资源紧张，特别是在经济低迷时期，加之转型时期的中国制度建设存在漏洞，社会生活中可能会存在不公正问题，尤其是与就业相关的不公正问题。

表6 劳动力市场中对少数民族的态度(城镇居民)

单位:%

	汉族	非汉族	维吾尔族	哈萨克族	蒙古族	回族	其他民族
面试时,招聘人曾问我"你是少数民族吗"或问"你是什么民族"但又没雇佣我(是)	5.54	19.02	27.86	57.14	3.33	8.96	4.17
单位或老板给我的工资和待遇偏低(与其他和我做同样工作的人相比)(是)	3.88	10.74	20.23	4.76	2.22	0.75	0
我的生活习惯跟别人不一样,招工时单位或老板没有聘用我或把我解雇了(是)	0	2.07	1.15	28.57	0	1.49	0
单位食堂或其他工作场所没有给穆斯林提供专门的清真饮食(是)	5.54	4.14	1.15	0	0	14.18	0
在同等条件下,晋升职务时,单位或老板都没有考虑我(是)	0	3.58	6.11	0	3.33	0	0
单位或老板不同意我参加民族节日或合法的民族宗教活动(是)	5.54	2.26	1.91	0	0	5.22	0
由于我参加了民族节日或合法的民族宗教活动,单位或老板找借口把我解雇了(是)	0	0.19	0	0	1.11	0	0
其他不公正待遇,请说明	0.55	4.33	8.01	4.76	0	0.75	0
样本量	361	531	262	21	90	134	24

数据来源:2006年"就业减贫与少数民族劳动权益保障"课题调查数据。

四 政策层面的反应

中国政府向来反对任何形式的歧视和不公正。在国际层面,我国于1982年加入联合国《消除一切种族歧视公约》。2001年,中国政府批准《联合国关于经济、社会和文化权利国际公约》,据此,每一个人都有就业选择的权利及其他劳动权,且不分种族、肤色、性别、语言、宗教信仰、政治或其他观点、国籍和社会身份。2005年，中国加入国际劳工组织第111号《反就业和职业歧视公约》。中国政府批准了国际劳工组织的24个公约。

在国内，每一个民族都享有相同的政治权利。1982年宪法第四款规定，每一个民族都享有相同的权利，政府保护每一个民族的合法权利，禁止任何形式的歧视和压迫。

（1）各民族有平等的就业和选择职业的权利。第四十二条规定，中国公民有劳动的权利和义务。政府将采取各种措施增加就业机会，实施劳动保护，改善工作环境，在发展生产力的基础上，提高报酬和福利水平。

1994年颁布的《中华人民共和国劳动法》第十二条规定，劳动者不分种族、民族、性别和宗教信仰，就业中禁止任何歧视。第十四条规定，对于残疾人、少数民族成员以及退役军人的劳动就业，在法律法规中有特别规定。这些规定都必须被严格遵守。

（2）自治地方应优先培养、选拔和录用少数民族干部和专业人才。2001年修订的《中华人民共和国民族区域自治法》第二十二条规定，民族自治地方的自治机关根据社会主义建设的需要，采取各种措施从当地民族中大量培养各级干部、各种科学技术、经营管理等专业人才和技术工人，充分发挥他们的作用，并且注意在少数民族妇女中培养各级干部和各种专业技术人才。民族自治地方的自治机关录用工作人员的时候，对实行区域自治的民族和其他少数民族的人员应当给予适当的照顾。

民族自治地方的自治机关可以采取特殊措施，优待、鼓励各种专业人员参加自治地方各项建设工作。

（3）企业、事业单位在用工时应优先录用少数民族人员。《中华人民共和国民族区域自治法》第二十三条规定，民族自治地方的企业、事业单位依照国家规定招收人员时，优先招收少数民族人员，并且可以从农村和牧区少数民族人口中招收。

第六十七条规定，上级国家机关隶属的在民族自治地方的企业、事业单位依照国家规定招收人员时，优先招收当地少数民族人员。

一些民族自治地方在贯彻《民族区域自治法》的这一规定时，为了确保招收少数民族人员，还对招工中的少数民族人员比例做了规定。如宁夏回族自治区人民政府规定："今后招工，少数民族比例不得低于25%，城市招收不到比例时，可到农村招收回乡知识青年。"

新疆维吾尔自治区劳动局规定："招工中的民族比例应当参照当地城镇待业人员中的民族人数，并考虑当地民族人口自然比例。"①

有的地方还放宽录取少数民族职工的条件等，使少数民族职工队伍不断壮大。这对于增强民族团结，加速民族自治地方的经济文化建设，保障少数民族的平等权利，具有重要意义。

另外，原劳动部在劳动工作方面对少数民族自治地区有以下优惠政策。

（1）1986年国务院发布《国营企业招用工人暂行规定》以后，各民族自治和少数民族聚居的省在制定的《实施细则》中对少数民族子女就业和招工方面优惠实行了：①降低招工录取分数线；②同等条件下优先录用；③有自然减员指标时，优先招用少数民族人员。

（2）在汉族人数居多的单位应设立回民（包括信仰伊斯兰教的少数民族职工）灶，无条件设立回民灶的，可给予回民伙食补贴。

（3）考虑到民族自治地区的一些特殊情况和他们的要求，劳动部在劳动工资计划上一直酌情给予必要的灵活政策。

（4）在技工培训方面，劳人培〔1985〕41号文件劳动人事部《关于允许农村、牧区少数民族学生报考技工学校的批复》中规定：农村牧区少数民族学生中符合招生条件的可以报考技工学校。在本自治区技工学校学习的，其户口、口粮等问题，凭自治区劳动人事厅的录取证明办理；到自治区以外的省、市技工学校学习的，毕业后仍回自治区安排工作，可参照1965年6月1日《劳动部、公安部、粮食部关于简化委托代培学徒审批手续问题的联合通知》第三款的精神办理，即不必迁移正式户口，自带全国通用粮票，由代培地区作为临时户口，凭全国通用粮票供应口粮。

（5）劳培字〔1990〕13号《技工学校招生规定》中规定："第二十七条，少数民族地区的技工学校，应招收一定比例的少数民族考生，并可适当放宽录取分数线"。

（6）1994年10月劳动部颁发的《职业指导办法》，规定职业指导工作包括"对妇女、残疾人、少数民族人员及退出现役的军人等特殊群体提供专门的职业指导服务"。

---

① 国家信息中心法规信息处，http://www.chinalaw.net/pls/ceilaw/cei.syzw_query?inzh=17&inflm=90002。

(7) 1994 年劳动部颁布《就业训练规定》，提出对妇女、残疾人、少数民族人员及军队退出现役人员等特殊群体提供专门的就业训练。

(8) 1994 年劳动部颁布的《职业培训实体管理规定》，特别提到职业培训实体的培训对象，包括需要提供专门的职业技能培训的妇女、残疾人、少数民族人员及退出现役的军人。

可见，中国政府一向重视少数民族劳动就业问题，并在相关法律中做出规定。但是，在以市场化和城市化为核心的社会转型时期，以往具体的政策基本上失去效力。

第一，在劳动用工市场化过程中，几乎所有的就业照顾政策已失去效力。20 世纪 80 年代以来，特别是 90 年代以来，市场化主导的经济体制改革，使企业以及部分事业单位在劳动用工及工资制度方面，已经摆脱了计划经济时代的束缚，成为独立的法人单位。而绝大多数政策制定于 20 世纪 90 年代中期以前，许多政策已经不适用于劳动力市场的变化和趋势，失去功能，形同虚设。例如，《国营企业招用工人暂行规定》、有关劳动工资计划安排等规定，以及其他一些劳动用工方面对少数民族自治地区优惠政策，可以说与少数民族劳动权益保护直接相关，但多数已失去效力，能发挥作用的几近消失。

第二，相关的法律法规过于笼统、僵化，在实践上几乎没有可操作性，而各地自治条例又极少重视少数民族就业问题。即使有的地方做了相应的规定，鉴于主观和客观因素，很难发挥作用。《劳动法》规定严禁各种形式的民族歧视，但却没有在法律上定义什么行为是歧视以及如何惩处法人的歧视行为，相关的劳动监察条例也未提及。《民族区域自治法》规定，自治地方机关采取各种措施培养少数民族干部及各类专业人才，但采取何种措施并没有解释。规定企业、事业单位在招收人员的时候，要优先招收少数民族人员，但并未说明采取哪些具体的优先手段以及招收的比例。其他有关职业指导、教育培训、就业训练的法规都存在这些问题。

第三，在劳动力市场化条件下，当下跨越地理区域的劳动力流动日益增强，而对于民族自治地方以外就业的少数民族的劳动权益保护问题的重视极为不足，尤其是农村流动劳动力。可以预见，这一问题在未来劳动力市场变化中将日益突出，值得重视。

第四，少数民族语言授课的教育制度，面临极大的挑战。这种挑战来自就业市场的需求。保护少数民族的语言权利和就业市场化存在难以调和的矛盾。

以上说明中国政府不仅在国内重视少数民族的劳动就业权利，而且重视同有关国际组织密切合作，遵守国际有关反种族和民族歧视公约。同时，这也说明，国家组织的积极行动对世界反就业歧视至关重要。

余 论

当前，"有三大主题在全球取得共鸣：一是市场并没有像人们预期的那样运转，因为它既没有期望的效率，也不稳定；二是政治制度并没有修正市场的失灵；三是从根本上说，经济体制和政治体制是不公正的。不平等是政治体制失灵的原因和结果，同时，它又导致了经济体制的不稳定，经济体制的不稳定反过来加剧了不平等"①。这是一个可怕的怪圈！尽管人们的不满千差万别，但人们总有一天会站起来说：哪里一定出了什么问题，我们需要改变！

城市化还要进一步加速，市场化也会继续深入，人口流动会越来越多，不同文化的激荡也会越来越频繁。幸运的是政府已经着力以民生为重点进行社会建设，在社会建设中，就业和教育应该是重中之重。

中国政府一向重视少数民族的劳动权利，颁布法律法规明令禁止和惩处民族歧视行为并提供法律保护。随着体制转轨的进行，相关的政策法规已经不再适应劳动力市场化的转向，多数已失去效力，能发挥作用的甚少。相关的政策过于笼统和僵化，在实践上几乎没有可操作性。而各地自治条例又极少重视少数民族就业问题，即使有的地方做了相应的规定，鉴于主观和客观因素，也很难发挥作用。在经济转轨、劳动用工市场化过程中，不论在国家层面，还是在自治地方层面，及早出台促进少数民族就业的相关政策，成为亟待解决的问题。

---

① Joseph E. Stiglitz, *The Price of Inequality: How Today's Divided Society Endangers Our Future*, N. Y.: Norton, 2012, Preface, XI.

藏彝走廊文化域中的羌文化刍议*

普忠良**

内容提要： 本文从"藏彝走廊"分布域（多民族活态分布与多元民族活态文化）、"藏彝走廊"语言域（藏、羌、彝语支是走廊鲜活的语言主体）以及"藏彝走廊"文化域（岷江流域古遗址凸显厚重的古羌文化）三个侧面，探讨了藏彝走廊文化域中的尤为凸显且厚重的羌文化元素，以此论证：无论从多元的文化角度，还是从具体的民族学视角，古羌文化作为藏彝走廊的重要文化积淀和藏彝走廊文化的最重要组成之一，从丰富和发展学术的客观视角来看待民族走廊，把"藏彝走廊"定义为"藏羌彝走廊"更为妥切。

关键词： 藏彝走廊　文化域　羌文化

引　言

"藏彝走廊"的概念是费孝通先生于1978年在北京的全国政协民族组会议上第一次提出的。随后的几次会议或座谈会上，关于"藏彝走廊"，费孝通先生多次提及。① 费先生最后一次提及"藏彝走廊"是在2003年11

---

* 本文同时也在2012年12月16日中央民族大学民族学与社会学学院主办的"多视角藏羌彝走廊"学术研讨会上公开宣读，张曦博士和黄成龙博士对本文提出许多宝贵意见，诚致谢意。
** 普忠良，中国社会科学院民族学与人类学研究所《民族语文》杂志副编审。
① 1981年12月，在中央民族学院民族研究所的座谈会上，费孝通以"民族社会学调查的尝试"为题再次强调了"藏彝走廊"的概念，并指出其对西南地区民族社会学的研究具有重要价值。1982年4月，在昆明召开的中国西南民族研究学会上，费孝通做了"支持六江流域民族的综合调查"的发言，同时也再次提及"藏彝走廊"的概念。1982年5月，在武汉社会学研究班的座谈会上，费孝通在"谈深入开展民族调查问题"的发言中，再度提及"藏彝走廊"，并且以珞瑜地区的阿帕达尼人为例，将走廊的地理范围扩大至"甘肃至喜马拉雅山南"，以及"缅甸北部、印度东北部的那加地区"。

月致"藏彝走廊历史文化学术讨论会"①的贺信中。多年来，国内外有关专家学者对"藏彝走廊"学术命题的探索和研究成果证明，费孝通先生所揭示给我们的"藏彝走廊"这一概念的学术意义及其价值都是不可估量的。显然，今天我们以民族走廊学科深入研究和发展的需要，从多视角来看待藏彝走廊的民族历史和文化，更有利于"藏彝走廊"学术命题讨论和交流的延续与拓展，这无疑对民族走廊文化研究的深入以及进一步发展具有重要的民族学、语言学、历史学以及考古学意义。

文化域又称文化区域，它是民族文化人类学概念或范畴，是指具有相同或相似特征，或共享一种占支配地位的文化倾向的若干族群文化生态所构成的相邻的地理区域。文化域不是一个静态的结构，它是一个变动不居的系统。它随族群语言或文化特征的改变而变化：大到整个族群社会，小到一个家庭都可以构成一定的社会文化域，涵盖政治、经济、文化、宗教、价值观、道德观等多方面内容。"藏彝走廊"无论从地理位置或区域分布，还是从族群语言分布，都体现出独特的区域性文化特征。本文从"藏彝走廊"的多民族活态分布与多元民族活态文化，即"分布域"；藏、羌、彝语支是走廊鲜活的语言主体，即"语言域"；以及岷江流域古遗址凸显厚重的古羌文化，即"分化域"三个侧面来探讨"藏彝走廊"文化域所呈现和凸显出的厚重的羌文化的一些特点。

一 "藏彝走廊"分布域：多民族活态分布与多元民族活态文化

"藏彝走廊"无论作为一个特定的民族学概念，还是作为一个特殊的历史—民族区域，已经成为国内外学者普遍关注的热点区域。不断推出的相关研究成果为中国的民族学、人类学领域拓展了新的视野与路径，注入新的活力。藏彝走廊在地理方位域中是指称六江流经过的横断山脉地区，它是一个通识性的称谓，包括滇西北横断山脉高山峡谷区、滇西高原区和藏东高山峡谷区以及川西高原区。而作为多民族、多语言分布的区域，这一民族走廊不仅分布着藏缅语族各族如藏、彝、羌、纳西、傈僳、普米、白等民族，还分

---

① 此次学术研讨会由教育部人文社科重点研究基地四川大学中国藏学研究所和中国西南民族学会联合主办。

布着属壮侗语族的傣族和孟高棉语族的佤、布朗、德昂等民族以及苗瑶语族的苗、瑶等民族，自古形成多族群共生的活态的多元文化域。

在藏彝走廊文化域中，以藏文化为代表的岷江上游文化，以羌族文化为代表的岷江中上游文化和以彝族文化为代表的岷江下游、金沙江中上游文化在整个藏彝走廊中尤为凸显。从自然地理角度来看，藏彝走廊的地理范围主要在横断山脉地区，包括了今天川、滇、藏三省区毗邻地区的由一系列南北走向的山系、河流构成的高山峡谷区域。在这一区域中，包括了怒江、澜沧江、金沙江、雅砻江、大渡河、岷江六条大江流经区域所形成的从北向南开辟出的一条条南北走向的河谷通道，自古成为众多民族或族群南来北往、频繁流动迁徙的场所，也形成了西北与西南各民族间交往与沟通的重要通道。这一通道是一个民族文化生态特别丰富的区域，它所形成的民族语言和文化生态多样性，来源于这个地区民族语言文化生态单元的结构特点和不同单元间联系的差异。① 在走廊内，当地少数民族把比较狭窄的山谷称为"沟"，比较开阔的山谷或河流交汇形成的冲积区称作"坝"。这一民族走廊内，不同民族有许多谚语可以说明民族走廊内各民族语言文化生态单元的差异。如羌族谚语"山分梁子水分亲"，嘉绒地区的谚语"嘉绒十八沟，沟沟都不同"，彝族地区谚语则说"山是山，谷是谷，水牛是水牛，黄牛是黄牛，黑彝是黑彝，白彝是白彝，黑白家支不联姻"，这些谚语反映了以山谷作为民族语言文化生态单元的文化意识。

在藏彝走廊，同一江域，山谷间的联系往往容易形成比较相似的民族文化生态特征。而不同的流域间，由于受深谷和高山的阻隔，不同流域之间的民族语言和文化上多样性差异就更多地表现出来，而部分长期孤立的山谷，则形成了民族语言和文化生态的孤岛，典型的有四川的嘉绒藏区，四川、云南交界的泸沽湖地区摩梭人的母系文化生态等。②

"藏彝走廊"文化域中的这种多民族分布活态与多元民族文化活态特点，自然形成于民族语言和文化生态多样性，来源于这个地区民族语言文化生态单元的结构特点以及不同单元间联系的差异。

---

① 李绍明：《六江流域民族考察述评》，《西南民族大学学报》（人文社科版）1986年第1期，第1页。
② 袁晓文、李锦主编《藏彝走廊东部边缘族群互动与发展》，民族出版社，2006，第89页。

二 "藏彝走廊"语言域：藏、羌、彝语支是走廊鲜活的语言主体

从"藏彝走廊"的民族及其民族分布情况看，壮侗语族（傣族）、孟高棉语族（佤族、布朗族、德昂族）和苗瑶语族（苗族、瑶族）在藏彝走廊区域，无论从人口还是从民族种类来看都仅占很少的部分。特别是随着中国民族语言研究和新发现语言研究的进一步深入，藏彝走廊区域内的民族语或族群语言系属划分随着有关民族语言学家的深入调查而越发清晰。如研究羌语的孙宏开研究员在较早时期就开始从藏缅语族的角度研究民族走廊的实质性问题。在1983年出版的《西南民族研究》中，孙宏开根据自己多年的语言调查及研究，确认了在这一走廊中，除藏语、彝语、羌语、普米语、嘉绒语以外，尚有多种不为外人所了解的"历史遗留"语言。孙宏开先生提出，在20世纪80年代新发现的七种语言即尔苏语（多续语、栗苏语）、纳木依语、史兴语、木雅语、贵琼语、尔龚语、扎巴语都应该属于羌语支。[①] 另外，孙宏开先生的《川西民族走廊地区的语言》一文，从走廊中民族语言的分布及其相互关联性，以及民族走廊的地理位置两方面，做了"藏羌彝走廊"的语言实证研究。首先，孙宏开在文章中指出："北自甘肃南部、青海东部，向南经过四川西部、西藏东南部，到云南西部以及缅甸、印度北部的这一条狭长地带成为民族走廊"。他以南北走向的河流岷江、大渡河、雅砻江、金沙江、澜沧江、怒江为标志，划出了走廊的大致的地理空间位置，随后以扎实的研究证明了羌语支（Qiangic 或 Kiangic）语言范畴的成立。特别是在羌语支语言的分布问题上，强调了四川西部地区在这条走廊中的重要地位，并提出四川西部是走廊的"核心地区之一"的观点。[②] 这种将不同的民族语言投射到不同的地理空间之上的认识，一方面证实了走廊中不同文化的分布，另一方面也为走廊研究提供了语言学研究视角。后来的诸多语言学研究其实也可以算作是孙宏开研究的延伸或扩张。

2003年11月，在四川大学中国藏学研究所和西南民族学会联合主办的"藏彝走廊历史文化学术讨论会"上，四川省民族研究所的李星星做了

---

① 中国西南民族研究学会编《西南民族研究》，四川民族出版社，1983，第429页。
② 中国西南民族研究学会编《西南民族研究》，四川民族出版社，1983，第430页。

题为《藏彝走廊的地理范围及藏缅语族族群活动的假说》的发言。李星星在勾画"藏彝走廊"的地理范围和数条天然通道之后，提出了"古藏缅语族母体发生分化前的原始区域在走廊数条河流的源头以上地区"的假说。①日本人学者松冈正子于2000年出版《羌族与四川藏族——中国青藏高原东部的少数民族》是一部以理县蒲溪乡蒲溪村为事例的详细的羌族民族志，书中松冈正子对四川藏族语言分布做了详细的图示（见图1）。

图1　四川省藏族语言分布

（松冈正子作图，出自松冈2000年第239页。张曦翻译凡例、转换为中文字体）

据此，我们结合前人的研究以及当前我国语言学界对藏缅语族语言系属划分，具体将分布在六江流域（即藏彝走廊）的藏缅语族语言的分布情况列表（如表1所示）。

---

① 李星星的《藏彝走廊的地理范围及藏缅语族族群活动的假说》提出了两个假说：第一，古藏缅语族母体发生分化前的原始区域在走廊数条河流的源头以上地区；第二，选择不同的通道南下导致母体分化、不同语支语言的产生乃至不同民族的出现。

表1 六江流域的藏缅语族语言具体分布情况

藏缅语言	所属语支	所在江域
格曼语	景颇语支	雅鲁藏布江
义都语	景颇语支	雅鲁藏布江
独龙语	景颇语支	独龙江
傈僳语	彝语支	怒江、金沙江、澜沧江
柔若语	彝语支	怒江
阿侬语	景颇语支	怒江
怒苏语	缅语支	怒江
白语	彝语支	怒江、金沙江、澜沧江
景颇语	景颇语支	怒江
载瓦语	缅语支	怒江
基诺语	彝语支	澜沧江
桑孔语	彝语支	澜沧江
纳西语	彝语支	金沙江、澜沧江
羌语	羌语支	岷江
西夏语	羌语支	黄河
普米语	羌语支	金沙江
拉坞戎语	羌语支	大金川河
道孚语	羌语支	雅砻江
木雅语	羌语支	雅砻江
却域语	羌语支	雅砻江
贵琼语	羌语支	大渡河
扎巴语	羌语支	雅砻江
尔苏语	羌语支	大渡河
纳木兹语	羌语支	雅砻江
吕苏语	羌语支	雅砻江
史兴语	羌语支	金沙江
彝语	彝语支	大渡河、金沙江
拉祜语	彝语支	澜沧江
哈尼语	彝语支	澜沧江
阿卡语	彝语支	澜沧江、湄公河
藏语	藏语支	雅鲁藏布江、大渡河等

续表

藏缅语言	所属语支	所在江域
仓洛门巴语	藏语支	雅鲁藏布江
墨脱门巴语	藏语支	雅鲁藏布江
白马语	藏语支	嘉陵江
嘉绒语茶堡话	羌语支	大渡河

从表1中可以看出，藏缅语族35个语言中，分属藏语支的语言有藏语、仓洛门巴语、墨脱门巴语、白马语共4种；分属羌语支的语言有西夏语、羌语、拉坞戎语、普米语、却域语、木雅语、道孚语、贵琼语、扎巴语、尔苏语、纳木兹语、吕苏语、史兴语、嘉绒语茶堡话共14种；分属彝语支的语言有傈僳语、柔若语、白语、基诺语、桑孔语、纳西语、彝语、拉祜语、哈尼语、阿卡语共10种；分属景颇语支的有格曼语、义都语、独龙语、阿侬语、景颇语共5种，缅语支只有怒苏语和载瓦语2种。在藏彝走廊区域中，藏、羌、彝三个语支所使用的语言共有28种，景颇语支和缅语支语言仅为7种。如果再加上壮侗语族的傣语、孟高棉语族的佤语、布朗语、德昂语和苗瑶语族的苗语、瑶语，一共才13种。

显然，费孝通先生之所以在20世纪80年代初提出"藏彝走廊"这一历史—民族区域概念，也是多年来许多其他人类学、民族学、语言学、地理学等老一辈学者长期特别关注的族群迁徙和流动的通道，而之所以称其为"藏彝走廊"，是因为历史上活动于藏彝走廊地带的古代族群即在汉文史籍中称作氐、羌、夷、越、戎等各民族集团，绝大多数是今天在藏彝走廊地区藏缅语民族的先民，即走廊内部主要是藏语支、羌语支和彝语支民族，是以藏、彝、羌为主体的藏缅语族语言族群众活动的主要舞台，也是藏缅语族民族或族群起源、发展、融合、迁徙和分化演变的重要通道、历史区域。

在北藏南彝中为羌的藏彝走廊主体区域内，藏、羌、彝无论从族群数量，还是从所使用的语言种类来说，三个民族所使用的语言在民族走廊族群语中都占有重大比重。另外，根据已故李绍明先生所做的粗略统计，①藏彝走廊中的人口，大约有1000万人，其中500多万人是少数民族，其他是汉族。其中藏缅语族的羌语支民族48万人，彝语支民族有293万人，藏

---

① 李绍明：《藏彝走廊研究的回顾与前瞻》，四川省民族研究所编印《藏彝走廊专题会议论文集》，2008，第34页。

语支民族 185 万人，共 535 万人左右，其他壮侗和苗瑶语族各语支民族的人口约 3 万人。因此，就"藏彝走廊"语言交际与使用来说，藏语、羌语和彝语三个语支是走廊鲜活的语言主体，这三个语支语言在藏彝走廊纵横交错的古代通道中，无论是南北纵向的较多的主要通道（由南往北或由北往南），还是因为跨越几条大河大江而形成的横向的由东向西（或由西向东）通道，使用藏语、羌语和彝语三个语支的族群语言都在藏缅语族各语支的族群交际和沟通中鲜活地存在于藏彝走廊区域内，藏、羌、彝语支语言也成为该走廊的语言主体。

三 "藏彝走廊"文化域：岷江流域古遗址凸显厚重的古羌文化

在藏彝走廊中民族史及民族关系问题的研究领域，传统上较为突出的问题在于过于依靠汉文典籍。由于汉文典籍与王朝的政治视角关联较强，因此汉族正史及野史都不仅仅存在着类似于萨义德（E. W. Said）所强调的"东方主义"（orentalism）现象，而且在可信度上依旧存在问题。① 其实，古羌人在中国历史上人数众多，分布广泛，影响深远。早在 3000 多年前殷商的甲骨文献就已有羌人活动的记载。殷商之际，羌人就活动在我国西北的广大地区，与殷人和周人的关系密切，他们是华夏族的重要组成部分。从殷商起，就有大量的羌人融入汉文化当中，以后的历代也如此。春秋战国时期，河湟地区的羌人迫于秦国军事压力，从公元前 4 世纪秦献公时，他们当中的一部分开始向西南迁徙，经过相当长的一段时间，迁徙到岷江上游、大渡河流域、雅砻江流域，以及青藏高原和云贵高原的广大地区，也就是我们今天称为六江流域即藏彝走廊的广大地区，而留下的或迁徙到中原的羌人经过漫长的岁月，已融入中原汉文化体系中。②

历史文献记载、考古发掘文物、现代生物遗传研究、人类学、民族学等多方面已经证明：羌族的先祖于上古时期在中国广泛地区起源，逐渐形成汉藏语系民族华夏族的重要组成部分并成为建立中国第一个王朝——夏朝的主要民族。而另一部分化为藏缅语族各民族的先祖。从商代甲骨文以

---

① 张曦：《藏羌彝走廊的研究路径》，《西北民族研究》2012 年第 3 期，第 189 页。
② 石泰安：《川甘青走廊古部落》，耿昇译，王尧校，四川民族出版社，1992，第 59 页。

来的文字记载可见周族与羌族联姻成就了周朝,使古羌族进一步华夏化。而到秦汉之后的汉化进程更加迅速,仅在青藏高原、四川西部、南部、攀西和云南大部保留有古羌后裔。① 因此,费孝通先生说:"羌人在中华民族形成过程中起的作用似乎和汉人刚好相反。汉族是以接纳为主日益壮大的,羌族却以供应为主,壮大了别的民族,很多民族包括汉族在内从羌人中得到了血液"。②

文献记载内容和考古发掘成果表明,在构成藏彝走廊的六条南北流向的大河水系中,岷江上游占居极其重要的地位。在以藏、羌、彝为主体的"藏彝走廊"多元文化积淀中,分布在岷江中上游的古藏、古羌文化是岷江流域多元共生文化的典型代表,除古藏文化外,古羌文化在藏彝走廊文化域中鲜活存在的有关考古实证日渐凸现。

藏羌彝走廊的考古发掘自北向南,有较多的新石器文化、石棺葬文化的发掘和研究。在岷涪江上游的茂县牟托墓葬、理县的佳山墓葬、汶川姜维城遗址、丹巴中路遗址、汉源狮子山遗址、茂县县城附近的营盘山遗址,以及岷江上游其他地区发现的距今6000年的波西遗址和距今4500年的沙乌都遗址等③都引发了考古学及人类学的极大兴趣。特别是2003年成都市文物考古研究所对茂县县城附近的史前遗址——营盘山遗址的考古发掘证明:距今5000~5500年的营盘山遗址,不仅代表了5000多年前的整个长江上游地区文化发展的最高水准,比距今3200~3500年的三星堆和金沙遗址提前了2000年,证明了巴蜀文明的源头可能在岷江的上游,而且将阿坝州,甚至是整个四川文明的历史上溯至6000年前。④

营盘山遗址发掘总面积达15万平方米,发现的新石器时代遗迹包括房屋基址9座、墓葬及殉人坑8座、窑址4座、灰坑140余个、灰沟及灶坑13座等。个别灰坑内涂有鲜红色颜料的石块,其成分以汞的氧化物(即朱砂)为主,这是目前国内发现的时代最早的人工使用朱砂的现象。与此同时,营盘山遗址出土的陶器、玉器、石器、骨器、蚌器等类遗物总数达近

---

① 石硕:《青藏高原东缘的古代文明》,《藏彝走廊:历史与文化》,四川人民出版社,2005,第77页。
② 费孝通:《中华民族多元一体格局》,中央民族大学出版社,1999,第28页。
③ 李先登、杨英:《四川牟托石棺墓的初步研究》,《中国历史博物馆馆刊》1998年第1期。
④ 罗婕:《营盘山考古将巴蜀文明史提前2千年》,http://www.china.com.cn/chinese/CU-c/450945.htm,2003年11月28日。

万件。其中包括四川地区发现的年代最早的陶质雕塑艺术品，出土的彩陶器数量也为四川之最。此外还发现了长江上游地区最早及规模最大的陶窑址，同时在这个 15 万平方米的遗址内发现了近 6 万座规格各异的石棺葬，规模属国内罕见。在营盘山遗址周围发现了数十处时代相近或略有差异的中小型聚落遗址，大致分布在四川松潘县、黑水县、茂县、理县、汶川县境内岷江及其支流两岸的河谷台地上，它们共同构成了新石器时代晚期的大型遗址群，这是长江上游地区目前发现的面积最大、时代最早、文化内涵最为丰富的大型中心聚落，它代表了 5000 年前整个长江上游地区文化发展的最高水准。这些史前文化遗址都集中分布在今天羌族主要分布区域的核心地带。陈剑等先生认为："营盘山遗址发现的下压奠基人牲坑的广场性质遗迹、各种类型的房址、陶窑、灶坑等现象，出土了陶质雕塑人面像等大量高规格的遗物，初步确认营盘山遗址是岷江上游地区的一处大型中心聚落，也是藏彝走廊五千年前的区域文化中心，其周围还分布有十余处中小型遗址。以营盘山遗址为代表的遗存是岷江上游地区一种新发现的以具有自身特色的本土文化因素为主体成分，同时吸收了多种外来文化因素的地方文化类型。"① 因此，我国著名的民族学家李绍明先生在《藏彝走廊研究的回顾与前瞻》中提到："距今 5000 多年的茂县营盘山遗址与汶川姜维城遗址、丹巴中路遗址、汉源狮子山遗址都出土了西北马家窑文化彩陶，应为同一文化传播的结果。"② 这些史前文化遗址很大程度上凸显了从西北南下的古羌人，在从北往南或从南往北的漫长而迂回的不断迁徙过程中，创造了以岷江上游为核心，并遍及大渡河流域、雅砻江流域，以及青藏高原和云贵高原广大地区的厚重氐羌文化。

另外，从氐羌系民族的原始宗教来看，藏彝走廊中的民族，如羌族、彝族、纳西族和藏族，其传统文化的核心是羌族的释比文化、彝族的毕摩文化、纳西族的东巴文化以及藏族的苯教文化，其类型是大致相同的。首先，他们的经文主要叙述文体（或叙事体）的类型和结构极其类似。如羌族的"释比经典"的文体基本上是韵文叙事体，包括了史诗、神话、传

---

① 陈剑、陈学志、范有刚、蔡青：《营盘山遗址——藏彝走廊史前区域文化中》，《阿坝师范高等专科学校学报》2005 年第 1 期。
② 李绍明：《藏彝走廊研究的回顾与前瞻》，四川省民族研究所编印《藏彝走廊专题会议论文集》，2008，第 8 页。

说、故事等，彝族的大量的毕摩经文以及纳西族的东巴经也是史诗、神话、传说、故事等文体，内容上也非常相似，有创世史、战争史、敬神，驱邪、婚丧等。其次，羌族的释比文化、彝族的毕摩文化、纳西族的东巴文化以及藏族的苯教文化，都和相关的宗教文化联系在一起，所反映的都是以崇拜祖先为核心的"天、地、人"三位一体原始宗教信仰理念，突出的主题都是祭天、祭地、祭祖，祭祖其实就是通过祭天、祭地，以求得祖先神、天神、地神护佑，达到天地人三维和谐共处的原始宗教信仰。这些宗教文化所表达的宗教观念非常相似，反映出藏彝走廊藏缅语族中很多民族的共同思想文化特征。

结　语

在藏彝走廊诸多文化域中，以藏文化为代表的岷江上游文化，以羌族文化为代表的岷江中上游文化和以彝族文化为代表的岷江下游、金沙江中上游文化在整个藏彝走廊中尤为凸显。通过藏彝走廊的民族历史文化生态的分布域、语言域和文化域，即藏彝走廊多民族活态分布与多元民族活态文化，藏、羌、彝语支是走廊鲜活的语言主体和岷江流域古遗址凸显厚重的古羌文化的个案展示，我们认为在构成藏彝走廊的六条南北流向的大河水系中，岷江上游占居极其重要的地位。在以藏、羌、彝为主体的"藏彝走廊"多元文化积淀中，分布在岷江中上游的古藏、古羌文化是岷江流域多元共生文化的典型代表，除古藏文化外，古羌文化在藏彝走廊文化域中的民族文化是十分厚重的，同时在有关史前遗址考古实证上，古羌文化在藏彝走廊诸多文化所显现的重要位置日渐凸显。古羌文化在藏彝走廊文化域中有关民族学、考古学、语言学、宗教学等诸多方面的文化"基因"已得以证实：无论从多元的文化角度，还是从具体的民族学视角，古羌文化作为藏彝走廊的重要文化积淀和藏彝走廊文化的最重要组成之一，从丰富和发展学术的客观视角来说，把"藏彝走廊"称为"藏羌彝走廊"实不为过，而且更为妥切。

二战后 ethnohistory 凸显于美国学界的动因分析*

刘海涛**

内容提要：二战前，作为"民族学的附庸和考古学的侍女"，ethnohistory 一直发展缓慢、影响微弱。二战后，作为一种凸显的学术现象，ethnohistory 初现端倪于美国学界。此与二战后西方，尤其是美国社会和学界的新变化息息相关。本文尝试对这些影响因素进行深入分析，为全面理解 ethnohistory 及其发生发展的学术脉络提供新的视角，对研究与 ethnohistory 密切相关的西方历史人类学之兴起而言，也有着重要的助益。

关键词：ethnohistory 美国学界 西方历史人类学

Ethnohistory 不是一种新的研究方法或研究领域。实际上，它与民族学学科本身的历史一样久远。早在民族学肇始的 19 世纪，一些学者就开始利用档案证据来帮助解释民族志或考古学材料。二战以来，所谓从事 ethnohistory 研究的学者们逐渐对自己的工作有了自我认识，ethnohistory 研究得以强化。这些学者有意识地研究土著族群的变化，或者批判性地意识到"出于民族志的目的而使用历史证据"。ethnohistory 研究的意义是逐渐显示

---

* 本文为中国社会科学院民族学与人类学研究所重点课题"西方'历史人类学'研究——以'ethnohistory'在美国学界的演变为视角"的阶段性成果，获中国社会科学院民族学与人类学研究所第二届青年学术论坛优秀论文三等奖。论坛总评人王希恩研究员和点评人贾益副编审为本文提出了诸多宝贵意见，特此鸣谢！

** 刘海涛，人类学博士，中国社会科学院民族学与人类学研究所《民族研究》编辑部副研究员。

出的，二战后 ethnohistory 才称得上是一个相对新的学术现象。①

作为一种日渐为学界所认可的学术现象，ethnohistory 初现端倪于 20 世纪上半叶的美国学界，突出反映了当时的民族学人类学尝试引入史学视角的发展倾向，对当时包括博阿斯学派在内的美国民族学人类学而言，是一种有益的补充，为二战后美国民族学人类学与历史学之间关系由疏离到日益密切及"历史人类学"在美国和西方学界的兴起起到了重要的铺垫作用。② 二战前，由于研究者的研究取向、档案材料等主客观条件的限制，从整体上来看，此时期，无论是美国的民族学人类学家，还是美国的历史学家，对印第安土著历史的研究都不太关注。这种状况，很大程度上限制了 ethnohistory 在美国学界的发展空间。作为"民族学的附庸和考古学的侍女"③，二战前的 ethnohistory 一直发展缓慢、影响微弱。

二战后尤其是 20 世纪 50 年代末期以来，是包括 ethnohistory 在内的诸多学术现象兴起于西方学界的时代。"……利用新的测定年代的技术，考古学发展起来；因研究保留地社区，文化涵化（acculturation）研究得以兴起；社会人类学，依靠的是结构和功能分析；生态学研究，依靠的是技术、环境和社会之间的关联；ethnohistory 的出现，更大程度上是对档案证据的依赖……"④ 这种局面的出现，主要归因于西方社会和学界出现的新的变化。换言之，二战后西方社会和学界的新变化为 ethnohistory 等学术现象在这一时期的凸显提供了不可或缺的基础和条件。ethnohistory 的凸显，既表现在美国的史学界，是史学因借鉴民族学人类学理论方法而展示出的

---

① 参见刘海涛在《对西方学界"ethnohistory"一词的历史考察》(《民族研究》2011 年第 2 期) 中的有关论述。国内学界在涉及 ethnohistory 等相关概念的翻译及使用问题上，缺乏统一认识，存在着混杂多样的现象。有鉴于此，本文除个别难以绕开的地方外，均未对 ethnohistory 进行翻译。凡少数几处给出翻译的，为避免歧义，均旁注了其英文形式。如"美国印第安民族史协会"（the American Indian Ethnohistoric Conference）、"俄亥俄流域—大湖区民族史档案"（the Ohio Valley-Great Lakes Ethnohistory Archive）、"美国民族史学会"（the American Society for Ethnohistory）、《民族史》期刊（*Ethnohistory*）等。

② 参见刘海涛《20 世纪上半叶美国学界的 ethnohistory：民族学人类学的一种有益补充》，《西南民族大学学报》（人文社会科学版）2013 年第 3 期。此文论及的是 20 世纪上半叶的情况，并不涉及二战后有关问题。

③ John K. Chance, "Mesoamerica's Ethnographic Past", *Ethnohistory*, Vol. 43, No. 3 (Summer, 1996), p. 380.

④ Fred Eggan, "Some Anthropological Approaches to the Understanding of Ethnological Cultures", *Ethnohistory*, Vol. 8, No. 1 (Winter, 1961), p. 3.

一种新的发展趋势；也表现在美国的民族学人类学界，是民族学人类学逐步"历史化"的一种具体反映。①

就目前学界而言，对初现端倪于美国学界的 ethnohistory 关注不够，对促其兴起与凸显的各种影响因素缺乏深入了解。② 本文尝试深入分析这些影响因素，为全面理解 ethnohistory 及其发生发展的学术脉络提供新的视角，对研究与 ethnohistory 密切相关的西方"历史人类学"的兴起而言，也有着重要的助益。从某种意义上讲，考察二战后 ethnohistory 在美国学界的凸显是研究西方"历史人类学"兴起的一个重要窗口。

一 西方史学与西方民族学人类学之间互动的加强，为 ethnohistory 的凸显提供了有利的外部学术环境

"在过去的很多年中（二战后），历史学发生了很大变化。出现了跨学科的社会史、来自底层（from the bottom up）的历史、日常生活（everyday life）的历史、政治之外（with the politics left out）的历史，刺激了对北美人、非裔美国人、妇女、儿童、工人、移民等人群的描写。这些人群均不代表政府机构或政治精英，都是被传统史学家忽略的对象。使用来自人类学、社会学、民俗学及其他领域的方法，以及沿着所谓的 ethnohistory 所开创的道路，历史学家发出了新的声音。传统历史学课程中的学生，以一种奇怪的前所未有的方式在面对过去。"③

德国兰克史学，作为西方传统史学（政治史阶段）的代表，在进入 20 世纪，尤其在二战后，遭到了法国年鉴学派、英国马克思主义史学和美国社会科学史学的批判。④ 这些后起之秀主张跨学科，提倡总体史，注重来自底层的历史（history from below），关注经济社会史，由此引发了二战后

---

① 有关 ethnohistory 在美国学界凸显的具体表现问题，需要另文专门探讨。
② 参见刘海涛《美国"民族历史学"研究》（中国社会科学院 2009 年博士后出站报告）导论中的有关论述。
③ Frederick E. Hoxie, "Ethnohistory for a Tribal World", Ethnohistory, Vol. 44, No. 4 (Autumn, 1997), p. 598.
④ 参见张广智主著《西方史学史》，复旦大学出版社，2000，第 318 页。

以经济社会史为主要标志的西方新史学（社会史阶段）的到来。① 在转型的过程中，西方史学对民族学人类学的理论和方法较为关注，或者说民族学人类学在其中扮演了重要角色。

自结构功能学派出现到 20 世纪 60 年代，西方民族学人类学在整体上多是拒斥历史的，这使得民族学人类学主动疏远了历史学，它们之间的界限变得泾渭分明。西方史学在二战后的更新转型，对人类学理论方法的关注和借重，使两个学科之间的关系逐步密切起来，为二者的日渐互动、复交、契合（reapproachment）与合流（convergence）提供了有利条件。② 总之，"新的研究领域、新的分析方法都成为历史学研究和教学中的标准特色，而新的研究主题也同时点亮了 ethnohistory 的发展前景"③。

此外，二战后西方民族学人类学也出现了"历史化"（historicization；historicized）的潮流。既与这一时期西方社会科学的整体反思（reflexivity）及西方民族学人类学自身反思有关，也与此时期民族学人类学研究对象本身的变化有关。

对西方社会科学的整体反思，源自对学术研究中"殖民情境"（colonial situation）的检讨及对西方学术霸权的解构（deconstruction），④ 建立在西方 20 世纪 60 年代以来蓬勃开展的各种社会反省运动的基础之上。⑤ "社会科学是否能够充分而恰切地描述社会现实？"⑥ 这种所谓的"表述危机"

---

① 参见周兵《西方新文化史的兴起与走向》，《河北学刊》2004 年第 6 期，第 151~156 页。这里需要指出的是，在稍后的 20 世纪七八十年代，以后现代主义文化批评、历史叙述主义和文化人类学为理论源泉的新文化史应运而生，即西方史学又出现了由经济社会史向文化史过渡的新趋势，步入了文化史阶段。在这个转型的过程之中，民族学人类学同样扮演了重要角色，对西方史学的发展产生了重要影响。可以说，二战后 ethnohistory 的凸显及 20 世纪 70 年代以来的日渐繁盛，与西方史学的这两次大的转型有着不可分割的密切联系。
② 参见林富士《历史人类学：旧传统与新潮流》，《学术史与方法学的省思：中央研究院历史语言研究所七十周年研讨会论文集》，台北，"中央研究院"历史语言研究所，2000，第 368 页。
③ Frederick E. Hoxie, "Ethnohistory for a Tribal World", *Ethnohistory*, Vol. 44, No. 4 (Autumn, 1997), p. 598.
④ 参见高丙中《〈写文化〉与民族志发展的三个时代（代译序）》，詹姆斯·克利福德等编《写文化》，高丙中等译，商务印书馆，2006，第 11 页。
⑤ 参见黄平等《社会学人类学新词典》，吉林人民出版社，2003，第 31 页。
⑥ 有关的详细讨论可参见马尔库斯、费彻尔《作为文化批评的人类学》，王铭铭、蓝达居译，生活·读书·新知三联书店，1998，第 23~36 页。

（crisis of representation）成为二战后西方社会科学整体反思的重要表现。对民族学人类学而言，这种"表述危机"成为其反思传统写作方式的动力和源泉。以往无历史的田园诗般的科学"现实主义"民族志①成为反思和批判的对象，历史人文主义成为新实验民族志的主要追寻目标之一。西方民族学人类学的反思，既是时代整体反思的产物，也是其中的重要组成部分。西方民族学人类学在反思和实验中所体现出的对人文历史主义的推崇，对民族志描述历史化的诉求，促进了研究方法范式的更新，也推进了西方民族学人类学"历史化"潮流的酝酿与形成，在西方民族学人类学与历史学之间架设了沟通的桥梁。

第三世界在二战后也发生了巨大变化。"去殖民化运动"（movement of decolonization）②、民族独立与解放运动在亚非拉国家中蓬勃开展。在原有的殖民地纷纷独立之后，以描写"静态"的"无文字""无历史"的小规模社会、原始社会为主的西方民族学人类学，渐渐失去了表述的对象。历经数十年的西方殖民统治，殖民地社会不再"原始"，同时也累积了一定程度的"历史文献"，有些殖民地民族还接受了西方文字或自创文字，开始用文献来书写自己的历史。研究对象的变化使传统西方民族学人类学陷入了一定程度的"危机"之中。西方民族学人类学家在开始反思自己与殖民主义关系的同时，不得不重新思考学科将来的发展方向。③ 在当代历史中发挥着重要作用的新独立的民族国家，也一直在努力寻找自己以前曾为欧洲统治者所忽视和拒斥的历史背景。民族学人类学家与以前的殖民管理者一样，在新的民族国家中不受欢迎。但是，历史学家却发现他们很容易在当地展开研究，尤其是当他们的研究兴趣与当地民族国家倡导的民族国家主义相一致的时候。从某种意义上讲，这主要是因为历史学家的研究，

---

① 参见马尔库斯、费彻尔《作为文化批评的人类学》，王铭铭、蓝达居译，生活·读书·新知三联书店，1998，第83~87页。
② 参见林富士《历史人类学：旧传统与新潮流》，《学术史与方法学的省思：中央研究院历史语言研究所七十周年研讨会论文集》，台北，"中央研究院"历史语言研究所，2000，第369页。
③ 参见林富士《历史人类学：旧传统与新潮流》，《学术史与方法学的省思：中央研究院历史语言研究所七十周年研讨会论文集》，台北，"中央研究院"历史语言研究所，2000，第370~371页。

能为前殖民时期当地人的起源提供历史上的确认和合法性。① 因此，很多学者认为，民族学人类学要想生存发展下去，要想从上述的"危机"中摆脱出来，就必须改弦更张，向历史学家的研究取向靠近，自动、热切"拥抱"历史，向"历史化"方向发展。② 对于这些民族独立国家而言，出于国家自豪感的考虑，他们要求修正、重构以前殖民史书写中的偏差和误解。他们所要重构的自己的历史，一般而言具有 ethnohistory 的特征——档案文献缺乏，很大程度上依赖于早期民族学人类学的调查材料和证据。因此，在书写和重构自己历史的时候，他们也欢迎具有"历史化"取向的西方民族学人类学家的参与。③ 就西方民族学人类学家来说，ethnohistory 成为其开始"拥抱"历史、研究取向逐步"历史化"的"天然港湾"，而从事 ethnohistory 研究是其摆脱二战后因研究对象变化而出现的"危机"的一条捷径。

总之，二战后西方史学对人类学理论方法的关注及西方民族学人类学研究取向"历史化"的出现，反映了西方史学与西方民族学人类学之间互动交流的加强，为作为民族学人类学与历史学学科交叉地带的 ethnohistory 的兴起提供了有利的外部学术环境。

二 少数族裔史、印第安史成为二战后美国史学界新的关注点，由此 ethnohistory 逐渐受到美国史学界的重视

二战后，美国史学除了具备如上西方史学出现的一般特征之外，也展示出了自身独有的一些新特点。其中之一就是少数族裔史、印第安史（Indian history）成为其新的关注点，由此美国史学界逐渐形成多元文化史观，ethnohistory 在美国史学界逐渐获得认可与重视。

---

① Karl H. Schwerin, "The Future of Ethnohistory", *Ethnohistory*, Vol. 23, No. 4 (Autumn, 1976), pp. 323 – 324.
② 参见林富士《历史人类学：旧传统与新潮流》，《学术史与方法学的省思：中央研究院历史语言研究所七十周年研讨会论文集》，台北，"中央研究院"历史语言研究所，2000，第 371 页。
③ 参见 William C. Sturtevant, "Anthropology, History, and Ethnohistory", *Ethnohistory*, Vol. 13, No. 1/2 (Winter – Spring, 1966), p. 9。

20 世纪 50 年代,以维持现状、赞赏美国价值观念和生活方式的保守主义成为美国社会的主导思潮。但到了 20 世纪 50 年代末,随着黑人民权运动、青年反主流文化运动、反战运动、妇女运动的此起彼伏,各种社会批判思潮,尤其是马克思主义和法兰克福学派理论风行于美国。20 世纪 60 年代,美国出现了新的社会动荡,种族歧视、种族骚动不断发生,少数族裔作为重要的政治力量开始在美国社会崛起。二战后美国社会及思想条件的变化,诱发了美国史学的革新,对美国史学研究框架、领域和方法的变革产生了重要影响。①

其一,传统精英政治史受到批判,倡导"自下而上的史学"(history from below),出现了黑人史、劳工史、妇女史、家庭史、儿童史、城市史和各种地方史、社区史乃至性史研究。"自下而上"历史观的传播,大大改变了美国史学研究的内容,也促使了史学队伍成分的改变,不少黑人和女性知识分子开始进入史学界。② 其二,历史学社会科学化,即应用社会学、人类学、心理学等社会科学理论,以及借用经济学等学科中的数理模型、统计分析等方法来进行历史研究。③ 另外,新文化史学的兴起,也是二战后美国史学的一个新亮点。

值得着重指出的是,20 世纪中期以后的美国,多元文化主义风行一时,少数族裔的历史备受关注,与少数族裔相关的资料成为重要的史料,特别是印第安人的传说和祷文等显示了很高的史料价值,④ 越来越多的学者关注少数族裔,尤其是印第安人的历史及其在美国历史中的地位,种族和文化的历史含义得到了充分阐发。这既是民权运动以来文化多元主义潮流的反映,也是这种潮流的一部分。⑤ 多元文化史观的引入,其重要意义还在于,民族学人类学、民俗学、社会学等学科的理论和概念被大量引入

---

① 参见李剑鸣《关于二十世纪美国史学的思考》,《美国研究》1999 年第 1 期,第 19~21 页。
② 参见罗凤礼《当代美国史学状况》,《史学理论丛书》编辑部编《八十年代的西方史学》,中国社会科学出版社,1990,第 89~90 页。
③ 参见李剑鸣《关于二十世纪美国史学的思考》,《美国研究》1999 年第 1 期,第 24~29 页。
④ 参见李剑鸣《历史学家的修养和记忆》,上海三联书店,2007,第 241 页。
⑤ 参见李剑鸣《历史学家的修养和记忆》,上海三联书店,2007,第 106 页。

历史研究，丰富了史学的分析手段。① 其中少数族裔史尤其是印第安史学的出现，突出反映了美国史学对民族学人类学视角及方法的兴趣。

20 世纪六七十年代，美国公众和学生对印第安人兴趣的迅猛增长，为研究印第安人的历史学家提供了契机。② 美国历史学家开始关注族群问题，对北美印第安族群进行专题研究，多集中在这一时期。主要包括有关的编年史研究、族群史研究、殖民地时期东南部印第安人研究、史料研究、新英格兰地区印—白关系研究等几大类。③ 美国史学中即出现了所谓的印第安史学。印第安史学是美国西进运动史中的一个重要内容和不可分割的一部分，但直到 20 世纪 60 年代才逐渐从西进运动史中分离出来，成为一个相对独立的学科。④ 长期以来，在涉及印第安人历史的研究中，种族主义观点占据统治地位，印第安人历史不是被忽视就是被严重歪曲，这种局面一直持续到印第安史学的形成。⑤

1956 年，"美国印第安民族史学协会"（the American Indian Ethnohistoric Conference，AIEC）的成立，在组织、推动全国印第安人历史教学和研究中起到重要作用。从 20 世纪 60 年代开始，美国许多大学开设了印第安史课程，以印第安历史人物和事件为选题的博士论文数量也在显著增加，一批与印第安史有关的杂志、工具书和文件汇编陆续出版。20 世纪 70 年代以后，美国的几个有影响的学术团体，如美国历史协会、美国历史学家组织、美国西部史学会、美国印第安史协会等，也在组织印第安史讨论会和出版印第安史方面的著作。⑥ 1972 年在芝加哥纽伯里图书馆还建立了美国印第安历史研究中心（the Newberry Library Center for the History of the American Indian），为民族学家、历史学家、考古学家、专业的和非专业的印第安研究者提供了交流的舞台，该中心成为印第安史学中的一个重要研

---

① 参见李剑鸣《关于二十世纪美国史学的思考》，《美国研究》1999 年第 1 期，第 20~21 页。
② 参见 Donald L. Parman, Catherine Price, "A 'Work in Progress': The Emergence of Indian History as a Professional Field", *The Western Historical Quarterly*, Vol. 20, No. 2 (May, 1989), p. 187。
③ 参见 Wilcomb E. Washburn, *The Indian in America*, New York: Harper Colophon Books, 1975, pp. 277-288, 283。
④ 参见张友伦《美国西进运动探要》，人民出版社，2005，第 73 页。
⑤ 参见张友伦《美国西进运动探要》，人民出版社，2005，第 73~79 页。
⑥ 参见张友伦《美国西进运动探要》，人民出版社，2005，第 79~82 页。

究机构。大学中的一些特殊系、文化中心也都纷纷建立了有关组织。① 进入20世纪80年代,印第安史学研究更为兴盛。根据《西方史季刊》(The Western Historical Quarterly)中认可的文章,有关印第安史的研究,从1982年9月的1篇激增到1987年8月的31篇,远远超出了政治、商业(经济)和乡村史等其他亚主题。这意味着印第安史在与其他亚主题和一般研究领域的竞争中,是有一席之地的。② 有关的研究者,多数将自己视为自我训练出来的印第安史学家。这些人多受过人类学、考古学和语言学等多学科训练,多数是年龄在35岁以下的年轻学者,分散在英国牛津大学和英国英格兰大学,美国耶鲁大学、俄勒冈州立大学,或者美国中西部及更远的西部州立大学。20世纪七八十年代,新墨西哥州大学、俄克拉荷马州立大学、北达科他州大学等学校中,集中出现了很多接受过正规训练的印第安史学家。③ 总之,二战后近40年来印第安专史研究中已经累积了不少硕果。其中,研究印—白关系史的数量最多,其中尤以研究印第安战争的为最多。另外,随着妇女运动的开展,印第安妇女史等一些印第安史中的分支研究领域也日渐受到重视。④

需要着重指出的是,早在二战期间,印第安索赔委员会(即权利申诉委员会)就曾向联邦司法部提出,在印第安纳大学设立以 ethnohistory 命名的俄亥俄—大湖区研究项目,同时要求拨付相应的经费。这些要求在二战后得到满足。印第安纳大学因而成为最早的印第安人历史和文化研究中心之一。⑤ 始于1953年、与印第安人权利申诉委员会(Indian Claims Commission)密切相关、由美国司法部提出的大湖区—俄亥俄流域研究计划(the

---

① 参见 Francis Jennings, "A Growing Partnership: Historians, Anthropologists and American Indian History", *Ethnohistory*, Vol. 29, No. 1 (Winter, 1982), p. 31。
② 参见 Donald L. Parman, Catherine Price, "A 'Work in Progress': The Emergence of Indian History as a Professional Field", *The Western Historical Quarterly*, Vol. 20, No. 2 (May, 1989), p. 189。
③ 参见 Donald L. Parman, Catherine Price, "A 'Work in Progress': The Emergence of Indian History as a Professional Field", *The Western Historical Quarterly*, Vol. 20, No. 2 (May, 1989), p. 191。
④ 参见张友伦《美国西进运动探要》,人民出版社,2005,第82~84页。
⑤ 参见张友伦《美国西进运动探要》,人民出版社,2005,第80页。在该页上,作者将 ethnohistory 翻译为"人种历史学",这种翻译方式值得商榷。参见刘海涛在《对西方学界"ethnohistory"一词的历史考察》(《民族研究》2011年第2期)中的有关论述。

Great Lakes – Ohio Valley Research Project），也由印第安纳州大学来具体承办。① 另外，1953 年 11 月在伊利诺伊州州立博物馆成立了"俄亥俄流域印第安历史协会"（the Ohio Valley Historic Indian Conference，OVHIC），1954 年在印第安纳大学出版了名为 *Ethnohistory* 的杂志。围绕大湖区—俄亥俄流域研究计划所召开的一系列学术会议，还为人类学家和历史学家创造了合作的条件和机会，初步形成了跨学科研究群体。这样的群体，尽管组织松散，人数不多，但却代表着印第安史学中的一种具有广阔发展前景的新趋势——ethnohistory 的形成。②

印第安史学的出现，对美国史学的发展产生了深刻影响，自此印第安人以一种新的姿态出现在美国历史学家的笔下。这同时也为二战后 ethnohistory 的凸显提供了重要平台。可以说，作为一种学术现象，ethnohistory 逐渐得到了美国史学家的认可与重视。

三 对历史的关注成为二战后美国民族学人类学的新特点之一，由此为 ethnohistory 在美国民族学人类学界的发展提供了重要契机

二战以来，就美国民族学人类学界而言，除了具有上述西方民族学人类学"历史化"的一般特征之外，其自身也发生了很多新的变化。此与二战后处于"冷战"时期的美国全球战略不无关联，与时代的理论需求也是相一致的。

其一，相关研究机构及人员数量迅速增加。二战前，人类学在美国学界是最小的学科之一，二战后则有了迅猛发展。二战前许多机构通过联合的系所为人类学提供发展空间，而二战后许多美国大学和学院成立了单独的人类学系。从 1941 年到 1964 年，美国人类学联合会（American Anthropological Association，AAA）会员增加了近 20 倍。从 20 世纪 40 年代中期

---

① 参见 Fred Eggan，"Some Anthropological Approaches to the Understanding of Ethnological Cultures"，*Ethnohistory*，Vol. 8，No. 1（Winter，1961），p. 6。
② 参见张友伦《美国西进运动探要》，人民出版社，2005，第 80 页。原书第 80 页提到"1955 年 11 月在印第安纳大学成立了俄亥俄流域印第安历史协会"，但据笔者看到的材料，实际上应该是 1953 年 11 月在伊利诺伊州州立博物馆成立了俄亥俄流域印第安历史协会。可参见期刊 *Ethnohistory* 1954 年卷第 1 期的封面及扉页。

到20世纪50年代早期,学习人类学的学生不仅数量多,质量也高,为美国人类学的发展注入了新的活力。①

其二,以一种"政策科学"的面目出现。在援助政府制定国际和国内政策方面,民族学人类学获得了与其他社会科学一样的价值,日渐得到了美国社会及政府的认可。② 二战后美国杜鲁门政府宣布了"第四点计划"(the Point Four Program),其中涉及了对亚洲、非洲、拉丁美洲的经济援助,旨在使这些"不发达地区"在科学发展和工业化过程中受益。美国政府需要学界的帮助来完成该计划。由于民族学人类学在对待这些"不发达民族"方面有很多经验,因此,在该计划中民族学人类学家扮演了重要的建议者角色。③ 就美国国内而言,社会问题(尤其是20世纪60年代种族歧视和种族骚动方面的问题)之滋生,重新引发了对社会科学的重视和注意。肯尼迪与约翰逊政府的反应,在于非常迅速地进行一些社会规划。这些规划,需要社会科学专家,尤其是民族学人类学家提出建议。④

其三,在研究主题及思想理论方面出现了强调历史的新趋势,这成为二战后美国民族学人类学最为重要的新特点之一。二战以来,长期居美国民族学人类学主导、忽视土著历史重构的博阿斯历史文化学派不断受到挑战。早在20世纪20年代中后期,以雷德菲尔德(Robert Redfield)为代表的美国年青一代民族学人类学家就开始对博阿斯发难,对其极端反对进化论、不进行理论概括、忽视文化涵化(accluturation)和变迁研究等方面进行了批判。二战期间借用"文化"旗帜及文化相对性而生的纳粹主义及其他形式的极权主义,使二战后的美国民族学人类学家对博阿斯所一贯主张的文化相对主义信条产生了怀疑。他们不再强调文化的独特方面,不再关注文化价值体系的相对性,而是转向普适的文化价值,寻求文化的一致

---

① 参见 Clifford Wilcox, *Robert Redfield and the Development of American Anthropology*, Lanham, Md.: Lexington Books, 2004, p. 112。
② 参见 Clifford Wilcox, *Robert Redfield and the Development of American Anthropology*, Lanham, Md.: Lexington Books, 2004, p. 110。
③ 参见 Clifford Wilcox, *Robert Redfield and the Development of American Anthropology*, Lanham, Md.: Lexington Books, 2004, pp. 113 – 114。
④ 参见丹尼尔·贝尔《当代西方社会科学》,范岱年等译,社会科学文献出版社,1988,第13页。

性，尤其是文化中共同的道德和伦理价值。① 包括博阿斯弟子在内的许多成员，如墨菲（Robert F. Murphy）和沃尔夫（Eric R. Wolf）等也开始超越博阿斯传统思想的束缚，明确了很多研究主题：第一，对社会进化课题重新产生兴趣；第二，从关心文化特殊性转到关注文化共同性；第三，从关注原始社会到研究复杂社会，如研究农民村庄、城镇及城市等；第四，更为关心文化和社会变化的动力，对文化碰撞、变化和涵化等问题的研究日益增多；第五，对文化与人格关系的研究保持着原有的兴趣。②

在这些研究主题之中，文化涵化研究，是民族学人类学在土著管理中能够出产更为有效的政策、能扮演更为重要的角色、对土著文化有着日益增长的研究兴趣的体现。早在20世纪30年代，美国民族学人类学界就出现了以雷德菲尔德（Redfield）、林顿（Linton）和赫茨科维茨（Herskovits）等为代表的对文化涵化感兴趣并进行专门研究的学者。这种兴趣，使人们认识到土著群体和文化并不是如民族学人类学家所坚信的那样在消失。自此，民族学人类学家开始系统研究在最早的欧洲人到来之前发生于土著生活中的变化，以期对从历史材料中浮现出来的文化变化进行行之有效的概括。这些研究，与博阿斯学派的理想主义文化观相一致，把部族视为一致的整体，忽略部族内个体和群体之间的差别。由此，有学者认为，二战后ethnohistory在美国学界的凸显，就是由文化涵化研究转换而来的。③

另外，进化论和马克思主义在美国民族学人类学界的传承与发展，从一个侧面充分展示了二战后美国民族学人类学对"历史"的关注，标志着二战后美国民族学人类学思想理论的新进展与新成就。二战后美国民族学人类学界出现了怀特（Leslie Alvin White）的新进化论和斯图尔德（Julian Haynes Steward）的多线进化论。与美国民族学人类学家摩尔根（Lewis Henry Morgan）的早期进化论相比，怀特的进化理论体现的是一种更为系

---

① 参见 Clifford Wilcox, *Robert Redfield and the Development of American Anthropology*, Lanham, Md.: Lexington Books, 2004, p. 111。
② 参见 Clifford Wilcox, *Robert Redfield and the Development of American Anthropology*, Lanham, Md.: Lexington Books, 2004, p. 112; Karl H. Schwerin, "The Future of Ethnohistory", *Ethnohistory*, Vol. 23, No. 4 (Autumn, 1976), p. 323。
③ 参见 Bruce G. Trigger, "Ethnohistory: The Unfinished Edifice", *Ethnohistory*, Vol. 33, No. 3 (Summer, 1986), pp. 256 – 257。

统化的技术决定论,强调进化过程的不可分割的整体性;① 斯图尔德则更注重进化路线的复合性和多样性。② 他们都试图对马克思主义的历史进化阶段理论进行修正。后来哈里斯(Marvin Harris)把斯图尔德和怀特的理论统合起来,提出了文化生态学和文化唯物论的观点,寻求环境需求与社会制度之间的直接因果关系,寻求支配历史发展的新法则。萨林斯(Marshall Sahlins)在抨击哈里斯的基础上,提出社会文化决定生产过程的新观点——因为文化既决定人们要生产什么,又决定人们怎样去生产。③ 另外,萨林斯还对马克思的历史决定认识性质的观点做了新的解释。在萨林斯看来,人类创造了自己的历史,而人类只能根据他们的意识来创造历史,认识总要受制于文化。④ 斯图尔德的学生沃尔夫和敏兹(Sidney W. Mintz)则着重应用世界体系理论及马克思主义有关资本主义制度下农民社会的理论,研究了农民社区内外的阶级关系,研究了地方性、小规模农民社区与其所处的广阔政治经济过程之间的关系,将地方史置于世界史的范畴和视野之中。也正源于此,沃尔夫的《欧洲与没有历史的人们》(*Europe and the People without History*,1982)和敏兹的《甜蜜与权力》(*Sweetness and Power*,1985)被视为"历史人类学"的经典名著,促进了"历史人类学"政治经济理论主题的形成。⑤ 另外,1969 年由海姆斯(D. Hymes)编辑的《重塑人类学》(*Reinventing Anthropology*),也明显受到了马克思主义的影响,揭示了作为殖民主义者的人类学研究者与作为"他者"的人类学研究对象之间的矛盾和斗争,为"历史决定论"等课题提供了富有启发意义的着眼点。⑥

诚如苏联民族学专家托卡列夫(С. А. Токарев)所言:"摩尔根很早

---

① 参见莫里斯·布洛克《马克思主义与人类学》,冯利等译,华夏出版社,1988,第 145 页。
② 参见莫里斯·布洛克《马克思主义与人类学》,冯利等译,华夏出版社,1988,第 147 页。
③ 参见莫里斯·布洛克《马克思主义与人类学》,冯利等译,华夏出版社,1988,第 154 页。
④ 参见莫里斯·布洛克《马克思主义与人类学》,冯利等译,华夏出版社,1988,第 155 页。
⑤ 参见庄孔韶《历史人类学》,庄孔韶主编《人类学通论》,山西教育出版社,2006,第 447~465 页。
⑥ 与此相呼应,英国在 1973 年出版了阿萨德主编的《人类学与殖民遭遇》。参见琼·文森特《迷人的历史决定论》,福克斯主编《重新把握人类学》,和少英、何昌邑等译,云南大学出版社,1994,第 64 页。

就试图把当时占统治的进化理论提高到真正的历史主义的水平，但他只做到了一部分；二十世纪头三十年居统治的博阿斯学派在自己的旗帜上写上了历史主义，但后来把这个概念只归结为一个传播主义。代之而起的民族心理学派从自己的词汇中完全勾销了历史主义。现在，历史主义思想在斯图尔德的新进化主义和怀特的工艺进化主义中，以一种不完全的、片面的形式已经开始复兴。越来越多的美国学者开始认真地考虑把历史主义贯彻到民族学研究中来的时刻，已经到来了。"① 可以说，对历史的关注是二战后美国民族学人类学的新特点之一，从某种意义上讲，这也为 ethnohistory 在美国民族学人类学界由发展缓慢、影响微弱到逐渐凸显、影响增强提供了重要契机。

四 美国联邦政府在依靠学界应对印第安人权利申诉问题中的各种相关活动直接推动了 ethnohistory 的凸显

如前所述，二战前美国史学界、民族学人类学界的状况，限制了 ethnohistory 的发展空间。二战以后，这种局面有了较大改观，除了上述的社会及学术环境的变化使然之外，还直接得益于美国联邦政府的支持和帮助，得益于美国联邦政府与学界之间的互动与合作。换言之，二战后西方及美国民族学人类学与史学的相互借鉴，为 ethnohistory 在美国学界的发展创造了良好的外部环境和条件；而美国联邦政府的国家行为的介入，即依靠学界在应对印第安人权利申诉问题中的各种举措直接诱发和推动了二战后 ethnohistory 在美国学界的凸显。

1946 年，由柯恩（Felix Cohen）设计的《印第安人权利申诉委员会法案》（*Indian Claims Commission Act*）在美国国会的通过，以及印第安人权利申诉委员会的建立，客观上迅速改变了 ethnohistory 在美国学界发展空间受限的局面，对二战后 ethnohistory 在美国学界的凸显具有重要意义。② "虽

---

① 托卡列夫：《外国民族学史》，汤正方译，中国社会科学出版社，1983，第312页。
② 参见 Fred Eggan, "Some Anthropological Approaches to the Understanding of Ethnological Cultures", *Ethnohistory*, Vol. 8, No. 1 (Winter, 1961), p. 6; Robert C. Euler, "Ethnohistory in the United States", *Ethnohistory*, Vol 19, No. 3 (Summer, 1972), p. 203; James Axtell, "The Ethnohistory of Early America: A Review Essay", *The William and Mary Quarterly*, 3rd Ser., Vol. 35, No. 1 (Jan., 1978), p. 112。

然 ethnohistory 具有长久的历史，但其取得学术上的认可，是在 1946 年，即国会通过了《印第安人权利申诉委员会法案》，建立了印第安人权利申诉委员会。"①"《印第安人权利申诉委员会法案》对 ethnohistory 二战后的发展意义重大，从整体上树立了民族学人类学的优势。"②

印第安人权利申诉委员会的工作，主要涉及被诉诸法庭的印第安部族与联邦政府之间的谈判。开始的时候，这类案件大约有 600 起，其中的 400 多起得到了法院受理。法律裁决的主要目的，在于确定印第安部族使用和占有由政府所批准的土地问题。事实上，有关的证据和记录是含糊的，尤其是在五大湖和俄亥俄地区（the Great Lakes and the Ohio Valley）。③ 由于在本质上北美印第安人的土地占有概念和对土地的实际使用与西方人的概念和实践不同，因此，对美国印第安各族群的文化、美国印第安各族群与环境之间的关系及美国印第安各族群彼此之间的关系进行深入研究是十分必要的。④ 该委员会的具体任务，主要就是明确印第安部族在割让土地的时代是不是取得了公平的土地市场价值。此类复杂的诉讼案，需要民族学人类学家来参与。事实上，有关证据已经不太好找，当时唯一的好办法就是求助于历史材料，即很大程度上要依靠由欧美人所写的档案记录。当然，民族学人类学家所提问的有关历史资源的问题，并不是历史学家所关心的那种问题，而是来自传统意义上的民族志关怀，来自前期民族学人类学家的田野调查。⑤ 在证人席上，在律师的检查下，这些民族学人类学顾问们与历史学家合作、竞争，提供了大量的有关证据。由此，民族学人类学家们开始发现档案证据的重要性，发现国家档案及其他相关档案材料也相当丰富。这种结果，代表着民族学人类学中的一种重要学术增长点，即在研究北美印第安人文化中开始大量使用档案材料和对这些书面材料进

---

① James Axtell, "The Ethnohistory of Early America: A Review Essay", *The William and Mary Quarterly*, 3rd Ser., Vol. 35, No. 1 (Jan., 1978), p. 112.

② James D. Faubion, "History in Anthropology", *Annual Review of Anthropology*, Vol. 22 (1993), p. 43.

③ 参见 Helen Hornbeck Tanner, "Erminie Wheeler-Voegelin (1903—1988), Founder of the American Society for Ethnohistory", *Ethnohistory*, Vol. 38, No. 1 (Winter, 1991), p. 65。

④ 参见 Erminie W. Voegelin, "An Ethnohistorian's Viewpoint", *Ethnohistory*, Vol. 1, No. 2 (Nov., 1954), p. 170。

⑤ 参见 James Axtell, "The Ethnohistory of Early America: A Review Essay", *The William and Mary Quarterly*, 3rd Ser., Vol. 35, No. 1 (Jan., 1978), p. 112。

行批评。①

二战后，围绕美国印第安部族对特殊时间、特殊土地的占有和使用等权利申诉案例，历史学家、民族学人类学家及律师都在到处搜寻有关美国印第安人的档案，其结果导致了巨大的资金从国库（the Treasury of the United States）流向部族委员会（tribal councils），同时生产了很多部质量上乘的部族地图（tribal maps），而更为重要的影响在于民族学人类学家们开始如历史学家那样使用档案。研究地区主要涉及了美国的大湖地区（the Great Lakes area）、东南地区（the Southeast）、大平原地区（The Plains）及西南地区（the Southwest），并由此留下了很多 ethnohistory 的研究作品，贡献了数量繁多的民族志画卷，也提出了一些研究社会和文化变化的理论框架。②

20世纪50年代，印第安人权利申诉委员会还参与了很多相关的法庭讨论。这些法庭讨论，与印第安人的土地权利有关，依靠的是历史档案（即"有文化"的非土著所提供的档案文献），而不是来自土著的口述资源。但土著的口述资源与历史档案相对应，为 ethnohistory 研究展示了很多背景性材料。③ 1954年10月，在美国密歇根州的底特律还专门举行了关于"人类学与印第安权利申诉"（Anthropology and Indian Claims Litigation）的学术论坛，就人类学家在印第安权利申诉中所扮演角色等有关事宜进行了集中探讨。④ 前面简单述及的始于1953年、与印第安人权利申诉委员会密切相关、由美国司法部提出的大湖区—俄亥俄流域研究计划，将这些档案资源与专门的研究机构——印第安纳大学结合起来，进一步促进了上述局面的发展。⑤

鉴于需要在五大湖地区进行直接的历史研究，美国司法部与印第安纳

---

① 参见 William C. Sturtevant, "Anthropology, History, and Ethnohistory", *Ethnohistory*, Vol. 13, No. 1/2 (Winter-Spring, 1966), pp. 9 – 10。
② 参见 Fred Eggan, "Some Anthropological Approaches to the Understanding of Ethnological Cultures", *Ethnohistory*, Vol. 8, No. 1 (Winter, 1961), pp. 6 – 7。
③ 参见 Shepard Krech III, "Ethnohistory", In David Levinson and Melvin Ember eds., *Encyclopedia of Cultural Anthropology*, New York: Henry Holt and Company, 1996, Vol. 2, p. 423。
④ 参见 Verne F. Ray, "Introduction" (Anthropology and Indian Claims Litigation: Papers Presented at a Symposium Held at Detroit in December 1954), *Ethnohistory*, Vol. 2, No. 4 (Autumn, 1955), pp. 287 – 291。
⑤ 参见 Fred Eggan, "Some Anthropological Approaches to the Understanding of Ethnological Cultures", *Ethnohistory*, Vol. 8, No. 1 (Winter, 1961), p. 6。

州制定合约，准备在印第安纳州的布卢明顿（Bloomington）长期合作。①该项合作，亦即大湖区—俄亥俄流域研究计划，由印第安纳大学人类学系承担，是一项为美国司法部所做的 ethnohistory 意义上的研究。该研究计划始自 1953 年秋天，初步设计为期三年，以民族学人类学者为主。在该研究计划的实际负责人之一——沃格林（Erminie W. Voegelin）看来，史学家的介入和两个学科的合作，才能搜集到这一地区独有的基本材料。② 1956 年，一项隶属于大湖区—俄亥俄流域研究计划的新的政府合同，即扩展的中西部印第安历史调查生效。同年，沃格林被任命为该研究项目的主任，这也是其独立学术生涯的开始。③

此项研究计划，聚焦在该地区土著的土地占有和使用上，以及所谓认同、迁移运动等问题上。其意义不仅在于它的应用性结果，更在于它提供了对大湖区—俄亥俄流域地区有关部族进行 ethnohistory 研究的大量材料。这些材料，成为研究该地区文化增长和变化的基础性材料。④

该研究计划的研究范围，主要在于美国的西北部地区，即从俄亥俄流域的西北部地区一直向西拓展到密西西比河上游地区。该地区包含了俄亥俄州、印第安纳州、伊利诺伊州、密歇根州、威斯康星州、明尼苏达州，以及纽约州、宾夕法尼亚州、肯塔基州、艾奥瓦州、北达科他州及今天属于加拿大领地的一部分地区。16 个印第安部族成为该计划研究的主体——奇佩瓦人（Chippewa）、德拉瓦尔人（Delaware）、福克斯人（Fox）、休伦人/怀恩多特人（Huron/Wyandot）、伊利诺斯人（Illinois）、基卡普人（Kickapoo）、马斯库滕人（Mascouten）、梅诺米尼人（Menomini）、迈阿密人（Miami）〔包括韦亚人（Wea）和皮安基肖人（Piankeshaw）〕、奥托瓦人（Ottawa）、波塔瓦托米人（Potawatomi）、萨克人（Sac）、塞内卡人（Seneca）、肖尼人（Shawnee）、东苏人（Eastern Sioux）、温内巴戈人（Winnebago）。同时，该研究计划还导致了各种按照年代序列编排的档案

---

① 参见 Helen Hornbeck Tanner, "Erminie Wheeler-Voegelin (1903—1988), Founder of the American Society for Ethnohistory", *Ethnohistory*, Vol. 38, No. 1 (Winter, 1991), p. 65。
② 参见 Erminie W. Voegelin, "An Ethnohistorian's Viewpoint", *Ethnohistory*, Vol. 1, No. 2 (Nov., 1954), pp. 169 – 171。
③ 参见 Helen Hornbeck Tanner, "Erminie Wheeler-Voegelin (1903—1988), Founder of the American Society for Ethnohistory", *Ethnohistory*, Vol. 38, No. 1 (Winter, 1991), p. 65。
④ 参见 Erminie W. Voegelin, "An Ethnohistorian's Viewpoint", *Ethnohistory*, Vol. 1, No. 2 (Nov., 1954), p. 170。

文件的产生。这些档案，由 809 个标准的活页笔记本组成，许多其他族群也逐渐有了这种记录。① 在为该研究项目搜集图书资料的基础上，研究人员还建立了地方图书馆。② 在沃格林的指导下，收集这些印刷的或手抄的档案工作在系统、持续地进行。从纽约的公共图书馆、国会图书馆到加利福尼亚州的亨廷顿图书馆，都藏有大量此类资料。另外，影印档案、缩微胶片也很多。到 1969 年该计划完成时，研究人员已经积累了 1000 多卷相关资料，还有很多影印地图，其中有一些是很难获得的珍贵的手稿。据有关统计，大湖区—俄亥俄流域研究计划，产生了 34 项具体翔实的研究报告，为印第安人权利申诉委员会从事工作提供了相关地区的历史背景。这些研究报告和档案文献，成为法律支撑的重要物品。该计划的有关材料，在印第安纳州大学考古学系的格伦·布莱克（the Glenn A. Black）实验室中收藏。沃格林为该项研究计划做出了重要贡献。沃格林的职业生涯也终止于此项计划之中，她最后一次在印第安权利申诉委员会中作证是在 1969 年夏天，即涉及一项签署于 1795 年的有关"Treaty of Greenville"的复杂案例。此外，这些档案被称为"俄亥俄流域—大湖区民族史档案"（the Ohio Valley-Great Lakes Ethnohistory Archive），对研究计划题目"大湖区—俄亥俄流域研究计划"中的"大湖区—俄亥俄流域"进行了调换顺序的处理。③

有关该项研究计划的报告，直到 1974 年才作为美国印第安 ethnohistory 研究系列（the American Indian Ethnohistory series）由加兰（Garland）出版公司出版。诉讼的束缚妨碍了研究成果的出版，因为这些案例只有被提交到印第安人权利申诉委员会之后才有可能得到刊布。编辑美国印第安 ethnohistory 系列，与案例中涉及的一些印第安部族之原告和被告的各种报告、委员会的决定及对事实的发现等密切相关。由此，这些报告几乎就是 ethnohistory 研究系列中族群卷的片断。④ 值得注意的是，这些报告题目的变化：在早期被称为人类学报告（anthropological reports）或者只用族群名称

---

① 参见 Helen Hornbeck Tanner, "Erminie Wheeler-Voegelin (1903—1988), Founder of the American Society for Ethnohistory", *Ethnohistory*, Vol. 38, No. 1 (Winter, 1991), p. 67。
② 参见张友伦《美国西进运动探要》，人民出版社，2005，第 80 页。
③ 参见 Helen Hornbeck Tanner, "Erminie Wheeler-Voegelin (1903—1988), Founder of the American Society for Ethnohistory", *Ethnohistory*, Vol. 38, No. 1 (Winter, 1991), pp. 67 - 68。
④ 参见 Helen Hornbeck Tanner, "Erminie Wheeler-Voegelin (1903—1988), Founder of the American Society for Ethnohistory", *Ethnohistory*, Vol. 38, No. 1 (Winter, 1991), p. 68。

来命名的报告，后来则一律将之称为 ethnohistory 报告。①

大湖区—俄亥俄流域研究计划还为从事 ethnohistory 这个新的研究领域的"新手"提供了训练平台。这些"新手"多具有历史学、人类学和考古学的学术训练背景。利比（Dorothy Libby），继沃格林之后成为 Ethnohistory 期刊主编；希克森（Harold Hickerson）的职业声望建立于奇佩瓦族［Chippewa，主要集中于苏必利尔湖（Lake Superior）的西南部地区］的 ethnohistory 研究之中；希克森的学生毕晓普（Charles A. Bishop）成为美国北部奥吉布瓦（Ojibwa）ethnohistory 研究的权威，之后成为 Ethnohistory 期刊主编。其他与此计划有联系的还有伯思朗（Donald J. Berthrong）、霍思曼（Reginald Horsman）、贝雷斯〔David A. Baerreis，考古学家，在 1960 年 11 月印第安纳大学举办的 ethnohistory 概念研讨会（Symposium on the Concept of Ethnohistory）上提交了论文〕、坎特（Donald H. Kent，对宾夕法尼亚州的殖民史研究有重要贡献），等等。②

另外，围绕该研究计划还召开了一系列跨学科的学术会议、成立了有关的跨学科组织、创办了有关的刊物。如，"美国民族史学会"（the American Society for Ethnohistory，ASE）的组建，《民族史》期刊（Ethnohistory）的创办等。

总之，《印第安人权利申诉委员会法案》的通过，印第安人权利申诉委员会（Indian Claims Commission）的建立，以及与它们密切关联的"大湖区—俄亥俄流域研究计划"以及其后续计划（美国司法部与印第安纳州大学合作）的陆续出台，直接激发了美国民族学人类学家从事印第安历史研究的热情，也为人类学家和历史学家创造了初步合作的条件和机会，还由此找出并累积了大量的有关印第安人历史的档案材料。这些因素成为二战后初期 ethnohistory 在美国学界凸显的直接诱发剂和重要表现之一。"跨学科合作不是美国国会的一条法案所带来的事件，只能说，这条法案，适逢其时，幸运地赶上了这个时代——在这个时代的需要中，新的概念工具使有效的合作成为可能。这些工具，是人类学家锻造的，在掌握它们的过

---

① 参见 Helen Hornbeck Tanner, "Erminie Wheeler-Voegelin（1903—1988）, Founder of the American Society for Ethnohistory", *Ethnohistory*, Vol. 38, No. 1（Winter, 1991）, p. 69。

② 参见 Helen Hornbeck Tanner, "Erminie Wheeler-Voegelin（1903—1988）, Founder of the American Society for Ethnohistory", *Ethnohistory*, Vol. 38, No. 1（Winter, 1991）, pp. 66 - 67。

程中，历史学家表现得相对有点慢。"①

  ethnohistory 在美国学界的凸显，归因于上述诸多社会及学术因素的促动，同时也深刻反映了"历史人类学"（历史学与人类学交流互动的产物）于二战后勃兴的必然性。作为西方"历史人类学"的一种具体表达，② 一种具有广阔发展前景的强有力的新趋势，即 ethnohistory，在历经了长时期（尤其是 20 世纪上半叶）的艰难为继和孕育之后，随着二战后社会和学术环境的有利变化，在时代需求的催发下，终于"破土"萌发，展现在以美国学界为主的西方学术舞台上。

---

① Francis Jennings, "A Growing Partnership: Historians, Anthropologists and American Indian History", *Ethnohistory*, Vol. 29, No. 1 (Winter, 1982), p. 21.
② 参见刘海涛《Ethnohistory：西方"历史人类学"的一种具体表达——以西方学界对 ethnohistory 一词释义的历史考察为中心》〔《中国社会科学院民族学与人类学研究所青年学术论坛（2011 年）》，社会科学文献出版社，2013，第 37~56 页〕中的有关论证。

论少数民族流动人口传统节日休假权的法律保障

刘 玲[*]

内容提要：对少数民族流动人口传统节日休假权的保护事关民族权益保障的进一步完善。本文在总结相关法律法规的基础上，从立法主体、休假权制度设计和法定节假日体系构建三个层面对少数民族流动人口传统节日休假制度进行研究。

关键词：少数民族　流动人口　传统节日休假权

我国是统一的多民族国家，各民族共同缔造了中华民族的灿烂文化，民族传统节日和其他许多传统民族文化一样，是各族人民生活中重要的内容。随着民族意识的增强，少数民族群众对合法享受传统节日休假的诉求越来越强烈，在民族自治地方这一需求多能得到满足，但是少数民族流动人口的传统节日休假权基本处于权利保护的边缘。本文从推进少数民族流动人口传统节日放假工作制度化、规范化的角度出发，分析问题，提出建议。

一　少数民族流动人口的传统节日休假权

流动人口一般指那类在一定时期内（通常指一年）不改变自身户籍状况，并且离开户口所在地在另一行政区域暂住、寄居或临时外出的人口。[①] 与世居或民族聚居区的人口不同，少数民族流动人口主要是那些在非户籍

---

[*] 刘玲，中国社会科学院民族学与人类学研究所助理研究员。
[①] 陈岱孙：《中国经济百科全书》（下），中国经济出版社，1991，第1655页。

所在地生产、生活的少数民族人口。

改革开放 30 多年来，随着经济的飞速发展和城市化进程的加快，以务工者为主体的流动人口大量涌入城市，在 1993 年到 2003 年的 10 年间，我国流动人口数量就从 7000 万增长到 1.4 亿，10 年内翻了一番，超过了全国人口总数的 10%，约占农村劳动力的 30%。① 这一数据在 2009 年再创新高，《中国流动人口发展报告 2010》称 2009 年我国流动人口数量达到 2.11 亿人。② 不断增长的流动人口，包括了一部分在语言、宗教信仰、风俗习惯等方面具有鲜明特征的少数民族人口。据统计，目前我国每年有少数民族流动人口约 1000 万人，大部分以进城务工经商为主。③

少数民族流动人口在经济发达地区的迅速增长，除了我国长期以来城乡二元结构的禁锢与农村剩余劳动力冲破城乡壁垒后的自发性转移这个大背景外，更主要的是在各级政府促进和加快少数民族和民族地区发展以及少数民族群众追求生活水平提高这些动力推动下的人口流动。作为在语言、习俗和传统文化等方面与汉族迥然不同的群体，少数民族流动人口进入城市后，不仅面临着工作机会等问题，还面临着与城市文化和生活环境的调试以及与其他民族文化的适应问题。与这些生活发展问题相比较，如何享有传统节日的休假权虽然是一个小问题，但也是切实保障民族平等需要重视的一个问题。

对少数民族流动人口传统节日休假权的保护事关民族权益保障的进一步完善。少数民族传统节日是民族群体历史文化长期积淀的产物，是民族生活的典礼和仪式，往往有着特定的形式、确定的主题和有民族特色的风俗习惯，这些节日中蕴含着特定民族的历史传统、价值观念、情感和审美方式等丰富的文化内涵。少数民族在传统节日中，通过形式多样的民俗行为，表现特殊的民族认同，彰显民族身份，体现出一种民族自豪感。充分尊重少数民族风俗习惯，保障少数民族流动人口传统节日休假权，可以增强少数民族流动人口对城市的认同感和归属感，从而增进社会和谐。

---

① 蒋连华：《城市少数民族流动人口与上海城市民族工作》，《上海市社会主义学院学报》2006 年第 2 期。
② 作为国家人口计生委 2009 年关于流动人口问题的部分调研成果，《中国流动人口发展报告 2010》于 2010 年 6 月 26 日在北京举行的"人口流动迁移与城镇化国际研讨会"上首发。
③ 《我国少数民族流动人口约千万》，《人民日报》2010 年 9 月 16 日第 2 版。

二 与少数民族流动人口传统节日休假权相关的法规

社会主义法治建设最核心的价值是尊重和保障人权,将权利保障制度化、法律化是依法治国的基本要求。少数民族流动人口传统节日休假权的法律保障是指在法律法规中确认少数民族流动人口传统节日休假权,并制定相应的配套措施来保障权利的实现。目前与少数民族流动人口传统节日休假权相关的法律规定存在不同的层面,主要包括中央政府和地方政府出台的相关规定,中央政府层面主要指国务院及国家民委发布的法规或规范性文件,地方政府层面主要指民族自治地方和其他地方出台的相关规定。据统计,截止到2007年12月,全国约有38个少数民族节日由当地政府或人大做出了放假规定。[①]

(一)国务院及国家民委有关少数民族传统节日的放假规定

1949年12月23日发布的国务院《全国年节及纪念日放假办法》规定:"凡属少数民族习惯之假日,由各少数民族集居地区之地方人民政府,斟酌各该民族习惯,规定放假日期。"在国务院规定的基础上,国家民委在一系列法规文件中做了进一步强调,如1979年经中共中央、国务院批转国家民委《关于做好杂居、散杂居少数民族工作的报告》的通知中规定:少数民族的节日,应该受到尊重。民族节日放假办法,按国务院规定执行。对有的民族节日的油、面等供应,可继续执行。1993年8月29日经国务院批准,国家民委发布实施的《城市民族工作条例》第二十六条规定:少数民族职工参加本民族重大节日活动,可以按照国家有关规定放假,并照发工资。

《全国年节及纪念日放假办法》历经1999、2007年两次修订,在立法形式和内容上皆有变化,2007年修订本同样明确规定:"少数民族习惯的节日,由各少数民族聚居地区的地方人民政府,按照该民族习惯,规定放假日期。"也就是说,政府关于少数民族传统节日规定的基本内容没有太大变化,保障聚居区少数民族传统节日休假权的基本精神没变。

---

① 《发展改革委就国家法定节假日调整问题回答记者问》,中国政府网,http://www.gov.cnzwhd2007-12/17/content_ 835623.htm,最后访问时间:2010年9月9日。

（二）民族自治地方有关少数民族传统节日放假的规定

根据宪法和民族区域自治法的相关规定，各民族都有保持或改革自己的风俗习惯的自由，自治州和自治县级民族自治地方的自治机关大多通过颁布自治条例来保障少数民族传统节日的休假权，有的民族自治地方以政府规章和规范性文件等方式来保障少数民族传统节日休假权。

（1）自治州、自治县级民族自治地方在自治条例中确定民族节日及休假办法，保障少数民族传统节日休假权。例如《甘肃省临夏回族自治州自治条例》规定：自治州的自治机关尊重各民族的传统节日。自治州内信仰伊斯兰教的少数民族职工、学生，在开斋节放假3天，古尔邦节放假两天。《云南省迪庆藏族自治州自治条例》规定藏历年放假3天。《云南省红河哈尼族彝族自治州自治条例》规定哈尼族矻扎扎节和彝族火把节，全州干部、职工放假2天。《云南省德宏傣族景颇族自治州自治条例》规定自治州内各民族的传统节日都应当受到尊重。傣族、德昂族的泼水节，景颇族的目瑙纵歌节，全州放假2天；阿昌族的阿露窝罗节，傈僳族的阔时节，本民族及其聚居区干部群众放假2天。《石林彝族自治县自治条例》规定彝族火把节放假3天。

（2）民族自治地方制定政府规章规定民族节日及放假办法，保障区域内少数民族传统节日休假权。例如新疆维吾尔自治区人民政府1999年12月14日发布《新疆维吾尔自治区少数民族习惯节日放假办法》，规定肉孜节和古尔邦节为自治区少数民族的传统节日，过肉孜节这一传统节日的各族干部职工放假1天，其他各族干部职工不放假；过古尔邦节这一传统节日的各族干部职工放假3天，其他各族干部职工放假1天。

（3）民族自治地方以通知的方式规定民族传统节日及放假办法，保障区域内少数民族传统节日休假权。例如宁夏发布了《宁夏回族自治区人民政府办公厅关于2010年节假日安排的通知》，规定9月10日是穆斯林的传统节日开斋节，全区放假2天，11月17日为穆斯林传统节日古尔邦节，故放假2天。西藏自治区人大常委会规定在执行全国性法定节假日的基础上，将藏历新年、雪顿节等藏族传统节日列为西藏自治区的法定节假日，规定藏历新年和雪顿节各放7天长假，如果当年藏历新年、雪顿节和春节长假不重合，西藏的干部职工就能比其他省市干部职工每年多享受14天假期。在具体操作上，拉萨市人民政府办公厅以通知的形式发布每年的雪顿节和藏历新年放假办法。

(三) 其他地方人大或政府有关少数民族传统节日的放假规定

散杂居少数民族地区地方政府，为了保障少数民族能够享有传统节日休假，常常会由地方政府以批转民族工作部门文件的形式，规定少数民族传统节日的放假办法。例如北京市人民政府批转市民族事务委员会《关于"尔代节"对信仰伊斯兰教的民族实行放假，补助油、面的请示》的通知（京政发〔1980〕66号）；上海市政府批转市民委、市劳动局、市粮食局《关于本市回族等十个少数民族"开斋节"放假和油面供应的请示报告》（上海市人民政府沪府发〔1980〕89号）。也有地方政府民族工作部门以文件或通知的形式规定民族节日及放假办法。例如安徽省民族事务委员会《关于重申回民职工三大节日放假问题的通知》（皖族〔1996〕1号）。武汉、深圳、上海等城市，在回族等十个信仰伊斯兰教民族传统节日前，由民族工作部门通知各机关、企事业单位，给回族等十个信仰伊斯兰教的民族群众放假。[①]

随着民族法制建设的完善，关于少数民族传统节日的规范更加完善，特别是以地方性法规或政府规章以及其他规范性文件的形式来保障少数民族传统节日休假权。一些地方人大（常委会）制定《（散居）少数民族权益保障条例》，规定少数民族传统节日及放假办法，保障少数民族传统节日休假权。例如北京市第十一届人民代表大会常务委员会第六次会议于1998年11月5日通过的《北京市少数民族权益保障条例》规定：少数民族职工参加本民族重大节日活动，应当按照国家有关规定放假，并照发工资。《江苏省少数民族权益保障条例》还为少数民族传统节日提供物质保障，规定地方人民政府在少数民族的主要传统节日期间，应当按照国家规定为有关少数民族职工放假并照发工资；对其特需商品的供应，应当做适当安排。而多民族杂居的云南省，则于2009年4月13日拟定《云南省少数民族传统节日放假规定》（以下简称《规定》）并予以公示，听取群众

[①] 武汉市民族宗教事务委员会：《开斋节放假通知》，《长江日报》2010年9月8日；深圳市民族宗教事务局：《关于"开斋节"放假的通知》，《深圳特区报》2010年9月7日；上海市民族和宗教事务委员会：《关于2010年开斋节放假的通知》，上海民族和宗教网，http://www.shmzw.gov.cn/gb/mzwxxgkzxgk/userobject1ai6068.html，最后访问时间：2010年11月1日。

意见。《规定》计划自 2010 年 1 月 1 日起施行。届时，机关、团体、企业、事业单位、民办非企业单位、有雇工的个体工商户等用人单位的少数民族职工，可享受本民族的主要传统节假日。《规定》明确，少数民族的主要传统节日放假 2 天，习惯过两个主要传统节日的，每个节日放假 1 天。逢农历闰月，则过第一个月的节假日。职工本人应当及时向单位提交本民族自治地方或者聚居区规定传统节日的相关依据，并明确其少数民族传统节日的具体日期。少数民族职工在节假日期间享受与正常工作期间相同的工资收入。单位确因工作需要不能安排职工享受本民族的主要传统节假日的，应当按照《劳动合同法》的规定，安排补休或者给予职工节假日加班补助。

三　问题反思及对策研究

通过对与少数民族流动人口传统节日休假权相关法规的总结，我们可以看到许多地方立法都规定了少数民族传统节日休假制度，但是其主要针对少数民族人口聚居区、城镇定居少数民族职工等状况，已有的法律规定缺少针对少数民族流动人口的专门规定。本文试从立法主体、休假权制度设计和法定节假日体系的构建三个层面展开对少数民族流动人口传统节日休假的讨论。

（一）少数民族流动人口传统节日休假制度的立法主体

我国民族众多，少数民族流动人口离开聚居地，分散流动于全国各地，各民族传统节日种类繁多，而且呈现出很强的民族特色和地域特色，由国家统一立法似乎缺乏可行性。因此，从立法层级上来讲，少数民族流动人口传统节日休假权制度应由各少数民族聚居地方根据当地情况和民族特点来具体规定。

根据宪法、地方组织法和立法法的规定，地方立法主体包括省级人大及其常委会以及较大的市人大及其常委会和省级人民政府以及较大的市人民政府，它们分别有制定地方性法规和地方政府规章的权力。立法法对地方性法规和地方政府规章立法事项范围的规定，是我们区分两者立法权限的直接依据。该法第六十四条第一款规定，地方性法规可以就下列事项做出规定：一是执行法律、行政法规的规定，需要根据本行政区域的实际情况做具体规定的事项;二是地方性事务需要制定地方性法规的事项。该法第七十三条第二款规定,地方政府规章可以就下列事项做出规定:一是执行法律、行政法规、地方性法规的规定需要制定规章的事项;二是本行政区域的具体行政管理事项。两个条文第一项都规定为执行法律法规可以立法,但对于人大立法和政府立法的范围没有做出明确界定。第二项规定中的"地方性事务"和"具体行政管理事项"如何理解和区分,也没有做出明确的界定,这就给实际操作带来了困难。

从学理上讲,两个条文第一项称为执行性立法或实施性立法,第二项称为自主性立法。关于执行性立法,即为执行法律法规而制定地方性法规和政府规章,这是地方人大和政府立法工作的一项重要任务。从立法实践来看,在有上位法的情况下,严格依据授权进行立法,即上位法授权地方人大可以制定实施细则、实施办法的,由地方人大制定地方性法规;上位法授权地方政府可以制定实施细则、实施办法的,则由地方政府制定规章。如果没有明确授权,则要具体而论;如果需要从本地实际出发对有关法律进行细化的,原则上应该由地方人大制定地方性法规;如果是国务院制定的行政法规,为保证其执行,一般应由地方政府制定规章,当然地方人大认为必要,也可以制定地方性法规。

关于自主性立法,要正确理解立法法规定的"地方性事务"和"具体行政管理事项"这两个概念,这是区分地方人大和政府立法权限的重要因素。"地方性事务"是指人大职权范围内与全国性的事务相对应的、具有地方特色的事务,一般来说,不需要或在可预见的时期内不需要由国家统一制定法律、行政法规来做出规定的事项。比如,林木发达地区的林业管理,边境、沿海等省份的缉私、禁毒等事项,就属于地方性事务。"具体行政管理事项",是指在政府职权范围内进行某方面行政管理工作涉及的具体事项。关于地方政府的职权,我国宪法规定,县级以上地方人民政府依照法律规定的权限,管理本行政区域内的经济、教育科学、文化、卫生、体育事业、城乡建设事业和财政、民政、公安、民族事务、司法行政、监察、计划生育等行政工作。地方组织法根据宪法做了具体规定。在宪法和地方组织法规定的职权范围内,即属于具体行政管理的事项,省、自治区、直辖市和较大的市的人民政府可以制定规章。在立法实践中,具体行政管理事项大体包括以下几个方面:一是有关行政程序方面的事项,包括办事流程、工作规范等;二是有关行政机关自身建设的事项,包括公务员行为操守、工作纪律、廉政建设等；三是不涉及创设公民权利义务的有关社会公共秩序、公共事务或事业的具体管理制度，如公共场所（公园、电影院等）的管理规定，市场（早市、夜市、超市等）的管理秩序，学校秩序管理规定等。① 由此可见，"地方性事务"一般指本行政区域内的重大事项，具有全局性、根本性和长远性的特点；"具体行政管理事项"一般指行政管理中较为单一的事项，带有局部性、微观性和应时性的特点。②

具体到少数民族流动人口传统节日休假的相关规定，首先，从授权立法的角度，国务院《全国年节及纪念日放假办法》明确授权各少数民族聚居地区的地方人民政府，按照各该民族习惯，规定放假日期。其次，地方人大的相关立法，无论是在自治条例还是在少数民族权益保障条例中规定的少数民族节日，都是从尊重少数民族风俗习惯角度进行的原则性规定，具体的细化工作，即每年放假日期的公布和具体放假办法的制定还应当由地方政府来完成，这属于行政管理中较为单一的事项。最后，民族工作部门是管理和服务少数民族群众的一线部门，但不是地方立法主体，因此它可以提请政府发布相关放假办法，也可以就放假办法的内容进行专门论证提请政府审议决定，但发布放假办法还应当由地方政府进行。从以上分析可见，少数民族流动人口流入地的地方政府应是少数民族传统节日休假制度的规范性文件或地方立法的主体。

（二）少数民族流动人口传统节日休假制度设计

现有的少数民族传统节日休假制度在各地的规定并不统一，在是否放假、放假天数、权利行使保障等方面都有不同的规定。

1. 少数民族流动人口传统节日休假权规定的统一性

少数民族流动人口传统节日休假权规定应否统一？对这一问题的回答涉及两个方面：一是应否在少数民族聚居区过节期间对少数民族流动人口统一放假？二是放假天数是否应与民族聚居区的少数民族传统节日统一？关于少数民族传统节日放假，各地并没有统一规定，一些自治州、自治县做了相关

---

① 张春生、李援主编《中华人民共和国立法法释义》，法律出版社，2000，第135~137页。
② 河北省人大常委会研究室：《地方性法规与政府规章立法权限研究》，《人大研究》2007年第3期。

规定，但也有民族自治地方并没有类似规定，如广西壮族自治区人民政府办公厅每年以通知的形式转发国务院办公厅节假日安排的通知，并没有对壮族传统节日进行任何规定。据了解，在广西很多地方，壮族的祭祖时间在"三月三"，每年的三月初三广西各地都会有类似的庆祝活动。之所以不做相关规定，在笔者看来有两个原因。第一，壮族虽然是广西少数民族的主体民族，但其人口只占广西总人口的32.88%①，没有形成绝对多数，而西藏自治区藏族人口占全区总人口的92.8%②，所以对"藏历新年"和"雪顿节"规定了放假办法。第二，虽然没有规定相关放假规定，但当地也在以各种形式进行着节日的庆祝，而且随着当地群众与汉族群众的交往日益增多，很多风俗习惯相互影响，民族融合程度较高。因此，本文认为不应当强求统一规定，而应从各少数民族聚居地的实际出发，如果确有需要，可以由当地民族工作部门提出议案，提请当地政府审议。

关于放假天数，各地的规定都不一致，有的是1天③，有的是2天，有的是3天，还有的是7天；有的是全区放假，有的只是过传统节日群众放假，还有的在全区放假的基础上，过传统节日群众和其他民族群众放假天数有所区分。对此，笔者认为，关于放假天数的规定，都是各地根据当地的历史习惯和实际情况制定的，在上位法没有明确禁止的情况下可以保持现状。同时，对于有两个以上传统节日的少数民族，应当由当地政府根据实际酌情确定放假天数，既要考虑少数民族习惯，又要顾及当地放假总天数。④

2. 权利主张、利益诉求和权利救济机制的建立

关于少数民族传统节日放假，虽然很多地方都规定了相关放假办法，但很多群众不知情，或者是面对不遵守相关规定放假的单位无可奈何，这

---

① 此处为2000年数据，数据来源：《广西壮族自治区概况》，民族出版社，2008，第22页。
② 此处为2000年数据，数据来源：《西藏自治区概况》，民族出版社，2009，第22页。
③ 《宁夏开斋节、古尔邦节放假天数自2010年各增为2天》，中国政府网，http://www.gov.cnjrzg2009-12/31/content_1500610.htm，最后访问时间：2010年11月1日。
④ 国家法定节假日制度调整原则可以为地方少数民族传统节日放假天数的确定提供参照：第一，节假日天数要与经济社会发展阶段相适应；第二，节假日安排要有利于弘扬和传承民族传统文化；第三，节假日安排要尽量减少对经济社会运行的影响和冲击；第四，休假制度安排要体现社会公平，让全体公民共享经济社会发展的成果；第五，节假日调整要充分考虑到国民旅游需求。参见《国家法定节假日制度调整方案原则》，人民网，http://pic.people.com.cn/GB/73697/6509570.html，最后访问时间：2010年11月12日。

就需要相应权利主张机制的建立。这里可以借鉴《云南省少数民族传统节日放假规定》的做法，由职工本人向单位提交本民族自治地方或者聚居区规定传统节日的相关依据，并明确其少数民族传统节日的具体日期。

利益诉求机制指的是少数民族群众针对尚未制定相关放假办法的民族自治地方或者少数民族聚居区，如认为本民族主要传统节日需要放假，并且有充分理由，可以通过合法行使建议权，建议当地立法机关进行相关立法。

权利救济机制指的是对少数民族流动人口休假权行使遇到障碍情形下的保障机制。如规定机关、团体、企业、事业单位、民办非企业单位、有雇工的个体工商户等单位应当保证少数民族职工享受本民族的传统节假日。对于有关单位不执行相关放假规定，或即使给少数民族职工放假但因此克扣工资收入，或者确因工作需要不能安排职工休假却又不安排补休或不发放加班补助的，由政府民族工作部门、人力资源和社会保障部门予以行政处罚。同时，各单位工会应负责少数民族职工的传统节日休假权利的日常维护。

（三）少数民族传统节日休假权制度在国家法定节假日体系中的定位

我国对节假日的立法始于新中国成立初期。1949年12月23日，政务院发布《全国年节及纪念日放假办法》，规定的节日有新年、劳动节、国庆纪念日、妇女节、青年节、儿童节、人民解放军建军纪念日，外加传统的春节，使中国公民有了元旦1天、春节3天、"五一"1天、"十一"2天的休假格局。1999年9月18日，国务院对《年节及纪念日放假办法》进行了第一次修订，决定春节、"五一"和"十一"法定休假3天，再加上调整的前后两个双休日，就形成每年3个连续7天的长假。而每个长假掀起的旅游消费热也逐渐成为我国经济生活的新亮点，被人们称为"黄金周"。2007年12月14日，国务院第二次修订《年节及纪念日放假办法》，调整的主要内容包括以下方面。①国家法定节假日总天数增加1天，即由10天增加到11天。②对国家法定节假日时间安排进行调整：元旦放假1天不变；春节放假3天不变，但放假起始时间由农历年正月初一调整为除夕；"五一"国际劳动节由3天调整为1天，减少2天；"十一"国庆节放假3天不变；清明、端午、中秋增设为国家法定节假日，各放假1天（农历节日如遇闰月，以第一个月为休假日）。③允许周末上移下错，与法定节假日形成连休。

从法定节假日的历史变迁可以看出，节假日的调整与国家经济发展、社会进步是相适应的。在短缺经济时期，国家需要尽量增加劳动时间来提高总产值，降低物资短缺的程度。当我们迈进经济平稳及生产过剩（或局部过剩）的经济发展阶段的时候，社会生活的主要问题由供给不足转变为消费需求不足。经济学家呼吁利用增加假日拉动消费。随着经济、社会和文化的全面发展，人们逐渐认识到假日作为一种资源，不仅可以在经济上取得效益，也会在文化、社会、生活等各个层面上收到效益。[1] 一直以来，中国的节假日制度存在的主要问题在于法定假日没有充分的、配套的文化生活，而丰富多彩的民间的、传统的节日文化没有法定假日提供充足的活动时间。如果把增加的假日分配在传统的节日里，它们除了发挥现有的对于物质再生产的作用之外，还可以发挥对于社会文化再生产的作用。[2] 因此，将传统节日纳入法定节假日体系已是大势所趋。

值得注意的是，尽管历经半个多世纪的变迁，《全国年节及纪念日放假办法》的立法内容与形式都产生了较大的变化，却始终保留了这样的规定：少数民族习惯的节日，由各少数民族聚居地区的地方人民政府，按照各该民族习惯，规定放假日期。面对统一多民族国家的现实情况，依据民族平等、团结、互助、和谐的民族关系原则，国家立法为少数民族传统节日休假保留了充足的空间，并且授予少数民族聚居地方政府较大的自主权来设定和保护当地少数民族传统节日。

由此可见，少数民族流动人口传统节日休假权的保护有明确的法规依据和制度依据。但是，在实际执行之中，少数民族流动人口流入地的地方政府要在深入调研的基础上，制定符合当地实际的办法，确保少数民族流动人口传统节日休假权的实现，使少数民族流动人口在流入地也可以享有传统节日休假权，从而在更大程度上保障各民族平等、团结、互助、和谐关系的深入发展。

---

[1] 刘魁立：《中国人的时间制度与传统时间体系》，《中国政协报》2010年8月23日。
[2] 高丙中：《民族国家的时间管理——中国节假日制度的问题及其解决之道》，《开放时代》2005年第1期。

关于当今中国亚国家层次民族概念及英译的新思考*

——"族元"(national ethnic unit)概念的学术初探

马俊毅**

内容提要：在当今中国，作为整体的中华民族与亚国家层面的"各民族"都被称呼为民族，这造成语义的模糊、混用和学界的困扰争鸣；在英文翻译上也难以精准表述，目前的两种译法即 nationality 和 ethnic group 都引起一些异议。民族概念必须以尊重历史，符合现实，符合我国的族际政治和民族关系为原则。本文试提出当今中国亚国家层次的各民族，包括汉族和各少数民族都应平等地被称为"族元"——共同形塑中华民族、共同创造中华文化、共同缔造中华人民共和国的具有重要历史意义和贡献的族类单元，英文翻译取用 national ethnic unit。本文对"族元"这一概念的意涵进行了阐释，从历史史实、宪法精神、学理层面和国际视野展开了论证；对 national ethnic unit 进行了英文词语分析，将其与 nationality、ethnic group 等做了比较论述。

关键词：民族 中华民族 亚国家层次民族 民族概念英译 族元（national ethnic unit）

现代汉语中，国家层次的中华民族，被称为民族，亚国家层次的56个

---

* 本文在写作过程中，得到中国民族理论学会副会长、中国社会科学院民族学与人类学研究所研究员王希恩老师的指导。王希恩老师对本文提出了宝贵的意见，对于他的帮助特此鸣谢。

** 马俊毅，中国社会科学院民族学与人类学研究所《民族研究》编辑部副编审。

民族也被称为民族。由于这种"民族"概念的模糊性和"民族"一词的混用,造成了学界的困扰、争论,以及"民族"一词英语翻译的困难。有鉴于此,笔者试探性地提出"族元"的概念,主张作为整体的中华民族,可使用民族一词,对应英语中的 Nation,而当今中国(即中华人民共和国,以下同)亚国家层次的56个民族(包括汉族)都应称为"族元",即共同形塑中华民族和缔造中华人民共和国的族类单元,英语翻译可译为"national ethnic unit"。这样就可厘清当今中国的中华民族和亚国家层次的56个民族之间的区别和关系,为现代汉语中"民族"概念的模糊性问题及"民族"一词的英语翻译问题提供新的研讨思路。本文将从"族元"的意涵与史实依据、"族元"概念与费孝通的"中华民族多元一体"理论、"族元"概念对现代汉语中民族概念的"模糊性"以及英译问题研讨的新思考等几个方面分别展开论述。

一 "族元"的意涵与史实依据

(一)历史事实与宪法可以证明:汉族和各少数民族都应被平等地称为"族元"

将汉族和55个少数民族都平等地称为"族元"是基于中华民族的历史形成过程、我国族际政治和民族关系的现状而提出的。这不仅是因为中国各民族都具有悠久的历史,长期在这片土地繁衍生息,而且更重要的是因为各民族在漫长的历史长河中,第一,共同形塑了中华民族;第二,共同创造了灿烂辉煌的中华文化和文明;第三,当外敌入侵时,各族人民都浴血奋战,共御外侮,用鲜血和生命捍卫这片土地,捍卫中华文化;第四,各民族共同缔造了统一的中华人民共和国,并共同管理国家和一起当家做主。正如我国宪法在序言指出:"中国是世界上历史最悠久的国家之一,中国各族人民共同创造了光辉灿烂的中华文化","中华人民共和国是全国各族人民共同缔造的统一的多民族国家"。学者叶江研究指出:"汉民族不应该被当作是中华民族形成的核心,而是应该与其他55个民族一起,作为亚国家层次的民族共同组成了中华民族"[①]。

---

① 参见叶江《对50年前汉民族形成问题讨论的新思索》,《民族研究》2009年第2期。

从中华民族和中华文明的形成、发展中的大量历史事实,我们不难证明:各民族共同形塑了中华民族,创造了光辉灿烂的中华文化;当外敌入侵时,各族人民共同守卫中国疆土、捍卫中华文明。

在国家认同方面,"3000多年前,就出现了中国的称号",自此以后,"历代中原王朝无不以中国自居,边疆和少数民族的政权,甚至藩属国也以作为中国的一部分为荣"。①

形成统一的国家,更是由"各族人民的共同奋斗"所成就。② 秦始皇统一中国,建立中央集权制国家(公元前221年),标志着我国统一的多民族国家历史的开始。在此后两千余年的历史发展中,时分时合,统一是主流和大趋势。有时是汉族建立统一的中国政权,吸纳少数民族加入;有时是少数民族或在边疆地区建立政权,或入主中原成为统治民族(如元朝、清朝),时你时我,你中有我,我中有你,各民族都为中华民族的形成、多民族国家的建立和发展做出了历史性的贡献。如秦代北方的匈奴,西北的西域各族,西部的羌,东北的东胡(鲜卑和乌桓)、夫余等族都建立过自己的政权;魏晋南北朝时期,除两晋的短暂统一外,汉族和各少数民族曾先后建立过23个政权,其中匈奴族建立过前赵、北凉、夏3个政权,鲜卑族建立过辽西、代、北周、前燕、后燕、西秦、西燕、南凉、南燕9个政权,羌族建立过后秦,巴氐族建立过后汉,汉族建立过前凉、冉魏、西凉、后蜀、北燕5个政权;隋唐后,经五代十国到宋、辽、金,我国又一次经历割据,形成各民族政权对峙的局面,如宋朝先后与契丹族的辽、女真族的金朝对峙等;此后,蒙古族建立的元朝实现了国家的统一;元、明、清时期,国家的统一和中华民族的凝聚力得到进一步发展。元朝在内地和各少数民族地区实行"行省"制度,密切了中央王朝与少数民族地区的关系。满族建立了清朝,其间各族人民曾共同抗击沙俄、英国等殖民主义在我国东北、新疆、西藏等地的侵略,捍卫了国家的统一。综观中国历史,虽然政权有分有合,但国家统一和民族团结始终是历史发展的主流和基本趋势。③ 除了汉族以外,其他民族"同样为中国的统一疆域的形

---

① 葛剑雄:《我们的国家:疆域与人口》,复旦大学出版社,2010,第4页。
② 葛剑雄:《我们的国家:疆域与人口》,复旦大学出版社,2010,第4页。
③ 参见《中国民族》,中央政府门户网站,http://www.gov.cn/test/2005-07/26/content_17366.htm。

成作出了不可替代的贡献"①。

在文化及经济成就方面,农业文明、游牧文明以及工商业文明等的发展成果,都是全国各族人民共同创造的。灿烂的中华文化是各民族共同创造的。从农作物的种植,到生活器具、饮食、服装、乐器、音乐舞蹈、建筑、文学等各方面,都融汇了各民族的智慧成果。

在政治、法律方面,中国历史上朝代更迭,政权林立,但统一是大的趋势,在国家治理的政治文化、政治制度和律法方面,各族人民都贡献了自己的智慧,除了以儒家文化为主的官吏制度、科举制度,"边疆民族地区"的政权"创造了不少适合于边疆地区、牧业区的制度","随着边疆地区归于统一"而被中央政府沿用,如蒙古地区的盟旗制度②、元朝的"行省"制度等。在中华律法方面,著名的法学家张晋藩指出,"中华法系是集各族法律智慧共同缔造的",他研究指出在华夏族创制法律之前三苗就已经制定了法律,成为中华法律的萌芽,少数民族的习惯法、民间法,如彝族、羌族的律法,以及"苗例"、藏族法文化等都构成了中华法文化的组成部分。③

在历史上,每当外敌侵略,各族人民都团结抗侮,英勇捍卫国家的疆土和文化,比如,鸦片战争后,沙俄强占我黑龙江以北,乌苏里江以东和巴尔喀什湖以东、以南的广大地区,英军和法军分别侵略我西藏和西南地区,激起各族人民的奋起反抗。达斡尔、鄂伦春、赫哲、鄂温克和西北、西南地区的各民族人民积极组织抗战,英勇抗击侵略者。④ 抗日战争时期,地不分南北,人不分老幼,各族人民共同抗战,打击日本侵略者。如回族的马本斋建立的"冀中回民支队",汉、满、回、朝鲜、白、鄂伦春、鄂温克、赫哲等族人民共同组成的东北抗日联军,由蒙、汉民族共同组成的大青山抗日根据地等都给侵略军以沉重打击。⑤ 由此中华民族熔铸为一个

---

① 葛剑雄:《我们的国家:疆域与人口》,复旦大学出版社,2010,第119页。
② 参见葛剑雄《我们的国家:疆域与人口》,复旦大学出版社,2010,第120页。
③ 参见张晋藩《多元一体的法文化:中华法系凝结着少数民族的法律智慧》,《民族研究》2011年第5期。
④ 参见《中国民族》,中央政府门户网站,http://www.gov.cn/test/2005-07/26/content_17366.htm。
⑤ 参见袁锋、刘希敏《抗日战争中的少数民族》,《中国民族报》2010年8月13日;王钦奴:《少数民族在抗日战争中的历史作用》,人民网,http://bbs1.people.com.cn/postDetail.do?id=100827054。

更坚强的群体，中华民族精神更加伟大。

以上史实完全可以证明：中华民族的形成、中国辽阔疆土的奠定和守卫、中华灿烂文化的发展和繁荣，是中国各民族共同创造和缔造的，凝聚着各族人民共同的智慧、汗水甚至流血牺牲。各民族都为中华民族做出了巨大的历史性贡献。当今的中华人民共和国也是由各民族人民共同缔造的。所以，我国亚国家层次的各民族都是中华民族、中华文化、中华人民共和国共同的形塑者、创始人、缔造者，汉族和各少数民族都应被平等地称为族元，各民族对中华民族、中华文明和中国国家具有重要的历史功绩和历史意义。

（二）"族元"与国际视野中的亚国家层次民族

从国际视野来看，许多多民族国家对自己国家的亚国家层次的民族都有专门的称呼，而且每个国家也都不一样，没有一个统一的称呼。他们都是根据自己国家的国情、民族关系和民族问题的历史和现状，创造一个与他们的情况相符的词语，如美国使用的是 ethnic group，西班牙使用的是 nationality，俄文中族类概念则更多，分别有"Этнос"（"族体"或广义的"民族"），"народы"（各民族），"Нация"（民族），"Националъностъ"（民族、民族成分），"Народ"（人民、民族），"Титулъная нация"（命名民族）等。[①] 阿拉伯语中，表现民族的概念计有6个，分别指向"民族"（Nation）、"人民"、"民众"、"国家"、"部族"、"亲族"。中国的台湾地区使用"原住民"，以突出山地少数民族相对于后来的"垦殖者"具有原住性，即在台湾地区的更久远的历史渊源。针对移居欧洲并逐渐聚集的阿拉伯人，西方学者就通过组合方法发明了一个新词汇"Eurobian"（欧洲阿拉伯人）。即使在美国一国之内，对民族的称呼也不同，美国是一个移民性国家，他们把外来移民称为 ethnic group（族群），把土著的印第安人称为 Native American（土著亚美利加人）。所以，许多国家对自己的亚国家层次的民族都有一个或多个专门的称呼术语，而且国际上，亚国家层次的民族没有一个世界通用的，或放之四海而皆准的统一的称呼。在当今中国，现代汉语中就一个"民族"词语，中华民族叫民族，亚国家层次的56个民族也叫民族，就一个"民族"术语，容易引起学界的混乱、歧义以及英

---

① 何俊芳：《俄语中的族类概念（上）》，《中国民族报》2011年5月6日。

语翻译的困难，而且也不符合中国族际政治和民族关系的实际。所以，中国也应该根据自己的国情，提出一个既尊重历史又符合中国族际政治和民族关系的现状的词语，以准确地表达当今中国的亚国家层次的民族。所以，本文试提出只有中华民族可继续使用"民族"称呼，中国的亚国家层次的各民族包括汉族应称为"族元"，将各民族称为共同形塑、构成中华民族和中国国家的"族元"，一方面承认中国各民族是世居在中国某一区域或地区的具有文化独特性的历史共同体，都对中华民族、中华文化的形成和发展做出了重大的贡献；另一方面，体现了中国各民族都是整体的中华民族、中国国家的部分或单元，要自觉维护中华民族的凝聚力和国家统一。

二 "族元"概念与费孝通的"多元一体"理论

费孝通总结出中华民族多元一体的形成过程，首先指出："中华民族作为一个自觉的民族实体，是近百年来中国和西方列强对抗中出现的，但作为一个自在的民族实体则是几千年的历史过程中形成的"；"它的主流是由许许多多分散孤立存在的民族单位，经过接触、混杂、联结和融合，同时也有分裂和消亡，形成一个你来我去，我来你去，我中有你，你中有我，而又各具个性的多元统一体"。

其次，观照现实，他指出，中华民族进入21世纪以前已产生了重大的质变。第一，是过去几千年来的民族不平等关系已经在"法律上予以否定"，"事实上也作出了巨大改变"；第二，中国开始走向了工业化和现代化的道路。

最后，对于未来这一格局是否改变，他指出只能做"猜测性的推想"。例如他指出，如果"放任各民族在不同起点上自由竞争"，或"将少数民族的现代化设想为最大程度的汉化"，就会"削弱"多元一体中的多元。因此，他设想的前景是坚持各"民族团结互助"和"共同繁荣"，使多元一体格局在现代化过程中"发展到更高的层次"。①

综上，笔者以为，对目前我国56个民族内涵的界定，要尊重历史、立

---

① 参见费孝通主编《中华民族多元一体格局》，中央民族大学出版社，1999，第305～307页。

足现实。历史地看，我国 56 个民族都是世居民族，在长久的历史过程中形成了中华民族多元一体的格局；现实地看，要结合新中国成立以来在宪政的规定下我国多民族国家的建构，认识到 56 个民族在国家结构、政治权利上的定位和界定，以及经过 60 多年的历史[①]，国家和民族如何相互塑造、如何构建了相互认同等。简言之，适合于我国族际政治和民族关系的历史和现状民族概念，就应该符合中华民族多元一体的格局和理论，并且被新中国成立 60 多年的族际政治实践所继续规约，同时又能够继续符合与延续这一历史趋势。

所以，本文提出将作为整体的中华民族称为"民族"（nation），将中国亚国家层次的各个民族界定为"族元"（national ethnic unit）——共同形塑中华民族、共同创造中华文化、共同缔造中华人民共和国的族类单元——这在意涵上与"中华民族多元一体"的格局和理论是相符相映的。这个概念突出了中国各民族的平等地位，同时还强调了各民族是中国这个多民族国家整体中的一部分，各族人民要自觉维护国家的统一和稳定。

三 "族元"的概念与现代汉语中"民族"概念的"模糊性"

（一）"民族"概念模糊性造成的民族理论争论及困惑

"民族"一词的模糊性曾引发国内学者深思。费孝通先生在 1986 年向《民族团结》杂志记者谈民族时指出："什么是民族？在我国，'民族'这个概念似乎一直没有搞得很清楚。""我们常说的中华民族，就用了'民族'这个词。同时又说中华民族包括汉族、满族、蒙古族、回族等 56 个民族。民族中就包括民族，在概念上就不太清楚。"[②]

"民族"概念的模糊性对民族理论的研究造成了不小的困扰。

---

① 如果说几千年的历史是"大历史"，那么，60 多年的历史就是"小历史"，在我国民族格局的形成和稳定中，这 60 多年的"小历史"不可小觑，因此费孝通才认为中华民族在进入 21 世纪之前发生了"重大的质变"，同时他又认为"民族互助和共同繁荣"60 多年的传统将使中华民族多元一体"发展向更高的层次"。笔者所要强调的是我国的民族概念研究必须观照这 60 多年承上启下的阶段。

② 转引自田小岫《中华民族源流史》，华夏出版社，2001，第 4 页。

新中国成立后，中国政府对历史上的各个族体进行了民族识别，在宪法和民族区域自治法中，明确指出中国是由"各族人民共同组成的国家"。① 虽然我国的民族政策核心内容即基本制度早已经从民族自决转向民族区域自治制度，而且无论是民族识别还是民族区域自治制度，都在探索着有中国特色的道路及经验，并没有照搬苏联模式，但在民族概念和话语上，国家层次和亚国家层次上依然都在继续使用"民族"，而且斯大林的民族定义在理论学界占据着支配地位，成为学术界共同遵循和讨论的起点。这一定义较为严格的四要素，以及明确指出"民族是资本主义上升时期的产物"，其作为 Nation 的含义是十分明确的。将这个定义用来理解我国的 56 个民族（族），存在着理论与现实的不适，并且很快就带来了学术研究的困难和迷惘。

实际上，由于现代汉语"民族"概念的模糊性，有关"民族"概念及民族形成的讨论几乎每隔 10 年就要产生一次。② 20 世纪 50 年代关于汉民族形成的大讨论是其中的典型。1956 年，历史学家范文澜撰文《自秦汉起中国成为统一国家的原因》，他运用斯大林关于民族定义的界定，分析指出，汉民族形成于 2000 多年前的秦汉时期，因为其已经形成了相当于斯大林定义中的民族四特征；他还强调了民族形成与国家的紧密关系，认为汉民族的形成直接促使了中国建立统一的国家。他的观点引起了争论，学者纷纷撰文讨论。反对范文澜观点的大多还是运用斯大林关于民族定义的理论，认为在前资本主义阶段无法形成统一的市场，因此也不可能形成民族，民族是资本主义上升阶段的产物，当时的汉族只能是部族而不是汉民族。而支持范文澜的学者，认为只要将中国看作与欧洲完全不同的具有独特性的民族，那么在中国当时形成汉民族以及民族国家也是可以成立的。如此一来，双方似乎谁都说服不了对方，这场历时三年多的讨论成为"悬

---

① 宪法和民族区域自治法都规定："中华人民共和国是全国各族人民共同缔造的统一的多民族国家。"参见《中华人民共和国宪法·序言》，《中华人民共和国民族区域自治法·序言》。
② 有研究者指出，"民族"概念在中国牵动范围之大，只有 20 年代末、30 年代初中国社会性质问题的讨论，抗日战争以前的中、西文化论争和 80 年代中期的"文化热"可与之相比。据张海洋在"1998 年'民族'概念暨相关理论问题专题讨论会"上的发言。参见周旭芳《1998 年"民族"概念暨相关理论问题专题讨论会综述》，《世界民族》1999 年第 1 期。

案"，论文最终被收录起来，由生活・读书・新知三联书店出版。①

近年，学者叶江撰文分析指出，20世纪50年代汉民族形成的争论之所以成为悬案，是由于双方的"共同失误"造成的，即在讨论中，双方始终将中华民族层次上的民族与汉民族层次的民族混为一谈，未做区分。此外他还说："争论双方的失误不仅在于将两个外延和内涵不同的'民族'概念相互混淆的同时，把外延较小的汉民族概念当作外延较大的中华民族来进行讨论，而且更为严重的还在于忽视了汉民族实际上与藏民族、蒙古民族、回民族乃至达斡尔族等我国少数民族是在同一个层次上的'民族'（ethnic group）这样一个事实，并且忽视了称之为汉民族的人们共同体仅仅只是构成中华民族这一更大的人们共同体的一分子而不是全部，而只有中华民族才是与建立统一的国家——中国直接相关的民族（Нация/Nation）"，"双方都没有正确理解斯大林民族定义中的民族实际上是国家层面上的"。因此他进一步认为："如果范文澜先生能明确指出：自秦汉起中国成为一个统一国家的一个十分重要甚至是决定性的原因，就在于汉民族和其他少数民族共同组成的中华民族已经从那时开始形成，并且中华民族是在独特的社会条件下形成的独特的民族，那么，他的观点如果不能在当时说服论辩者，至少在今天来看是很有说服力的。"②

以上说明现代汉语民族概念模糊性导致了国家层次的民族与亚国家层次民族的混同，才使得20世纪50年代的学者用斯大林的民族定义去对应汉族，将汉族（而不是多民族）与建构多民族的中国直接相对应，引发学术上的困惑。如果学界能从概念上明确区分中华民族与中国各族（包括汉族），使之各自实至名归，则不会产生这样的悬案。

笔者以为，继费孝通先生"多元一体"理论奠基之后，学者们将汉族与其他民族并列而不是以汉族为核心的观点，将理清中国的族类概念体系的工作又向前推进了一步。但是，问题到此并没有解决，中文"民族"依然是在两个层次上使用，而没有相应的概念对这两个层次进行清晰的概括和区别。叶江提出的56个民族相当于"ethnic group"的观点也只能是一种"权宜之计"，因为中国各族的情况和美国是完全不同的。虽然叶江本人只是借用了"ethnic group"，并且他实际上是反对使用中文"族群"

---

① 参见历史研究编辑部编《汉民族形成问题讨论集》，生活・读书・新知三联书店，1957。
② 参见叶江《对50年前汉民族形成问题讨论的新思索》，《民族研究》2009年第2期。

的——他在另外一篇文章中指出：学者们已大体都承认"少数民族"、"民族事务"和"56个民族"，诸词汇中的"民族"一词绝对不能与西文"Nation"一词相对应，但是，这并不意味着因此就可以接受用"族群"一词来替代这些汉语词汇中的"民族"一词①——但是借用"ethnic group"很快就面临着中国56个"民族"会被称为族群的联想以及因这种联想引起的反对。② 这也说明，中华民族多元一体理论的发展和完善，必须要弄清亚国家层次民族的实质问题，不能再继续模糊，"我们目前所面临的最大挑战就在于，在坚持使用'中华民族'概念来表述'Chinese Nation'的同时，如何解决汉语'民族'概念依然还在表述'Ethnic Group'含义的大问题"。③ 这一点笔者深有同感。笔者一直认为中国56个民族的含义始终是与Ethnic Group有所区别的。这也正是"族元"概念提出的现实及学理背景。

（二）历史上中国"各民族"本不谓"民族"——从古汉语到现代汉语的转换中，民族内涵发生外溢

笔者以为，若要厘清"民族"概念，有必要认识到，其实一共存在着三个"民族"概念：第一，存在于古汉语中的"民""族"连用的"民族"（这里请不要将其等同于"民"，也不要等同于"族"）；第二，近代由外而来的相当于Nation的民族；第三，直接用于称呼我国亚国家层次民族的"民族"，比如蒙古民族、藏民族等（中央关于民族概念的界定，也是在这个意义上进行的）。以下将结合材料，对这三种意义上的"民族"进行梳理。

1. "民族"在古汉语中存在，但较冷僻，且意义指向复数、笼统、泛指

近年来学者在梳理古代中国族类概念方面得到的成果，认定了"民族"这一词语在古汉语中其实早已存在。④

---

① 参见叶江《"Nation"民族概念辨析》，《上海师范大学学报》2009年第2期。
② 参见何书涛《汉语"民族"概念的特点和中国民族研究的话语权——兼谈"中华民族"、"中国各民族"与当前流行的"族群"概念》，《民族研究》2009年第2期。
③ 叶江：《"Nation"民族概念辨析》，《上海师范大学学报》2009年第2期。
④ 参见茹莹《汉语"民族"一词在我国的最早出现》，《世界民族》2001年第6期；邱永君：《"民族"一词见于〈南齐书〉》，《民族研究》2004年第3期；郝时远：《中文"民族"一词源流考辨》，《民族研究》2004年第6期。

现试举几例学者整理的古籍：

"智人得之以守封疆，挫强敌；愚人得之以倾宗社，灭民族"。〔（唐）李筌：《太白阴经》序言〕

"今诸华士女，民族弗革，而露首偏（编）踞，滥用夷礼，云于翦落之徒，全是胡人，国有旧风，法不可变。"（《南齐书》列传三十五，《高逸传·顾欢传》）

"上自太古，粤有民族。颛若混命，愚如视肉。"〔（唐）皮日休：《皮子文薮》卷一，《忧赋》〕

"陛下曾念中原之民族、故国之宫闱乎？"〔（南宋）徐梦莘：《三朝北盟会编》卷二二七，《四库全书》本〕

由于上述以及更多的发现，我们首先可以确定的是，"'民族'一词是古汉语固有的名词"①。不过，除此一点之外，笔者发现这些古籍中民族的用法还有一个共同点，即其中虽然有"民""族"之连用，但是，在这些用法中，民族内涵不很确定，并且多数情况下是一个复数或复合的名词，尤其要注意的是其一直是非特指的名词，即它并没有如同现在一样，用民族特指一个"汉"民族、"藏"民族等。古人在表达相关含义时，更习惯使用的词语，还是单音节词"族"。

在历史上，人们习惯于称呼各民族的方法，除了某某族外，还有某某人。比如汉人、藏人、彝人等，田晓岫认为，在中国古代汉文献中，在特指某个单独的民族时，不是用"民族"一词来指称一个人们共同体，而是单独使用"民"和"族"，如把特定的族群称为"苗民""汉民""藏民"等。因此，她在行文中，选择在称呼单一族称时，以族为量词，如汉族、藏族等，在称呼两族以上复数时，用民族。由于中华民族本身就是一个多族体的集合体，她认为用民族就十分合适。② 笔者较赞同她的看法。

因此，"民族"一词古已有之，但从所发现的典籍来看，"民族"一词具有泛指性、笼统性，古代都较少使用。历史上以"族""民"的分别使用为盛。③ 郝时远认为，"鉴于中国古代族类观十分发达，这或许就是造成

---

① 郝时远：《中文"民族"一词源流考辨》，《民族研究》2004年第6期。
② 田晓岫：《中华民族发展史》，华夏出版社，2001，第5页。
③ 对此，有学者进行了专门总结，参见龚永辉《中国本土民族概念的传统考略》，《民族研究》2011年第6期。

相对抽象笼统的民族一词较少使用的原因"①。

以上可以得出结论，在古代，民族是泛指的、复数的、集合的概念。由于中国古代，"族"是一个重要和多样的分类概念，而民，更是复数的人的统称，相当于"老百姓"，因此，民族连用，往往用来泛指"（许多的）族类和众多人口"的集合体。从这个意义上讲，以古汉语中的民族用来特指中国某个亚国家层次的民族是不合适的。

2. 近现代文献中出现的现代意义的"民族"（与 Nation 一词对应）

"民族"一词的使用在近代中国突然大量增多，这与近代以来西学东渐过程中的民族主义思想输入有关。这一点，学界基本上保持共识。据日本学者考证，现代意义的"民族"一词出现于近代，是由日本经过翻译而传入的，"'民族'这一专有名词据说是梁启超滞留日本期间，将日语的英语 Nation 译语'民族'，1898 年时输入汉语中"。②郝时远认为，现代意义的名词"民族"出现在 19 世纪 30 年代。③金炳镐指出，"进入二十世纪后，我国开始大量使用'民族'一词，与民族有关的新名词""大量出现"，是由"民族危机日益深重"，及"世界民族主义思潮的影响"这两方面因素共同促成的。④

按照以上路径，现代意义的"民族"，当是在资本主义民族国家竞争和殖民体系的背景下，中国的知识分子将 Nation 的词语及理论引入，旨在以民族主义塑造国人精神、救亡图存。可以说，此时的"民族"与 Nation 在近现代的渊源是直接相关并且等同的。作为古汉语中出现过的"民族"，首先，其本身就是一个复合意义的概念；其次，作为 Nation 意义的"民族"由近代传入，并且与国人增强凝聚力、打造民族国家的历史进程直接相关。因此，"民族"用之于中华民族也与我国的民族、民主革命的历史进程一脉相承。从这个意义上讲，1（古汉语"民族"）与 2（Nation）这两个词在中国"结合"，用于称呼中华民族可以说十分严谨与浑然天成。

3. 用于称呼和特指亚国家层次某个族体的"民族"

问题在于，"民族"一词何时又如何具备了特指我国某一个"族"的

---

① 郝时远：《中文"民族"一词源流考辨》，《民族研究》2004 年第 6 期。
② 〔日〕松本真澄：《中国民族政策的研究——以清末至 1945 年的"民族论"为中心》，鲁忠慧译，民族出版社，2003，第 48 页。
③ 郝时远：《中文"民族"一词源流考辨》，《民族研究》2004 年第 6 期。
④ 金炳镐：《民族理论通论》，中央民族大学出版社，1993，第 63 页。

意涵而开始使用的呢？也就是说，最关键的问题是，古人惯用的是"某某族"或"某某民"的表达方式，什么时候开始以及为什么开始以"某某民族"表述的呢？弄清了这一点，也就弄清了汉语民族的模糊性的形成原因。

据黄兴涛考察，在近代汉语文本中最早出现"民族"双音节词并特指某一族体的用法，出现在传教士郭士立的著作中：

> 昔以色列民族如行陆路渡约耳旦河也，正渡之际，皇上帝尔主宰令水涸，犹干江海（亦）然，则普天下之民认皇上帝之全能，且尔恒敬畏之也。〔道光丁酉年九月（1837年10月）《东西洋考每月统记传》所载《论约书亚降迦南国》一文〕

其中，"以色列民族"，可以认为是中文中较早出现的用"民族"特指某一族体的用法。在郭氏的著作中，还出现了诸如蒙古族、回回族类等用法。①

梁启超是将现代"民族"概念正式引入中国的第一人，他将布伦其里的民族（Nation）八要素介绍到了中国；此外，他还是提出"中华民族"概念的第一人，原文为："齐，海国也。上古时代，我中华民族之有海权思想者，厥惟齐。故于其间产出两种观念焉，一曰国家观；二曰世界观。"值得注意的是，自他开始，民族的概念就在不同层面上混用着。比如，他在《历史上中国民族之观察》一文中，将中国的民族分为9个派系，第一是华族，其他为苗族、蜀族、巴氐族、徐淮族、吴越族、闽族、百粤族、百濮族，他说这些民族"皆组成中国民族最重要分子也"，并提出重要观点："中华民族自始本非一族，实由多民族混合而成"。②

笔者另外发现，在吕思勉的《中华民族源流史》里就是将蒙古族等直接称呼为蒙古民族等，说明以民族具体指称国内某个族体的用法已经流行开来，甚至已经是"族""民族"混用而浑然不觉。③

（二）导致民族一词意义溢出的原因：社会背景及政治因素使然

笔者以为，"民族"一词的外延扩大和使用泛化至称呼我国某具体民族，并且一直延续和流传至今，虽然似乎是词义流变的问题，但它并不只

---

① 参见黄兴涛《清末现代"民族"概念形成小考》，《文史研究》2011年第4期。
② 参见梁启超《论中国学术思想变迁之大势》，上海古籍出版社，2006。
③ 参见吕思勉《中华民族源流史》，九州出版社，2009。

是一个词汇学的问题,其中至少可以梳理出三方面的原因和渊源。

第一,西方民族概念话语输入时的嫁接。郝时远在梳理"民族"一词源流时,曾说,"在中国的翻译历史上,特别是近代以来的翻译实践,不大重视在术语对译时加注原文,这是造成术语使用困扰的重要原因之一",① 近代史上"放眼望世界",西方的知识大量输入,翻译导致的不严谨情况很多。Nation 被翻译成"民族"时,"不加注原文",更不会对其包含的与国家的对应关系等进行特别说明,使人们认为用"民族"可继续翻译外文中其他的代表族类共同体的词汇。于是,大量的有关族类的概念被引进,但却都被翻译为"民族",导致民族一词的含义扩大溢出。②

第二,受到民族主义理论的影响。孙中山领导的辛亥革命,一度曾明确提出要实行汉族主义革命,导致将 Nation 的身份直接与汉族(而不是与中国各族人民)等同。这也导致人们认为可以将"民族"(这一民族主义理念的名词)与我国其他各族一一对应。

第三,中国共产党领导的新民主主义革命,早期受到苏联影响,曾提出要以"民族自决"的路径解决中国的民族问题,在此理念下,国内各族被称呼为"民族"似乎也很合适;更何况,由于以上第一和第二种的原因,这一名词的使用已经约定俗成。因此,也就有了毛泽东以及中国共产党的国家主张和对多民族国家结构的表述:"中国是一个多民族的国家,中华民族是代表中国境内各民族之总称。"③ 此后,虽然中国共产党逐步放弃了民族自决的理论,转向了民族区域自治,但民族概念没有进行相应的变革。

通过以上分析,我们可以初步确定的是,民族一词的模糊性并不是汉语所固有的,"民族"与"族"、"民"本来是层次分明的,只是在现代汉语中才被混淆,相比于数千年的汉字文化史,后者的过程也只有一二百年而已。因此,笔者以为,在现代汉语中,"民族"也应重新回归原初的含

---

① 参见郝时远《中文"民族"一词源流考辨》注解,《民族研究》2004 年第 6 期。
② 由于无论是德文还是俄文,无论是哪个层级的"族",都一律被翻译为"民族",在 20 世纪 60 年代,国内知名学者林耀华还曾试图通过"民族1""民族2""民族3""民族4"的方法来厘清"民族"一词所表达的在西语和俄语中的不同概念。参见林耀华《关于"民族"一词的使用和译名的问题》,《历史研究》1963 年第 2 期。
③ 《抗日战士政治课本》,中共中央统战部编《民族问题文献汇编》,中共中央党校出版社,1991,第 808 页。

义，用来专门指称中华民族这一层次，而不再适合运用于亚国家层次的"族"。亚国家层次的"族"，应该有其专门称呼。

在回归传统中文的民族之意涵后，似乎可以初步认定，从"族元"到中华民族，其词义上可与中国传统文化中的族类的分类体系一脉相承，其在内在理路上基本符合中华民族多元一体历史渊源，以及我国现今多元一体的国家结构和民族区域自治制度。因此，本文的探讨或许能够对厘清民族概念的模糊性提供一点思路。

四 national ethnic unit——我国亚国家层次民族英译的新探索

（一）我国"民族"一词的翻译及评述

针对我国"民族"一词的翻译问题，中国社会科学院民族学与人类学研究所和中央民族大学曾分别在1998和2007年专门召开学术会议进行研讨。① 在这两次研讨会上，关于民族概念的翻译方法得到了展现和充分的探讨，总结起来，基本上有三种，第一种是以ethno为词源的ethnicity或ethnic group等②；第二种是nationality③；第三种索性写成"Minzu"④，实际上是放弃翻译。

目前对上述一些译法的弊端学界有不少的批评。⑤ 以下将逐一分析。

（1）关于将国内民族译作ethnic group的弊端。虽然这种用法已经很普遍，但其所显示出的不严谨的缺陷也日益被人们所忧虑。有学者通过梳

---

① 参见周旭芳《1998年"民族"概念暨相关理论问题专题讨论会综述》，《世界民族》1999年第1期；潘蛟：《"族群"与民族概念是互补还是颠覆？》，《云南民族大学学报》2009年第1期。
② 例如，《中国民族》目前的英文译名为 China's Ethnic Group，而ethnic group的译法已经十分流行。
③ 目前，我国出版的工具书及英文版书刊中多用此词，表示各民族往往用如Han nationality、Menggu nationality 等。
④ 比如中央民族大学已经正式更名为 Minzu University of China。参见中央民族大学网站，http://www.muc.edu.cn/about/2.html。
⑤ 对于这三种译法的不足之处，笔者将在后文探讨。

理词源及其在西方的历史变迁，指出我国的各民族不适合被称为族群。①Ethnic 这个词源于希腊，由来已久并有多种表现形式，但是 ethnic group 的产生是具有历史背景的，它与 20 世纪西方移民浪潮下形成的社会文化亚群体不断增多直接相关②，尤其是在美国这个移民社会，来自全球不同国家、地区，不同人种和文化的人都进入美国，并且相对集中在一些社区，带来了不同的宗教、语言、文化。他们一方面不断地融入美国，另一方面又保持着自己的特色。称呼他们为 ethnic group 是再合适不过了。但其与中国的各世居民族有着很大的不同。

随着社会的发展，ethnic group 使用增多，词义也在扩展，其基本含义可以理解为"根据某些也许是语言、种族或文化的标准或多种标准，使人们自己与其他有互动关系或共处一地的其他群体（other groups）相区别，或被其他区别出来的任何人民群体（any group of people）"③。由此可见，ethnic group 具有随机、灵活和广泛的意义，可以指"社会阶级、种族、城市或工业社会中的少数民族"。这也可以解释为什么这一词语被频繁使用并逐渐泛化，使用范围从一些国家社会文化的亚群体，到各种层级和不同性质的人的群体中。总之，其与我国共同形塑中华民族、共同创造中华文化和共同缔造中华人民共和国的具有悠久历史渊源的各民族有着很大的不同，其得到的权利也有很大差别。

相对于民族被直接称为 ethnic group，族群的称呼更加不确切，从 group 到"群"，族体本身的主体性进一步被弱化，权利进一步流失。英文 group 的含义，一是组、群、批、类；二是指团体。④ ethnic group 聚居起来达到一定规模后，也会逐渐成立一些社团、教堂、文化组织等，具有一定的团体性。中文的"群"意义比较单一，没有"团体"的含义。在现实生活中，社会上有随意聚合的群体，如一群人、三五成群等，由于将 ethnic group 在中文中译为了族群，导致这一词语偏向了随意组合的人群这一义

---

① 参见朱伦《西方的"族体"概念系统——从"族群"概念在中国的应用错位说起》，《中国社会科学》2005 年第 4 期。
② Ethnic group 一词作为专业术语被收录于辞书，据认为始见于 1964 年美国出版的《社会科学词典》。参见〔美〕N. 格莱泽、D. P. 莫尼汉《民族与民族研究》，马戎主编《西方民族社会学的理论与方法》，天津人民出版社，1997，第 4~5 页。
③ 参见 Charlotte Seymour – Smith ed., *Dictionary of Anthropology*, Boston：G. K. Hall & Co., 1986, p. 95。
④ 参见《朗文当代高级英语辞典》，外语教学与研究出版社，2005，第 674 页。

项，忽略了其团体性、组织性。因此在使用上非常随意，并逐渐泛化，如上班族群、爱车族群等。综上，将我国具有悠久历史渊源、内部自成体系，拥有自己的风俗、文化的各民族称为"族群"，可以想见其意义产生的歧异之大，这种歧异比 ethnic group 更甚（因此有学者称可以接受 ethnic group，但反对族群用之于中国各民族），因为"群"的稳定性和正式性还不如一个社团。学者王希恩针对我国各民族的民族定义进行探讨时说，"民族是一历史现象，在历史上形成，又在历史上消亡"，"民族又是稳定的人们共同体，不是一个偶尔形成又会轻易分解的社会团体"。[1] 综上，由"族群"内涵之与中国各民族内涵的差异，不难想象基于族群概念的"去政治化"与中国民族政策之间的巨大歧异。

（2）关于 nationality 的弊端。nationality 适合那些一族一国、高度自治、联邦制国家的民族。将我国各民族译为 nationality 在外交场合易引发误解[2]，不了解情况的人会将我国各民族理解为高度自治或具有高度独立的政治权的民族，这与我国多元一体的民族格局和民族区域自治制度不符。nationality 的含义，朗文英汉词典对其的解释是：国籍、民族。在百度词条经由译典通提供的该词的中文含义共四个，除以上两个以外，还有独立国地位、民族性、民族风格。其中，关于独立国地位这一项，给出的例句是："The colony has now attained nationality"[3]。

虽然 nationality 有时也可以指文化意义上的民族，或者有民族性的含义，但是，由于其确实具有一定的独立国地位的意义，所以，一旦使用，就会令不了解我国多元一体的复杂独特的民族格局和现今民族制度、政策的外界产生误解。西方人类学家郝瑞就直言，在中华民族与56个民族两个层次中，"nationality 只和民族的第一种含义是对等的，中华民族是个 nationality，但是

---

[1] 王希恩：《中国民族识别的依据》，《民族研究》2010年第5期。
[2] 关于将少数民族译为 nationality 所引发的争议，早在周恩来总理主持外交时代就有发生，"来自外交部的专家介绍说，50年代我国曾发生过一场与'nationality'有关的翻译官司。有一次周总理的讲话中的'民族'被翻译成了'nationality'，有位华侨当时就提出反对意见。后来外交部的翻译人员基本上都倾向于有保留的使用'ethnic'一词，主要是意识到我国的现实民族格局与相关的英文概念之间存在的距离，二者不完全对应，可是又找不到一个词义完全对应的英文术语。可以说，用 ethnic 代替 nationality 的考虑是两权其害取其轻"（参见周旭芳《1998年"民族"概念暨相关理论问题专题讨论会综述》，《世界民族》1999年第1期）。
[3] 参见《朗文当代高级英语英汉词典》，商务印书馆，1998，第1002页。

哈尼族、毛南族等他们不是一个 nationality，nationality 是一个独立的国家，有独立的政权"，所以他认为将 56 个民族译为 nationality "不正确"。①

（3）关于以拼音表示，笔者以为，首先，中国存在的各民族并不是一种如同地名一样毫无社会文化内涵的事物，可以拼音符号代之；其次，它也不是中国专属的文化现象（比如"功夫 kongfu" "麻将 mahjong" 等），虽然中国各民族有自己的一些"个性"，但作为民族其依然是人类社会普遍存在的共同体，具有"共性"。在以英语为国际交流的通用语的情况下，"minzu"无法使人望文生义，无法迅捷地达成国际上对我国民族和民族政治的基本了解，不能很好地起到沟通学术的作用。用拼音"minzu"表达，实际上是放弃翻译和国际交流。

（4）以 ethnic 或 ethnicity 翻译似乎被认为是比较可行的，比如阮西湖教授认为 ethnicity 与我国传统民族概念相比，既不是概念和理论的互补，更不是颠覆，而是吻合②；国家民族事务委员会中的"民族事务"在 20 世纪 90 年代，由 Nationality Affairs 改变为 Ethnic Affairs③。这些都对 ethnic 系列的译法产生了一定的影响。笔者以为，ethnic、ethnicity 基本上相当于中文的"族"，是个基本的词根；若要说明现今中国这一特定时空条件下的中国各民族（其产生于中华民族多元一体特定历史文化背景，并被新中国成立以来的多民族国家政治所规约），应该是使用 national ethnic unit，而不是单独的 ethnic 或 ethnicity。

（二）national ethnic unit 的词语分析及成立依据

本文为什么取用 national ethnic unit 这个词组来翻译"族元"呢？

首先，ethnic 代表着基本的词根"族"。这就使得我们在弃用"nationality"称呼亚国家层次的族体后，可以继续保留"族"这个基本词根。

其次，unit 指称"元"，unit 在英文中有单元、单位的意思，相比于 group，它更具有自成一体的稳定性。在我国不同的地理环境下，形成了许多不同的族体，在历史上虽然通过文化交流、自然同化、战争、国家、迁

---

① 〔美〕郝瑞：《论一些人类学专门术语的历史和翻译》，杨志明译，《世界民族》2001 年第 4 期。
② 参见潘蛟《"族群"与民族概念是互补还是颠覆？》，《云南民族大学学报》2009 年第 1 期。
③ 参见周旭芳《1998 年"民族"概念暨相关理论问题专题讨论会综述》，《世界民族》1999 年第 1 期。

徙等原因，各个民族之间确有互相融合、归并等现象，但通过漫长的历史阶段，在不同的地域形成了一些稳定的族类共同体，逐渐构建出自己的文化、语言等，有许多的民族还建立过自己的政权。到中华人民共和国成立时，国家通过民族识别的工作，摸清情况，将这些民族统一族称，以便统一地为他们建立民族区域自治制度，实现各民族平等。无论从历史，还是现实看，我国各民族不是随意聚合、关系松散的族群，而是具有悠久的历史渊源、已自成体系和单元的族类实体，所以应该用 unit，而不能用 group。另外，unit 表示构成整体的一个单元或单位，所以使用 unit 可以表示中国各民族共同形塑和构成了中华民族。

最后，从字面意思讲，"族元"直译为 ethnic unit 就可以了，为什么本文对"族元"的英语翻译前面要加上 national 呢？这是因为，前文论述了"族元"的概念具有丰富而深刻的意涵，即我国各民族是共同形塑中华民族、共同创造中华文化、共同缔造和管理中华人民共和国的族类单元。英语表达讲究精细准确（汉语和英语之间的翻译常常不能一字一词地直译，而重在表意的精确），而且外国人对中国的民族关系的历史以及中国的族际政治的现实也不了解。所以，为了向国际上精细准确地表达中国亚国家层次民族的界定和意涵，方便国际上清晰地理解，本文主张对"族元"的英语翻译在 ethnic unit 前面加上 national，即 national ethnic unit，表示中国各民族虽然是构成中华民族和中国国家的"族类单元"，但各民族共同缔造和管理国家，共同当家做主，共享国家权力，从而体现出各民族都是中华人民共和国的缔造者和拥有者的政治身份。

总之，中国的民族关系不同于世界上一族一国的国家；不同于主体民族建立国家，其他民族实行高度自治或有限自治的国家；不同于主体民族建立国家，其他民族为外来移民的国家。中国的族际政治和民族关系的现实是：中华民族不是以哪一个民族为主体的民族，而是中国各民族的总称，是各民族共同形塑了中华民族；中华人民共和国也不是以哪一个民族为主体，其他民族处于从属地位而建立的国家。汉族人口占多数，并不意味着它是建立和管理国家的主体民族；少数民族人口占少数，并不意味着其在建立和管理国家中处于从属地位。中华人民共和国是由各民族共同缔造、共同当家做主的（这是由中华民族形成的历史所决定和中华人民共和国宪法所规约的）。尽管我们说中华民族代表国家，但中华民族指的并不是哪一个主体民族，中华民族是由各民族共同构成的，是由各民族构成的集合。所以，中华民族代表国家实质是各民族共同代表国家。作为整体的中华民族的 nation 权的具体的实施路径是由各民族共享共有 nation 权，换句话说，我们也可以理解为各民族都可以分摊一部分 nation 权。所以，"族元"的英译前面要加上 national。另外，没有哪一个具体的民族能单独代表国家，也没有哪一个民族是实行高度自治，每个民族都是中华民族的一个单元，也是国家的一个单元，因而每个民族是一个 ethnic unit。因此，笔者试提出，将 national 和 ethnic unit 结合在一起，构成一个复合词组 national ethnic unit 来表达中国亚国家层次的各民族，这样既反映了中国各民族共同缔造国家、共享国家权力、共同当家做主，又表现了各民族都是中华民族、中国国家的一个族类单元（如果将 national ethnic unit 转译为汉语，则为"共同缔造国家和共享国家权力的族类单元"）。笔者认为将中国各民族译为 national ethnic unit，能够比较准确地反映我国的族际政治和民族关系的现实，外国人也能一下子理解中国亚国家层次各民族的身份、地位和民族关系。笔者要特别强调的是，读者切不可将 national 和 ethnic unit 拆分开来谈论中国各民族。去掉 ethnic unit 只谈 national，则把中国各民族的身份地位表述得太高；去掉 national 只谈 ethnic unit 则把中国各民族的身份地位表述得太低。只有将 national 和 ethnic unit 有机地结合在一起，才正得分寸。

苏联人类学家史禄国曾使用过 ethnic unit。① 费孝通在解释史禄国的 ethnic unit 的含义时说："ethnic unit 是人民组成群体的单位，其成员具有相似的文化，说相同的语言，相信是出于同一祖先，在心理上有同属一个群体的意识。"紧接着，费孝通十分肯定地指出："从这个定义来看 ethnic unit 可以说相当于我们所说的'民族'。"② 也就是说，费孝通认为史禄国所说的 ethnic unit 与中国的"民族"（此处无疑是指亚国家层次的民族——笔者注）的意义比较接近。但是，费孝通为什么一直没有采用 eth-

---

① 史禄国提出的 ethnic unit 是以其对 ethnos 和 ethnicity 专门和独立的研究为基础的。他发表了世界上第一部专门研究 ethnos 的著作，并最早对其进行定义，他对 ethnos 的研究成为当代学界有关 ethnos 及其派生的 ethnic group 等术语的源头。基本上，他将 ethnos 作为"民族志的单位——民族志科学研究的对象"。关于 ethnos 与 ethnic unit 的关系，费孝通说，"Ethnos 包含着一大套丰富的含义"，在史禄国的理论中"是一个形成 ethnic unit 的过程"（参见费孝通《人不知而不愠——缅怀史禄国老师》，《读书》1994 年第 4 期）。综合以上分析，笔者以为，将 ethnic unit 用于描述我国在历史上逐渐形成并稳定下来的各民族，相比 ethnos 和 ethnicity 要贴切一些。

② 参见费孝通主编《中华民族多元一体格局·代序：民族研究——简述我的民族研究经历与思考》，中央民族大学出版社，1999，第 16 页。

nic unit 来翻译中国的各民族呢？笔者揣测，费老还是认为直接使用 ethnic unit 来翻译中国的各民族并不完全合适。笔者也觉得直接用 ethnic unit 来翻译中国各民族，将各民族的身份、地位显得太低了，如果前面加上 national，译为 national ethnic unit，将我国各民族作为国家的缔造者和拥有者而共享国家权力的身份、地位体现出来，就比较合适了。

总之，"民族"概念的翻译不仅是个翻译问题，而且是个涉及我国 56 个民族的历史渊源、身份、地位、权利等的问题。因此，民族概念及民族概念的翻译是个语言问题、学术问题，同时还是一个政治问题，翻译时必须要精准，必须要与中国的族际政治和民族关系的国情相符合。如果不能准确界定我国的民族概念的意涵并用英语清晰地表达出来，就难以进行有关翻译或对外输出方面的工作，甚至造成国际交流和外交方面的误会。但愿 national ethnic unit 这一译法是对当今中国亚国家层次民族英语翻译的一个有意义的、新的尝试。

后　记

本文尝试性提出"族元"的概念，提议在当今即中华人民共和国时期，将亚国家层次的各民族称为"族元"（national ethnic unit），以期参与现代汉语中"民族"概念模糊性和英语翻译问题的讨论，提出一己之见，也希望能为维护中华各民族平等团结、国家统一稳定的多民族国家建设进行一次新的理论探索，只愿抛砖引玉，引起学界同人的批评和讨论。笔者要特别强调的是，"族元"绝不只是针对少数民族的称呼，而是对包括汉族在内的中国各民族的称呼，不是在降低少数民族的身份和地位，而是强调中国各民族都是共同形塑了中华民族、创造了中华文明、缔造了中华人民共和国的"族类单元"，要共享国家管理，共同当家做主。笔者认为，这一概念比较符合我国族际政治与民族关系的基本价值理念，那就是各民族既要平等团结、相互尊重、共享国家权力，又要共同维护国家的统一稳定，携手创造更加光辉灿烂的中华文明。

论《史记》的民族观念与国家认同

彭丰文*

内容提要：《史记》的民族观念与国家认同既蕴含了厚重的历史文化内涵，又具有鲜明的时代特征。《史记》继承和发展了先秦"夷夏之辨"的民族观，提出了华夷共祖、民族一统的观念，在此基础上形成了"大一统"正统观所引导的古典国家认同，即对历代中原王朝以及西汉王朝的政治认同、历史文化认同和疆域地理认同。《史记》在中国历史上第一次展示了明确、清晰的"国家"概念，表达了强烈、稳固的国家认同情感，为后来的中国古代国家认同的长足发展、为中华民族的不断凝聚奠定了坚实的心理基础和历史文化基础，为中国古代统一多民族国家的形成发展提供了宝贵的精神资源。

关键词：《史记》 民族观念 国家认同 大一统

《史记》是中国第一部纪传体通史，整理叙述了上自传说中的黄帝时期下至汉武帝时期长达三千多年的历史，广泛涉及上古中国的政治、经济、文化、民族、地理、宗教等各个方面，具有重要的史料价值和研究意义，是学习研究中国上古历史最重要的文献之一，历来受到高度重视，研究成果十分丰富。近年来，尤以安平秋、张大可、韩兆琦等前辈学者的研究成果蔚为大观[1]，汪高鑫教授的系列成果也引人瞩目。[2] 不过，传统的

---

* 彭丰文，北京师范大学历史学博士，中国社会科学院民族学与人类学研究所副研究员。
[1] 近年来《史记》研究硕果累累，较有代表性的著作有安平秋、张大可、俞樟华主编《史记研究集成》（共十四卷），华文出版社，2005；韩兆琦：《史记通论》，北京师范大学出版社，1990；邓璞磊：《司马迁政治思想之研究》，台北，华冈出版公司，1977；刘国平：《司马迁的历史哲学》，台北，花木兰文化出版社，2010；等等。
[2] 参见汪高鑫系列论文《司马迁与董仲舒夷夏观之比较》，《云南民族学院学报》（哲学社会科学版）2003年第4期；《五德终始说与汉代史学的正统观念》，《安徽史学》2007年第6期；《〈史记〉的历史文化认同意识》，《史学理论研究》2008年第3期。

《史记》研究主要集中在文献学与政治思想史领域。本文欲以前贤研究成果为基础,从心态史、观念史的角度考察《史记》的文本表述,探讨其民族观念与国家认同特点以及两者之间的关系,以便更深入地认识《史记》的价值与意义。

民族观念与国家认同是一对既有区别又密不可分的概念,一方面,二者拥有不同的概念内涵与关注范畴,民族观念是指对民族问题的认识,而国家认同则是指对国家政权的认识和归属感;另一方面,二者在内涵与外延上又常常叠加交错,相互影响,融为一体。《史记》正是这样一部在民族观念与国家认同方面水乳交融、特色鲜明的古典文献。

一 "华夷共祖"、夷夏一体的民族观念

中国自古是多民族生息之地。各民族在长期的碰撞与交融中,逐渐形成独具特色的民族观念。先秦诸子百家的论著中,围绕民族问题的讨论占据了醒目篇幅,"夷夏之辨"是这一时期各个学术流派不约而同达成共识的民族观。"夷夏之辨"把华夏民族周边的其他所有民族通通归入"夷狄"的民族范畴,认为夷夏之间存在夷卑夏尊、夷夏对立、夷夏可变、夷夏一体的关系。这套理论虽然具有典型的华夏中心主义色彩,但是也包含了内在的辩证哲学思想,具备较大的理论发展空间,从而逐渐成为中国古代的主流民族观念,对后世产生了深远的影响。通观《史记》,其民族观念体现了对先秦"夷夏之辨"民族观的继承和发展,既包含了夷卑夏尊、夷夏对立、夷夏可变的观念,又继承和发展了夷夏一体观,在此基础上形成了华夷共祖、民族一统的观念。

《史记》对天象问题的表述,体现了对先秦时期夷卑夏尊观念的继承。《史记》卷二十七《天官书》认为,自五帝三代以来,"内冠带,外夷狄,分中国为十有二州,仰则观象于天,俯则法类于地。天则有日月,地则有阴阳"。"中国于四海内则在东南,为阳;阳则日、岁星、荧惑、填星","其西北则胡、貉、月氏诸衣旃裘引弓之民,为阴;阴则月、太白、辰星"。此处提到的"中国"是指华夏民族,与夷狄相对应。根据这段引文可见,《史记》认为自传说时代以来,就是华夏居内、夷狄居外,在星宿中,日、岁星等代表华夏,月、太白等代表夷狄,华夏与夷狄之间的内外之别、尊卑之别一目了然。

然而《史记》的民族观念并不完全是先秦夷夏之辨的简单复制，而是有所创新和突破。《史记》充分运用先秦以来的典籍资料，广泛收集各地民间传说，梳理、创建了一个支系庞大而主线清晰的华夷同源共祖的族谱体系，从而补充、完善和强化了先秦以来的夷夏一体观。在这个族谱体系中，传说中的黄帝是夷夏各族共同的始祖，匈奴、百越、西南夷都是由于流放或征战而从中原迁徙到边疆地区的黄帝后裔。这是《史记》民族观念中最为引人注目也是最有历史价值的内容，对此众多学界先贤均有所论及。[①]《史记》卷一《五帝本纪》开宗明义，简要勾勒了一个上古时代华夷共祖的族谱轮廓。文中以黄帝为五帝之首，颛顼、帝喾、尧、舜皆为其子孙后裔。而紧随其后的《史记》篇章指出，夏、商、周、秦四个王朝创国者的先祖都是五帝后裔，夏朝创国者启的父亲是禹，"禹者，黄帝之玄孙而帝颛顼之孙也"[②]。殷商王朝的先祖名字叫作契，"殷契，母曰简狄，有娀氏之女，为帝喾次妃"[③]。此则契为帝喾之子。周王朝之先祖名字叫作弃，"其母有邰氏女，曰姜原。姜原为帝喾元妃"[④]。此则弃亦为帝喾之子，与契为同父异母之兄弟。秦王朝的先祖因母系来自颛顼之族而与五帝发生了联系，"秦之先，帝颛顼之苗裔孙曰女修。女修织，玄鸟陨卵，女修吞之，生子大业。大业取少典之子，曰女华"[⑤]。按照《史记》的叙述，夏商周秦历代中原王朝的先祖，均为黄帝后裔。不仅如此，《史记》还认为先秦以来生活在边疆地区的"夷狄"同样源自黄帝，"于是舜归而言于帝，请流共工于幽陵，以变北狄；放驩兜于崇山，以变南蛮；迁三苗于三危，以变西戎；殛鲧于羽山，以变东夷；四罪而天下咸服"[⑥]。按照这种叙述逻辑，边疆四夷的先祖虽然是有罪之身，然而他们与华夏民族一样同是黄帝后裔。在为"夷狄"各族专门撰写的篇章中，这一观点得到了进一步强化。先秦时期的吴、楚、越三国被视为蛮夷之地，《史记》追溯其先祖时，

---

① 参见张大可《司马迁的民族一统思想》，《社会科学战线》2003年第1期；池万兴：《〈史记〉的体制结构反映了司马迁的民族大一统思想》，《渭南师专学报》1998年第4期；于逢春：《华夷衍变与大一统思想框架的构筑——以〈史记〉有关记述为中心》，《中国边疆史地研究》2007年第2期。
② 《史记》卷二《夏本纪》。
③ 《史记》卷三《殷本纪》。
④ 《史记》卷四《周本纪》。
⑤ 《史记》卷五《秦本纪》。
⑥ 《史记》卷一《五帝本纪》。

却特别强调了他们与华夏先祖的血缘联系，认为吴王的先祖为太伯，与周有血缘关系，"吴太伯，太伯弟仲雍，皆周太王之子，而王季历之兄也。季历贤，而有圣子昌，太王欲立季历以及昌，于是太伯、仲雍二人乃犇荆蛮，文身断发，示不可用，以避季历。……太伯之犇荆蛮，自号句吴。荆蛮义之，从而归之千余家，立为吴太伯"①。这就是有名的"太伯奔吴"的典故。司马迁着重强调："余读春秋古文，乃知中国之虞与荆蛮句吴兄弟也。"以示这个典故拥有可靠的文献依据。《史记》叙述春秋时期楚王熊渠以蛮夷自居，曰："我蛮夷也，不与中国之号谥。"然而追溯其先祖族源曰："楚之先祖出自帝颛顼高阳。高阳者，黄帝之孙，昌意之子也。"②越王先祖被认为是禹的后裔，"越王句践，其先禹之苗裔，而夏后帝少康之庶子也。封于会稽，以奉守禹之祀。文身断发，披草莱而邑焉"③。匈奴自战国至秦汉，一直是华夏民族最主要、最强劲的军事对手，《史记》仍旧认为匈奴的先祖与华夏民族同出一源，为黄帝后裔。"匈奴，其先祖夏后氏之苗裔也，曰淳维。唐虞以上有山戎、猃狁、荤粥，居于北蛮，随畜牧而转移。"④《史记》认为西南夷之一滇王的先祖亦源于黄帝，因为它认为滇王之先祖乃是楚威王所派遣的楚国将军庄蹻，"庄蹻者，故楚庄王苗裔也"⑤。在叙述秦国、楚国、魏国先祖世系时，《史记》认为秦、楚、魏三国始祖皆为黄帝族裔，其子孙"或在中国，或在夷狄"，或曰"或在中国，或在蛮夷"⑥。以此表明无论华夏还是夷狄，均为黄帝子孙。

总之，与前代相比，特别是与春秋战国时期相比，《史记》的民族观念更加注重夷夏之间的融合性与统一性。《史记》认定黄帝为夷夏各族共同的先祖，华夏与夷狄同源共祖，密不可分，共同构成一个庞大的血肉相连的整体。这种观念是先秦时期夷夏一体观的体现，也是在新的历史条件下对夷夏一体观的进一步发展和强化。"华夷共祖"观念是先秦以来夷夏各族不断增进交流和了解的产物，表达了华夏民族与周边其他民族的兄弟手足之情，体现了秦汉国家大一统局面下的民族融合趋势，凝聚了夷夏各

---

① 《史记》卷三十一《吴太伯世家》。
② 《史记》卷四十《楚世家》。
③ 《史记》卷四十一《越世家》。
④ 《史记》卷一百十《匈奴列传》。
⑤ 《史记》卷一百一十六《西南夷列传》。
⑥ 《史记》卷五《秦本纪》，卷四十《楚世家》，卷四十四《魏世家》。

族,特别是华夏民族知识阶层即士人对民族关系的共识,折射了人们对于民族融合、族际和平的美好愿景。华夷共祖、夷夏一统的民族观念,是统一多民族国家观念的重要组成部分,与《史记》对历代中原"大一统"王朝的国家认同,形成互相影响、互为引证、血肉相连、水乳交融、不可分割的联系。

二 "大一统"正统观引导下的国家认同

关于国家与国家认同的概念,海内外学术界有多种诠释,其中对于研究中国古代问题较有参考意义的有王希恩、江宜桦两位先生的观点。王希恩先生指出:"一般来说,'国家'有两种涵义:一种是由政权统辖的一定地域连同其上的人民,所谓'国家者,士民之居也',即是此义。人们所说的'祖国'实际是指自己祖辈所居的地域和其上的人民。另一种是政权机构,恩格斯谈国家起源时所说的'公共权力机关',一般的政治学说中作为研究对象的'国家',即是此义。"这个定义指出了"国家"的三个要素,即土地、人民和政权。在此基础上,王希恩先生继续指出,国家认同有两种指向,一种是对自己世代所居土地和土地上人民的认同,即对地理意义上的国家的认同;另一种是对统辖和管理自己的政权的认同,即对政治意义上的国家的认同。两种认同既有区别又有联系。[①] 这里指明了国家认同的基本内涵是地理认同与政治认同。江宜桦先生认为,政治意义上的国家认同具有三种含义:(1)政治共同体本身的同一性,这牵涉到许多关于共同体过去历史发展的诠释;(2)一个人认为自己归属于哪一个政治共同体的辨识活动;(3)一个人对自己所属的政治共同体的期待,或对所欲归属的政治共同体的选择。[②] 这个定义指出了国家认同的历史文化认同属性与政治认同属性。结合前辈学者的论述,本文认为国家认同是指国家成员对政权的心理归属感,其核心内容是政权认同,而地理疆域认同与历史文化认同则是国家认同的重要组成部分。

国家认同伴随着政权的出现而逐渐形成,认同程度深刻影响政权的命

[①] 王希恩:《多民族国家和谐稳定的基本要素及其形成》,《民族研究》1999年第1期。
[②] 江宜桦:《自由主义、民族主义与国家认同》,台北,扬智文化事业股份有限公司,1998,第12页。

运。国家认同问题近年来受到越来越多的关注,但是关注的焦点集中在近现代时期,中国古代的国家认同问题尚未引起充分的重视,甚至中国古代是否存在国家认同都受到质疑。这是对古代中国的误读。现有资料表明,商周时期,中国古代社会就已经形成一定的国家认同。《史记》卷三十八《宋微子世家》载,商朝旧臣箕子咏"麦秀"之诗伤悼商王朝,"殷民闻之,皆为流涕"。卷六十一《伯夷列传》记载了商臣伯夷、叔齐隐于首阳山,不食周粟,采薇而食,最终饿死的故事。这些记载显示商王朝灭亡后仍然被其臣民怀念,反映了殷商臣民对商王朝的认同。周王朝存续长达800余年,春秋战国时期,周王虽然已经徒有"天下共主"虚名,实际上等同列国,但是"尊王攘夷""挟辅王室"仍然是争霸诸侯不得不高喊的口号,反映出周王朝在时人观念中仍然拥有稳固的地位,折射了人们对周王朝的深厚认同。可见国家认同自古有之,源远流长。当然古代的国家认同与近现代还是有差异的。受中国古代特殊的政治文化的影响,中国古代国家认同包含历史文化认同与王朝认同两个方面的基本内容,其主要表现形式则通常是正统观。中国古人在表达国家认同倾向时,往往一面追溯所认同的政权与此前历代王朝的历史联系,另一面阐述此政权赢获"天意"的种种表征,以此论证本政权的合法性与正当性。这与近现代国家认同主要指称对某政权的政治认同有很大不同。

秦王朝建立后穷兵黩武,漠视民生和思想文化建设,因此骤兴骤衰,很快就在农民起义的风暴中土崩瓦解。人们对秦王朝的认同显得十分薄弱。西汉王朝建立之初,以秦为鉴,与民休息,政治上崇尚黄老无为思想,逐渐赢得了民心。自刘邦建汉,经文帝、景帝之世,至汉武帝即位时,西汉王朝已经营60余年,国富民安。《史记》就是在这种历史背景下完成的。通观《史记》,全书显示了明确、清晰、稳固、强烈的国家认同,具有鲜明的历史时代特征。

《史记》的华夷共祖民族观念,直接引导出"大一统"国家观念和国家认同。在华夷共祖同源、夷夏一统的思想基础上,《史记》整理了先秦以来的传说与历史,想象勾勒了一条从古至汉前后相继、嬗递相连的大一统王朝政权的谱系,描绘了一幅从古至汉持续发展的历史文化图景。《史记》以《五帝本纪》作为开篇,紧随其后是《夏本纪》、《殷本纪》、《周本纪》、《秦本纪》以及西汉王朝诸帝王本纪,这不仅梳理了华夏民族形成发展的源流,同时编织了一条中原王朝前后相继、绵延更迭的政治文明链条，从而将始自传说中的五帝至西汉王朝统治时期数千年间的政治文明糅合成一个不可分割的整体，构筑了对历代中原大一统王朝的认同。①

《史记》卷一《五帝本纪》叙述传说中的五帝功业，其笔端充满慎终追远的慕祖情怀和寻根意识，以及天下一统的浪漫政治想象。五帝都是以天下共主面目出现的。例如叙及黄帝曰："修德振兵，治五气，蓺五种，抚万民，度四方"，足迹遍及四方，"东至于海，登丸山，及岱宗。西至于空桐，登鸡头。南至于江，登熊、湘。北逐荤粥，合符釜山，而邑于涿鹿之阿"。喻示黄帝一统天下。叙及颛顼曰："北至于幽陵，南至于交阯，西至于流沙，东至于蟠木。动静之物，大小之神，日月所照，莫不砥属。"叙及帝喾曰："溉执中而遍天下，日月所照，风雨所至，莫不从服。"叙及帝尧曰："其仁如天，其知如神。就之如日，望之如云。……百姓昭明，合和万国。"叙舜事迹则曰："四海之内咸戴帝舜之功"，"天下明德皆自虞帝始"。卷二《夏本纪》叙禹之功业曰："东渐于海，西被于流沙，朔、南暨：声教讫于四海。……天下于是太平治。"透过上引文字，可知《史记》将传说中的五帝和夏禹想象成人神特征兼备的伟人与圣人，他们道德高尚，能力超强，统率天下，无所不服，字里行间流露出对五帝先王的崇敬缅怀之情，对中原历史文化的由衷自豪之感。

值得特别注意的是，《史记》笔下的五帝时期是一个政治上天下一统的时代，五帝均为天下共主。这种描述是否符合历史真实姑且不论，但它充分表明，《史记》所认同的不仅是五帝先王时代的历史与文化，而且包括政治与地理的认同，它认同一个政治一统的地理疆域，这个地理疆域以黄河流域为中心向四方延伸，东至大海，西至陇右，北及大漠，南至交阯，与秦、汉王朝的主要统治区域大致重叠。卷六《秦始皇本纪》清楚记述了秦始皇吞灭六国、统一天下后的政治版图："地东至海暨朝鲜，西至临洮、羌中，南至北向户，北据河为塞，并阴山至辽东。"可见《史记》对于五帝先王事迹的描述，与其说是根据时间先后顺序所进行的历史记述，不如说是以秦汉王朝为出发点的回溯，带有明显的历史文化重塑的痕

---

① 关于《史记》的"大一统"观，有学者从不同的角度论及，例如陈其泰《中华民族凝聚力源远流长——谈〈史记〉的大一统历史观》，《群言》1992年第10期；李莲：《民族精神历久弥坚——试论司马迁〈史记〉"大一统"的历史观》，《思茅师范高等专科学校学报》2000年第2期。

迹。从卷二《夏本纪》所载夏启事迹开始,《史记》笔下的王朝统治者的神话色彩逐渐减退,由人神兼备时代进入"人"的时代,笔调由浪漫、抒情转向平实。通过《夏本纪》、《殷本纪》、《周本纪》、《秦本纪》、《秦始皇本纪》及西汉诸帝王本纪,《史记》叙述了数千年间中原大地上的王朝交替。按照《史记》的叙述逻辑,每一次中原王朝嬗递都是"天意"的体现,每一位中原王朝创始人都是黄帝的后裔。对于秦灭六国一统天下,《史记》抱着充分肯定的态度,以"天意"为理由,反复阐述其必然性。卷十五《六国年表》曰:"秦始小国僻远,诸夏宾之,比于戎翟,至献公之后常雄诸侯。论秦之德义不如鲁卫之暴戾者,量秦之兵不如三晋之强也,然卒并天下,非必险固便形势利也,盖若天所助焉。"卷四十四《魏世家》论及魏之亡国,司马迁亦认定此为天意,不可避免:"说者皆曰魏以不用信陵君故,国削弱至于亡,余以为不然。天方令秦平海内,其业未成,魏虽得阿衡之佐,曷益乎?"以"天意"和黄帝后裔血缘身份为纽带,《史记》将自夏至汉的历代中原王朝融成一个具有政治统绪延续性、地理疆域稳定性、历史文化同一性的血脉相通的整体。所有这些,显示了《史记》试图把自传说至秦汉时期的政治、历史与文化融为一体的努力,说明《史记》对历代中原王朝怀有深厚的政治认同和历史文化认同心理,也说明《史记》对以秦汉王朝疆域为核心的中原统一地域怀有强烈的地理认同。

　　《史记》不仅专注于对先秦至汉数千年历史文化资源的整理,对西汉王朝当世也是非常关注的。对于秦亡汉兴这一重大历史事件,《史记》用"天意"加以解释,确立西汉王朝兴起的必然性与合理性。卷八《高祖本纪》篇末评论秦亡汉兴之事曰:"三王之道若循环,终而复始。周秦之间,可谓文敝矣。秦政不改,反酷刑法,岂不缪乎?故汉兴,承敝易变,使人不倦,得天统矣。"这段文字分析了秦亡汉兴的原因在于秦用酷刑,而汉"承敝易变",故得"天统"。"天统"一词,既有"天意"之意,又有"正统"之意。卷十六《秦楚之际月表》评论秦亡汉兴事件时,先是回顾了历代王朝的兴衰,指出它们的兴盛都是先祖数代人心血累积的结果,接着论述曰:"然王迹之兴,起于闾巷,合从讨伐,轶于三代,乡秦之禁,适足以资贤者为驱除难耳。故愤发其所为天下雄,安在无土不王。此乃传之所谓大圣乎?岂非天哉,岂非天哉!非大圣孰能当此受命而帝者乎?"意为刘邦出身卑微,先人无尺土之封,却能完成一统天下的大业,这完全是"圣人受命",是天意的结果。《史记》在这里要强调的,也是以汉代秦乃天意。不仅如此,《史记》将西汉王朝在政治统绪上直接连接于夏商周三代之后,以确立西汉王朝的正统地位。卷一百三十《太史公自序》曰:"维我汉继五帝末流,接三代绝业。"以上文字充分展现了《史记》对西汉王朝政治上的认同。《史记》作者司马迁的人生跌宕起伏,因替李陵投降匈奴辩护而引起汉武帝的震怒,最终被处以宫刑,身心遭受巨大创伤。然而《史记》仍然热情赞美西汉王朝的统治。卷二十五《律书》叙述文帝统治时期状况曰:"百姓无内外之繇,得息肩于田亩,天下殷富,粟至十余钱,鸣鸡吠狗,烟火万里,可谓和乐者乎!"在随后的史论中,又称颂文帝为:"孔子所称有德君子者邪!"尽管司马迁遭受了来自汉武帝的不公正际遇,但是《史记》对汉武帝的统治仍然给予客观公正的评价,盛赞汉武帝的文治武功。卷二十《建元以来侯者年表》称赞自建元以来(即汉武帝即位后),"中国一统,明天子在上,兼文武,席卷四海"。卷一百三十《太史公自序》称赞汉武帝功业曰:"汉兴五世,隆在建元,外攘夷狄,内修法度","北讨强胡,南诛劲越,征伐夷蛮,武功爰列"。赞美之情溢于言表。司马迁直言,自己写作《史记》的目的绝不是如同《春秋》那样,针砭时弊,"拨乱世反之正",而是为了使明君之盛德、功臣世家之功业能够流传千古。卷一百三十《太史公自序》曰:"汉兴以来,至明天子,获符瑞,封禅,改正朔,易服色,受命于穆清,泽流罔极,海外殊俗,重译款塞,请来献见者,不可胜道。臣下百官力诵圣德,犹不能宣尽其意。且士贤能而不用,有国者之耻;主上明圣而德不布闻,有司之过也。且余尝掌其官,废明圣盛德不载,灭功臣世家贤大夫之业不述,堕先人所言,罪莫大焉。余所谓述故事,整齐其世传,非所谓作也,而君比之于春秋,谬矣。"可见司马迁对自己所生活的时代、对汉武帝的统治做出了充分的肯定。司马迁不因个人不幸际遇而否定西汉王朝的统治,特别是汉武帝的文武功业,既体现了史学家的史学良知,同时体现了对西汉王朝的政治认同。

综上所述,司马迁用饱含感情的笔墨,追溯了先秦时期五帝先王及诸帝王披荆斩棘、筚路蓝缕的艰辛创业历程,塑造了他们德才兼备、伟大崇高的光辉形象,并赋予他们既是各民族共同的杰出首领、人文先祖又是开国圣主明君的双重身份,使得民族与国家两个概念紧密渗透、融合在一起,奠定了统一多民族国家的理论框架,体现了对历代中原王朝历史文化的认同。同时,《史记》通过对历代中原王朝疆域范围的想象与追溯,构筑了坚不可摧的国家疆域地理一统的政治准则,体现了对以秦汉疆域为主体的中原王朝统一疆域的地理认同。不仅如此,《史记》还认为秦亡汉兴的王朝嬗递乃"天意"的体现,并对西汉王朝前期的政治统治,特别是对当朝汉武帝的文武功业大力颂扬,以赋予西汉王朝正统地位,体现了对西汉王朝的政治认同。可见,《史记》的国家民族观念既体现了政治认同,也体现了地理认同和历史文化认同,向人们展示了一份内涵明晰、形态稳固、感情强烈的古典国家认同。与后世相比,《史记》在国家认同准则上更加强调和凸显民心向背,不论是传说中的五帝先王禅让,还是夏商周秦的王朝更迭,《史记》都以统治者的德行与民意作为权力交替的内在动力,对神秘主义动因说,特别是五德始终说的关注相对较少。

《史记》所体现的国家认同集中反映了中国古代"大一统"的政治思想传统,即对"大一统"国家形态的至上崇奉和不懈追求。"大一统"思想发源于先秦时期。西周时期,就出现了"溥天之下,莫非王土。率土之滨,莫非王臣"①的思想,体现了政治一统、疆域一统的愿望和要求。战国时期,《春秋公羊传》首次提出了"大一统"的概念。《春秋公羊传·隐公元年》曰:"春王正月。元年者何,君之始年也。春者何,岁之始也。王者孰谓?谓文王也。曷为先言王而后言正月?王正月也。何言乎王正月?大一统也。"这里表面上是强调周文王以来的历法一统,实际上是借历法一统,来强调和倡导政治一统。"一统"就是"统一"的意思。《史记》不仅继承了先秦以来的政治一统、疆域一统理念,而且通过编撰华夷共祖的谱系,进一步丰富和发展了先秦以来的"大一统"思想,增加了民族一统的理念。"大一统"思想是中国古代正统理论的重要组成部分,是中国古人认同国家政权合法性的重要标准之一。在正统观念的形成发展过程中,《史记》无疑具有承前启后的重要地位。如果说先秦诸子学说提出了"大一统"正统观的粗略轮廓,《史记》的功绩则是使"大一统"正统观从抽象走向具体,从粗略走向细致,从模糊走向清晰。由此开始,中国古代国家认同也从商周时代的模糊、春秋战国时代的混乱、秦王朝时期的薄弱中走出来,逐步走向清晰、具体、强烈和稳固。

---

① 《诗经·小雅·北山》。

三 《史记》国家民族观念的特点及其形成原因简析

由上可知，《史记》所体现的民族观念与国家认同具有鲜明的自身特色。就民族观念来说，与前代相比，特别是与春秋战国时期相比，《史记》更加注重夷夏之间的融合性与统一性，夷夏间的对抗性所受关注相对来说有所减弱。就国家认同来说，与后世相比，《史记》在认同准则上更加强调和凸显民心向背，强调统治者的德行与民意才是权力交替的核心动力，对神秘主义动因说，特别是五德始终说的关注相对较少。这些特点，使得《史记》总体上呈现出较为平和、朴素、客观理性的思想面貌，体现了作者关注历史与现实的特征，显示出《史记》思想观念的进步性。

《史记》国家民族观念的形成，既有作者个人因素，也受时代观念的影响。《史记》国家民族观念中所体现的进步性，主要得益于司马迁的家庭身世、个人阅历、学术素养、个人抱负等诸多个人因素。据《史记》卷一百三十《太史公自序》叙述，司马迁家族有治史的传统，"司马氏世典周史"。司马迁的父亲司马谈在汉武帝登基初年出任太史令之职，家学传统深深影响了司马迁的个人抱负，也为他养成良好的史学素养提供了条件。司马迁年轻的时候就立志子承父业，有志于史学，这为后来撰写《史记》奠定了基础。在司马谈去世后，司马迁即继任太史令。与此同时，司马迁具有丰富的阅历，游遍大江南北，卷一百三十《太史令自序》曰："二十而南游江、淮，上会稽，探禹穴，窥九疑，浮于沅、湘；北涉汶、泗，讲业齐、鲁之都，观孔子之遗风，乡射邹、峄；厄困鄱、薛、彭城，过梁、楚以归。于是迁仕为郎中，奉使西征巴、蜀以南，南略邛、笮、昆明，还报命。"广泛的游历，使司马迁对西汉王朝疆域内的山川地理、风土人情、民情动态有直观深入的了解和认识，为《史记》客观、公正描述和评价历史事件提供了便利条件。更重要的是，司马迁具有强烈的史学家的责任感和使命感，以及强烈的求知欲与好奇心。他把撰写史书当作一项神圣而崇高的事业，对探究历史真相与历史规律满怀激情与敬畏之心。卷一百三十《太史公自序》自我剖白撰写《史记》的目的，是"原始察终，见盛观衰。"在后来的《报任安书》中，司马迁向友人任安说明撰写《史记》的宗旨乃是"亦欲以究天人之际，通古今之变，成一家之言"①。这种神圣的使命感，促使司马迁以严谨的态度、求索的精神对待史书撰写，从而使得《史记》呈现出客观理性的思想面貌。

除去个人因素外，西汉前期简朴的、蓬勃向上的社会精神风貌，对司马迁的思想观念无疑也产生了深远影响，从而影响到《史记》的思想面貌。继暴秦之后，西汉王朝开国君主刘邦兴起于社会下层，对民间疾苦与民众愿望有一定的了解和认知，统治阶层总体上保持着清醒的头脑。特别是西汉初期，统治阶层积极总结秦朝速亡的历史教训，在政治上崇尚黄老思想，主张无为而治，与民休息。黄老思想是改良过的道家思想，以道家思想为主，部分吸收了法家、儒家思想。西汉前期，黄老思想占据国家政治生活和社会意识的主流位置，司马迁父子也深受黄老思想的影响。《史记》卷一百三十《太史公自序》载司马谈《论六家要旨》之文，对道家思想推崇备至。司马谈分析了春秋战国以来诸子百家主要学术流派的利弊，认为道家兼有诸家学派之优点，"道家……因阴阳之大顺，采儒墨之善，撮名法之要，与时迁移，应物变化，立俗施事，无所不宜，指约而易操，事少而功多"。司马谈还认为，"道家无为，又曰无不为"，所以"能究万物之情"，"能为万物主"。这种思想无疑给子继父业的司马迁以深远的影响。道家以道、无、自然、天性为核心理念，认为天道无为、道法自然。《史记》体现的平和、朴素的思想面貌，正是反映了道家崇尚自然的思想主张。

《史记》民族观念凸显了对夷夏关系融合性与统一性的高度关注，对"大一统"国家格局的至上推崇。这些特征的形成，还可从秦汉王朝的大一统政治格局中找到原因。统一的中央集权的秦王朝虽然仅仅存续十几年，但在促进民族融合、维护和巩固国家统一方面还是功不可没的。秦王朝通过"车同轨，书同文"等文化、交通、经济措施，极大地促进了疆域内的民族交融，加强了各地的政治、经济、文化联系，巩固了国家的政治、疆域统一。秦王朝虽因暴政与腐败而速亡，但是它所铸造的民族融合与国家统一的局面，却惠泽后世、源远流长。经过秦末短暂的混战，中央集权的统一多民族国家格局很快得以恢复。新兴的西汉王朝基本承袭了秦王朝的政治体制与政治疆域，西汉前期的休养生息政策，造就了国泰民安

---

① 《汉书》卷六十二《司马迁传》。

的政治景象，进一步巩固了统一多民族国家格局，增强了人们对西汉王朝统一多民族国家的认同。《史记》所提出的华夷共祖观念，以及自传说以来就存在大一统中原王朝并且各个王朝一脉相承的政治想象，是秦汉王朝统一多民族国家格局的政治现状在文化上的反映，也是时代政治现状影响社会政治心理的结果。

结　论

　　《史记》所体现的民族观念与国家认同既蕴含了厚重的历史文化内涵，又具有鲜明的时代特征。《史记》继承和发展了先秦"夷夏之辨"的民族观，在继续肯定"夷卑夏尊"观念的同时，提出了华夷共祖、民族一统的观念，显示了其思想的进步性。在此基础上形成了《史记》的统一多民族国家观。《史记》的诸多文字表述，充分体现了在"大一统"正统观引导下的古典国家认同，即对历代中原王朝的政治认同、历史文化认同，以及对以秦汉王朝统治疆域为核心的中原统一地域的认同。相比于前代，《史记》的民族观念与国家认同均有明显的发展与进步。就民族观念而言，《史记》较之前代更为重视民族融合性与整体性，从而显示出其更大的包容性；就国家认同而言，《史记》较之前代更为明确、清晰、稳固、强烈，其认同内涵也更为具体和丰富，既有对历史上中原王朝的认同，又有对现实政权即西汉王朝的认同。《史记》在中国历史上第一次展示了清晰的"国家"概念，表达了强烈的国家认同情感，为后来的中国古代国家认同的长足发展、为中华民族的不断凝聚奠定了坚实的心理基础和历史文化基础，为中国古代统一多民族国家的形成发展提供了宝贵的精神资源。

民族历史学

1921年西藏新派驻京僧人史事探析

邱熠华[*]

内容提要：西藏僧人驻京是历史上联系西藏地方与中央政府关系的重要渠道。民国时期，西藏地方与中央关系疏远，但西藏地方一直派遣僧人来京任职。这样的人员往来，使中央与西藏地方之间联系不辍。本文利用新近刊印的汉、藏文档案、史料，记述1921年西藏地方新派僧人驻京任职等史事，探讨驻京僧人在保持西藏地方与中央政府关系中的作用及其身份转变等问题。

关键词：民国西藏　驻京僧人　三大寺　僧官

1911年，武昌起义的浪潮席卷全国。消息传到西藏后，清朝驻藏军队内部首先哗变，随后发展为驻藏清军与西藏地方军民之间连续数月的争战。西藏地方局势恶化。在英印政府干涉下，西藏地方政府驱逐了包括民国政府新任命的西藏办事长官钟颖[①]在内的全体驻藏官兵，出现再没有中央驻军与官员在藏的局面。但是，清末西藏地方派驻北京的僧人继续留京供职，成为这一时期沟通双方关系的主要渠道。随后几十年内，西藏地方政府多次派遣僧人来京任职。正是这样的人员往来，使西藏地方与中央政府之间的关系连续不断。

本文以新近刊印的《第二历史档案馆所存西藏和藏事档案汇编》和藏文版《十三世达赖喇嘛传》等汉、藏文史料为基础，梳理1921年西藏地

---

[*] 邱熠华，纳西族，法学博士，中国藏学研究中心历史研究所助理研究员，研究方向为近代藏族历史。

[①] 1912年5月，民国政府颁布命令，任命原清朝驻军统领钟颖为西藏办事长官。中国第二历史档案馆、中国藏学研究中心编《中国第二历史档案馆所存西藏和藏事档案汇编》（2），民国元年（1912）5月22日"内务部为临时大总统任命钟颖为西藏办事长官事致西藏办事长官咨"，中国藏学出版社，2009，第2页。

方新派的三位驻京僧人任职期间的相关史事，讨论民国时期驻京僧人在保持西藏地方与中央关系中的作用，进而探讨驻京僧人的双重身份，以及由学问僧向僧官的转变等问题。

一 民国承续清代西藏僧人驻京制度

尊崇并利用藏传佛教，统治蒙藏等民族聚居的边疆成为清朝的重要国策。清廷优待西藏地方的僧人，让他们驻京供职，协助处理有关蒙藏地方、藏传佛教事务。这些西藏驻京僧人推动了藏传佛教在内地和蒙古等地的传播，成为联系蒙、藏、汉等各族民众的纽带，[①] 也成为历辈达赖喇嘛及西藏地方政府在北京的常设代表。

早自乾隆九年（1744），雍和宫改为藏传佛教寺庙之初，乾隆帝即谕令，雍和宫各扎仓堪布由西藏选派。据《七世达赖喇嘛传》记载，是年（藏历木鼠年，1744）和藏历铁羊年（1751），七世达赖喇嘛两次选派三大寺高僧赴京，担任雍和宫讲经要职，[②] 逐步形成了由达赖喇嘛和驻藏大臣共同从拉萨三大寺（哲蚌寺、色拉寺、甘丹寺）选派学问优异的僧人驻京、由理藩院管理的"清代驻京喇嘛制度"[③]。

理藩院对驻京僧人的管理方法，如驻京喇嘛的名额定制[④]等，详载于

---

① 喜饶尼玛：《民国政治舞台上的雍和宫堪布》，《近代藏事研究》，西藏人民出版社、上海书店出版社，2000，第123页。
② 章嘉·若贝多杰：《七世达赖喇嘛传》，蒲文成译，中国藏学出版社，2006，第234、292页。
③ 驻京喇嘛的概念有狭义和广义之分。狭义的驻京喇嘛概念，专指在北京各个藏传佛教寺庙出家的满、蒙、汉、藏僧人和外调驻京的蒙、藏大喇嘛。但驻京蒙藏大喇嘛并不等同于驻京呼图克图，后者只是驻京喇嘛中的少数领导阶层。而广义的驻京喇嘛概念，则泛指除西藏外，以北京地区为中心，纳入理藩院驻京喇嘛管理体系的满、蒙、汉、藏喇嘛群体，如盛京、五台山、热河、新疆伊犁、喀尔喀蒙古库伦、内蒙古归化城、西安以及四川等地，均有理藩院派出的驻京喇嘛任职。参见陈晓敏《清代驻京喇嘛研究》，北京燕山出版社，2011，第9~11页。
④ 京城各藏传佛教寺院的僧人名额："京城各庙额设掌印扎萨克达喇嘛一缺，副扎萨克达喇嘛一缺，扎萨克喇嘛四缺，达喇嘛十四缺，副达喇嘛三缺，画佛副达喇嘛一缺，额设苏拉喇嘛十缺，教习苏拉喇嘛六缺，额外教习苏拉喇嘛四缺，仓苏拉喇嘛九缺。公缺德木齐三十一缺，格斯贵五十缺。"《钦定理藩部则例》卷五十六"喇嘛事例一"，中国藏学出版社，1987，第十八册，第1页；张荣铮等点校，天津古籍出版社，1998，第384页。

记录清朝处理民族事务基本经验的《钦定理藩部则例》①中。康熙、雍正两朝，驻京喇嘛事务主要归属理藩院柔远清吏司管理。乾隆、嘉庆两朝，改由典属清吏司主管。道光时期，修订理藩院则例，对应不同职责，分别由柔远清吏司、典属清吏司、理刑清吏司、喇嘛印务处担负，对驻京喇嘛实施更加严格而规范的管理。②

1912年中华民国成立之初，西藏地方局势动荡，但西藏驻京僧人继续留任，有利于沟通中央与西藏地方关系。民国政府承袭清代定制，设立蒙藏事务局，参考《理藩部则例》成案，对继续留任的西藏驻京僧人加封"诺们罕""绰尔济"等名号。③民国政府还保留了清代原有的"喇嘛印务处"等机构，隶属于蒙藏事务局宗教科，负责京城附近藏传佛教寺院和驻京僧人的管理。

1913年，英国以承认中华民国及支持袁世凯政权为条件，逼迫召开所谓的"中英藏三方会议"，即西姆拉会议。会议期间，西藏驻京僧人罗桑班爵（བློ་བཟང་དཔལ་འབྱོར་）④等人受北京政府派遣赴藏联络，在秘密穿越英印政府封锁、历经周折后，终于1913年5月抵达拉萨，得与十三世达赖喇嘛、九世班禅等见面，成为民国时期第一批成功入藏的中央政府代表。

1918年夏，西藏地方以"从前所派驻京堪布均皆先后病故，以致教授

---

① 乾隆朝内府抄本《理藩部则例》成书于乾隆二十一年（1756）。之后，清廷曾4次增修《理藩院则例》，即嘉庆十六年（1811）、道光三年（1823）、道光十三年（1833）和光绪十六年（1890）。光绪三十二年（1906），理藩院改称理藩部。光绪三十四年（1908），以光绪十六年编纂本刊印聚珍本（活字本）《钦定理藩部则例》200册。该版律条和条例最为完整。
② 柔远清吏司主管京城内外寺庙喇嘛的钱粮、草豆、烤炭、银两，负责颁给各喇嘛庙时宪书；典属清吏司负责在京喇嘛考列等级、升迁、调补、札付、度牒、路引，奏请寺庙名号、各寺庙工程，咨取学艺班第、台吉充当喇嘛等事；理刑清吏司主要掌管缉拿喇嘛私自逃逸及违法犯罪等事；喇嘛印务处主要负责办理喇嘛公文。陈晓敏：《清代驻京喇嘛研究》，北京燕山出版社，2011，第25～26页。
③ 《中国第二历史档案馆所存西藏和藏事档案汇编》（2）：民国二年（1913）5月27日"铨叙局为送加封喇嘛阿克旺巴勒丹等封册并分别转发事致蒙藏事务局公函"，中国藏学出版社，2009，第440～452页。
④ 罗桑班爵，江孜人，1913年时33岁。按照西藏的算法，他大致出生于金蛇年（1881）。藏历土狗年（1898）六月，西藏新派四位格西来京，罗桑班爵是随同前来的五品卓尼尔（མགྲོན་གཉེར་知宾）之一。1912年时，他是永慕寺的达喇嘛。1912～1914年受派入京。1913年5月，当选第一届国会西藏参议员。1917年11月至1918年8月，又当选段祺瑞执政时期"临时参议院"议员。

经卷各事不无遗误，宗教前途难免日衰。且汉藏从来之友谊暨三大寺驻京堪布诚恐从此间断"，故"查照向章"，① 按例选派罗桑巴桑（བློ་བཟང་དཔལ་བཟང་）等三位拉萨三大寺格西赴京任职，于1919年2月抵达北京。② 可见，十三世达赖喇嘛和西藏地方政府重视驻京堪布的存废，希望这个向例保持下去。1921年，西藏地方又增派三位驻京僧人来京任职。

二 1921年西藏新派三位僧人驻京任职

据藏文版《十三世达赖喇嘛传》（སྐུ་ཕྲེང་བཅུ་གསུམ་པ་ཐུབ་བསྟན་རྒྱ་མཚོའི་རྣམ་ཐར་）记载，藏历铁鸡年（1921）六月四日，达赖喇嘛接受即将前往北京教授藏语文的格根钦哇（དགེ་རྒན་ཆེ་བ་）堪穷（མཁན་ཆུང་）玉拉·顿柱汪结（ཡུལ་ལྷ་དོན་གྲུབ་དབང་རྒྱལ་）、格根穷哇（དགེ་རྒན་ཆུང་བ་）孜仲（རྩེ་མགྲོན་）降巴曲汪（བྱམས་པ་ཆོས་དབང་）、罗藏哇（ལོ་ཙཱ་བ་）楚称丹增（ཚུལ་ཁྲིམས་བསྟན་འཛིན་）等人的辞行礼。③ 另据记录西藏地方政府官职品级的《甘丹颇章内外机构的官职及其品级——文案宝串》（གཞུང་དགའ་ལྡན་ཕོ་བྲང་པའི་ལས་ཚན་ཕྱི་ནང་དགོན་གནས་ཀྱི་གོ་རིམ་དེབ་ཐེར་རིན་ཆེན་ཕྲེང་བ་ཞེས་བྱ་བ་བཞུགས་སོ་），也称为《噶厦汉书》（བཀའ་ཤག་རྒྱ་དེབ་）④ 记载，堪穷（小堪布）为四品职衔僧官；孜仲即布达拉宫卓尼尔（知宾），为四品职衔僧官；罗藏哇即翻译，为五品职衔僧官。⑤ 看来，1921年西藏地方向北京新派的三

---

① 《中国第二历史档案馆所存西藏和藏事档案汇编》（4）：民国八年（1919）2月13日"西藏旅京同乡会为西藏三大寺堪布罗桑巴桑等三人抵京日期事致蒙藏院呈"，中国藏学出版社，2009，第11页。
② 1918年西藏派出的三位驻京僧人分别是哲蚌寺格西罗桑巴桑（བློ་བཟང་དཔལ་བཟང་）、色拉寺格西罗桑策殿（བློ་བཟང་ཚེ་བརྟན་）、甘丹寺格西罗桑仁增（བློ་བཟང་རིག་འཛིན་）。
③ 普觉·图旦强巴慈成丹增（ཕུར་ལྕོག་ཐུབ་བསྟན་བྱམས་པ་ཚུལ་ཁྲིམས་བསྟན་འཛིན་གྱིས་བརྩམས་）：《第十三世达赖喇嘛传》（སྐུ་ཕྲེང་བཅུ་གསུམ་པ་ཐུབ་བསྟན་རྒྱ་མཚོའི་རྣམ་ཐར་）（下册），中国藏学出版社，2010，第333页。
④ 西藏地方政府各级机构、僧俗官员的官职、品级等均按照清朝政府批准确定的制度执行。因此，西藏地方政府的职官名册也被称为《噶厦汉书》。恰白·次旦平措、诺章·吴坚：《西藏通史 松石宝串》（བོད་ཀྱི་རྒྱལ་རབས་རིན་ཆེན་གཡུ་ཡི་ཕྲེང་བ་），下册，藏文版），西藏藏文古籍出版社，2006，第456页；汉文版，陈庆英、格桑益西等译，第898页。
⑤ 《噶厦汉书》记道，卓尼尔职衔有四品和五品两种，孜准切哇（རྩེ་མགྲོན་ཆེ་བ་），即布达拉宫卓尼尔）是四品，僧官机构卓尼尔（ཡིག་ཚང་གི་ལས་ཚན་མགྲོན་གཉེར་）是五品。恰白·次旦平措、诺章·吴坚等：《西藏通史 松石宝串》（下册，藏文版），西藏藏文古籍出版社，2006，第451～453页；汉文版，陈庆英、格桑益西等译，第896～897页。

位人员均是品级较高的僧官，正师傅玉拉·顿柱汪结是一位出身贵族的僧官①，还有副师傅降巴曲汪和随行翻译楚称丹增。关于此次派遣人员赴京教授藏语文，究竟是十三世达赖喇嘛主动派出，还是应北京方面的要求，尚未见到可资证明的资料。

按当时通行的线路推算，从拉萨出发，经印度东北的噶伦堡到加尔各答，由此乘船到香港，再经水路到天津，最终抵达北京，需要两个月左右。若三位新派驻京僧人于藏历六月出发，大约于 1921 年秋抵达北京。受派驻京的僧人抵京报到后，按例应由喇嘛印务处安排掌印呼图克图考核，检验合格后再公布任职。目前已刊印的档案中未见其报到、考验、任职等记载。所幸有 1924 年 3 月和 11 月的两份呈文，记录了三位驻京僧人的职任分别是：西藏特派驻京教习堪布顿柱汪结、西藏特派驻京卓尼尔降巴曲汪、西藏特派驻京洛（罗）藏娃楚称丹增。②

这三位驻京僧人在 1921 年后的十多年里，多次代表西藏地方参与政治事务，也曾受中央派遣赴藏联络。相关史事简述如下。

（一）1922 年受派赴藏联络，止步于途

1922 年，北京当局曾派遣玉拉·顿柱汪结为代表入藏联络，因政局动荡，中途折回。已刊印的档案中，尚未见到与此次派遣直接相关的文件，只能借助档案史料大致还原此次未遂的入藏之行。

---

① 同一时期，西藏政坛还有一位贵族玉拉家族的成员，即俗官玉拉·丹巴才旺（ཡུལ་ཤུལ་བསྟན་པ་ཚེ་དབང་，也称为噶强丹巴）。他从 1914 年起担任藏军副总司令，1924 年"阴谋夺取达赖喇嘛政权"事件后，因雪村军械库所存枪支不合数量等原因，被贬为七品俗官。此外，还有一位玉拉布·南杰顿珠（ཡུལ་ཤུལ་བ་རྣམ་རྒྱལ་དོན་གྲུབ་，应是丹巴才旺之子）也出现在 1924 年的噶厦俗官名册上，他虽已入官，但没有公职。参见定甲·次仁多杰《近代藏军和马基康及有关情况略述》，《西藏文史资料选辑》合订本第三辑，民族出版社，2007，第 47～48 页；毕达克（又译伯戴克）：《西藏的贵族和政府（1728—1959）》，沈卫荣、宋黎明译，中国藏学出版社，2008，第 254 页。

② 《中国第二历史档案馆所存西藏和藏事档案汇编》（4）：民国十三年（1924）3 月 7 日"西藏特派驻京教习顿柱汪结等为贡觉仲尼已抵京请准到任供职事致蒙藏院呈"，中国藏学出版社，2009，第 313～316 页；《中国第二历史档案馆所存西藏和藏事档案汇编》（5）：民国十三年（1924）11 月 27 日"西藏特派驻京堪布贡觉仲尼等为请明示蒙藏回待遇条件是否取销事致蒙藏院呈"，中国藏学出版社，2009，第 109～113 页。

十三世达赖喇嘛于 1930 年发给陆兴祺①的一份函件中提到：

> 前次帮达布牙批递来徐大总统及周国务总理、黎大总统玉片（照）信品，系民国十一年时政府特派巫明远及小堪布顿柱汪结带领入藏，行至上海返回，信品暂交尊处代存者。兹值台从抵印，除所有信品清单一并照交，并承惠赠多珍，殊深感谢，经已悉数拜领。②

这里提到的"帮达布牙批"即邦达·洛桑央培（སྤོམ་མདའ་བློ་བཟང་དབྱར་འཕེལ་，通常称为邦达·央培），是民国时期西藏富商邦达昌（སྤོམ་མདའ་ཚང་）家族的大公子。徐大总统即总统徐世昌（1918 年 10 月 10 日至 1922 年 6 月 2 日任职），周国务总理即国务总理周自齐（1922 年 4 月 9 日至 6 月 12 日任职），黎大总统即总统黎元洪（1922 年 6 月 11 日至 1923 年 6 月 13 日复任）。③ 看来，在 1922 年四五月间，北京当局曾派遣驻京堪布玉拉·顿柱汪结和翻译巫明远④等人入藏联络。因第二次护法运动、直奉战争等接连爆发，政局动荡不宁，所以，顿柱汪结等人到达上海后，不得不折返回北京。离沪前，他们把北京当局赠送给十三世达赖喇嘛的礼物寄存给当时在沪的驻藏办事长官陆兴祺，委托他转交十三世达赖喇嘛。陆兴祺回到加尔各答后，又通过邦达昌商队将礼品送达西藏，最终由邦达·央培呈送十三世达赖喇嘛。

---

① 陆兴祺，号韵秋、鸣秋，祖籍广东，少年时留学印度，在加尔各答经营"天益号"商行，熟悉藏情，热心藏事。清末时与驻藏大臣联豫等多有往来。1913 年，北京政府任命其为护理驻藏办事长官，后任命为驻藏办事长官，直到南京国民政府成立，著有《西藏交涉纪要》等。详见邱熠华《民国政府任命的西藏办事长官：以陆兴祺研究为中心》，方素梅、刘世哲、扎洛主编《辛亥革命与近代民族国家建构》，民族出版社，2012，第 333~358 页。

② 中国藏学研究中心、中国第一历史档案馆、中国第二历史档案馆等合编《元以来西藏地方与中央政府关系史料汇编》（6），民国十九年（1930）"达赖喇嘛为派代表出席蒙藏会议事致陆兴祺函"，中国藏学出版社，1994，第 2502 页。

③ 刘寿林、万仁元、王玉文等编《民国职官年表》，中华书局，1995，第 5~6 页。

④ 巫明远，1922 年时，以翻译身份出现。1931 年 2 月初，达赖喇嘛委任他为西藏驻平办事处副处长；2 月 16 日，与贡觉仲尼一起受任蒙藏委员会委员；4 月初，两人以委员身份提交了筹设西藏无线电台的提案；同年 5 月 5~17 日，作为前藏六名代表之一，参加国民政府召开的"国民会议"；1932 年 4 月 7 日，作为西藏代表参加"国民救国会议"（国难会议）；1934 年以蒙藏委员会议身份经海路先期入藏，参与黄慕松入藏致祭事宜，多次陪同黄与噶伦等会晤商谈。他兼通汉藏语文，在民国政府与西藏地方的交往联系中发挥联络作用。其生平事迹值得关注。

(二) 联名询问"优待蒙藏条件"是否取消

1924年1月底，贡觉仲尼（དགོན་མཆོག་འབྱུང་གནས་，棍却仲呢①）抵京报到后，顿柱汪结、降巴曲旺、楚称丹增等三人以西藏特派驻京教习名义，于3月7日向蒙藏院递交了申请批准贡觉仲尼任职雍和宫住持扎萨克的呈文。② 一般而言，新任驻京堪布应先派充雍和宫坐床堪布，遇有达喇嘛等更高一级的职务空缺，再逐步提升、加封名号。雍和宫扎萨克喇嘛出缺后，通常由驻京呼图克图或达喇嘛升补。十三世达赖喇嘛此次直接指派贡觉仲尼补扎萨克喇嘛之缺，与旧例不符。几经周折，蒙藏院于4月中旬做出决定，同意贡觉仲尼任职雍和宫扎萨克喇嘛③，但强调"此系一时权宜之计，以后不得援以为例"④。

1924年10月，冯玉祥发动"北京政变"，囚禁贿选总统曹锟，改组内阁。11月，北京政府宣布修正优待清室条件，末代皇帝溥仪搬离故宫，引发蒙藏上层人士疑虑。六名西藏驻京堪布随即联名向北京当局询问，与清帝优待条件同时宣布之优待蒙回藏条件是否一并取消。呈文如下：

> 窃堪布等奉达赖喇嘛之命来京当差，凡民国与西藏之关系自应注意。近闻政府将大清皇帝之优待条件业已取销。查此条件与蒙回藏待遇条件同时宣布，今以何理由而取销，至其同时宣布之条件，是否一并取销，堪布等连日探询，未得真相。为此，呈请钧院转请政府明示，如约法所载之条件一律取销，堪布等即应回藏销差；如尚未取销，亦请明白批示，以便报告达赖喇嘛，免致远道传闻失实，转生误

---

① 贡觉仲尼在1924年1月抵达北京后，使用的汉译名是"棍却仲呢"，直到1931年底，才改译为"贡觉仲尼"。为统一起见，除直接引用档案原文外，本文均使用译名"贡觉仲尼"。《中国第二历史档案馆所存西藏和藏事档案汇编》（4）：民国十三年（1924）1月26日"西藏驻京堪布棍却仲呢（即贡觉仲尼）为报到京日期事致蒙藏院呈（附履历）"，中国藏学出版社，2009，第306~312页。

② 《中国第二历史档案馆所存西藏和藏事档案汇编》（4）：民国十三年（1924）3月7日"西藏特派驻京教习顿柱汪结等为贡觉仲尼已抵京请准到任供职事致蒙藏院呈"，中国藏学出版社，2009，第313~316页。

③ 贡觉仲尼抵京报到后，蒙藏院迟迟未予任命的原因，详见陈庆英《解读民国时期西藏驻京堪布贡觉仲尼到京任职的几份档案》，《西藏大学学报》2007年第1期，第13~19页。

④ 《元以来西藏地方与中央政府关系档案史料汇编》（7）：民国十三年（1924）4月18日"蒙藏院为准予贡觉仲尼充补扎萨克喇嘛事给喇嘛印务处指令"，中国藏学出版社，1994，第3082~3083页。

会。为此，呈请蒙藏院俯予转呈，堪布等敬候办理。谨呈蒙藏院总裁。①

北京当局对此十分重视，蒙藏院于接到报告当天，立即转呈临时执政段祺瑞。② 12 月 2 日，段祺瑞下令：

满蒙回藏各族待遇条件暨蒙古王公待遇条件，历经颁布，大信昭然，效力确定，允无疑义。③

次日，蒙藏院随即转发了该指令。

"满蒙回藏待遇条件"是与"待遇清帝、皇族等条件"一同于 1912 年 2 月 12 日公布的，并于 1914 年 5 月写入了《中华民国约法》。④ 1924 年 11 月初，临时执政段祺瑞颁布修正优待清室条件、前清皇帝溥仪被迫搬离故宫等事件发生后，西藏驻京僧人随即呈文询问约法所载之蒙藏待遇条件是否一律取消，其惶恐之心不难想见。虽然政权更迭，政府易主，但民国历届政府始终坚持"五族共和"，努力维护对藏主权。所以，值此影响蒙藏地方人心向背及边疆稳定的关键时刻，北京当局及时对该呈询做出回应，重申满蒙回藏待遇条件历经颁布、效力确定，稳定人心、树立信用，客观上起到了积极作用。正如研究者所言，该呈文和北京当局随后的批文具有重要意义，即"以正式文件的形式，重新明确了中央政府与西藏地方关系

---

① 《中国第二历史档案馆所存西藏和藏事档案汇编》（5）：民国十三年（1924）11 月 27 日"西藏特派驻京堪布贡觉仲尼等为请明示蒙藏回待遇条件是否取销事致蒙藏院呈"，中国藏学出版社，2009，第 112 页。

② 《元以来西藏地方与中央政府关系档案史料汇编》（7）：民国十三年（1924）11 月 27 日"蒙藏院为西藏待遇条件请明白批示事致段祺瑞呈"，中国藏学出版社，1994，第 3085 页。

③ 《元以来西藏地方与中央政府关系档案史料汇编》（7）：民国十三年（1924）12 月 3 日"蒙藏院为满蒙回藏各族待遇条件等并未取消事致西藏驻京堪布训令"，中国藏学出版社，1994，第 3085 页。

④ 1914 年 4 月初，蒙古联合会呈文国务总理，提请借正在召开约法会议（1914 年 3 月 18 日至 6 月 5 日）之际，将"待遇满蒙回藏七条暨前临时参议院规定之蒙古待遇九条等，以专条暨特别法形式列约法中"。经约法会议公决批准了该呈请。5 月 1 日公布的《中华民国约法（1914）》（史称"袁记民三约法"）的正文第六十五条，内容是："中华民国元年二月十二日所宣布之大清皇帝辞位后优待条件、清皇族待遇条件、满蒙回藏各族待遇条件，永不变更其效力。其与待遇条件有关系之蒙古待遇条例，仍继续保有其效力；非依法律，不得变更之。"

的根本原则,是民国以来中央与西藏地方关系史上的一次突破"①。

在得到北京当局优待蒙藏条件并未取消的答复后,西藏驻京僧人继续在京履职。1925年2月1日,北京当局即段祺瑞临时执政府召开"善后会议",玉拉·顿柱汪结以十三世达赖喇嘛代表的身份参加了此次会议。②惜尚未寻得顿柱汪结受派及参会的相关档案。

(三)为设立"西藏驻京代表办公处"呈文备案

1925年8月,顿柱汪结、降巴曲旺和楚称丹增三人联名以西藏驻京代表名义,向蒙藏院提交了设立"西藏驻京代表办公处"的呈文。呈文写道:

> 为呈请备案事。窃顿柱汪结等于上年承奉西藏我达赖佛爷谕,派为驻京代表。自到京后,本拟仿照各省区在案,在京设立西藏驻京代表办公处。因接洽事少,延宕至今。近来顿柱汪结等已加入参政,应办之事日见繁多,拟援案办理,假雍和宫北大门内为西藏达赖驻京代表办公处,以便接洽。除具情在警察厅禀请立案外,理合具呈,恳请钧院鉴核,赐予备案,俾便进行。谨呈蒙藏院总裁。③

这份呈文可视为民国时期十三世达赖喇嘛及西藏地方政府在中央设立办事机构的最初尝试。西藏方面之所以提出设立"西藏达赖驻京代表办公处"的动议,与这一时期九世班禅方面和北京当局之间的一系列政治互动有关。自1923年底,九世班禅因不满西藏地方政府加征赋税、军费等原因,离开扎什伦布寺,到内地活动。1925年初,九世班禅抵达北京前后,连续发表了《班禅致善后会议函》和《消弭战祸实行五族共和意见书》,号召五族人民"联合一致""共同治理,共进文明",公开表达内向之

---

① 喜饶尼玛:《民国时期西藏驻京总代表贡觉仲尼评述》,《近代藏事研究》,西藏人民出版社、上海书店出版社,2000,第183页。
② 据《民国职官年表》所录"善后会议会员姓名录":章嘉呼图克图(代表黄玉)、达赖喇嘛(代表顿柱汪结)、班禅额尔德尼(代表罗桑坚赞)、陆兴祺(代表朱清华),详见刘寿林、万仁元、王玉文等编《民国职官年表》,中华书局,1995,第176页。
③ 《中国第二历史档案馆所存西藏和藏事档案汇编》(5):民国十四年(1925)8月29日"西藏驻京代表顿柱汪结等为组织西藏达赖驻京代表办公处请予备案事致蒙藏院呈",中国藏学出版社,2009,第362~366页。

情。① 同年 8 月，北京当局以九世班禅"远道来京，赞筹统一，精忠翊国"，加封其"宣诚济世"名号。② 此时，十三世达赖喇嘛与九世班禅两系统之间矛盾正盛，而西藏政坛发生 1924 年"亲英军人集团阴谋夺权事件"后，十三世达赖喇嘛逐步意识到英国及亲英势力对自身统治地位的威胁，担心若九世班禅与北京方面建立起密切的联系，可能影响到拉萨与北京的关系。正是在这样的背景下，西藏驻京僧人顿柱汪结等依据拉萨方面的指示，向北京当局提出了设立"西藏驻京代表办公处"的动议。

顿柱汪结等西藏驻京代表依法向北京警察厅申请设立办公处，并向蒙藏院呈请备案等行政程序，以及呈文中明确提出的"拟仿照各省区在案，在京设立西藏驻京代表办公处"等表述，无疑是对"民国时期西藏是独立国家"等说法的有力反驳，表明拉萨当局承认民国中央政府。可惜，已刊印的档案未包括蒙藏院接到此报告后的反应等内容。事后看来，设立西藏驻京办公处的动议未能直接实施，不过后来曾设立一个名为"西藏堪布驻京办事处"的机构。③ 1931 年，十三世达赖喇嘛派贡觉仲尼为总代表，正式在南京等地设立办事处，而新设的驻平（北平）办事处正是由原"西藏堪布驻京办事处"改组而来。

三 国民政府时期两位僧人继续任职

据目前所见的资料看，1928 年春，玉拉·顿柱汪结离开北京，返回西藏。④ 而楚称丹增和降巴曲汪任职时间较长，在国民政府成立后的一段时

---

① 中国藏学研究中心、中国第二历史档案馆合编《九世班禅内地活动及返藏受阻档案选编》，1925 年 2 月"班禅致善后会议消弭战祸实行五族共和意见书"，中国藏学出版社，1991，第 3~4 页。
② 《九世班禅内地活动及返藏受阻档案选编》：1925 年 8 月"蒙藏院为临时执政令加宣诚济世封号事致班禅大师公函"，中国藏学出版社，1991，第 5 页。
③ 民国二十年（1931）8 月"蒙藏委员会为贡觉仲尼等不可因班禅条陈有所疑难而遽然辞职请饬其安心供职事致达赖喇嘛函"中提到，"驻京办事处已于本会二月九日成立，驻平办事处由前西藏堪布驻平办事处改组"。由此看来，1925 年后，顿柱汪结等驻京堪布在北京成立了"西藏堪布驻京办事处"，才有改组之说。《元以来西藏地方与中央政府关系档案史料汇编》（6）：中国藏学出版社，1994，第 2615~2616 页。
④ 《中国第二历史档案馆所存西藏和藏事档案目录》（上）：民国十七年（1928）4 月"蒙藏院为该院翻译官郭（顿）柱旺（汪）结回藏随带物品请免税放行致税务公函"，中国藏学出版社，2000，第 152 页。

期内，仍以驻平堪布、西藏驻京代表等身份参与政治事务。

（一）协助贡觉仲尼加强西藏地方与中央政府关系

1929 年八九月，楚称丹增随同雍和宫扎萨克喇嘛贡觉仲尼前往太原、南京等地，先后拜会蒙藏委员会委员长阎锡山和国民政府主席蒋介石，声明达赖不亲英人，不背中央，班禅离藏非达赖所迫等政治主张。① 9 月底，国民政府任命贡觉仲尼为赴藏慰问员，入藏联络。降巴曲旺又随同前往。② 与此同时，留守北京的楚称丹增作为联络人，多次通过函电向蒙藏委员会藏事处报告贡觉仲尼一行的入藏行程。1930 年 9 月，他还直接前往南京报告相关事宜。③ 这段时间，贡觉仲尼也由西藏返抵南京。看来，楚称丹增和降巴曲汪此时已成为贡觉仲尼的重要助手，在贡觉仲尼受派赴藏等过程中发挥协助作用。

（二）受命担任西藏驻康办事处正副处长

1930 年 8 月底，贡觉仲尼回到南京，向蒋介石面呈入藏办事经过情形，以及十三世达赖喇嘛同意设立驻京办事处，委任其为代表等事宜。蒋介石当即面谕设立西藏驻京办公处。④ 1931 年 2 月，在贡觉仲尼提交给蒙藏委员会的《西藏驻南京、北平、康定各处正副处长名单》里，降巴曲汪

---

① 《元以来西藏地方与中央政府关系档案史料汇编》（6）：民国十八年（1929）9 月 10 日"赵戴文为贡觉仲尼等会见蒋介石声明达赖喇嘛不背中央不亲英人等意致阎锡山电"，中国藏学出版社，1994，第 2475～2476 页。
② 受派解决 1930 年藏尼危机的蒙藏委员会参事巴文峻在呈文中提到，"达赖派棍却仲尼及降巴曲汪等（随后尚有二员）来京，虽非藏中重要人员，亦可征达赖确有倾向中央之诚意"。《元以来西藏地方与中央政府关系档案史料汇编》（6）：民国十九年（1930）8 月 3 日"巴文峻谢国梁为密陈藏中内情及入藏行程事致蒙藏委员会呈"，中国藏学出版社，1994，第 2527～2528 页。
③ 《元以来西藏地方与中央政府关系档案史料汇编》（6）：民国十八年（1929）11 月 8 日"楚臣丹增为贡觉仲尼由平起行赴藏致刘朴忱电"，12 月 2 日"楚臣丹增等报贡觉仲尼抵藏（香港）事致刘朴忱电"，民国十九年（1930）3 月 11 日"楚臣丹增为报贡觉仲尼抵拉萨受到隆重接待等情致刘朴忱函"等，9 月 18 日"蒋介石为贡觉仲尼自藏到京等情复达赖喇嘛函"，中国藏学出版社，1994，第 2491～2492、2495、2499 页。
④ 《元以来西藏地方与中央政府关系档案史料汇编》（7）：民国十九年（1930）12 月"内政部蒙藏委员会为西藏设立驻京平康办公处及其经费预算事致行政院呈"，中国藏学出版社，1994，第 3095～3096 页。

和楚称丹增位列西藏驻康办事处正、副处长。① 历史上，康定（打箭炉）就是川藏交通中重要的政治、经济中心，此时大金寺与白利争产纠纷引发的康藏军事冲突已经爆发，康定成为处理川藏边界事宜的桥头堡，具有重要地位。而降巴曲汪和楚称丹增受命负责驻康办事处，可见，西藏地方政府对他们的信任。由于这一时期达赖喇嘛和班禅系统间有关班禅权位的争讼愈演愈烈，所以，他们两人一直逗留南京，并未赴康任职。1932 年 3 月，降巴曲汪改任北平办事处处长。② 而达赖和班禅两系统间这场旷日持久的争讼，一直延续到十三世达赖喇嘛圆寂后，西藏地方政府将注意力转移到内部政治斗争后才归于平静。

结　语

民初，西藏地方与中央政府关系进入不正常状态，但那些联系两者关系、符合历史发展规律的制度继续发挥着作用。西藏僧人驻京制度就是西藏与内地历史文化联系中重要的一环，成为民国时期"保持西藏地方和中央关系的首选联系途径"③。西藏方面重视驻京僧人的存废，多次派遣僧人赴京。

通过考察 1921 年西藏地方新派驻京僧人任职期间的史事，有两点值得注意。

一是西藏驻京僧人具有双重身份。驻京僧人是西藏地方政府派遣到京

---

① 《元以来西藏地方与中央政府关系档案史料汇编》（7）：民国二十年（1931）2 月 10 日"贡觉仲尼为报驻京平康办事处正副处长名单致蒙藏委员会呈"，中国藏学出版社，1994，第 3098 页。
② 民国二十年（1931）8 月"蒙藏委员会为贡觉仲尼等不可因班禅条陈有所疑难而遽然辞职请饬其安心供职事致达赖喇嘛函"记载，大金寺与白利因寺产引发纠纷后，国民政府派出唐柯三为专员前往调解，唐专员临行前曾与西藏驻京总代表贡觉仲尼面商，请其"转知该处正副处长（降巴曲汪和楚称丹增——引者注）偕往成立办事处，以便协助办理。当经约定，唐专员先行，该处正副处长随即赶往"。随后又依据贡觉仲尼要求，提前发给四个月经费，总计三万元，"而该处正副处长仍未前往"。1932 年 3 月，达赖喇嘛对各办事处负责人做了调整，命降巴曲汪为北平办事处处长，降巴扎希为副处长；阿汪扎巴为西康办事处处长，曲批图丹为副处长。《元以来西藏地方与中央政府关系档案史料汇编》（6），中国藏学出版社，1994，第 2615~2616 页。祝启源：《中华民国时期西藏地方与中央政府关系研究》，中国藏学出版社，2010，第 120 页。
③ 陈庆英：《解读民国时期西藏驻京堪布贡觉仲尼到京任职的几份档案》，《西藏大学学报》2007 年第 1 期，第 13 页。

的人员；同时，他们受喇嘛印务处管理，其薪俸旅费、任用升迁，全由中央决定，如同政府公职人员。这种双重身份使得驻京僧人既是西藏地方政府的驻京代表，也为中央政府派遣其入藏办事提供了法理依据。在一些情况下，顿柱汪结、楚称丹增和降巴曲汪以西藏地方派出人员的身份，代表达赖喇嘛或噶厦与蒙藏院等机关交涉，如询问优待蒙藏条约是否取消、代表十三世达赖喇嘛参与"善后会议"、为设立西藏驻京办公处呈请备案等；另一些情况下，他们又作为中央政府管辖下的办事人员，受派入藏联络办事，如1922年顿柱汪结止步于途的入藏之行，1929年降巴曲汪陪同贡觉仲尼赴藏、楚称丹增实时向蒙藏委员会转报行程等。总的说来，1920年后的十多年里，他们往返于北京、南京与拉萨各地的一系列活动本身，即是西藏地方与中央政府保持关系的明证，具有积极意义。

二是这三位新派驻京僧人的僧官身份。西藏地方政府行政体制内部形成了僧俗两个并立的官员系统，其关系基本平行，但僧官有权参与地方事务的管理，政府各级组织机构中，均有僧俗官员共同任职；而俗官则不能插手宗教事务。一定意义上说，在政教合一制度（ཆོས་སྲིད་གཉིས་ལྡན་ ཆོས་སྲིད་ ཟུང་འབྲེལ་）中，僧官整体上处于优势地位。一般说来，西藏地方政府的僧官，其僧籍也都隶属于三大寺。但僧官不留在寺院里，也不念经，"除了独身戒之外，他不受其他戒律的约束"①。他们在僧官学校孜罗扎（རྩེ་རིག་གཉེར་སློབ་པ་）所受的训练，目标是为现实的政教事务服务。

1921年西藏新派驻京的是三位僧官，职衔分别是堪穷（མཁན་ཆུང་）、卓尼尔（རྩེ་མགྲོན་）、罗藏哇（ལོ་སྦྱོན་），通常合称为"堪卓罗松"（མཁན་མགྲོན་ལོ་གསུམ་）。清代时，驻京僧人是在拉萨三大寺中选派经典纯熟、学问优异的格西。1918年，十三世达赖喇嘛选派的三位驻京堪布仍是三位格西。而此时增派的这批驻京僧人，已不再局限于格西等学问僧，转而选择了为现实政教事务服务的僧官。这种转向的出现，反映出这一时期西藏地方与中央政府关系的变化：历史上，西藏驻京僧人的主要职能是传播藏传佛教，协助处理政教事务；民国时期，因西藏地方与中央政府关系处于不正常状态，原有的许多沟通渠道不通畅，因此，驻京僧人成为沟通西藏地方与中央关系的主要渠道，其政治职能大大增强。1920年甘肃代表团入藏联络后，十三世达赖

---

① 沈宗濂、柳陞祺：《西藏与西藏人》，柳晓青译，中国藏学研究中心，2006，第132页。

喇嘛有意加强与民国中央的联系，因此增派这三位僧官赴京任职。1931年西藏地方政府正式在南京设立办事处后，先后派出的四批驻京代表也采取了选派僧官"堪卓罗松"的方式。①

　　虽然僧籍隶属于三大寺的僧官，与三大寺的关系并不一定密切，但是，无论学问优异的格西，或为政教事务服务的僧官，都是寺院集团利益的代表。可以说，以三大寺为代表的寺院集团等传统势力，在民国时期保持西藏地方与中央政府原有关系等方面发挥过主导作用。

---

① 西藏驻南京办事处的四批驻京代表：第一批代表是堪穷贡觉仲尼（དགོན་མཆོག་འབྱུང་གནས་）、布达拉宫卓尼尔阿旺坚赞（དག་དབང་རྒྱལ་མཚན་）、勒参巴（ལས་ཚན་པ་ 办事员）曲批图丹（ཆོས་འཕེལ་ཐུབ་བསྟན་）；第二批代表是堪穷阿旺桑丹（དག་དབང་བསམ་གཏན་）、卓尼尔格敦格典（དགེ་འདུན་སྐོ་བསྟན་）、罗藏娃图丹桑结（ཐུབ་བསྟན་སངས་རྒྱས་）；第三批代表是堪穷罗桑札西（སློ་བཟང་བཀྲ་ཤིས་）、卓尼尔土丹参烈（ཐུབ་བསྟན་འཕྲིན་ལས་）、罗藏娃图登生格（ཐུབ་བསྟན་སེང་གེ་）；第四批代表是堪穷土丹桑布（ཐུབ་བསྟན་བཟང་པོ་）、卓尼尔土丹策丹（ཐུབ་བསྟན་ཚེ་བརྟན་）、罗藏娃降巴阿旺（བྱམས་པ་ངག་དབང་）等。

波斯文《史集》部族志唐古特部分阅读札记二则

苏 航*

内容提要：本文以波斯文《史集》部族志唐古特部分的记载为线索，结合其他语言文献，对西夏君主称号失都儿忽进行了探讨，指出失都儿忽可能与梵文词汇 sādh 有关联。本文另对河西这一地理观念在唐、辽、宋、西夏、元不同时期的演变进行了梳理，并讨论了其与白高、唐古特等词语的关系。

关键词：史集 失都儿忽 河西 白高 唐古特

波斯文《史集》部族志唐古特部分独立成篇，史源有自，或为汉籍所无，或可互相参证，可补西夏史研究汉籍之不足，故为学界所重，引用实夥，而往往取诸据俄译而转译之汉译，而失于考证波斯文本字，易致误会，如误《史集》中所记夏王称号لونک为"龙"，不知实为"李王"之对译，[①] 故正本清源，据波斯原文释读《史集》犹显必要，今再将讨论شادرغو 及شیدورغو 的两则札记刊布于此，以就教方家。

一

《史集》中与لونک"李王"并列的另一个西夏主称号是شادرغو或 شیدورغو，这个称号在《蒙古秘史》和多数汉文史籍中都被记作"失都儿

---

* 苏航，中国社会科学院民族学与人类学研究所副研究员。
① 参见拙著《西夏史札记三则》，民族学与人类学研究所编《薪火相传——史金波先生70寿辰西夏学国际学术研讨会论文集》，中国社会科学出版社，2012，第98~104页。

忽"、在《元史》卷一二〇《曷思麦里传》中又被记作"失的儿威"。① 失都儿忽其语何义，所指何人，众说纷纭。

所指何人，通别二说。一谓夏主通号，一谓夏主专名。执前说者如沈曾植《蒙古源流》卷四笺证云"锡都尔固当亦梵语嘉称，盖夏主世世称之，如西辽之古儿罕也"，韩儒林亦力倡此说；② 执后说者又分为二，一以为指末主李睍，一以为指襄宗安全。前说以《蒙古秘史》第 267 节成吉思汗在李睍觐见时赐号为据③，后者则以《史集》《圣武亲征录》记失都儿忽献女请降为据④。《秘史》记事多有传说色彩，不似《史集》《亲征录》平实可信。且李睍亲见太祖，他史所无；而安全献女乞和，为《元史·太祖纪》所证⑤，《佛祖历代通载》卷三十二更直谓"西夏拓跋失都儿忽"为"乾顺小子仁友之子，乃仁宗侄儿"，此指安全甚明。⑥ 1985 年于保定发现之《河西老索神道碑铭》中亦提及失都儿忽，据老索之年代，此失都儿忽亦可断为安全。⑦

唯《史集》第二编《成吉思汗纪六》鸡年（1225）、狗年（1226）叙事亦谓西夏末主为失都儿忽⑧，似失都儿忽非专指一人。盖蒙古虽于 1205 年始攻夏，但仅掠边而还，真正大规模进攻西夏是在次年安全即位之后，其时夏京被围，安全献女求和，蒙古第一次深入西夏腹地并与西夏皇帝有了直接的接触，故安全成为给蒙古人留下最初明晰印象的西夏皇帝，失都儿忽不论是其自称，抑或成吉思汗所赐，蒙古人或即将其名号代作夏帝通称，指称此后诸帝。

---

① 《元史》，中华书局点校本，第 2970 页。
② 并参见韩儒林《关于西夏民族名称及其王号》，原载《图书季刊》1943 年新 4 卷第 3～4 期，此据白滨编《西夏史论文集》，宁夏人民出版社，1984，第 676～679 页。
③ 参见黄振华《西夏龙（洛）族试考——兼谈西夏遗民南迁及其他》，《中国藏学》1998 年第 4 期，第 62 页。
④ 〔波斯〕拉施特主编《史集》第二编《成吉思汗纪四》马年条，余大钧汉译本第一卷第二分册，商务印书馆，1983，第 213 页；王国维：《圣武亲征录校注》，《国学文库》第 33 编本，第 125 页。
⑤ 《元史》卷一《太祖纪》一，第 14 页。
⑥ 其考证详见汤开建《西夏史琐谈（续）》，《宁夏大学学报》（社会科学版）1985 年第 3 期，第 70～71 页。
⑦ 参见周圣国《保定西夏人探源——从西夏文经幢、老索神道碑看保定西夏人》，《文物春秋》1995 年第 3 期，第 18 页；梁松涛：《〈河西老索神道碑铭〉考释》，《民族研究》2007 年第 2 期，第 83～84 页。
⑧ 参见《史集》汉译本第一卷第二分册，第 317～318 页，第 318～321 页。

失都儿忽之意义，历来亦有二说，一谓嘉称，一谓恶名。《蒙古秘史》第 267 节记载："时唐兀惕主不儿罕，将着金佛并金银器皿及男女马驼等物，皆以九九为数来献，成吉思止令门外行礼，行礼间，成吉思恶心了。至第三日，将不儿罕改名失都儿忽，命脱仑杀了。"① 后说以为成吉思汗既恶而改名，必非嘉称，黄振华并以其为"驯服、效忠"之义。② 前说所据有二：第一，既以其为夏主自号，则当为美称；第二，征诸现代蒙古语，此词有"正直，正义"之诸多正面含义，且蒙古语正用此词译松赞干布之号中的 srong 字，取意"纯直、公平"，夏人羌属，与藏人关系密切，或亦有此号，故蒙古人以失都儿忽译之。③

　　失都儿忽所对应的蒙古语形式为 šiduryu，在现代蒙古语中的意思多作"忠诚的""正直的"④，但《蒙古秘史》第 202 节及第 224 节则记录了一个以 šiduryu 为词根的动词，汉字记音为"失都ᵗ儿ᶜ忽惕ᶜ合周"⑤，还原为蒙古文即 šidurqutqaju，其中 - t - 是由名词构动词的构词中缀， - qa - 是使动态中缀， - ju 则是副动词词尾，⑥ 其旁译是"教直了着"，可见这个词的基本意思是"使直"。从其运用的环境来看，其实际用作"征服""使服从"的意思⑦，但其词根 šiduryu 是什么意思，仍不完全清楚。

　　šiduryu 在蒙古语中已经不能再分解，那么这个三音节的词根可能本身就是外来语。从形式上看，它非常类似突厥语的构词，即 sı - dur - γu，其中 sı - 是词根， - dur - 是使动态词缀，而 - γu 则是名词构词词缀。⑧ 查突

---

① 乌兰校勘：《元朝秘史（校勘本）》，中华书局，2012，第 378 页下栏。
② 黄振华：《西夏龙（洛）族试考——兼谈西夏遗民南迁及其他》，《中国藏学》1998 年第 4 期，第 62～63 页。
③ 道润梯步：《新译简注蒙古秘史》，内蒙古人民出版社，1979，第 358 页；韩儒林：《关于西夏民族名称及其王号》，第 676～679 页。
④ 内蒙古大学蒙古学研究院蒙古语文研究所编《蒙汉词典》（增订本），内蒙古大学出版社，1999，第 925 页。
⑤ 参见乌兰校勘《元朝秘史（校勘本）》，中华书局，2012，第 256 页下栏，第 290 页下栏。
⑥ 参见 The Secret History of the Mongols: A Mongolian Epic Chronicle of the Thirteenth Century, Translated with historical and philological commentary by Igor de Rachewiltz, Vol. II, Leiden · Boston: Brill, 2004, p. 976。中国社会科学院民族学与人类学研究所研究员乌兰先生就此词的蒙古语复原和分析曾给予教示，特此致谢。
⑦ 参见黄振华《西夏龙（洛）族试考——兼谈西夏遗民南迁及其他》，《中国藏学》1998 年第 4 期，第 63 页。
⑧ 参见冯·加班《古代突厥语语法》，耿世民译，内蒙古教育出版社，2004，第 115、141、166 页。

厥语动词词根 sı- 有"折断"的意思，但经常引申为"击败""征服"的含义①，其使动形态 sıdur，应具有"使折断""使征服"的意思，或为对原有词义的强化。它进入蒙古语以后被当作具有"征服""战胜"这样的意思的词根而再次构成蒙古语动词或其他形式，有一定的可能性，但是仍有一个问题解决不了，即 šiduryutqa "使直"的意思仍不知来源。

我们注意到，梵语当中有一个动词 sādh，其基本意思为"直至""成就""达到""服从"，由其构成的形容词 sādhu 有"直""正确"等义，而其使动态 sādhaya 则有"使直""使平""征服""使服从"等等含义，②与《蒙古秘史》中的 šidurqutqa 在意思上完全相符。而 sādh 还有一个常见的弱化形式即 sidh③，所以我们怀疑，蒙古语中的名词 šiduryu 实际上直接来自回鹘语，而回鹘语该词的词根并不是 sı，而是 sıd，而它可能是梵语 sādh 或 sidh 直接或间接进入回鹘语后的一个变体，加上构成现在/将来时的词缀 -ur-，和构成名词的词尾 -γu 后形成了回鹘语中的名词，则其本意当亦为"平""直""成就""服从"。这也可以使我们推测，波斯语中之所以会出现شادرغو和شیدورغو两种不同的写法，或许正因其原词中 sa-/sı- 的拼写形式本来就不完全固定，而这正与梵语中 sādh/sidh 具有不同的形式完全相符。

西迁之回鹘信佛教甚笃，其语言中采纳梵文词语并非异事。且佛教常用术语"悉地"（成就）的梵文原词 siddhi 恰好就来源于 sidh，因此该词对于信仰佛教的回鹘人来说实在是平常易晓，具有借用的可能。则 šiduryutqa 意为"使直"便易获解，且可见其在中古时期的意思与今天蒙古语大致相同，并非贬称，则其为夏主之自号的可能性更大。但西夏人并不一定自己使用这样的突厥语或蒙古语自称，这更可能是突厥人或蒙古人对某种西夏名号的对译。

《秘史》中称夏主为 Burqan（不儿罕）④，Burqan 是回鹘语中对"佛"

---

① G. Clauson, *An Etymological Dictionary of Pre-Thirteenth-Century Turkish*, Oxford: the Clarendon Press, 1972, p. 782; В. В. Радлов, *Опыт Словаря Тюркских Наречий*, том IV, часть 1, Санктпетербург, 1893, стр. 602。

② M. Monier Williams, *A Sanskrit-English Dictionary*, Delhi, 2005, pp. 1200-1201；荻原云来编《梵和大辞典（汉译对照）》，新文丰出版公司，2003 年影印版，第 1458~1459 页。

③ M. Monier Williams, *A Sanskrit-English Dictionary*, p. 1215；荻原云来编《梵和大辞典（汉译对照）》，第 1471 页。

④ 参见《蒙古秘史》第 249、250、256、265、267、268 诸节。

的专称，而西夏君主在西夏国中正被尊为佛、菩萨。西夏文诗歌《𗼇𗰗𗫡𘜶𘃡》（圣宫共乐歌）中唱道："𗼇𗹭𘂆𗦺𘃽𘆝𗾔"（白高国中佛天子）、"𘓺𗾺𗒹𗫂𘟣𗤋𗩾"（中盛世界菩萨王），① "白高"为西夏国号，其国君则被尊为"佛天子""菩萨王"，与"不儿罕"正相对应。西夏君主称佛仍然用西夏文中固有的 𘟪 tha¹ 字，则 Burqan 这一称号应该是当时的回鹘人对 𘟪 的对译而后来传入蒙古语者。

šidurγu（失都儿忽）的情况大概与 Burqan 相似，也是回鹘人对西夏君主的某种西夏语名号的对译。西夏君主虽热衷于给自己添加各种名号，但遗憾的是，西夏仁宗以后诸帝则迄今未见有尊号流传下来。② 西夏文献的某个角落里或许还存在着失都儿忽的原语，留待我们以后去发现。

二

《史集》部族志唐古特篇记蒙古人谓唐古特地区为 قاشين ③，此即《蒙古秘史》之"合申"④，乃汉语"河西"之对译。蒙元时人习称西夏为"河西"，记载甚夥，前贤早经指出，无烦赘考。⑤ 夏之得名"河西"，一般以为其都于黄河以西，故有是号。而其实以"河西"称党项、西夏政权辖地，非自蒙元始，辽宋之时早有其例。

《续资治通鉴长编》卷五〇九元符二年（1099）四月癸巳条："（郭）知章至契丹，萧德崇谓知章曰：'南北两朝通好已久，河西小国蕞尔疆土，

---

① 参见俄罗斯科学院东方研究所圣彼得堡分所、中国社会科学院民族研究所、上海古籍出版社编《俄罗斯科学院东方研究所圣彼得堡分所藏黑水城文献》第 10 册，上海古籍出版社，1999，第 293 页，Инв. 121V《宫廷诗集》甲种本（29～11）。其余夏帝称佛之例甚多，参见梁松涛、杨富学《〈宫廷诗集〉中所见的"白高"释义》，姜锡东、李华瑞编《宋史研究论丛》第 10 辑，河北大学出版社，2009，第 73 页。
② 崔红芬、文志勇：《西夏皇帝尊号考略》，《宁夏大学学报》（社会科学版）2006 年第 5 期，第 12～13 页。
③ 参见 Фазлалл āх Рашӣд ад-дӣн, Джāми ат-Тавāрӣх（以下简称《史集》苏联集校本）Том I, часть 1, Москва: Наука, 1965, стр. 321; Rashīd al-Dīn Fżl Allāh Hamdānī, Jāmi' al-Tavārīkh, ba taṣḥīḥ va taḥshiya-i muḥammad rawshan-muṣṭafā mūsavī（以下简称《史集》伊朗本），Jild-i Avval, Tihrān, 1373/1953-1954, p. 134。
④ 参见《史集》汉译本第 1 册，第 235 页；《蒙古秘史》，第 150、177、249、250 诸节。
⑤ 参见王静如《西夏国名考》，王静如：《西夏研究》第 1 辑，"中央研究院"历史语言研究所专刊单刊甲种之 8，1932，第 87～88 页。

还之如何？'"①

《三朝北盟会编》卷八宣和四年（1122）六月六日癸巳条："（大石）林牙作色云：'河西家累次上表，欲兴兵夹攻南朝。'"②

《宋史》卷二五八《曹彬附子玮传》："禽（赵）德明送阙下，复河西为郡县，此其时也。"③

《宋史》卷二六六《王化基附孙诏传》："为度支郎中，使契丹。时方讨西夏，迓者耶律诚欲尝我，言曰：'河西无礼，大国能容之乎？'诏曰：'夏人侮边，既正其罪矣，何预两朝和好事？'"④

此类记载，史籍尚多，不遑遍举，姑列四例。⑤则河西与党项之关系早见于辽宋，而其所指又非皆夏都所据河西之地。

王安石《曹武穆公玮行状》："至道（995～997）中，李继迁盗据河西银、夏等州。"⑥

《宋会要辑稿》兵二七之四："李继迁阻命河西，崛强沙塞。"⑦

《续资治通鉴长编》卷四十五咸平二年（999）冬十月癸丑条："初，（李）荣父璠为虎翼指挥使，戍河西，与（李）继迁遇，手格杀数十人。"⑧

继迁兴兵灵夏，未能据河西走廊，而时人以河西称其地，唯此"河西"非古来四郡之地甚明。盖宋代本有二河西，宋章如愚辑《山堂先生群书考索续集》卷五十二《舆地门》云：

> 河西一名也，有雍州之河西，有凉州之河西。黄河源自昆岗，傍积石，北流二千余里，至于银夏之郊，稍折而东流，不盈千里，又折而南流。故宋永兴军路鄜、坊、丹、延诸州在河之西；而河湟之间

---

① 《续资治通鉴长编》，中华书局点校本，第12122页。
② 《三朝北盟会编》，上海古籍出版社，1987影印许涵度刻本，第55页右栏（原叶七下）。
③ 《宋史》，中华书局点校本，第8985页。
④ 《宋史》，中华书局点校本，第9189页。
⑤ 参见汤开建《〈大元肃州路也可达鲁花赤世袭之碑〉补释》，原载《中国史研究》1983年第4期，此据汤开建《党项西夏史探微》，允晨文化实业股份有限公司，2005，第454页注9。
⑥ 《新刊名臣碑传琬琰之集》卷四三，北京图书馆出版社影印室辑《宋代传记资料》第15册影印宋刊本，北京图书馆出版社，2006，第469页。
⑦ 中华书局1957年据前北平图书馆影印本复制重印本，第7248页左栏。
⑧ 《三朝北盟会编》，第965页。

鄯、凉、甘、肃诸州亦在河西。①

则辽宋称夏为河西，或以其初据灵夏之河西名之。唯此二河西之分别亦非自宋始，唐人先已用之。

《旧唐书》卷一四四《杜希全传》："兼灵州大都督、御史大夫、受降、定远城、天德军、灵、盐、丰、夏等州节度、支度、营田、观察、押蕃落等使……寻兼本管及夏绥节度都统……希全久镇河西，晚节倚边多恣横，帝尝宽之。"②

《旧唐书》卷一六一《刘沔传》："大和（827~835）末，河西党项羌叛，沔以天德之师屡诛其酋渠，移授振武节度使，检校右散骑常侍、单于大都护。开成（836~840）中，党项杂虏大扰河西，沔率吐浑、契苾、沙陀三部落等诸族万人、马三千骑，径至银夏讨袭，大破之，俘获万计，告捷而还。"③

《旧唐书》卷一七七《毕諴传》："自大中末，党项羌叛，屡扰河西。宣宗召学士对边署，卿为朕行乎？'諴忻然从命，即用諴为邠宁节度、河西供军安抚等使。諴至军，遣使告喻叛徒，诸羌率化。"④

荣新江据此指出，唐代安史乱后，"南自邠、宁，北到丰、胜，东至银、绥，西抵灵、武的地理范围，即黄河两条纵流所包含的地区"，亦称河西。⑤ 其间党项，往往称为"河西党项"⑥，是"河西"与党项之关联，早在唐代即已如是。

则西夏之号河西，与灵夏之河西当有直接关系，但与传统之河西地区亦非无关。

《宋史》卷四八六《夏国传》下："河西之州九：曰兴、曰定、曰怀、曰永、曰凉、曰甘、曰肃、曰瓜、曰沙。"⑦

---

① 转引自汤开建《〈五代北宋初期西凉府族帐考〉一文中若干问题》，原载《甘肃民族研究》1987年第3期，此据汤开建《宋金时期安多吐蕃部落史研究》，上海古籍出版社，2007，第176页。
② 《旧唐书》，中华书局点校本，第3921、3924页。
③ 《旧唐书》，中华书局点校本，第4233、4234页。
④ 《旧唐书》，中华书局点校本，第4609页。
⑤ 《归义军史研究——唐宋时代敦煌历史考索》，上海古籍出版社，1996，第179页。
⑥ 参见汤开建《弥罗国、弥药、河西党项及唐古诸问题考辨》，原载《西北第二民族学院学报》（哲学社会科学版）2000年第1期，此据汤开建《党项西夏史探微》，允晨文化实业股份有限公司，2005，第83页。
⑦ 《宋史》，中华书局点校本，第14028页。

元马祖常《河西歌效长吉体》："贺兰山下河西地，女郎十八梳高髻。茜根染衣光如霞，却召瞿昙作夫婿。紫驼载锦凉州西，换得黄金裹马蹄。沙羊冰脂蜜脾白，筒中饮酒声澌澌。"①

夏都以驼毛毡著称②，"沙羊"或即宁夏特产"滩羊"，则"贺兰山下河西地"当指故夏中兴府（兴州）地，其位于黄河西侧纵流之西，乃《宋史》所记河西走廊诸州之首，故得称河西。

《史集·部族志·唐古特》云：

و جمله آن ولایت بکوهی بزرگ قایم است کی در پیش آن افتاده و آن را السای گویند

彼国全境处一高山之旁，此山横亘于其前，人称阿拉筛。③

السای阿拉筛即贺兰山④，所谓"全境"，实仅夏都，适为"贺兰山下河西地"之波斯版本。

西夏文《夏圣根赞歌》首二句云：

𗼎𗼕𗧓𗅲𗜐𗢳𗍊，𘎪𗵒𗈁𗽉𗣼𗤶𗵒。⑤

黑首石城漠水边，赤面祖坟河白高。

关于𗣼𗤶𗵒（河白高）学界聚讼纷纭，迄无定论。⑥ 而笔者独于克平（K. B. Kepping）之说，颇为赞同。克平谓西夏文河名每缀以𗵒（zjir², 意为"水"）字，如𗧓𗵒（淮水）、𗵼𗵒（湟水）、𗵽𗵒（泾水），而𗣼（mja¹，意为"河"）则不用于一般河名，更有𗣼𗵒（河水）一词，用来对译汉文中的黄河。⑦ 实则以上河名，皆本汉文，而中古汉文文献中每以

---

① 《石田先生文集》卷五，《北京图书馆古籍珍本丛刊》第94册影印本，书目文献出版社，1998，第199页上栏。
② 参见冯承钧译《马可波罗行记》第72章，上海书店出版社，2001，第164页。
③ 《史集》苏联集校本，第321页；《史集》伊朗本，第134页。译文为笔者据波斯文原文新译，与余大钧汉译本第一卷第一分册第235页译文内容相同，而语句略做调整。
④ 参见 Paul Pelliot, *Notes on Marco Polo*, Vol. I, Paris, 1959, pp. 132 – 137。
⑤ 录文参见克恰诺夫《夏圣根赞歌》，张海娟、王培培译，《西夏学》第8辑，上海古籍出版社，2011，第171页。
⑥ 参见王民信《再谈"白高国"》（《国家图书馆学刊》2002年西夏研究专号，第15~19页）之总结。
⑦ K. B. Kepping, "The Name of the Tangut Empire", *T'oung Pao*, Second Series, Vol. 80, Fasc. 4/5 (1994), pp. 365 – 366. 类似的讨论参见 K. B. Kepping, "The Official Name of the Tangut Empire as Reflected in the Native Tangut Texts", *Manuscripta Orientalia*, Vol. 1, No. 3 (1995), pp. 22 – 32；柯萍：《西夏国名新诠》，胡若飞编译，《宁夏社会科学》1996年第4期，第86~90页；克平：《西夏国名及西夏人发祥地考述》，《国家图书馆学刊》2002年西夏研究专号，第20~29页。

"河"专指黄河,"水"则以名其他较小河流,固所周知。西夏文𗣼、𗩩之用,盖亦循此。

西夏文《文海》释𗣼字云:

𗣼𗿒𗣼𗩩𗪀,𗭞𗪀,𗱕𗛋𗪀,𗷲𗪀。

河者河水也,江也,深渊也,海也。①

率指广大之水,故所谓"河水",应非泛指,固应如汉文中"河水"之特指黄河。

西夏文《𗧘𘁝𘅜𗭼𘊳(共乐万花堂歌)》云:

𘊳𗣼𘊂,𘄴𘉒𗼇,𗀔𗀔𘀅𗆫𘊬𘔭𘋽;𗺉𘊌𘇂,𗾞𘎳𗹙,𗧘𗧘𗠁𘇂𗣼𘓧𘄴。

东河水,窗前流,近观龙缠绕;西兰山,门后横,远望青郁葱。②

此处"河水"与"兰山"(贺兰山)东西对举,为黄河无疑。

《夏汉字典》载𗣼之词组如𗣼𗷲(河海)、𗗿𗣼(山河)、𘕕𗣼(天河)、𗭞𗣼(江河)③,亦皆此义。则𗣼释𘇚较诸他水,应与黄河关系更近,克平之说,或可采信。

罗福成云:"元人称西夏为河西,西夏人则自称白上。缘西夏立国西陲,居黄河上流,故曰河西。黄河发源水色不黄,或有白河之称,以对黑水也。夏人居白河之上流,故之曰白上,岂其然乎?"④

克恰诺夫则谓汉人以"白"指西,藏人以"高"指西,夏人"白高"之名,盖杂用汉藏之喻,实为西方之谓。⑤

罗氏以"白河"为黄河,克氏以"白高"指西方,二氏之说,各得其实。"白"究指水色、方向,暂置不论,"高"指上流、西方,当可信从。

---

① 史金波、白滨、黄振华:《文海研究》,中国社会科学出版社,1983,第184页;汉译参见第435页,第28153条。
② 参见《俄藏黑水城文献》(第10册),上海古籍出版社,1999,第292页。
③ 李范文编、贾常业增订《夏汉字典》(增订版),中国社会科学出版社,2008,第256页。
④ 罗福成:《馆藏西夏文经典目录考略》,原载《国立北平图书馆馆刊》第4卷第3辑《西夏文专号》,1932,第342页;此据李范文主编《西夏研究》,第4辑《罗氏父子专集》影印本,中国社会科学出版社,2007,第374页。
⑤ E. J. Kychanov, "Tibetans and Tibetan Culture in the Tangut State Hsi Hsia (982 – 1227)", Lajos Ligeti ed., *Proceedings of the Csoma de Körös Memorial Symposium*, Budapest, 1978, pp. 209 – 211.《西夏王国中的藏族和藏族文化》,小卫译,《国外藏学研究译文集》第2辑,西藏人民出版社,1987,第155~157页。

然则𗼃𗥺𗼕（白高河）者乃指西方上流之黄河，与汉文"西河"相类。①

《西夏地形图》于贺兰山下标注"西夏祖坟"②，《夏圣根赞歌》中有𗼂𗼂𗼃𗼕（赤面祖坟），赤面指夏人，𗼃𗼕指皇陵，③ 则"西夏祖坟"当即"赤面祖坟"，皆西夏王陵之谓，则"赤面祖坟河白高"者，盖谓西夏皇陵所据黄河以西贺兰山下夏都兴庆府之地，此又"贺兰山下河西地"之西夏版本矣。

夏人自称国名𗼃𗼕𗼕𗼕（白高国大）④，汉言"大白高国"。其中𗼃𗼕二字，颇费索解。但正如克平所说，此二字绝非一般之形容词，因西夏文中形容词置于被修饰的名词之后，故"白高"若为形容词，不得在"国"字之前。⑤ 然则此𗼃𗼕"白高"当为一固有名词，方合乎西夏文习惯。

学界论西夏国名中𗼃𗼕之义，要分二端，或以为白高河之省称，或以为与河无涉，自有其义。后说"白弥""白上""尚白"诸论，较诸前说，猜测更甚，今已多难成立。⑥ 在并无确切证据的情况下，将国名与河名中相同的𗼃𗼕联系起来，仍不失为稳妥有据之方案。但国名中既无𗼃字，𗼃𗼕亦非形容词，故并不能与𗼃𗼃𗼕直接等同。颇疑西夏国名中之𗼃𗼕脱自𗼃𗼃𗼕之名，指谓以兴庆府为中心的河西地区。

西夏文《𗼃𗼃𗼃𗼃（月月乐诗）》云："𗼃𗼕𗼃𗼃𗼃𗼃𗼃（白高厩暖羊已解）""𗼃𗼃𗼃𗼕，𗼃𗼕𗼃𗼃𗼃𗼃𗼃𗼃，𗼃𗼃𗼕（十一月中，

---

① 克平上引文中更引申𗼃𗼕为贺兰山名，穿凿过甚，且误会《圣立义海》文义，今不取。
② 参见 Е. И. 克恰诺夫《苏联国家列宁图书馆藏汉文西夏唐古特国地图册手稿》，《西北历史资料》第 1 号，1980，附图；陈炳应：《西夏文物研究》，宁夏人民出版社，1985，第 433 页。
③ K. B. Kepping, "The Name of the Tangut Empire", pp. 372 – 373.
④ 关于西夏国名中"白高"含义之各种意见，参见李华瑞《二十世纪党项拓跋部族属与西夏国名研究》，杜建录主编《二十世纪西夏学》，宁夏人民出版社，2004，第 18～22 页；梁松涛、杨富学：《〈宫廷诗集〉中所见的"白高"释义》，第 66～68 页。较新的研究参见木仕华《"邦泥定国"新考》，《薪火相传——史金波先生 70 寿辰西夏学国际学术研讨会论文集》，第 160～184 页。西夏又有国名𗼃𗼕𗼃𗼕（白高大夏国）者，行用于西夏灭国后，参见 Kepping, "The Name of the Tangut Empire", p. 359。
⑤ "The Name of the Tangut Empire", p. 360.
⑥ 参见聂历山《关于西夏国名》，唐豫译，《国立北平图书馆馆刊》第 9 卷第 2 号，1935，第 1～18 页；K. B. Kepping, "The Name of the Tangut Empire", pp. 358 – 359.

白高西方昴宿没，河冰覆)"，① 其中"白高"或为国名②，然"𘝼𘈩𘏞（河冰覆)"中之𘝼若如前文所论为黄河之专称，则其实指，盖以兴庆府地区为多。

果如此，则𗼇𗼑𘃡𘝼者，其义与汉言"大河西国"固无分别，唯用词为尊耳。宋辽之称夏为"河西"，固沿唐宋之旧习，而西夏于1020年辟都兴庆府之后，"河西"一名，或转以其新都之地望，复因其自号之名义，而具新义。然"白高""河西"之号虽或起于一地，而其用为国名，当然仍指西夏全土，兼包东西二河西之地。而至元代，又为一变。

夏灭元兴，西夏故地裂为二省，东河西之地大部入于陕西行省，而西夏故都中兴府及其以西之传统河西地域则于中统二年（1261）立为行中兴府中书省，又名西夏中兴行省、西夏行省，此后一度废罢，至至元十八年（1281），又立为甘肃行省。此后中兴行省与甘州为中心的甘肃行省复有分合，至元贞元年（1294）以后合二为一，固定为甘肃行省，治于甘州。③ 马可波罗言沙州、哈密、肃州、甘州、亦集乃、凉州（额里湫）、宁夏（额里哈牙）属唐古特省④，此大概相当于甘肃行省地域（哈密不属甘肃，亦不曾隶于西夏，当为误记），则知元代唐古特地实就甘肃行省之地言之⑤，唐古特省即西夏行省在北族中的称谓，其所指涉已非故夏全土。元甘肃行省亦号河西行省⑥，北元时编《河西译语》译"河西国"为"倘吾的"，即唐古特，⑦ 则此"河西国"恐亦仅指甘肃行省所在之传统河西。然则在元人看来，西夏故地渐以夏都周边及以西之传统河西地区为主，盖可推知。

---

① 参见西田龙雄《西夏语〈月月乐诗〉の研究》，《京都大学文学部研究纪要》（第25卷），1986，第40、69页。译文另参见聂鸿音《关于西夏文〈月月乐诗〉》，《固原师专学报》第23卷第5期，2002年，第48~49页。本文译文为笔者所加。
② 梁松涛、杨富学：《〈宫廷诗集〉中所见的"白高"释义》，第69~70页，列举西夏文诗歌中𗼇𘃡之例，皆指白高国。
③ 参见李治安《元代行省制度》第十五章《甘肃等处行中书省》，中华书局，2011，第450~454页。
④ 参见冯承钧译《马可波罗行记》，第57~62、71~72章。
⑤ 爱宕元译注《东方闻见录》（第1卷），收入《东洋文库》158，平凡社，1970，第124页注2。北京大学汉学基地主办《马可波罗行记》读书班上沈琛同学亦有详说，谨识于此，以彰受教之惠。
⑥ 李治安：《元代行省制度》（上册），第453~454页。
⑦ 聂鸿音：《〈河西译语〉探析》，《宁夏大学学报》（人文社会科学版）2002年第1期，第25页。

藏人称夏人及其地为 mi nyag（弥药），明《西番馆译语》译为"河西"①，亦当承元之故习，以指河西走廊之唐古特地。藏史中西夏王统篇载西夏建国传说②，谓原先弥药（mi nyag）之地皆在汉皇治下，byang ngos 和 gha 之间的 smon shi 山中有一地神 ga'i hu，某日至 byang ngos 城中与一妇人结合产一子，后为逃避汉人皇帝追杀，一老妇将此子偷运出城。此子长大后，率兵攻占了 byang ngos 城，推翻了汉人的统治，以 byang ngos 为都，建立了西夏王国。③

这段记载中的 byang ngos 究指何地，众说不一。或以明《华夷译语》西番馆杂字部分译 byang ngos 为"凉州"，即谓其指凉州④；或据一些藏文材料中将 byang ngos 与"甘州"对举互换，故谓其指甘州。⑤

敦煌藏文文书 P. t. 1189 中云："河西节度（ha se tser to）天大王（thyen the'i wong）驾前，肃州首领司徒禀告：天大王驾前，时届隆冬，寒风凛冽，操劳统驭 byang ngos 众多官民，辛苦备尝，贵体安泰否？特修书问候。"⑥ 这里的"thyen the'i wong"（天大王）是指归义军的首领曹元忠⑦，

---

① 西田龙雄：《西番馆译语の研究》，松香堂，1970，第112页；黄颢：《藏文史书中的弭药（西夏）》，《青海民族学院学报》（社会科学版）1985年第4期，第56页。
② 参见《红史》《贤者喜宴》等藏文文献，相关文献信息请参牛达生《西夏学研究中藏学研究成果的应用》，《中国藏学》2002年第1期，第24页注1。
③ 参见蔡巴·贡噶多吉（tshal pa kun dga' rdo rje）《红史》（deb ther dmar po），东嘎·洛桑赤烈（dung dkar blo bzang'phrin las）校注本，民族出版社，1993，第26～28页；陈庆英、周润年汉译本，西藏人民出版社，1988，第23～25页。
④ 参见黄颢《藏文史书中的弭药（西夏）》，第57页。
⑤ 参见 R. A. Stein, "Mi – ñag et Si – hia: géographie historique et légendes ancestrales", *Bulletin de L'École Française d'Extrême – Orient*, XLIV. 1, 1947 – 1950, p. 232。另外，西田龙雄亦接受此说，参见《西夏文字》，纪伊国屋书店，1994，第31页。
⑥ 录文：// ha se tser to thyen the'i wong gyi zha sngar // sug cu'i dbang po si to gyis mchid gsol ba'/ thyen the'i wong gyi zha snga nas // dgun tshigs mtha' ma la bab ste// da cung dgung lhags che ba dang // byang ngos kyi btsan'bangs mang po la mnga' mdzad pa'i thugs khral gyis rab du'o brgyal na // rin po che sku gnyen po las snyun bzhengs sam ma bzhengs // mchid yi ge las snyun [g] sol zhig mchis //。录文参见赤木崇敏《归义军时代チベット文手纸文书 P. T. 1189 译注稿》，荒川正晴编《东トルキスタン出土〈胡汉文书〉の总合调查》〔平成15年度至平成17年度科学研究费补助金（基盘研究 B）研究成果报告书〕，大阪大学，2006，第78页；王尧、陈践：《敦煌吐蕃文书论文集》，四川民族出版社，1988，第391页。译文据王尧、陈践译文（第192页）和赤木崇敏译文（第79页）整理。图版参见 Ariane Macdonald et Yoshiro Imaeda, *Choix de documents tibétains conservés à la Bibliotheèque nationale*, Paris, 1979, pl. 477。
⑦ 参见赤木崇敏《归义军时代チベット文手纸文书 P. T. 1189 译注稿》，第83～84页。

可见 byang ngos 在这里又指归义军统治的瓜沙地区。

敦煌藏文文书 P. t. 1284 记载："河西（ha se）byang ngos 节度曹太保（tshe'u de' po'u）"①，对于"ha se byang ngos"，敦煌文书 P. 2762 v. 2《吐蕃文汉文对译词汇》有专门的汉文对译："河西一路"②。但 byang ngos 并无"一路"的含义，故 byang ngos 更可能是与汉文"ha se"同义而同位并举的藏文对应词语。换言之，这里的 byang ngos 乃泛指"河西"地方。

Byang ngos 意为北方，河西走廊一带正当藏区之北，故藏人以 byang ngos 称之，亦以其称该地之大都市，故 byang ngos 在藏文文献中所指不一，但皆不出汉文传统河西之地域。

藏文西夏建国传说中占领 byang ngos、建立西夏政权一事乃以李继迁反宋自立为历史背景③，但如所周知，根据汉文史料的记载，李继迁攻打凉州并未最终成功，西夏真正攻占凉、甘诸州是在其子德明统治时期，④且凉、甘二州从未成为西夏首都，然则藏史所记西夏建国传说何以将西夏始都置于河西地区呢？

《红史》谓西夏传说得自弥药禅师喜饶益希，此人乃萨迦班智达弟子，活动于 14 世纪前叶，⑤ 其时夏地久已入元，甘肃行省所在之河西地区被时人视为唐古特地，至元二十三年（1286）"徙置中兴省于甘州，立甘肃行省"后⑥，甘州即成为河西首府，而凉州一带则为阔端及其后王驻辖之地，甘凉遂成为唐古特地区之核心，时人传说夏祖起家于此，或亦以今代古之误欤？

---

① 录文：ha se byang ngos kyi tser to tshe'u de' po'u。参见王尧、陈践《归义军曹氏与于阗关系补——P. t. 1284 号吐蕃文书译释》，《敦煌吐蕃文书论文集》，四川民族出版社，1988，第 66 页，译文参见该书第 41 页。图版参见 Ariane Macdonald et Yoshiro Imaeda, *Choix de documents tibétains conservés à la Bibliotheèque nationale*, pl. 550.
② 图版参见《法藏敦煌西域文献》第 18 册，上海古籍出版社，2001，第 121 页；王尧、陈践：《归义军曹氏与于阗关系补——P. t. 1284 号吐蕃文书译释》，第 33～34 页。
③ 参见陈庆英《简论藏文史籍关于西夏的记载》，《中国藏学》1996 年第 1 期，第 49～57 页。
④ 参见汤开建《关于〈西夏简史〉中的几个问题》，《宁夏大学学报》（社会科学版）1981 年第 3 期，第 51～52 页；《〈五代北宋初期西凉府族帐考〉一文中若干问题》，原载《甘肃民族研究》1987 年第 3 期，此据汤开建《宋金时期安多吐蕃部落史研究》，第 172～173 页；《甘州回鹘史二札》，《宁夏社会科学》1984 年第 2 期，第 81～82 页。
⑤ 参见 R. A. Stein, "Nouveaux documents tibétains sur le Mi‑ñag/Si‑hia", p. 281。
⑥ 《元史》卷九一《百官志》七甘肃等处行中书省条，第 2307 页。

清末民族国家建设与赵尔丰
在康区的法制改革

扎　洛[*]

内容提要：1905~1911年间赵尔丰以西方民族国家观念为基础，在康区实施了一系列的法制改革：剥夺土司头人、寺院活佛等的司法权力，废除当地传统的法律惯习，要求所有民刑案件都由新设立的政府机构依照《大清律例》处理，司法制度与内地保持一致等，强调统一的国族认同、一体化的政治法律制度。法律一体化改革带有鲜明的模仿、移植色彩。从20世纪30年代苏法成等人在康区进行的司法现状调查看，赵尔丰法制改革的社会影响在短暂的高潮之后迅即衰微，说明赵尔丰的法制改革虽然符合当时中国的国家利益和时代发展的潮流，但尚未找到适合中国国情、充分兼顾各地方各民族文化传统的现代法制建设道路。

关键词：民族国家　康区　法制改革　赵尔丰　《番例》

清末"新政"期间中央政府治藏施政有两个主要着力点，即赵尔丰在康区（时称"川边"）的"改土归流"与张荫棠、联豫在西藏的整顿改革。"川边"与西藏政治、社会背景不同，改革的方法、力度与社会效果也各有不同。相比而言，赵尔丰以强大的武装为后盾所进行的"改土归流"，对政治制度、社会文化形成更大的冲击力。

学术界对赵尔丰在康区的军事行动和政治改革进行过广泛的讨论。中国学者从推动康区现代化和加强西南边疆国防的视角对他的行动给予了积极评价，认为他的废除土司制度、限制寺院特权、建立现代管理体制、发

---

[*] 扎洛，中国社会科学院民族学与人类学研究所研究员。

展现代经济和新式教育等措施,开启了康巴藏区的现代化进程。他就任川滇边务大臣期间,加强了对康区社会的控制,有效地阻止了英国对西藏的再次侵略。但是,他滥用武力、强制推广儒家文化等做法,学界普遍予以批判和否定。① 西方学者经常视赵尔丰在康区的行动为殖民统治。史伯林(Elliot Sperling)重点考察了赵尔丰的移民政策和军事冒险,认为其目的是尽可能将康区汉化,从而把康区变成抵御英国人的安全屏障和为中国牟利的源泉。② 而沃伦·W. 史密斯则认为赵尔丰对寺庙进行压制,目的是为了打破寺庙对藏人思想和物质的控制,"想培养一个忠于中国的核心群体,从而让当地人效仿这些接受文明的典范"③。

笔者认为,有关赵尔丰的研究中一个明显的缺陷是,没有将他的行动放置于清朝末年中国整体历史发展的宏观视野之中,而是局限于藏区历史发展的逻辑框架。从1901年的"新政"开始,以建立现代民族国家、建构具有统一文化认同的国族为主要内容的民族主义已成为清朝统治者施政的思想基础,赵尔丰的政治、军事行动同样也受到这种思想的支配,因此,我们对赵尔丰的研究必须增加民族国家建构这个视角。

腾华睿(Gray Tuttle)在《建构现代中国的藏传佛教徒》中即借用民族主义理论,分析了藏传佛教信徒(包括藏族和汉族信徒)对建构现代中国的贡献。他把赵尔丰的改革活动看成是"将康区从清帝国宽松的依附之地变成新生的民族—国家之紧密整合的领土"的努力④,尝试从近代中国的民族主义视角重新定位,颇有启发意义,遗憾的是他并未就此展开

---

① 相关讨论见冯明珠《中英西藏交涉与川藏边情:1774—1925》,中国藏学出版社,2007;陈一石:《从清末川滇边务档案看赵尔丰的治康政绩》,《近代史研究》1985年第2期;程贤敏:《改土归流与康区社会》(上、下),《中国藏学》1988年第3期;徐君:《清朝末年川滇边路之"新政"》,《西藏研究》2007年第2期;马菁林:《清末川藏藏区"改土归流"的宏观历史分析》,《西藏研究》2001年第3期;徐铭:《清末川边藏区改土归流初探》,《西藏研究》1982年第2期;赵云田:《清末川边改革新探》,《中国藏学》2002年第3期;何一民:《20世纪初年川边藏区政治经济文化改革述论》,《西南民族学院学报》2001年第6期。

② Elliot Sperling: "The Chinese Venture in Kham, 1904-1911, and the Role of Chao Erh-feng", *The Tibet Journal*, 1976, 2.

③ Warren Smith, *Tibetan Nation: A History of Tibetan Nationalism and Sino-Tibetan Relations*, Westview Press, 1996, p. 242.

④ 腾华睿(Gray Tuttle):《建构现代中国的藏传佛教徒》(*Tibetan Buddhists in the Making of Modern China*),陈波译,香港大学出版社,2012,第44页。

论证。

赵尔丰在康区的改革涉及领域广泛，对其进行系统分析需要宏大的篇幅。在本文中，笔者试图以赵尔丰"改土归流"中的法制改革为侧重点，采用历史比较方法，从一个具体的领域考察赵尔丰在康区所进行的民族国家建构努力。本文将首先考察藏区的法制背景，了解传统王朝特别是清代的法律多元格局；其次详细考察赵尔丰法制改革的内容、方式与具体过程；最后根据20世纪30年代的司法状况调查资料评估赵尔丰法制改革的效果；结论部分试图从民族国家建设追求政治法律的一体化与中国民族多样、文化多元现实之间的矛盾视角，探讨赵尔丰法制改革遭遇挫折的原因所在。

一 历史背景：清代藏区的法律多元

清朝疆域辽阔，境内包含着众多民族。清初，随着管辖区域从中原向边疆少数民族地区扩展，统治阶级发现推行国家法——《大清律例》在实践中经常遭遇困境，于是，借鉴前代王朝的治边政策，承认"化外人"[①]的存在，在法理上为域外移民、边疆少数民族地区传统法律的有效性留下合法的空间。雍正三年（1723）修律，即有"化外人有犯"条款。

对于藏区的法律问题，清朝起初在今天青海、四川等东部藏区，施行《蒙古律例》，因为当时这些地方的管理者多为蒙古部落。后来发现《蒙古律例》仍有与藏族传统法律不相符合之处，遂决定以《蒙古律例》为基础，编纂了特别针对藏族地区的律例文本——《番例》。[②] 文献记载：

[①] 所谓"化外人"是指"汉族中央政府统治者政令教化达不到的地方所居住的那些人。实际上就是指中国边疆地区的少数民族和域外的外国人"（参见邱树森《明律"化外人"试析》，《暨南史学》第一辑，2002）。《唐律·名例·化外人相犯》规定："诸化外人，同类相犯，各依本俗法；异类相犯者，以法律论"。疏议解释说："化外人，谓番夷之国，别立君长者，各有风俗，制法不同。其有同类自相犯者，须向本国之制，依其俗法断之。异类相犯者，若高丽之与百济相犯之类，皆以国家法律，论定刑名"。简单说来就是"化外人"同类相犯，各依本国法律处治，"化外人"异类（包括与唐人）相犯则依唐朝法律裁决。《唐律》从法理上认可了法律多元，只不过相关规定针对的是"番夷之国"和"别立君长者"，而后世逐步拓展"化外人"概念，边疆少数民族也被归入其类。

[②] 根据达力扎布的研究，《番例》系以康熙三十五年（1696）的《理藩院律书》为蓝本。参见《〈番例〉渊源考》，《青海民族大学学报》（社会科学版）2012年第4期。

（雍正十一年，西宁办事大臣）达鼐奏称，番人（即藏族——笔者注）等愚蒙不知法度，应照给玉树、纳克舒番人等番字《律例》（指《蒙古律例》——笔者注）之例，颁发松潘口外驻牧番人等三十六套，化导晓谕伊等，令其知所畏惧，违法之事，禁其仿效行为。

对此，军机大臣鄂尔泰等议奏：

应请（如）达鼐所奏，颁给番子等三十六套《律例》，令番人通晓遵行之处，亦照玉书（树）、纳克舒之例散给。但款项甚多，若将全部翻译颁给，甚属繁冗，且有系番人无用之条。应行文达鼐等，令于蒙古《律例》内关系番人等紧要条款选出，移送到日，交与该处移写番字颁发。①

起初，清朝颁发《番例》只是权宜之计，期望在一定时限之后仍行《大清律例》（"俟五年后再照内地律例办理"），但是，官员们在司法实践中发现，藏族传统法与内地法律存在重大区别，即藏族传统法不行同态复仇，少见以命抵命之事，无论民刑案件一般采取经济惩罚方式，向受害方支付"赔血价""赔命价"以求平复损害。要改变这种传统观念和司法惯例并非易事，因此，在判案过程中一再请求"展限"《番例》试用期限。如乾隆三年四月，在有关果洛抢劫事件的处理中，川陕总督查郎阿奏称：

因口外与内地不同，且番人性情反复靡常，劫杀事所恒有。若照内地律例绳之以法，不惟彼此怀仇，辗转报复，且恐各生疑惧，致滋事端……应请嗣后有犯悉照夷例罚服完结。

（刑）部议：

如所请。嗣后郭罗克番人与汉人争斗、抢夺等事，仍照例（即《大清律例》——笔者）科断。其番人与番人有命盗等案，俱照番例完结。②

乾隆四年八月，甘肃按察使包括奏称：

原署陕督刘于义奏将甘属南北山一带番民仇杀等案，宽限五

---

① 《番夷章程》清抄本，国家图书馆普通古籍馆藏本。转引自达力扎布《〈番例〉渊源考》，《青海民族大学学报》（社会科学版）2012年第4期。
② 西藏研究编辑部编辑《清实录藏族史料》（第1册），西藏人民出版社，1982，第378页。

年，暂停律拟，故照番例完结，仰蒙俞允。今甘省番目、喇嘛所管者，归化虽坚，而熏陶未久，五载之期，转瞬将届，若按律断拟，转谓不顺民情，请五年限满之后，番民互相盗杀，仍照番例完结。①

乾隆十三年五月十二日，甘肃按察使顾济美奏称：

杀人者死原为遵行成律，但番民僻处蛮方，各因其俗，于一切律例素不通晓，未便全以内地之法绳之，不若以番治番，觉于夷情妥协。嗣后番民自相戕杀、命盗等案，似应仍以番例罚服完结。②

嘉庆十四年，西宁办事大臣叶尔衡奏：

奴才到任后，细查蒙古、番子大约重财轻命，习尚相同。向来命盗等案，一经罚服，两造欣然完结，即深风怨，亦皆冰解。若按律惩办，不特犯事之家仇隙相寻，即被害之家，亦以不得罚服，心怀觖望。此种积习，不可化悔……奴才伏思，番民等如敢纠约多人，肆行劫掠。或竟扰及内地边氓，情同叛逆，以及肆意抢劫蒙古牲畜，凶恶显著，关系边疆大局之案，自应慑以兵威，严拿首从，随时奏明办理，以漳国典。其止于自相戕杀及偷盗等案，该蒙古、番子向系罚服完结，相安已久，一旦绳以内地法律，恐愚昧野蛮，群滋疑惧，转非抚戢边夷之意。可否俯顺夷情，仍照旧例，出自皇上天恩。③

可见，从事法律裁判的官员发现，在藏族地区若机械地遵行《大清律例》，难以起到惩恶平讼、安定社会的效果，故而屡屡请求顺应民情，延用当地法律惯例。因为有"化外人"这个法理依据，朝廷开恩亦并无障碍。

《番例》适用的地理范围未见文献有明确记载，但从上述文献记载分

---

① 西藏研究编辑部编辑《清实录藏族史料》（第1册），西藏人民出版社，1982，第391页。
② 《西宁青海番夷成例》原奏，刘海年、杨一凡主编《中国珍稀法律典籍集成》丙编第二册《盛京满文档案中的律令及少数民族法律》，科学出版社，1994，第382页。
③ 《西宁青海番夷成例》原奏，刘海年、杨一凡主编《中国珍稀法律典籍集成》丙编第二册《盛京满文档案中的律令及少数民族法律》，科学出版社，1994，第379~380页。

析，显然包括青海、甘肃及藏北三十九族等地。"松潘口外"的所指虽不明确，但其他史料记载，松潘以西许多地方如杂谷、梭磨、沃日、雅南多、革什咱等土司管辖地方，处理纠纷时也"俯顺夷情"①，更远到滇西维西等地，"怒子野夷（指怒族）"与"古宗野人（指滇西藏族）"发生纠纷，也照"夷例"进行调解。②可见在整个东部藏区（特别是康区）都是依照当地传统法律处理纠纷问题的。

在西藏地方政府管辖的地区，清朝也认可了"夷例"的合法性。比如，乾隆末期，清军两次入藏驱逐廓尔喀入侵，随后在西藏完善制度建设、订立西藏善后章程，其中也涉及法律问题，乾隆五十四年（1789）六月十三日鄂辉等奏：

> 查，西藏遇有鼠牙争讼之事，向设有管理刑法头人，番语呼为朗仔辖。凡犯罪者俱照夷理分别重轻，罚以金银、牛、羊，即行减免。查，唐古忒番人自相构讼，原不妨听其照夷例完结……嗣后除唐古忒番人所犯私罪仍照发交朗仔辖按情妥办外，至有关涉汉、回、外番及别项公罪之事，无论大小，均令该朗仔辖呈报驻藏大臣拣派妥干文武会同审理。③

皇帝朱批"依议速行"。

第二次驱逐廓尔喀战争之后，福康安等奏称（乾隆五十八年正月十七日）："唐古忒番民争讼及犯人命窃盗等事，所系罚赎减免，虽卫藏番俗相沿，一切案件不能按照内地律例，但罚赎多少，番俗自有定例，亦应按其罪名轻重议罚若干，方可以服人心而平狱讼"④。亦得到皇帝首肯。光绪《大清会典》的有关驻藏大臣条规定："番民犯罪，仍依其俗论罪，按罪名轻重，以定纳赎多寡，译写定例，存驻藏大臣处。"

延及清末，川边之地，情形未稍改变。随赵尔丰在川边任职多年的傅嵩妹记载："番人犯罪，土司治之；番人之喇嘛犯罪，铁棒（喇嘛）治之。

---

① 西藏研究编辑部编辑《清实录藏族史料》（第1册），西藏人民出版社，1982，第404页。
② 西藏研究编辑部编辑《清实录藏族史料》（第1册），西藏人民出版社，1982，第413页。
③ （清）方略馆纂、季垣垣点校：《钦定巴勒布纪略》，中国藏学出版社，2006，第321页。
④ （清）方略馆纂、季垣垣点校：《钦定廓尔喀纪略》卷四十九，中国藏学出版社，2006，第752页。

文武汉官不能干涉。惟番女之嫁于汉人者,犯事归汉官办理"。①

清代在藏区的司法实践,采取了灵活的"应番应俗"策略,而不是一味地追求天下一律,强行《大清律例》。② 这种认可、容忍法律多元国情的理论基础是传统帝国时代的国家合法性建构方式,即只要地方政权承认皇帝的权威,遵从一整套确定隶属关系的"礼"的规定即可,皇帝并不认为文化上的"内地化"或"一体化"是作为臣民的必然前提。正是因为这样的政治理论基础,各依"夷例"处理纠纷的法律文化得以延续数百年之久,积淀在边疆地区民众的深层心理结构之中。

二 法制改革:法律一体化努力

如上所述,清朝是"一个能够容纳多种制度、法律、文化和宗教的多元帝国","包含了对不同的民族文化、宗教信仰、法律制度和政治自治的容忍"。③ 也就是说,在中央政府管辖下的一些地区,比如边疆民族地区允许存在多样化的地方性管理机构,以及与之相适应的法律(包括惯例和地域性的成文法)制度。这种权力格局在清朝早期和中期使中央政府能够以较低的成本实现对全境的有效管理。但是,到清朝晚期,当西方势力不断侵略中国边疆,试图瓜分中国领土时,多元管理体制就成为列强质疑中国对边疆地区的主权管辖,进而侵吞中国领土的突破口。这种体制在统合国家利益、抵御外敌入侵方面的弊端也日益凸显。于是,知识精英、统治集团纷纷呼吁仿照欧美建立"民族的国家",通过政治法律制度的一体化强化中央政府权威,增强中国的国际竞争力。

梁启超《国家思想变迁异同论》根据伯伦知理的著作,从 11 个方面

---

① 傅嵩炑:《西康建省记》(上卷),中国藏学出版社,1988,第 6 页。
② 清朝不仅认可藏族传统法律的合法性,同样也对其他少数民族的传统法律采取包容的态度。光绪《大清会典》卷五十三规定:"凡边外与腹地立法不同……民人与蒙古交涉之案,如蒙古在内地犯事,照刑律办理;如民人在蒙古犯事即照蒙古律办理。其偷盗马匹者,仍照蒙古律拟断;察哈尔蒙古偷盗官马、民马者仍照例治罪。苗夷犯死罪按律定拟题结,不准以牛羊银马抵偿。其自相争讼之事,照苗例断结,不必绳以官法。西藏治以番律,各回城治以回律,俱各从其俗"。清德宗(昆冈等奉)敕撰《钦定(光绪)大清会典》,台北,新文丰出版公司,1976,据光绪二十五年原刻本影印本,第 566 页。
③ 汪晖:《现代中国思想的兴起》第一部《物与理》,生活·读书·新知三联书店,2004,第 22 页。亦参见梁治平《中国法律史上的民间法——兼论中国古代法律的多元格局》,《中国文化》第 15、16 期。

分析了中国的传统国家观念、欧洲传统国家观念、欧洲民族国家观念的区别，指出现代民族国家的重要标志是"政治统一""全国人皆受治于法律，一切平等"，而中国传统则是"政权外观似统一，而国中实分无量数之小团体，或以地分，或以血统分，或以职业分"①，强调应通过法律统一而强化中央政权的权威。

穆都哩也认为政治之不统一乃中国社会不治之病，"立法施政及于此，而不及于彼，能行于近，而不能行于远"，"今日中国，于法制上，于统治上，可谓纷乱不完矣。内地别之以省，而边地树之以藩，内外之制异……边地与内地之气脉，又复隔然不相通，缓急不相应……欲中国存立于列国爪牙之下，挺身与强国伍，则除政治统一外，无他术矣"。②指出消除多元的政治权力结构、法律制度已成为民族国家建构过程中的必然选择。

清末主持纂修大清新律的沈家本亦言："为政之道，在立法以典民，法不一则民志疑，斯一切素隐行怪之徒，皆得乘暇而蹈隙。故欲安民和众，必立法之先统于一，法一则民志自靖，举一切奇衺之说自不足以惑人心"③，将法律一体视为建立统一国家认同的关键。四川补用道熊希龄援引美、俄等国之例，上奏朝廷称："美集多数种族以建共和政体，而藕俱无猜，民皆乐利者，法得其平也。俄合多数种族以成专制国家，而人心携贰，叛乱时闻者，法不得其平也。夫法也者，所以齐不一而使之一也，必令一国人民，无论何族，均受治于同等法制之下，权利义务悉合其宜，自无内讧之患。"④而中国的现实则是"疆域广袤，风俗不齐，虽国家之政令，初无不同，而社会之情形，或多歧义"⑤。因此，中国欲仿西方立宪各

---

① 梁启超：《国家思想变迁异同论》，张枬、王忍之编《辛亥革命前十年间时论选集》（第一卷上册），生活·读书·新知三联书店，1960，第29页。
② 穆都哩：《蒙回藏与国会问题》（上），卢秀璋主编《清末民初藏事资料选编》，中国藏学出版社，200，第36~38页。
③ （光绪三十三年八月初二日）《修订法律大臣沈家本奏旗人犯罪宜照民人一体办理折》，载故宫博物院明清档案部编《清末筹备立宪档案史料》（下册），中华书局，1979，第941页。
④ （光绪三十三年八月初八日）《四川补用道熊希龄陈撤驻防改京旗之策并情从精神上化除满汉之利害呈》，故宫博物院明清档案部编《清末筹备立宪档案史料》（下册），中华书局，1979，第945页。
⑤ （光绪三十三年九月十六日）《宪政编查馆大臣奕劻等请饬各省设立调查局折》，故宫博物院明清档案部编《清末筹备立宪档案史料》（上册），中华书局，1979，第51页。

国,"非先统一法制不可"①。认为统一的法律是现代国家的基本特征,只有法律的统一才能形成国民统一的行为规范和国家认同。

正是在这种思想的指导下,清朝开始了大规模的法律移植和修律活动,开始要求边疆民族地区废除原先的法律惯习而推行国家法。也因此,无论张荫棠在西藏的整顿,还是赵尔丰在康区的"改土归流",都把法制改革作为其中的核心问题加以考虑。

张荫棠在光绪三十三年（1907）正月十三日致外务部的电文中称:"藏中差徭之重,刑罚之苛,甲于五洲。应一律革除,以苏民困"②。光绪三十三年二月《传谕藏众善后问题二十四条》,称:"藏中刑罚惨酷,动辄抄家灭产,自应查照大清律例,酌定宽厚简易之法。应如何分设中、高、初等裁判所,以平讼狱"③。明确表达了施用《大清律例》的愿望。不过张荫棠在藏时间不足一年,许多设想未能付诸实践。

赵尔丰在康区施政近七年时间④,有足够的时间布置和实施。集中体现赵尔丰法制改革思想的历史文献当属光绪三十二年（1906）颁发的《巴塘善后章程》,其中的相关条款如下:

> 设官:巴塘从此改设汉官,管辖地方汉蛮百姓及钱粮诉讼一切事件。
>
> 保正:地方官衙门,设汉保正三名,蛮（指藏族——笔者注）保正三名,所有汉民、蛮民钱粮词讼等事,统归汉蛮保正合管。
>
> 佃户:……嗣后凡有种喇嘛庙地者……除与喇嘛纳租外,所有一切差粮词讼,仍归地方官管理,不得向喇嘛诉讼。
>
> 干预:喇嘛有佃户,只准向佃户收租,不得管理他项事务,如词讼帐项等类,更不准干预地方公事,即其佃户与人争讼是非,自有地方官为之审理。该喇嘛不得过问,并不得向地方衙门求情等事。

---

① （光绪三十三年七月十六日）《宪政编查馆大臣奕劻等拟呈宪政编查馆办事章程折》,故宫博物院明清档案部编《清末筹备立宪档案史料》（上册）,中华书局,1979,第48页。
② 张荫棠:《致外部电陈治藏刍议》,吴丰培编辑《清代藏事奏牍》（下册）,中国藏学出版社,1994,第1329页。
③ 张荫棠:《传谕藏众善后问题二十四条》,吴丰培编辑《清代藏事奏牍》（下册）,中国藏学出版社,1994,第1336页。
④ 赵尔丰于1905年4月率兵前往巴塘;1906年8月任命为督办川滇边务大臣;1908年任命为驻藏大臣兼边务大臣;1909年2月解除驻藏大臣职务,仍为边务大臣;1911年4月任命为四川总督,仍会同傅嵩炑继续办理改流事宜。

词讼：凡汉蛮僧俗教民人等大小词讼皆归地方官审理，无论何人不得干预其事。

命案：蛮俗杀人，向以赔银赔茶了事，人命甚重，岂能若此轻易了结。以后杀人，必须抵命，其中或有情节轻重之间，听官审断，自能为之剖白，断不准私自赔银了案。

劫案：凡有夹坝（即劫匪——笔者注）抢人谓之劫，拿获即予正法，无论其有无杀人。

窃案：夜间乘人睡熟，或扒墙、或挖洞、或撬门入人家偷物，谓之窃。被人拿获送官，除迫还原赃外，初犯者杖，犯二次者责枷，犯三次者罚为永远为人奴，犯四次者充军。

奸案：男女有别，一夫一妇谓之正，若与他人妇女苟合谓之奸。犯奸者，男女皆有罪。男杖责一千，罚银两秤；女掌嘴五百，罚银两秤。无银者，罚作苦工三年。犯两次者，男女责罚皆加倍；犯三次者，责罚递加后，仍予充军。如女不愿而男子强奸者，男子正法，女子免罪。

常案：凡因户婚、田土买卖、帐项控案者，谓之常案。官为审判曲直，以理开导。如无理者，过于狡诈，即予杖责示惩。①

此外，《巴塘善后章程》还对司法的技术性问题如案费、传票、限期、展限、销案、换票、纸张等进行了详细的规范，这也是清末司法改革中的重要内容。

《巴塘善后章程》是赵尔丰最早提出的在康区进行改革的系统方案，此后随着军事征服而相继开展的"改土归流"活动都延续了这些措施，仅在个别地方有所调整。根据该章程的内容，我们可将赵尔丰的法制改革分为以下三个方面。

其一，剥夺土司头人的司法权力，确立"汉官"（主要指内地官员，而非仅指汉族官员）的司法权威。

随着军事行动不断取得成功，赵尔丰在力量所及之处一律废除土司头人管理地方的权力。据傅嵩炑《西康建省记》记载，自1905年至1911年

---

① 《锡良咨请赵尔丰查收转发〈巴塘善后章程〉汉文本》（光绪三十二年十二月二十二日），四川省民族研究所、《清末川滇边务档案史料》编辑组编《清末川滇边务档案史料》（上册），中华书局，1989（以下简称《清末川滇边务档案史料》），第95~99页。

经赵尔丰改流的土司46家，与此同时，他仿照"内地制度"，陆续奏请设置道、府、厅、县等地方政府，后经朝廷核准为2道5府21州县（宣统三年）。① 政府首脑由"汉官"担任，负责全权，下设"汉蛮保正"若干。最初的《巴塘善后章程》规定，"汉蛮保正"负责钱粮词讼，但是，从后来的实践看，保正仍属于推举产生的临时之"官"，其功能多在传递信息，如"遇有公事，如纳粮、催雇乌拉、传票词讼，汉官谕知保正传知村长，村长告知本村之人"②。词讼案件统归新设的"汉官"裁判，比如《示谕稻城等处百姓改流设置》称："现奉御旨，将所辖地方改土归流，设置汉官。以后尔等同为大皇上百姓，遇有冤曲之事，申请汉官，必秉公办理"③。德格改土归流后的章程中言："尔等……遇有冤曲向汉官控告，汉官必定与尔等作主，持平判断，再不像从前土司制度，尔等有所冤曲，无处申讼"④。

赵尔丰改革的重点是废除当地的土司制度，建立新的管理体制，并使新的府道县成为权力中心。虽然清末法制改革的目标之一是实现行政与司法的分离、建立专门的司法体系，但是，"川边"由于县、府机构初设，力量尚未完备，因此，只能依照内地原先的传统，由行政长官兼理司法。

金沙江以西昌都（察木多）各地社会民情与川西略有不同，赵尔丰起初希望在一定程度上"俯顺夷情"，在强调"汉官"司法权威的同时，也给"仓储巴（或称商卓特巴，负责管理寺院、庄园粮税财务及诉讼案件等）"等地方权威一定的司法权力。《察木多改革章程》第二十五条称："现在设立汉官，所有民间词讼，应由汉官判断。汉人不准投归蛮官管理，从前投者，一并退出。蛮民不准赴藏控诉，如有愿向仓储巴控告者听其便；如仓储巴判断不公，百姓仍愿向汉官控诉者，仓储巴及头人均不得阻止……。如遇疑难重案，准仓储巴向汉官商同办理"⑤。在乍丫改革章程中

---

① 任乃强：《西康图经》，西藏古籍出版社，2000，第36页。清末民初西康府州县设置屡有变化，详情见任乃强《西康图经》境域篇。
② 《示谕贡县等县头人百姓订定章程一体遵行》（宣统二年九月），《清末川滇边务档案史料》（下册），第780页。
③ 《示谕稻城等处百姓改流设置》（光绪三十三年八月二十二日），《清末川滇边务档案史料》（上册），148页。
④ 《示谕僧俗百姓制定德格地方章程仰一体遵照》（宣统二年三月），《清末川滇边务档案史料》（中册），中华书局，1989，第156页。
⑤ 《札察木多粮员刘廷灏发下察木多改革章程》（宣统二年六月二十九日），《清末川滇边务档案史料》（中册），701~704页。同样的规定也见于在贡县、三岩、科麦等地颁布的章程之中。参见《清末川滇边务档案史料》（下册），第781、806、837页。

也有类似条文。但是，察木多粮员刘廷灏对此提出修改意见，强调应照川西之例，"所有民间词讼，应由汉官裁判，无论汉蛮，均由汉官管辖，蛮官不得过问"①。随后在贡觉、科麦等地的改革章程中便不再赋予"蛮官"司法权力，只强调"既设汉官，凡有被人欺侮之事，尽可在汉官处控告，为之伸理。若有事不告汉官，而照从前打冤家者，定将先行滋事之人严惩不贷"②。表现出对当地原有司法权威的排斥。

其二，实行政教分离，剥夺寺院的司法权力。

传统上，康区寺院的司法权力包括三个方面：一是处理与寺院所属佃户相关的纠纷；二是处理寺内僧人之间的纠纷；三是寺院活佛、僧人经常参与处理民间词讼案件。清朝中前期，政府利用宗教治理藏区，故而承认寺庙的司法功能。清末改革，社会舆论呼吁政教分离，赵尔丰改革也遵循这一原则，剥夺寺院一切司法权力。

寺院仍可拥有佃户，但不得过问有关佃户的法律问题，寺院佃户的法律问题同样交由政府审理裁判。寺院亦不得受理民间诉讼案件。宣统二年，理塘寺受理民间诉讼案件，赵尔丰专门札谕申斥里塘粮员，称："里塘地方业经改流，所有民间词讼，无论汉蛮僧俗，均应由官管理"，提出要求称"凡地方词讼，均应收回裁判之权，寺中堪布人等只宜约束喇嘛虔习经典，不准擅受民词。即喇嘛事故，小则由该堪布处理，大则由官讯断"。③ 又札谕理塘寺堪布等，称"近日访闻，该堪布及寺中管事喇嘛人等竟敢有擅受民词之事。似此悖谬妄为，亟应禁止"。"嗣后无论民间大小事故，不准管理。寺中喇嘛人等，只可虔诵经典，遵守法度，倘敢干预词讼案件，本大臣定予惩办不贷"。④ 同时，亦不许外国传教士干预教民词讼之事。⑤

---

① 《刘廷灏详陈〈察木多改革章程〉修改意见》（宣统二年七月二十六日），《清末川滇边务档案史料》（下册），第739页。
② 《示谕贡县等县头人百姓订定章程一体遵行》（宣统二年九月），《清末川滇边务档案史料》（下册），第781页。
③ 《札里塘粮员民间词讼由官管理不准喇嘛擅受民词》（宣统二年五月二十七日），《清末川滇边务档案史料》（中册），第672页。
④ 《札里塘寺堪布不准干预词讼案件》（宣统二年五月二十七日），《清末川滇边务档案史料》（中册），第672页。
⑤ 《赵尔丰咨边务大臣外国教士勿庸干预教民讼事》（光绪三十三年十一月十六日），《清末川滇边务档案史料》（上册），第154~156页。

其三，审理案件一律遵从《大清律例》或《大清新律》①。

从《巴塘善后章程》（第18条）可知，赵尔丰认为当地杀人、抢劫案件以经济赔偿方式"罚服了事"，甚属悖谬荒唐，"人命至重，岂能若此轻易了结，以后杀人必须抵命"，"断不能私自赔银了案"，②也就是说必须废除原先的裁判原则，代之以《大清律例》的裁判尺度。③

三岩人有抢劫之习，赵尔丰在改流建制时规定，无论外出抢劫还是内部自行抢劫，"为仇，为首，为从，为再犯，为初犯"，一律斩首。④桑昂曲宗等地有血族复仇之俗，规定"以后遇有争执之事，呈报地方官判断曲直。如不报官，再有仇杀之事，查明起事之人，格杀无论"。"自设治以后，犯抢劫者杀，犯盗贼者重惩。如有知抢盗者，报知地方官有赏，拿获者重赏；如知抢盗不报者，查明与匪一律同罪。"⑤可见改革后的刑事裁判完全与《大清律例》严刑重杀的原则相一致。

法制改革作为赵尔丰"改土归流"过程中一项重要内容得到特别重视，在各地颁布的改革章程中都专门强调了新的司法制度。但是，史料中未见任何有关向当地民众普及《大清律例》等举措的记载，这也就意味着只有法律纠纷的当事人才有可能接触、了解新型的法律制度，对于社会大众而言它仍然极为陌生。

---

① 所谓《大清新律》实指1910年正式颁行的《大清现行刑律》，是根据《大清律例》修订而成的。清末修律分为两个部分，一是对《大清律例》的修订；二是重新起草的刑法典和民法典。后者由于各种原因并未颁行。民国法律总体上继承了清末改革后的法律，刑律继承了新定《刑法典》，而民律继承了《大清现行刑律》中的民法部分。相关评述参见黄宗智《法典、习俗与司法实践：清代与民国的比较》，上海书店出版社，2003，第15~20页。
② 《锡良咨请赵尔丰查收转发〈巴塘善后章程〉（汉文本）》（光绪三十二年十二月二十二日），《清末川滇边务档案史料》（上册），第98页。
③ 《大清律例》卷二十三《刑律·贼盗上·强盗律文》规定："凡强盗已行而不得财者，皆杖一百，流三千里。但得（事主）财者，不分首从皆斩。……若窃盗临时有拒捕及杀伤人者，皆斩。殴人至折伤以上，绞；杀人者，斩。"卷二十六《刑律·人命·谋杀人律文》规定："凡谋杀人，造意者，斩；从而加功者，绞"。参见马建石、杨育棠主编《大清律例通考校注》，中国政法大学出版社，1992，第683页、第772页。
④ 《示谕三岩百姓拟定章程十三条仰一体遵行》（宣统二年十一月二十三日），《清末川滇边务档案史料》（下册），第806页。
⑤ 《示谕科麦等地头人百姓订定地方章程一体知照》（宣统二年十二月），《清末川滇边务档案史料》（下册），第835页。

三 效果验证：民国时期的康区司法调查

赵尔丰以强有力的武装力量为后盾，推行法制改革，短期内取得了显著的成效。史料记载，其"声威所及，各县民刑诉讼，均归当地政府受理审判，呈报核定"。然而这种强力移植的改革措施显然缺乏民意基础，因此"自赵氏离任后，政府权力渐衰，喇嘛及土司头人之势力又日渐伸张，因之康民诉讼，遂听其操纵把持……惟有汉民占据多数、汉化较深各县（如康定、泸定、丹巴、九龙等），尚能受理民刑诉讼"①。事实上，还有情况更糟的案例，赵尔丰还在任上时，自己就发现改革效果并不理想，他在奏折中写道：理塘粮员"到任两年，并未具报民事案件，初以为该卒贤良，使民无讼。殊再四查访，始知仍沿旧习……似此悖谬，大失改流之政体"②。

民国初年，康区政局动荡不宁，加之"上而中枢当局无意于边疆，遇事放任敷衍，下而历任疆吏，多无献身边疆事业之决心与公忠体国之素养"③。事实上，随着清朝的覆亡，赵尔丰在康区建立的行政体系几近瓦解，各县或为东进的西藏地方政府军队所占，或因缺饷缺员而权威旁落。相反，被赵尔丰废黜的土司、头人及亲属等因为被推举为村落中的"保正"等角色，在辛亥革命后，重新成为基层社会中的司法权威。总之，随着社会政治环境翻覆动荡，国家法未进反退，传统法卷土重来。不过由于没有当时人的专门论述和记载，我们难以对民国初年的康区司法状况做出准确的描述和判断。

民国二十六年（1938），苏法成主持西康建省委员会下属司法筹备处，为了解西康地区司法现状，对所属18县中14县所受理的民、刑诉讼案件情况做了调查，发现除了康定、泸定二县月均受理20余案外，其余12县月均只受理几案，其中西部地区的德格、白玉、石渠、理化、定乡、得荣、瞻化等县月均不足1案。在理化县，"县署年仅四五讼案，而各土司

---

① 苏法成：《西康司法近况》，《康导月刊》1938年第1期。
② 《札里塘粮员民间词讼由官管理不准喇嘛擅受民词》（宣统二年五月二十七日），《清末川滇边务档案史料》（中册），第672页。
③ 刘文辉：《西康政情之简述及个人对边事之观感》，《康导月刊》1939年第12期。

与喇嘛寺,则月常十几、二十案",而"赔命价"等传统裁决方式仍然大行其道。① 郑独嵘对民国二十七年(1939)5~7月各县(共17县)受理的民刑案件进行了调查,数据统计显示,西康西部地区的道孚、炉霍、甘孜、邓柯、德格、白玉、石渠、雅江、理化、巴安、定乡、稻城、得荣等县府基本没有受理的案件。②

此后,由于抗日战争爆发,国家政治中心西移,康区作为大后方政治地位凸显。在这一背景下,西康省和中央相关机构在康区各县开展社会民情调研活动,根据这些调研所形成的报告,我们对民国二十六年后的当地司法状况有了较为清晰、全面的认识,这也可以被视为是对赵尔丰法制改革成效的一种检验。

其一,从国家体制上仍规定县府负责司法,但是,国家强制力衰弱,县府事实上缺乏司法权威性。康区各地虽自赵尔丰时代起即建立了现代基层政权,但是,民国初年中央政权衰弱不堪,无力经营康区各地,传统势力复兴,县府权威尽失。欧阳枢北指出:"西康历经变乱,汉官每至颠沛,而土酋仍然……官府力量不足,不能为人民坚强之保障,且官吏随时更换,前后行事,没不相侔。"③ 文阶在《德格写真》一文中言道:"(德格)县县府向未建修,暂借喇嘛寺作办公地点"。县府窘迫之状可见一斑。"人民洞悉政府之无能,每不愿诉诸政府,而求头人或喇嘛了息,是即康人之'调解委员会'……政府亦受理民刑案件,但多系备案与无关紧要之小纠纷,或为涉及邻县暨大头人互相摩擦不能解决之重大案件,而大案……政府惟有待时用政治手腕和平解决,否则遂成悬案矣。"④ 政府力弱,不足为百姓倚恃,纵有裁判亦难落实,百姓离弃乃属必然。

其二,司法实践逐渐回归王朝传统,参酌地方惯例成为常态。根据调查材料可知,政府在处理当地藏人之间的纠纷案件时,已放弃施用国家法,仍遵照传统法裁决,而在处理当地藏人与汉人之间纠纷案件时,才起用国家法。文阶《德格写真》记载:"汉民极少,其与喇嘛土人等之纠纷,

---

① 苏法成:《西康司法近况》,《康导月刊》1938年第1期。
② 嵘(郑独嵘):《西康各县二十七年5、6、7三月受理民刑案件统计》,《康导月刊》1938年第2期。
③ 欧阳枢北:《瞻化土酋之过去与现在》,《康导月刊》1938年第2期。
④ 陈升朝:《瞻化施政实录》,《康导月刊》1938年第4期。

仍依法解决，适用普通法令"①。蕴智言道："除汉人纠纷或汉夷纠纷始向汉官起诉外，康人与康人争，很少由汉官解决，故关外各县署，确有讼庭花落囹圄阒草生之慨。"② 这是典型的王朝时代"化外人"同类相犯与异类相犯裁判原则的现代翻版。

蒙永锡论及石渠县现状时称："司法事项，由县长兼理，现行法规，多不适用，判决诉讼端（纷）争，率本土民原有之习惯成例"③。尹子文《炉霍概况》亦指出："本县汉民甚少，而康民根本不谙法律。民间发生纠纷，过去多由喇嘛寺及头人处理……年来严厉禁止，此种现象虽然减少，但仍不免。县府管理诉讼，无论民事刑事，均以现行法令参酌地方习惯处理，如完全反其习惯，则困难之处必多"④。这些都反映出局部地区虽可觅得赵尔丰法制改革的遗迹，但影响衰微，几近于无了。

其三，在基层社会土司、头人依然享有司法权威地位，传统法基础深厚。首先，赵尔丰在康区进行的政治改革并不彻底，许多被剥夺特权的土司、头人在基层社会被推选为乡村的"保正"等职务，实质上仍是基层社会的实际掌控者，当来自政府的强大压力消解后，他们再次轻易地复兴了传统体制。傅真元指出在白玉县，"民间诉讼案件，在土目管理时代，纯由地方头人自行处理。设治之后，始由官府处理，头人干预词讼，即悬为例禁。然自民（国）七（年）失治，地方一切，渐已恢复昔日之旧……，人民至县府起诉者，月仅一二案而已……今考人民诉讼情形，小事诉诸村保，大事则诉诸德格土目。德格土目有自定之民刑法十三条……"⑤ 文阶也称："（德格）县司法，统由县府兼理，无一定之组织。……喇嘛土人等之讼事，概由土司头人处理，虽经迭次严禁，而人民等在土头重重积威之下，不敢径向政府申诉。土司受理案件，由其属下之二三大头人办理，其程序先由原告以口头或书面之陈述，向土司起诉。经批准后，即派差拘传被告对质，由办理之大头人讯明判结，发给断牌……。间有办案头人，判结失平，当事人不服，而向县府上诉者，但为数较少，非万不得已，决不敢出此。"赵留芳也发现，在查坝"诉讼事项，恒投诉于其土司百户或本

---

① 文阶：《德格写真》，《康导月刊》1939 年第 4 期。
② 蕴智：《西康推行新政困难之检讨与一般注意事项之商讨》，《康导月刊》1938 年第 1 期。
③ 蒙永锡：《石渠现状素描》，《康导月刊》1940 年第 8 期。
④ 尹子文：《炉霍概况》，《康导月刊》1939 年第 4 期。
⑤ 傅真元：《三十年来之白玉》，《康导月刊》1939 年第 3 期。

地之喇嘛寺，是非曲折，由百户与喇嘛等一言即决，不敢反对，甚至人命案件，亦由土百户与喇嘛等从中判和赔偿命价。大概查坝本地之民与民间，绝无到县府兴讼者"[1]。由此可见传统势力仍有深厚的基础。

通过这些调查材料可知，赵尔丰的法制改革像一次突然爆发的震荡，对康区社会产生了猛烈的冲击。但又因为政局变化、社会封闭保守等原因，其影响骤然消退了。作为民族国家建设和现代法律体系建构的最初努力，其间的成败得失值得总结和反思。

四 简要评论

赵尔丰在康区的法制改革是其政治、文化政策的组成部分，他以国家强制力为后盾推行中国内地的政治法律制度和大众文化，因而受到"大民族主义"的指责。实际上，赵尔丰的思想和行为并非个案，他代表着清末官僚阶层一种普遍存在的激进倾向，他们期望模仿西方国家的发展道路，建立"民族的国家"，即解构地方性的权力结构，通过政治法律制度和社会文化的一体化，实现中央政府对全体国民的直接控制，从而将边疆与内地融为一体，形成具有高度认同感、凝聚力和竞争力的现代国家。从这个角度讲，赵尔丰的一系列改革措施具有民族国家建设的性质，符合当时中国的国家利益和时代发展的潮流。但是，当民族国家建设这个宏观目标遭遇康区特殊的社会文化环境时，如何选择合理有效、得到当地民众拥护的改革路径，扩而言之，在回答如何在中国这样一个具有悠久的多元文化传统的历史古国建设现代民族国家这个时代性命题时，他的思想受到简单进化论、单一民族国家观念的深刻影响，带有鲜明的文化同化色彩。

与清末主张排逐满人、建立纯粹汉民族国家的自由派知识分子的民族主义主张不同，赵尔丰等官僚阶层主张"国族"应该包括境内汉族及其他各民族，但又认为事实上存在的文化差异，不利于形成统一的国家认同。他们接受康有为、梁启超等人通过学校教育实施"合同而化"的思想，认为只有通过文化同化才能解决这个问题。[2] 当时颇具社会影响的杨度也认为满族、藏族、蒙古

---

[1] 赵留芳：《查坝调查记》，《康导月刊》1938年第1期。
[2] 康有为：《请君民合治满汉不分折》，汤志钧编《康有为政论集》（上册），中华书局，1981，第341～342页。梁启超：《政治学大家伯伦知理之学说》，《饮冰室合集》（第2册），第76页。

族等少数民族文化上较为落后，没有资格和能力履行作为国民的责任和义务，唯一的办法是通过学校教育、社会政策等方法实施文化同化，使他们学习汉语、接受汉族的伦理道德，从而达到文化"齐一"的效果。① 赵尔丰多次强调当地人应"明伦爱国"，与内地"道一风同"。正是受到这样的理念支配，赵尔丰始终认为康区的传统法律是野蛮、落后的，必须严令禁止。他把新型法律（包括清朝的原有法条，也包括新近引入的西方法条）的输入、移植看成是一种文化、道德上的进步，不惜强制推行。

现代法理学认为，法律是经济社会关系的体现，是调整社会关系的工具，没有政治经济的一体化，法律一体化就缺乏社会基础。与此同时，法律本身还具有一种超物质的价值、伦理观念属性，体现人们处理社会关系的思想智慧。在康区调查研究多年的任乃强指出，康人刑事案件，"从无论抵（命）之事"，惯例是请第三方出面调解，主要采取经济赔偿方式，"一经和息以后，仇杀遽止。甚重然诺，从无已受调解犹相仇杀者"。然而，在康区任职的内地官员，依照内地法律，论凶抵命，违反当地习俗。因此，当地人有仇杀等案，不愿到官府控诉，而乐于求头人和解。这才是康区官署讼案稀少的真正原因。② 只有得到人们信任、在日常生活中有影响的法律才是有效的法律，简单地移植外来之法，势必脱离当地社会实情，降低立法施行的针对性，难以发挥调整社会关系的实际效力。③ 究其根本，清末"新政"虽然模仿西方民族国家体制，但是，统治阶级普遍反对赋予民众"自主"（民主）权利，因而也忽视地方性的文化特性和当地民众的文化权利，这就与民族国家主张"民治"的价值理念背道而驰了。换言之，新型法律制度的推行，必须首先解决其合法性建设问题，充分反映当地民众的意见和利益。在此基础上，通过各种方式进行社会动员，说服大众，充分吸收当地法律传统中的合理成分，最终达成社会共识。否则新型法律制度始终以"外来物"的形象出现，拒斥和无效就在所难免。

---

① 杨度：《金铁主义论》，刘晴波主编《杨度集》，湖南人民出版社，2008，第367页。
② 任乃强：《西康图经》，西藏古籍出版社，2000，第317~318页。
③ 张晋藩：《中国法制走向现代化的思考》，张生主编《中国法律近代化论集》，中国政法大学出版社，2002，第15页。

没有围墙的城市

——承德地景的历史分析及从结构中
解放历史的尝试

张亚辉[*]

内容提要：承德地景结构一直被看作是理解清代宗教—政治格局的关键问题，历史学相关论述已经非常丰富。作为一项人类学研究，本文以对承德地景建构的历史过程的描述为基础，从宗教人类学中对城市格局与宇宙观之间的对应关系展开对话，证明承德地景并非对某一具体的宇宙观的展演，而是对当时清王朝内部诸种宇宙观之间关系的历史表达。

关键词：承德　新清史　地景　多元宇宙观　知识格局

古北口外山坳里的承德，是清王朝入关之后建立的最重要的城市。尽管嘉庆年间东南海疆问题的出现使得这个城市几乎在过去两百年间落寞不已，但对于所有要理解清王朝和中国今日之政治、宗教和民族格局的人来说，承德之重要性从未衰落。清朝的施政区域可以分成藩部与行省两个部分，蒙藏区域是最主要的藩部区域。概括地说，藩部与行省的边界大致就是华夏与其他民族之间的边界，以及中国境内礼教世界与宗教世界的边界，同时也就是拉铁摩尔所说的灌溉农业与其他几个亚洲内陆生态区域的边界。承德就处在这一边界与北京通往盛京、喀尔喀蒙古和俄罗斯的道路的交叉口上。本文通过对承德地景结构的研究，与新清史对清朝历史的民族性论断进行对话，希望能够说明历史是如何通过容纳文化的多元性来塑造自身的。

---

[*] 张亚辉，中央民族大学民族学与社会学学院副教授。

一 地景研究与中华帝国晚期城市：
历史学、宗教学与人类学

中国城市的空间格局一直是理解这个文明的心态与历史的重要依据。芮沃寿（A. F. Wright）在《中国城市的宇宙论》一文中详细考察了中国城市的宇宙观从周代形成开始，直至晚明时期的变迁史。在这个悠久的传统当中，尽管《周礼》所奠定的中国城市的古典宇宙论在漫长的历史当中并没有得到严格完美的呈现，但毫无疑问的是，古典传统从来没有失去对中国理想城市格局的规定性。在芮沃寿看来，这个传统的真正形成要迟至汉朝长安城的建立，此前的城市宇宙观是以强调天子在宇宙中的核心地位为出发点，而此后的城市在历史的基础上更注重表达中国作为天下中心的意义。前者的"总根子是一种原始的社会有机体论：相信神的世界与人的世界是有相互联系的；相信安排城址及其各部分时，人应该尊重自然力及神所管辖的自然界"①，而后者则更加强调"中国这个中央帝国在宇宙间的中心地位"，在儒家哲学的整合之下，这种城市都是"规范性的、规定性的，而不是历史性的"②。在随后的历史进程中，气候因素、地理限制、实用主义的考虑和民族因素都使得这种古典观念难以得到彻底的呈现。直到明永乐年间，一种强烈的复古主义心态使得中华帝国晚期的城市反而更加精确地符合了《周礼》的规定。芮沃寿的分析精彩地指出，中国城市格局是帝王的政治象征主义和儒家对规范与秩序的追求共同影响下的产物。

从宗教的角度分析城市地景构造，伊利亚德（M. Eliade）的观点堪称典范，他从罗马、印度、暹罗、伊朗和柬埔寨等地古老城市的结构布局与相关神话的分析得出结论，任何一个城市都要从一开始坐落在宇宙的中心，并且作为世界的镜像完美地展现着其所处文化的宇宙观。而居住在这一城市中的王者就因为居住在宇宙的中心，成为整个宇宙的支配者。关于中国的城市，他说："在中国，我们也能看到这种相同的宇宙论模式，以

---

① 芮沃寿：《中国城市的宇宙论》，施坚雅编《中华帝国晚期的城市》，叶光庭等译，中华书局，2000，第45页。
② 芮沃寿：《中国城市的宇宙论》，施坚雅编《中华帝国晚期的城市》，叶光庭等译，中华书局，2000，第50页。

及与此相同的那种宇宙、国家、城市和宫殿之间的相互关系。过去中国人把世界看作是一个中国位于中央的长方形；在其四周分别是四海、四圣山和四蛮族。中国的城市被建成为一种正方形，每一边有三扇城门，宫殿位于城正中，恰与极星相对，从这个中心，中国那无所不能的皇帝就能统驭整个宇宙"①。

不论是在芮沃寿的观念史研究还是伊利亚德的宗教研究中，中国城市的这样一种重结构而非历史的典型特征从来没有因为对历史的偶尔迁就而有本质性的改变。结构总是先在的，而历史不过就是这个结构框架里面的填充物而已。在这一路径下，人类学也曾经对中国城市研究进行了诸多探索，比如萨林斯（M. Sahlins）在《资本主义宇宙观》一文当中就再次用一种完满的宇宙结构来解释帝王宫苑。② 在人类学内部，地景研究沿着三个方向展开，与上述研究一样，将地景看作一种象征结构，不论是作为符号文本还是作为物质性的存在，其意义都在于某种不可见的精神含义。③ 首先，这并不是要否认地景是在历史当中形成的，而是说一种社会集体记忆的机制必然要用结构来替代历史才会成为可能；其次，是关注地景作为自然与文化的双重存在，强调人的文化活动必得在对这种双重性的承认与处理的基础上方能展开④；最后，是关注地景与历史的关系，帕米拉·斯图亚特（P. J. Stewart）和安德鲁·斯特拉森（A. Stranthern）于2003年出版的文集《地景、记忆与历史：人类学的视角》中做过一些初步的努力，但也止步于对地景的物质性的强调和文化语境的分析，并再次将历史通过地景而简化成记忆与表征。⑤ 地景研究与历史研究结合之艰难来自人类学认识论的内在困境。在微观史学的帮助下，历史人类学方法已经能够成功地将不同历史时期各自的内在结构予以描述，并将这些历史片段连缀成一个有机序列⑥，却始终无法在时间延展的维度上进行有效的思考。或者说，

---

① 伊利亚德：《神秘主义、巫术与文化风尚》，宋立道、鲁奇译，光明日报出版社，1990，第30页。
② 马歇尔·萨林斯：《资本主义宇宙观》，赵丙祥译，王铭铭主编《人文世界》2001年第1期，第95~97页。
③ 〔法〕莫里斯·哈布瓦赫：《论集体记忆》，上海人民出版社，2002，第335页。
④ 〔英〕埃文斯－普里查德：《努尔人》，华夏出版社，2002，第119页。
⑤ Pamela J. Stewart and Andrew Stranthern eds., Landscape, Memory and History: Anthropology Prespective, Lond, Sterling, Virginia: Pluto Press, 2003, pp. 1–10.
⑥ 雅各布·坦纳：《历史人类学导论》，白锡堃译，北京大学出版社，2008，第86~93页。

人类学天然地选择了与时间方向垂直的眼光，本身就无法容忍"当下"内部的时间性。在芮沃寿和伊利亚德的城市宇宙论分析中，由于儒家文明本身的反历史特征，上述局限显现得并不明显，而一旦进入边疆城市研究，情形则大为不同。本文希望采用一种类似地质学的时间结构，将承德的地景还原成一个历史序列，以看到新清史对承德研究的局限性。

二 17世纪末的清代北部边疆及承德地景结构的初步奠定

康熙十四年（1675），一向与清廷关系不和的察哈尔家族亲王布尔尼与昭乌达盟奈曼部王扎木山叛乱。同年，青海和硕特蒙古起兵犯河西。两年后，噶尔丹袭杀西套和硕特部鄂齐尔图车臣汗。① 直接促成康熙建立围场的就是布尔尼的叛乱②，正是因为这场叛乱，清王朝明确意识到，蒙古黄金家族的历史影响是北部边疆问题的核心。③

为了控制北部边疆的复杂局势，康熙二十年（1681），康熙皇帝第二次北巡，喀喇沁部和翁牛特部从他们的牧地中划拨出一片东西宽300余里，南北长200余里的土地，建立了面积超过一万平方公里的木兰围场赠送给康熙。从此，木兰秋狝就成为清代皇室的祖宗家法。④ 王思治认为，木兰

---

① 陈安丽：《康熙的北巡塞外和木兰行围》，避暑山庄研究会编《避暑山庄论丛》，紫禁城出版社，1986，第118~141页。
② 王思治：《从避暑山庄说"康乾盛世"——兼论布尔尼之叛与山庄的兴建》，《清史研究》1993年第2期，第1~10页。
③ 布尔尼是察哈尔蒙古林丹汗之孙，其父阿布奈担任察哈尔王时，对清廷态度冷淡，八年不一朝清，康熙十一年（1672），前来朝贺的布尔尼提出要移牧大同边外，遭到了康熙的拒绝。当年的《李朝实录》记载："蒙古奇握温之后，兵雄马壮，清人畏之，岁输三百六十万金以与之。名岁羁縻，实未臣服，近日要割大同地放牧，势将构衅。故方有拣将练兵之举云。盖此形势终为清国切近之害……"。一位察哈尔蒙古使节对朝鲜使节李正英说："我项朵颜即大元之后也，虽附于大国，犹有帝号"〔转引自乌云毕力格等《蒙古民族通史》（第四卷），内蒙古大学出版社，1993，第63页〕。康熙十四年，布尔尼认为自己脱离清朝统治的时机已经成熟，向周围蒙古发出通知，准备共同反清。这次叛乱表明，大元帝系正统在蒙古人当中仍旧有相当大的影响力。布尔尼之后，察哈尔林丹汗一支虽已彻底萎靡，但还有另外一支元朝帝系没有正式归附清朝，这就是喀尔喀蒙古。实际上，布尔尼之乱的背后就有喀尔喀蒙古的支持，参与叛乱的也有已经内附的喀尔喀人。
④ 康雍乾嘉四代皇帝先后105次举行秋狝大典，康熙皇帝除了在康熙二十一年东巡谒陵和三十五年亲征漠北之外，每年都会到木兰行围。避暑山庄建立之后，有时一年会行围两次。

围场的建立是康熙对布尔尼之乱的反应①,但如果将木兰围场只看作是控制漠南蒙古的措施,恐不确切。毋宁说,木兰围场建立初期,康熙着眼的是清王朝、漠南蒙古和漠北喀尔喀蒙古之间的关系。也就是说,康熙关注的是清朝帝系该如何在蒙古人中处理元帝系的问题。

布尔尼之乱平定后,漠南蒙古已经再无能力主张元帝系了,而当时只是名义上纳贡的喀尔喀蒙古尚未真正归属清朝,以土谢图汗为代表的黄金家族后裔一直在建构"成吉思汗—阿巴岱汗—土谢图汗"的正统论体系,并借助哲布尊丹巴的教权体系不断伸张蒙古中心论。② 当时与喀尔喀蒙古忽而联盟忽而战争的厄鲁特蒙古却并非黄金家族的后裔,其中就包括成吉思汗之弟哈萨尔的后裔和硕特部。克服正统论,厄鲁特蒙古更需要藏传佛教界授予"登上松赞干布之法座的藏王"如此特殊地位③,黄金家族后裔和获得松赞干布法座的厄鲁特蒙古各部都希望获得重新统一蒙古的主导权。④ 为了解决喀尔喀蒙古与噶尔丹之间复杂的矛盾,康熙皇帝首先想到了两者都是达赖喇嘛的信徒。⑤ 康熙二十二年(1683)⑥,康熙协同达赖喇嘛共同发起了1686年的库伦伯勒齐尔会盟。但这次会盟却因为哲布尊丹巴

---

① 王思治:《从避暑山庄说"康乾盛世"——兼论布尔尼之叛与山庄的兴建》,《清史研究》1993年第2期,第1~10页。
② 〔韩〕金成修:《明清之际藏传佛教在蒙古地区的传播》,社会科学文献出版社,2000,第165页。
③ 〔韩〕金成修:《明清之际藏传佛教在蒙古地区的传播》,社会科学文献出版社,2000,第162页。
④ 1666年,温萨活佛噶尔丹离开西藏返回卫拉特蒙古。还俗后的噶尔丹成了一个既有强大的政治军事实力,又保留有宗教神圣性的人,他返回准噶尔之后,接替了已经被杀的哥哥僧格的位置,成为准噶尔新的首领。此后,准噶尔开始卷入了喀尔喀右翼的内乱当中(赵云田:《清代蒙古政教制度》,中华书局,1989,第36~37页)。
⑤ 康熙二十二年,康熙皇帝对达赖喇嘛云:"喀尔喀汗、贝子等皆供奉尔喇嘛,信尔之教,而尊奉道法。尔于本朝政教一统以来,诚信敬慎,进贡来往不绝。今天下共享太平,而扎萨克图汗人民离散,未得完聚,朕心大为恻悯……彼等于朕向来恭顺,竭诚奔走,于尔亦未护法久矣,何忍默视使至此极乎?朕与尔俱当派使往谕,将扎萨克图汗离散人民给还……而喇嘛亦派大喇嘛一人,定期而遣之,与朕去使会于喀尔喀境内。朕与此补派使臣赴所约之地,与尔使同住。"(中国第一历史档案馆、中国藏学研究中心合编《清初五世达赖喇嘛档案史料选编》,中国藏学出版社,2000,第103页)
⑥ 根据承德当地学者安忠和的研究,这一年才是木兰围场真正设立的时间。参见安忠和《木兰围场始建时间新考》,《承德民族专学报》2003年第3期。

没有给予达赖喇嘛的代表甘丹池巴足够的尊重而最终成为战争的导火线。①事实上，如果哲布尊丹巴胆敢挑战达赖的宗教权威，那么，厄鲁特蒙古就会彻底失去与喀尔喀争雄的资本。②

康熙二十八年（1689），噶尔丹在与俄罗斯遣使往还多年之后，扬言借俄罗斯的武力协助，起兵再犯喀尔喀，乌兰布通会战中，噶尔丹大败。十五日，噶尔丹发来请罪誓书，顶威灵佛像发誓曰：

> 盟达赖喇嘛明鉴，遣济咙额尔德尼为修正礼法之使，照济咙额尔德尼之言，倘蒙中华皇帝惠好，博硕克图汗自此不敢犯中华皇帝所属之众。于马年八月初十日，在济咙额尔德尼处交中华皇帝之使内大臣吴丹、内大臣塞尔济二人阅看，叩拜吉祥天女神像及喇嘛，若违誓言，纪法不容；不违誓言，心想事成。③

乌兰布通战役之后，喀尔喀蒙古大定，康熙决定于1691年清明前后亲往与客居苏尼特的喀尔喀诸汗会盟。他说："喀尔喀向来虽经进贡，但伊汗从未尝输诚来朝，而喀尔喀诸汗亲率所属数十万众倾心归附，一切行赏

---

① 五世达赖曾经在1672年颁布"新写座次文书"（五世达赖喇嘛阿旺洛桑嘉措：《五世达赖喇嘛传》，陈庆英、马连龙、马林译，中国藏学出版社，1998，第768~770页），详细规定了藏传佛教僧侣和蒙古贵族的坐垫层数和形式。在这个规定中，达赖喇嘛可以坐五层坐垫，以下递减，总体上，僧人的等级要高于俗人。其中规定，甘丹池巴享有三层坐垫，而哲布尊丹巴（新写座次文书中称为"喀尔喀嘉央"）只能享有两层坐垫。其中还规定，喀尔喀汗王的坐垫要高于丹增达赖汗、厄鲁特车臣汗等人。在库伦伯勒齐尔会盟上，哲布尊丹巴并没有给甘丹池巴准备三层坐垫，而且不接受后者的灌顶。这彻底激怒了受业于达赖喇嘛的已经还俗的前温萨活佛噶尔丹，后者还曾经给哲布尊丹巴受戒。拉铁摩尔曾就此事评论说，喇嘛教并没有让蒙古人变得不好战了，"西蒙古和北蒙古部落血战的中心问题是宗教"（拉铁摩尔：《中国亚洲内陆边疆》，江苏人民出版社，2005，第61页）。

② 土谢图汗一方显然并不满足于只占有黄金家族的资源。1687年，土谢图汗上书康熙皇帝时说："我往谒达赖喇嘛时，达赖喇嘛甚加怜爱，令掌管土伯特之达赖汗叩拜，大加敬重，照给印敕。……达赖喇嘛赐我祖瓦赤喇汗名号，至今已有四辈，功德无量。先立为汗乃众之错，达赖喇嘛所赐，则异于各盟立汗，如今达赖喇嘛于我如此厚爱，令土伯特大汗叩拜，排定座次敬重。……"（中国第一历史档案馆、中国藏学研究中心合编《清初五世达赖喇嘛档案史料选编》，中国藏学出版社，2000，第128页）其中提到的达赖汗，就是和硕特蒙古固始汗的孙子丹津达赖杰波，是"登上了松赞干布法座的藏王"，土谢图汗在这里强调的是，蒙古帝系的正统地位得到了达赖喇嘛的承认与尊重，地位要在卫拉特蒙古所据有的藏王的王权体系之上。

③ 中国第一历史档案馆、中国藏学研究中心合编《清初五世达赖喇嘛档案史料选编》，中国藏学出版社，2000，第164页。

定罚安插扶绥关系甚大，所以朕躬前往巡狩"。① 这就是被看作喀尔喀正式归属清朝标志的"多伦会盟"。法国传教士张诚详细记录了这次会盟的经过。② 多伦会盟之后，从诸部所请，康熙于多伦诺尔地方赐建汇宗寺，命蒙古一百二十旗每旗派一个喇嘛前来居住。康熙将"或间岁一巡。诸部长于此会同述职焉"③。康熙皇帝在多伦会盟中极力提高哲布尊丹巴的地位，其目的是令黄金家族臣服于格鲁派教法，而放弃对成吉思汗的回忆，这样，清朝皇帝与喀尔喀的关系就可以变成一种政治首领和宗教首领的关系，而不是两个帝王世系的直接冲突。

对于承德来说，多伦汇宗寺的重要性在于，它是为内附之蒙古人修建寺庙的重要先例，乾隆二十年（1755），乾隆在普宁寺碑文中说道："昔我皇祖之定喀尔喀也，建汇宗寺于多伦诺尔，以一众志。式循旧章，建普宁寺于山庄之北麓"④，后来承德的安远庙、普乐寺也是这一范例的产物。多伦汇宗寺作为会盟之神圣性的体现，对蒙古人来说，意义体现在宗教层面，而对皇帝来说，则体现在巡狩层面。多伦会盟及汇宗寺的修建奠定了一个基本的模式，清朝用修藏传佛教寺庙的方式与新附之蒙古及其他信奉藏传佛教的部落结盟，而寺庙中的神圣性又直接或间接地来自格鲁派。

噶尔丹败亡后四年多，康熙四十年，康熙皇帝开始在北京、南苑和木兰围场沿线大兴土木，其中就包括在北巡路线上选址修建一系列通往木兰围场的行宫⑤，热河上营行宫于康熙四十六年初成，至康熙四十八年，热河行宫已经成为北巡路线上的中心行宫，《热河志》中也是从这一年始称其为热河行宫的，此前一直叫作热河上营。康熙五十年（1711），赐名"避暑山庄"，康熙御题"烟波致爽"等三十六景并赋诗，赋予塞外行宫以

---

① 转引自乌云毕力格等《蒙古民族通史》（第四卷），内蒙古大学出版社，1993，第123页。
② 张诚：《1691年张诚神甫第三次去鞑靼地区旅行》，中国社会科学院历史研究所清史研究室编《清史资料》（第五辑），中华书局，1984，第164~202页。
③ 《汇宗寺碑文》，转引自房建昌《内蒙多伦县的历史沿革、宗教及其外文史料》，《中国边疆史地研究导报》1989年第6期。
④ 《承德府志·寺庙一》，承德民族师范高等专科学校编《承德府志》，点校组点校，辽宁民族出版社，2006。
⑤ 在此之前，皇帝出巡要么住在庄头家里，要么住在幄城。在修建行宫的同时，还修建了一系列的寺庙。热河行宫即是诸多行宫其中之一。"从所建房间数目和所用银两数目看，当时建造的行宫规模、房屋用料、质量应该是比较接近的，还看不出皇帝偏爱哪一处，或更重视哪一处"（郭美兰：《康熙年间口外行宫的兴建》，戴逸主编《清史研究与避暑山庄》，第188页）。

明确的含义。但这时，后来的避暑山庄与喇嘛教寺庙相互呼应的基本结构仍旧没有出现。直到康熙五十二年，康熙皇帝六十岁寿辰的时候，前来祝厘的诸藩蒙古恳请修庙为贺，并出资十万两白银。康熙在避暑山庄以东的山脚下划拨出一片荒地，允诸藩蒙古修建了溥仁寺和作为附属之经学院的溥善寺，是为承德修建喇嘛寺庙的开始。而就在同一年，康熙正式为避暑山庄修建了宫墙。这样，承德地景的基本结构便呈现出来了。这时，避暑山庄和溥仁寺之间的连线是东西向的，直到乾隆二十年（1755）修建普宁寺之前，这一个方位的格局没有发生变化。

溥仁寺和溥善寺虽然从修建之时，驻寺的就是蒙古喇嘛，但其建筑却是汉式伽蓝七堂的布局，而且，溥仁寺庙御体额只有满蒙汉三文，而不像普宁寺等寺庙俱为满蒙汉藏四体庙额。溥仁寺的御碑有两通，西侧碑为满文和蒙古文，而东侧碑为汉文，内容俱是一样。这些资料表明，当时的热河与西藏的关系还不是很密切。康熙五十三年，皇帝才第一次在热河行宫接见前来朝觐的蒙古诸王公。这也是康熙唯一一次在热河行宫接见蒙古诸藩。其他时候，他多在围场内或靠近围场的波罗河屯、张三营等行宫内接见蒙古诸藩。这种情况一直持续到乾隆十二年（1747），这一年，已进行多年行围的乾隆皇帝第一次在热河行宫接见蒙古朝觐者。而热河真正成为乾隆皇帝接见蒙古诸藩的核心场域，实际上是从乾隆十九年（1754）杜尔伯特三策凌来热河朝觐之后开始的。[①] 在乾隆十九年之前，康雍乾三位皇帝主要着眼的是木兰围场，热河行宫的特殊之处只在于其自然地理条件优越、风景优美、规模较大而已，其与其他行宫的最大差异就是出现了一座蒙古人敬献给皇帝的喇嘛教寺庙。后来承德的历史文化进程就是以康熙时期的北巡御道之结构模式为基础发展起来的，承德本身的历史与木兰围场固然密不可分，但相比之下，承德更直接继承的是多伦会盟的历史，这是巡狩模式的展演，以会盟蒙古诸藩为核心目的。而木兰围场则输于畋猎的范畴，更多的是与皇家祭祀和武力炫耀相关。承德与其说是清朝的另一个

---

① 《承德府志·巡典一、二》，承德民族师范高等专科学校编《承德府志》，点校组点校，辽宁民族出版社，2006。

都城①，不如说是巡狩制度中的一座名山②。

三 承德地景的充分展演

弗雷特对承德地景的研究是围绕一条轴线展开的，即棒槌山—普宁寺—金山顶。这三个标志性的点确实构成了一条笔直的轴线，棒槌山被弗雷特认为是须弥山的隐喻，金山和普乐寺的修建就是为了将棒槌山作为宇宙之轴的神圣性逐级引降到避暑山庄里③。弗雷特并没有提出直接的证据来说明棒槌山和须弥山之间的隐喻关系。倒是乾隆皇帝有一篇《御制锤峰歌》，直接将棒槌山看作昆仑山：

> 在天有六星，开德宣符赞鸿运；在地有昆仑，粲然中峙四维镇；昆仑一支走华区，坛曼案衍群峰都……带河襟巘辟仙庄，卓然峰立东冈在……④

达什达瓦蒙古人徐发曾告诉笔者，避暑山庄里面的金山建起来的时候，金山亭上的顶子怎么也找不到合适的顶珠，最后有人看大佛寺（即普宁寺）里面的旗杆上的顶珠挺合适，就把旗杆放倒，将顶珠拿下来安放在了金山亭上。金山亭是避暑山庄里面供奉真武大帝和玉皇大帝的场所，仿浙江镇江金山，建于康熙四十二年，那时当然还没有普宁寺，但民间的表述仍旧是有价值的。徐发说，自从修建了普乐寺，清朝就开始江河日下了。几年前当地曾经在武烈河东岸的山脚下修建了一个住宅小区，这引起了当地人巨大的愤慨，原因就是，这个小区横亘在避暑山庄与棒槌山中间

---

① 罗友枝：《清代宫廷社会史》，周卫平译，中国人民大学出版社，2009，第 10 页。
② 弗雷特说："夏都包含了很多清朝用来探索历史的时间机器，如果我们将自己放在线性时间轴上，这些时间机器就会令历史倒回过去，而如果我们将自己放在循环时间轴上，这些时间机器就会令历史做圆周运动……乾隆皇帝可能特别希望能够停留在那些军事胜利给他的帝国带来荣光的春风得意的时期"（Philippe Forêt, *Mapping Change: The Qing Landscape Enterprise*, Honolulu: University of Hawai'i Press, 2000, p. 120）。这段话如果用来描述木兰围场，恐怕再合适不过了，但对于承德来说却不准确，承德是一个以会盟为追求的城市，而不是战争。
③ Philippe Forêt, *Mapping Change: The Qing Landscape Enterprise*, pp. 71 - 73. 尽管弗雷特说，他面对地图数月之久才发现这条轴线，但实际上，这条轴线在承德当地是尽人皆知的，而且还有其他关于这条轴线的说法。
④ 《承德府志·山川一》，承德民族师范高等专科学校编《承德府志》，点校组点校，辽宁民族出版社，2006。

了。可以推断，普乐寺之所以会影响到清朝的气运，并不是它连接了棒槌山和金山亭，而是阻断了两者之间的联系。

如果金山亭的顶珠来自大佛寺的旗杆，那么，金山及里面供奉的玉皇大帝就从这条轴线当中被剥离出来，纳入了一条南北向的轴线当中。这一转折之后，棒槌山便开始显得不那么重要了。当普乐寺阻断了棒槌山与金山亭的联系之后，宇宙观的多元性才成为承德地景结构的主调，而新建立的大佛寺与金山亭的连线构成的轴线本质上并非基于某一宇宙观的，而是基于满、蒙、藏三个民族在承德所形成的关系格局的。

乾隆六年，乾隆皇帝再次开始了木兰行围①。乾隆十年（1745），准噶尔部噶尔丹策凌亡，在卫拉特蒙古内部引起了漫长而混乱的汗位争夺。大策凌敦多布之子达瓦奇与辉特部台吉阿睦尔撒纳在哈萨克汗阿布赉的支持下，于乾隆十七年（1752）夺得准噶尔汗位，并于次年底彻底削平了所有敌对势力。其中的一次战争在承德历史上留下了重要的一页。达瓦奇与阿布赉于1753年夏攻打杜尔伯特部，不堪战争蹂躏的杜尔伯特部在部长车凌台吉、车凌乌巴什和车凌孟克的带领下，内迁乌里雅苏台。这一事件引起了乾隆极大的重视。1754年初夏之交，乾隆决定在避暑山庄接见三车凌。正是通过这次接见，乾隆具体了解了卫拉特内乱的情形，终于下定决心要彻底征服卫拉特。在此之前，清朝其实一直满足于边境安宁，从来没有真正想过要将卫拉特蒙古纳入版图。另外，达瓦奇坐定汗位之后，阿睦尔撒纳很快提出要求，要与达瓦奇平分准噶尔，遭到了达瓦奇的反对，双方很快兵戎相见。

乾隆十九年（1754），达瓦奇在额尔齐斯河源一战中大败阿睦尔撒纳。当年冬天，阿睦尔撒纳便决定内附清廷。"十一月初十，乾隆冒着严寒从北京动

---

① 木兰行围在雍正年间一次都没有举行过，这次乾隆决定恢复木兰行围是与喀尔喀蒙古问题的重新出现有关。准噶尔问题在康熙五十五年（1716）再次爆发，准噶尔看到向东侵犯喀尔喀已经暂时没有可能性，而且黄金家族的历史资源已经接近枯竭，便挥兵西藏，企图将一直掌握在和硕特手中的"松赞干布法台"的历史资源争夺到手。噶尔丹策凌在对清举兵的同时，还不忘拉拢喀尔喀人："尔等系成吉思汗之后裔，并非人之属下，何不将游牧仍移于阿尔泰，与我合居一处，共享安乐，以联旧好，如有兵戎，协和相距"（《清世祖实录》雍正九年冬十月丁巳）。1732年，小策凌敦多布率兵进克鲁伦，再次呼吁喀尔喀人转到信仰相同的准噶尔人一方。额尔德尼召战役失败之后，准噶尔再次与清廷和谈。乾隆四年（1739），双方划定卫拉特与喀尔喀的边界。可见，雍正九年（1731）之后，原本集中于西藏的战场再次转移到了卫拉特和喀尔喀关系上来，而喀尔喀人也部分表现出动摇之态。

身，一路马不停蹄只用了三天就赶到了避暑山庄，当天就接见了阿睦尔撒纳，第二天封阿睦尔撒纳为亲王①。这时的承德已经不再依赖木兰行围来怀柔蒙古了，而是获得了自己独立的政治地位。凭借三车凌与阿睦尔撒纳的帮助，清朝在乾隆二十年征服了达瓦奇，基本消灭了准噶尔汗国。当年十月，乾隆在避暑山庄大宴卫拉特四部贵族，决定仿照西藏的桑耶寺在承德避暑山庄东北部修建普宁寺，并于当年冬撰写了《普宁寺碑文》，碑文中说：

> 虽庸众有"威之不知畏，惠之不知怀，地不可耕，民不可臣"之言，其然，岂其然哉？以我皇祖皇考圣德神功、经文纬武，其于奠伊犁、勒铭格登山，朝四部落之众，而锡之爵，赐之币，式宴陈舞，可汗起奉酒称万寿，如今日者何难？……且此山庄，即皇祖岁时巡视诸蒙古宾客之所也。越三十年，而克见准噶尔之众咸觐于此。岂非皇天无私，惟德之辅；至圣之度，越世先知；而见几君子之作，予亦不敢不勉。卫拉特之众，岂终不可格以诚哉？蒙古向敬佛，兴黄教，故寺之式即依西藏三摩耶庙之式为之。②

碑文中，乾隆显然因自己征服了准噶尔而颇有自得之色。他在集成康熙《溥仁寺碑文》中提出的夷夏观的基础上，提出了十分隐晦的挑战。③

---

① 承德市文物局、中国人民大学清史研究所编《承德避暑山庄》，第100页。
② 布莉华、段钟嵘编著《避暑山庄与外八庙碑刻诗文讲解》，辽宁民族出版社，2007，第180页。
③ 而在普宁寺的另一通碑文中，乾隆则气急败坏地痛斥准噶尔蒙古，完全失去了柔怀远人的气度。达瓦奇被征服之后，阿睦尔撒纳获封双亲王，在乾隆班师之后，与班第一同留下处理善后事宜。这时，阿睦尔撒纳希望成为卫拉特总汗的野心终于暴露出来，清廷亦开始对他有所防范，招其于乾隆二十年（1755）九月到避暑山庄觐见。阿睦尔撒纳识破了清廷的用意，八月十九日，行至乌隆古河时，将副将军印交给了同行的喀尔喀亲王额林沁多尔济，返回准噶尔旧地。二十九日，班第被众蒙古及喇嘛围困自杀。乾隆二十二年（1757），阿睦尔撒纳感染天花，于俄罗斯病亡。清朝历史上最后一次准噶尔之乱彻底结束。随后，乾隆继续对准噶尔用兵，加上天花流行，曾经横行西部草原的准噶尔部几乎全部灭绝。乾隆二十三年（1758），乾隆写下了愤愤不平的"平定准噶尔后勒铭伊犁之碑"碑文。其中说："云兴黄教，敬佛菩萨，其心乃如夜叉、罗刹之以人为食也。故罪深恶极，自作之孽，难活也"（承德民族师范高等专科学校《承德府志》点校组点校，辽宁民族出版社，2006，第662页）。对蒙古人用词之严苛，未有超过此例者，而且这里没有区分准噶尔贵族与平民，与乾隆二十年的"平定准噶尔后勒铭伊犁之碑"很不相同。从"普宁寺碑文"和"溥仁寺碑文"之主题的相似性看，虽然普宁寺是在征服达瓦奇之后建立的，但乾隆更愿意强调，这是为了新封的卫拉特四部汗王而修建的。乾隆在普宁寺碑文中也强调，这是踵多伦汇宗寺而建的。唯有在"平定准噶尔后勒铭伊犁之碑"中，乾隆激烈的措辞使得普宁寺带有些许肃杀之气。

与溥仁寺的建筑格局不同，普宁寺采用了汉藏结合的方式，山门以内的前半部分是汉式建筑，而大雄宝殿以后的部分则采用了藏式建筑。大乘之阁中的木制观音像高达 27.28 米，十分壮观。乾隆皇帝还让章嘉活佛从西藏请来舞蹈老师，在普宁寺教习跳打鬼，后每当逢年过节，普宁寺都会表演"羌姆"，皇帝来避暑山庄的时候，也经常亲自观看。

曾经在征服达瓦奇之战中立下赫赫战功的达什达瓦部在这样的夹缝中只能选择内附。乾隆二十四年五月，达什达瓦部分两部共 2136 人到达热河。清政府将其分为九个佐领，归热河都统管辖，在普宁寺周围建了一千多间营房，这就是狮子沟村蒙古营的由来。同来的 17 名喇嘛，被安置在了普宁寺。① 同时，还在避暑山庄周围划出大片土地供达什达瓦部放牧。乾隆二十八年 500 名达什达瓦士兵及其家属再次被派回伊犁驻防，余下的人迁居到武烈河东山脚下的游牧地居住。② 乾隆二十九年，恰逢杜尔伯特亲王车凌、郡王巴乌什来热河朝觐，乾隆仿照伊犁的固尔扎庙在山脚下修建了安远庙。③ 承德当地人把这个庙叫作伊犁庙。该庙据说是乾隆为自己从西域回疆获得的奇女子香妃所建，为的是缓解香妃的思乡之情，而建庙的图样还是刘墉从北京几个回族老人手里搞到的。如果联想到达什达瓦部内附之时的头人是达什达瓦的弟妹的话，就不难理解，安远庙之所以选在五百厄鲁特官兵返回伊犁时修建，其理由就是安抚剩下的一百官兵及其家眷。关于这一点，乾隆其实在后来的普乐寺碑文中已经有了清楚明白的交代："嗣是达什达瓦属人内徙，即次旅居，环匝山麓。越岁乙酉，复于迤左，仿伊犁固尔扎都纲，建庙曰'安远'"④。达什达瓦部是乾隆时期定居承德的唯一蒙古群体，这是表明康熙和乾隆的怀柔远人政策之正确性的重要依据。乾隆从他们来的那一天开始，就对他们格外优恤，在设立伊犁将

---

① 承德市文物局、中国人民大学清史研究所编《承德避暑山庄》，第 113 页。
② 承德市文物局、中国人民大学清史研究所编《承德避暑山庄》，第 115 页。
③ 固尔扎庙乃策妄阿拉布坦入侵西藏后修建的。庙中供器俱是从西藏抢掠而来的。固尔扎庙中有喇嘛 6000 多人，坐床活佛 4 人。固尔扎庙不但在准噶尔部地位崇高，而且在清朝和准噶尔部的战争中扮演着相当重要的角色。乾隆在"安远庙瞻礼书事（有序）"中说："每岁盛夏，准噶尔之众膜拜顶礼者，远近咸集，其俗素奉黄教，往往捐珍宝、施金银，以事庄严。庙之闳瞻，遂甲于漠北。阿逆之叛，贼党肆掠焚劫，庙乃毁废"（布莉华、段钟嵘编著《避暑山庄与外八庙碑刻诗文讲解》，辽宁民族出版社，2007，第 192 页）。
④ 布莉华、段钟嵘编著《避暑山庄与外八庙碑刻诗文讲解》，辽宁民族出版社，2007，第 198 页。

军时，达什达瓦部无疑是最适合戍边的部队，但乾隆仍旧要留下一百户，就是要这些人留在承德，以表明自己的武功与德行。

乾隆三十一年初，乾隆皇帝在咨询过章嘉活佛之后，在棒槌山脚下修建了一座坐西朝东的普乐寺，寺庙于次年八月竣工。与前面两座寺庙不同，普乐寺看起来并没有什么直接相关的模仿对象，而是章嘉活佛根据佛教经典给出的建议。寺庙同样是汉藏结合式，在最主要的建筑旭光阁中立有十五岁童子等身的上乐王佛像。其中男像面向东方，正对着棒槌山，而女像朝西，面向避暑山庄。乾隆在《普乐寺碑记》中说，修建这个寺庙的原因是"踵普宁、安远之迹，让西域之人既宁且安，其乐斯在"。乾隆后来在很多场合都将普宁、安远和普乐三庙并提，看来，这样的比附也未必不是出自他的真心话。至于具体原因，乾隆说："惟大濛之俗，素崇黄教。将欲因其教，不易其俗，缘初构而踵成之。且每岁山庄秋巡，内外扎萨克觐光以来者，肩摩踵接。而新附之都尔伯特，及左右哈萨克，东西布鲁特，亦宜有以遂其仰瞻，兴其肃恭，仟满所欲，无二心焉。咨之章嘉国师云，大藏所载，有上乐王佛，乃持轮王化身，居常东向，洪济群品，必若外辟重闉，疏三涂，中翼广殿，后规阇城，叠磴悬折，而上置龛，正与峰对者，则人天咸遂皈依"①。

"大濛"是指唐代所设濛池都护府②，《旧唐书·突厥传》载："步真授继往绝可汗兼右卫大将军、濛池都护，仍分押五弩失毕部落"，而五弩失毕部落就是哈萨克族的前身。③ 因此，乾隆说，大濛之俗，素崇黄教恐怕是没有根据的，哈萨克族确实曾经受到佛教的影响，但与黄教差别很大。不过，元以后，哈萨克和布鲁特都处于蒙古汗国的管辖之下，甚至包括在乾隆二十四年被征服的大小和卓，也都是蒙古人的臣民。哈萨克及布鲁特皆在征伐阿睦尔撒纳的时候为乾隆效力，但乾隆并不想将它们纳入版图，而只是将其作为和缅甸、琉球一样的羁縻之国来对待。对清朝来说，"新疆南北二路，外夷环峙，然其毗邻错壤作我屏卫者，惟哈萨克/布鲁特

---

① 布莉华、段钟嵘编著《避暑山庄与外八庙碑刻诗文讲解》，辽宁民族出版社，2007，第198页。
② 布莉华、段钟嵘编著《避暑山庄与外八庙碑刻诗文讲解》，辽宁民族出版社，2007，第200页。
③ 哈萨克族简史编写组《哈萨克族简史》，新疆人民出版社，1987，第82~83页。

两部落而已"①，两部均在阿睦尔撒纳败亡之后遣使朝觐，这自然是让乾隆十分重视的。清朝时期，哈萨克和布鲁特均信奉伊斯兰教，而不是佛教或黄教。那么，乾隆为什么要建一座黄教寺庙呢？他们都曾经臣服蒙古无疑是其中一个重要的原因，通过专门为他们建的黄教寺庙，乾隆构建出一个清朝—蒙古—哈萨克、布鲁特的历史等级序列。上述碑文中所说"仟满所欲，无二心焉"及"人天咸遂皈依"显然是有所指的，章嘉活佛在这里所起的作用就是指出一个能够吸引人皈依佛教的寺庙形制。可以说，普乐寺其实是一个带有传教意味的寺庙，其目的就是要将哈萨克及布鲁特纳入清代以格鲁派教法为纽带的藩部体系当中来。因此，普乐寺其实还是处于多伦汇宗寺的原型模式之下的。

就在建成普乐寺当年的三月，乾隆在狮子沟以北的山坡上仿照布达拉宫修建了普陀宗乘之庙。这是承德规模最大的寺庙，工程持续了四年多，直到乾隆三十六年（1771）八月才竣工。皇帝要复制一个布达拉宫安放在承德，对任何一个格鲁派信徒来说，都不是件小事。普宁寺的金刚上师莫日根图说，他来承德之前，就只知道这里有个布达拉宫，对其他寺庙都一无所知。普陀宗乘之庙并非专门为哪一个内附的群体修建的——土尔扈特东归正赶上普陀宗乘竣工，那纯属意外，这个寺庙是为了所有已经归附的蒙古黄教信众修建的。而从普陀宗乘庙的修建开始，承德除了继续发挥柔怀内蒙古和喀尔喀蒙古之外，逐步发展成一个靠近京城的黄教核心。

普陀宗乘之庙建成的前一年，即乾隆三十五年，是乾隆的六十寿辰，蒙古诸王、贝勒、贝子等贵族为了给乾隆祝寿，特进奉了一千尊无量寿佛像。乾隆在普陀宗乘之庙的大红台西侧兴建千佛阁，专门用来供奉这些佛像，并写下了《千佛阁碑记》，在这篇文章里，乾隆说，修建普宁、普乐、安远三庙是为了表示对新疆内属者的镇抚与资慰。而修建千佛阁则是为了继承并超越诸蒙古为康熙修建溥仁寺的先例。而乾隆三十六年，普陀宗乘之庙建成，乾隆撰写的《普陀宗乘之庙碑记》中写道："向也，西陲内面景从，朕勤思缵述：普宁，安远，普乐诸刹所为嗣溥仁，溥善而作也。今也，逢国大庆，延洪曼羡，而斯庙聿成"②。其实，这不过是因为溥仁寺原

---

① 魏源：《圣武记》卷四。
② 布莉华、段钟嵘编著《避暑山庄与外八庙碑刻诗文讲解》，辽宁民族出版社，2007，第204页。

本就包含上述两种传统罢了。同时也说明，普陀宗乘之庙确实和皇帝及皇太后的寿辰之间没有太直接的关系。

普陀宗乘之庙的建造超越了此前用寺庙与某个群体会盟的模式，直接将承德变成一个宗教中心。承德地景从东西之轴转向南北之轴意义就在于，承德喇嘛庙的修建，从诉诸依附的历史，变成了对宗教层面的神圣性的追求。这种空间转变的背后，其实就是《普陀宗乘之庙碑记》中体现出来的皇帝关于边疆的心态的转变。因此，承德地景的主轴其实是狮子沟内的狮子河与武烈河组成的"L"形水道。两个体系之间的连接点就是普宁寺，这个寺庙的原型来自西藏最重要的寺庙之一，同时又是为蒙古人所建，因此可以兼容两种叙事逻辑。

与承德地景密切相关的还有位于山庄正门西南的关帝庙和位于西大街的文庙。关帝庙始建于雍正十年（1732），是地方政府组织修建的。乾隆四十三年，热河厅升格为承德府，次年，即重修了关帝庙。而文庙则是在乾隆朝礼部尚书曹秀先的建议之下，因承德人口繁盛，已经成一都市，自应设有文庙和学校。文庙建成之后，乾隆每年到热河，总是先去文庙行礼，这在一定程度上和上述喇嘛庙之间形成了对张关系。而在乾隆四十五年，文庙曾经作为朝鲜使团下榻之地，因而和乾隆在承德的边疆营建联系起来。文庙建成之后，康熙和乾隆屡次强调的夷夏关系在地景上被清晰地体现出来。

乾隆三十九年，附着殊像寺而建的还有旁边的罗汉堂，这是仿照浙江海宁安国寺修建的。罗汉堂建好之后，狮子沟北侧的佛教寺庙已经涵盖了满蒙汉藏四个民族，而且通过一系列对佛教历史的歪曲和再理解，乾隆将所有这些寺庙都纳入以普陀宗乘为代表的藏传佛教体系之下。乾隆成功地营造了一个对蒙古人来说似乎具备足够神圣性的场域，并在这个场域中不断重申曾经的盟誓关系。从康熙到乾隆，清代皇帝成功地克服了蒙古黄金家族帝系和松赞干布法台对皇权的挑战，也取得了对达赖与班禅喇嘛的忽必勒汗的册封权。应该说，作为对地景的营建，关于佛教部分算是完成了。承德已经成为皇帝北巡时一个足以承担会盟诸藩之仪式的神圣场域。

这一场域的神圣性的根本来源还在于达赖与班禅两大活佛体系。中土佛教更注重"佛"和"法"，而在藏传佛教中，僧的位置是决定性的，对于信徒来说，僧的重要性是超过了佛与法的。"最高的权力属于大师，惟有他才可以使经文教义被众生接受并行之有效"①。康熙、雍正和乾隆都十分想扶植章嘉活佛和哲布尊丹巴,使其获得独立于达赖喇嘛的教权,哲布尊丹巴曾经一度利用黄金家族后裔的身份和达赖喇嘛抗衡,但终究都是不成功的。承德无疑已经有了佛和法,但还有两个问题没有解决,一是格鲁派真正的领袖还没有到来,那么,所有这些寺庙看起来就都有些赝品的味道。直到今天,当地人还是认为,行宫(即须弥福寿寺)的地位要更高些,就是因为班禅确实在里面住过。二是皇帝与互为师徒的两大格鲁派领袖之间的关系仍旧有暧昧之处。到六世班禅前来朝觐乾隆一事之前,这种关系上的暧昧之处一直没有得到正面的处理。

从乾隆四十一年金川之役结束,乾隆就已经开始着手改革藩部政治。乾隆四十一年,曾经重新划分了漠西蒙古的年班。加上上文所提到的对北蒙古及青海蒙古的一系列优恤措施,可以看到,这次改革虽然没有像乾隆二十二年那样调整理藩院的建制,但大大加强了各蒙古藩部,尤其是喀尔喀、厄鲁特各部与中央王朝之间的关系,同时也就对蒙古藩部的自治权有了更多的限制。这次改革的核心追求就是"中外一家"。在《须弥福寿庙之碑记》中,乾隆写道:"盖国家百余年升平累洽,中外一家。自息达赖喇嘛之来,至今亦有百余年矣。且昔为开创之初,如喀尔喀、厄鲁特,尚为梗化者。今则重熙休和,喀尔喀久为世臣,厄鲁特亦无不归顺。而一闻班禅额尔德尼之来,其欢心鼓舞,欲执役供奉,处于至诚,有不待教而然者"②。

乾隆对"中外一家"的这一追求有一个不可逾越的限度,即对各藩部文化的抚育和尊重,也就是说,乾隆并不追求也无法追求皇朝内部的文化一致性,因此,理想中的"中外一家"自然是奠基在格鲁派的支持之上的。乾隆四十六年给八世达赖的金册上即言道:"朕抚临寰宇,中外一家,亦赖梵教广宣,能仁普济……"③。六世班禅的朝觐,不论双方具体目的如何,对乾隆这一时期的藩部政治改革来说,无疑都是锦上添花之举。乾隆最终决定让班禅前往承德与藩部共庆七十寿诞,恰是因为在承德,皇帝一

---

① 海西希、图齐:《西藏与蒙古的宗教》,耿昇译,天津古籍出版社,1989,第67~68页。
② 布莉华、段钟嵘编著《避暑山庄与外八庙碑刻诗文讲解》,辽宁民族出版社,2007,第234页。
③ 陈金钟:《中央政府颁授历世达赖、班禅之金册金印》,《中国藏学》1996年第1期。

格鲁派领袖—藩部的关系是最突出、最重要的关系轴。

须弥福寿庙是专门为六世班禅朝觐时住锡而建。乾隆四十五年七月二十一，班禅额尔德尼终于不远万里到达热河。他首先到普宁寺用膳，并接受了预先备好的御用仪仗，在承德各寺庙喇嘛、西南十八家土司代表及蒙满各族信众的簇拥下，乘坐御轿来到避暑山庄内澹泊敬诚殿前，至丹墀跪请圣安①。随后，乾隆在四知书屋向班禅及其近侍喇嘛七人赐茶，"毕，上诣宝筏喻、烟波致爽、云山胜地各佛堂拈香，班禅额尔德尼从"②。第二天，乾隆皇帝来到须弥福寿庙拈香，关于这一天发生的事情，是历来对班禅朝觐事件研究中真正的谜团，随同班禅而来的印度苦行僧普南吉记载："皇帝表示他渴望喇嘛能就他神秘宗教的一些内容给他一些指导。因此，他们两人又到了宫廷的另外一个地方，只有章嘉古如一人陪同。那里早已准备好了三个座位，中间的座位比两边的座位都厚，高高升起，喇嘛就坐在上面。然后，他请皇帝坐在右边比较低的座位上，章嘉古如坐在他左边的座位上面。喇嘛弯腰俯身，在皇帝的耳边低语了大约一刻钟。尔后，挺腰坐直，开始大声朗诵经文，非常清晰，皇帝和章嘉古如则跟着他重复，如此反复朗诵，直到皇帝和章嘉古如能够完全正确重复为止。"③ 普南吉已经是大家公认的言过其实、信口开河之人，不过由于清宫档案一贯对皇帝在佛寺里面的所作所为讳莫如深，这就难免引人猜疑。而据《热河日记》记载，皇帝确实是曾跪过班禅的。④

八月初二日，福隆安上奏："奉上谕，明日初三为大吉之日，赏班禅额尔德尼之玉册、玉印，明日即行赏赐。著将此告知呼图克图转告班禅额尔德尼，明日不必出山门迎接，即于彼所住院内相迎。明日班禅额尔德尼谢恩之唐古特奏书即用所赏玉印。钦此，钦遵。章嘉呼图克图跪地告

---

① 中国第一历史档案馆、中国藏学研究中心合编《六世班禅朝觐档案选编》，中国藏学出版社，1996，第230页。而据《六世班禅洛桑巴丹益喜传》记载，"当班禅大师准备屈膝跪拜时，皇帝急忙握住大师的手，用藏语说：'喇嘛不必跪拜'"（嘉木央·久麦旺波：《六世班禅洛桑巴丹益喜传》，许德存、卓永强译，西藏人民出版社，1990，第473页）。至于皇帝是否这样辞让过，没有其他文献的记载，《六世班禅洛桑巴丹益喜传》也没有明确说明最终班禅是否跪拜，故从档案记载。
② 中国第一历史档案馆、中国藏学研究中心合编《六世班禅朝觐档案选编》，中国藏学出版社，1996，第230页。
③ 塞缪尔·特纳：《西藏扎什伦布寺访问记》，苏发祥、沈桂萍译，西藏人民出版社，2004，第328~329页。
④ 朴趾源：《热河日记》，朱瑞平点校，上海书店出版社，1996，第185页。

称……小僧现即前去须弥福寿之庙告知班禅额尔德尼，凡迎接玉册、玉印之诸喇嘛，均令服蟒袍列队，班禅额尔德尼之大徒弟及所有小徒弟喇嘛，俱令于两旁列队跪迎处，小僧均将遵旨备办齐整"①。三日，福隆安、和珅回奏："班禅额尔德尼跪迎后，由特永阿、巴忠以满洲、唐古特语朗诵，奴才福隆安赍玉奴才和珅赍玉印，班禅额尔德尼跪接之"。班禅在接受册封的时候，需要着蟒袍跪接，而不是着僧服，这表明册封仪式本身属于封建体系。

简单说，在避暑山庄，班禅等同于皇帝属下的一个藩王，而在外庙，尤其是须弥福寿庙中，班禅则是乾隆皇帝的密教导师。在这段短暂的历史时期，皇帝与班禅之间关系的转换就是通过空间的转换实现的。而将这两个空间联系在一起的，就是上文提到的册封玉册、玉印仪式，这个被表演得类似封侯的仪式几乎不具备任何宗教意味，而是避暑山庄里面的君臣关系在须弥福寿庙的延伸，也正是通过这一册封仪式，喇嘛教及其寺庙才获得了在清王朝内的合法存在之地位。

六世班禅喇嘛前来朝觐的时候，李朝使者团也来到了承德，其中就包括《热河日记》的作者朴趾源。1780年，朴趾源的堂兄锦城尉朴明源被任命为正使，与郑元始副使、赵鼎镇书状共同组成朝鲜政府使节团赴热河为乾隆皇帝祝寿。四十三岁的朴趾源作为随员，同赴中原。《热河日记》就是他对这一行程的记载。朴趾源等人在承德的时候一直下榻在建成不久的承德文庙。八月十二日，朝鲜使节团被皇帝派去参见班禅，班禅赏给他们一些礼物。使臣几人拿着班禅的赏物出了门，相互议论道："吾辈见番僧，礼殊疏倨，违礼部指导。彼乃万乘师也，得无有生得失乎？彼所给与物却之不恭，受又无名，将奈何？"一贯对番僧的反感，加上礼仪不熟、语言不通，使得朝鲜使节显得对班禅极为不敬，朴趾源虽对这结果早有揣度并深以为乐，但到底还是有些紧张。而更加具体的问题是，正使说："今所寓馆，太学也，不可以佛像入"②，遂命朴趾源去寻找能够放置佛像的地方。朴趾源议论说："吾东一事涉佛，必为终身之累，况此所授者番僧乎"？使臣回到北京之后，"以其币物尽给译官，诸译亦视同粪秽，若将浼

---

① 中国第一历史档案馆、中国藏学研究中心合编《六世班禅朝觐档案选编》，中国藏学出版社，1996，第255页。
② 朴趾源：《热河日记》，朱瑞平点校，上海书店出版社，1996，第185页。

焉。售银九十两,散之一行马头辈,而不以此银沽饮一杯酒"。①

结论:作为结构与关系史的地景

对美国新清史来说,承德是一个十分重要的研究对象,罗友枝(E. Rawski)说:"从象征意义上来说,它是塞外之都,在理藩院的掌管下,蒙古人、维吾尔人和藏族人在这里实践宫廷礼仪"②,而每年从承德出发的木兰秋狝则"给头衔较低的内亚精英集团成员提供了在参加一种强化满洲和内亚联系的活动的同时,更亲密地接触皇帝的机会"。罗友枝亦同意弗雷特对盛京、北京和承德的政治意义的比较和区分,承德存在的意义就是因为它被设计成为一个西藏佛教之都。③ 新清史的研究固然强调满洲的"民族性"对理解清王朝的重要性,而其最有力的挑战却在于强调藏传佛教作为一种意识形态对传统儒家意识形态的抗衡甚至压制。在这一知识社会学的眼光下,承德的理论意义是怎样估计都不过分的。而笔者要指出的是,类似于前文提到的芮沃寿和伊利亚德那样一种高度抽象的描述自然不可能与具体历史严密吻合,但即使抛开可以设想的误差不谈,我们还是需要注意,自从佛教、伊斯兰教等发源于外部的宗教进入中国社会以来,宇宙观的多元性实际上是任何一个城市都要面对的现实,而且事实上,几乎没有一个城市的地景不在表述这种多元性。

承德的地景结构与传统中国时代的大部分城市不同,这个城市从一开始就没有规划过那个标志性的四方城墙,承德并非一个依据既定的宇宙观模式修建的城市,而是在民族关系史发展的过程中逐渐生成的,承德的地景所表征的是多种宇宙观之间,以及它们与政治之间的关系和关系史的整体。这一生成过程中自然包含着结构性的要素,但核心却是围绕着整个避暑山庄与包括外八庙在内的不同宗教的寺庙如何在它们彼此之间的关系中构成了承德地景的总体格局。这一格局是在清代早期的开拓史当中逐步形成的,承德的营造史应该放在元以后中国知识史的进程中来考察。元代设立总制院之后,藏传佛教就已经成为藏区官僚体系的知识系统和意识形

---

① 朴趾源:《热河日记》,朱瑞平点校,上海书店出版社,1996,第190页。
② 罗友枝:《清代宫廷社会史》,周卫平译,中国人民大学出版社,2009,第23页。
③ 罗友枝:《清代宫廷社会史》,周卫平译,中国人民大学出版社,2009,第20页。

态，儒家从一种基于天下的意识形态收缩成了基于汉地的伦理体系，从一种绝对知识变成了中国多种合法知识中的一种。这一进程实际上一直延伸到了清末西方科学体系的扩张。从元代开始，每个时期的政府都不得不对这种知识格局的变迁有所反应，即使是明这样一个有着强烈复古主义的朝代，也还是在中国西北保留了十分宽松的僧纲制度。清并非一个特例。

格鲁派无疑在承德的地景构造当中占有绝对重要的位置。承德地景集中体现了清代北部边疆上两个帝系、一个法台和一个教派的较量史，这一历史通过山庄和寺庙中的碑文集中体现出来，这些文字本身就是地景的内在组成部分，而不是地景的注脚。就已经提到的寺庙来说，溥仁寺、溥善寺是清帝系与黄金家族的斗争的结果，普宁寺、普乐寺、安远庙都直接或间接地与松赞干布的法台有关，而须弥福寿寺和普陀宗乘之庙则和格鲁派之间的复杂的关系史相关。这一复杂的关系史结构最终都指向了清王朝与藏传佛教之间的关系，这表明，清代的藩部政治的根本并非"土地封建"，康雍乾三代皇帝通过一百多年的努力，将上述复杂的关系都收束成了与格鲁派的关系，承德地景即是这一过程和结果的精确展演。但是，这并不意味着藏传佛教的宇宙观体系就已经在承德取得了独一无二的地位。新清史以藏传佛教的结构类型取代儒家的结构类型，本质上也并没有解放历史，不过是流于没有结果的争论而已。承德对于清王朝的独有的意义在于，既要肯定藏传佛教的重要性，又要将它放在一个多元宇宙观的格局当中。

弗雷特非常明确地意识到，承德是一个由多种宇宙观综合而成的复杂体系，而这些体系之间并非天然就是彼此适应与和谐的。而其中最重要的问题就是如何协调避暑胜地的宇宙与宗教意义和儒家的反宗教立场之间的关系，这一点也在朴趾源对喇嘛的愤怒中得到了体现。而本文要强调的是，新清史的眼光，与他们所反对的汉人中心论其实同样片面，中华文明原本就是一个多元宇宙观构成的关系体系，不论满人还是汉人都处于这一个关系体当中，看到承德的宇宙观多元性固然重要，而更重要的却是要看到在具体的历史进程当中，一代朝廷怎样努力协调诸宇宙观之间的关系，并形构一个朝代的整体性。

祈报考

——以《诗经·载芟》《诗经·良耜》为讨论中心

许　恰*

内容提要：本文以《载芟》《良耜》为中心，探讨了"祈报"这一核心概念，认为"祈报"一年分为两次进行，即春天的祈祀与秋冬的报祀。春天的祈祀即孟春与仲春的社稷祭祀，并通过引用《月令》与《郊特牲》的材料，论证周代的报祀在季秋孟冬举行，而社稷祭祀在孟冬分别举行，其中社祀在社宫举行，稷祀仍以后稷配天的形式举行。

关键词：农事诗　社稷祭祀　祈报

导　言

前人对农事诗有许多有益的研究，涉及农事的各个方面，取得了很大的研究成果。但是，据笔者的研究，学者对于农事诗篇中有关农业祭祀的一些核心概念与名词，如"春祈秋报"，在认识上却存在很大分歧。因此本文试图在前人研究的基础上，做一些有益的探索。

《载芟》，毛亨的序认为此诗描述了春天的籍田场面，并言此诗属于春祈社稷。《毛诗正义》赞成毛亨的说法，并且对于序与诗不一致的现象进行了解释。朱熹《诗集传》对《诗序》在继承的基础上有所改变。他是赞成《载芟》一诗存在社稷祭祀的。但是他不同意《诗序》关于此诗社稷祭祀应该在春季的看法，认为当在秋冬。关于《良耜》，《毛序》认为此诗是秋季祭祀社稷之诗。孔颖达《毛诗正义》赞同毛亨的观点。

---

* 许恰，中国社会科学院民族学与人类学研究所馆员。

关于祈报的次数：孔颖达《礼记正义》、曹书杰《后稷传说与稷祀文化》与詹鄞鑫《神灵与祭祀》均认为一年有三次。

《月令》与《郊特牲》蜡祭时间的差异问题：孔颖达《礼记正义》认为，《月令》与《郊特牲》蜡祭时间相差两个月，是因为历法不同，《月令》用夏正，而《郊特牲》用周正。

一 《载芟》《良耜》祭祀对象的认定

《诗经》"农事诗"中不乏描述社稷祭祀的诗篇。诗中祭祀社神的诗篇有：《甫田》《云汉》；诗中祭祀田祖（稷神）的诗篇有：《甫田》《大田》《七月》；诗中有社稷祭祀的有：《载芟》《良耜》。下面将分别对《载芟》《良耜》中的祭祀对象进行认证。

（一）《载芟》

《载芟》序云："春籍田而祈社稷也。"毛亨的序认为此诗描述了春天的籍田场面，并言此诗属于春祈社稷。诗中后部描述的祭祀场面可以明显地看出是秋冬时节的祭祖礼。因为"烝"祭为四时祭祖礼的冬礼，也有一说为秋礼。可见毛氏并不是依据此而认为是春祈社稷的。可见他是根据诗中的籍田景象，认为此诗当为籍田后祈社稷之庙歌。后面秋冬收获祭祖的场面，仅为对丰年的祈愿。

《毛诗正义》："《载芟》诗者，春籍田而祈社稷之乐歌也。谓周公、成王太平之时，王者于春时亲耕籍田，以劝农业，又祈求社稷，使获其年丰岁稔。诗人述其丰熟之事，而为此歌焉。经陈下民乐治田业，收获弘多，酿为酒醴，用以祭祀。是由王者耕籍田、祈社稷、劝之使然，故序本其多获所由，言其作颂之意。经则主说年丰，故其言不及籍、社，所以经、序有异也。"① 孔氏赞成毛亨的说法，并且对于序与诗不一致的现象进行了解释。

朱熹《诗集传》："此诗未详所用，然词义与丰年相似，其用应亦不殊。"② 考之朱熹《丰年·诗集传》："此秋冬报赛田事之乐歌。盖祀田祖、

---

① 孔颖达：《毛诗正义》，《十三经注疏》，北京大学出版社，2000，第1592页。
② 朱熹：《诗经集传》，《四书五经》（中册），中国书店出版社，1998，第160页。

先农、方社之属也。"①

可见他实际上是对《诗序》在继承的基础上有所改变。他将《毛序》的社稷一分为二，延续社祀并加上了方祀，变为方社。将稷祀解释为先农、田祖，可见他同时认为先农、田祖并非同一神灵，而是身份不同的两位神灵。但是他不同意《诗序》关于此诗社稷祭祀应该在春季的看法，认为当在秋冬。总之他是赞成《载芟》一诗存在社稷祭祀的。

我们延续毛传的说法，继续对此诗的籍田场面进行认定，因为这是毛序认定此诗为社稷祭祀的重要依据。于省吾《泽螺居诗经新证》对于"侯主侯伯，侯亚侯旅"进行了考证。他不赞同毛传郑笺对于此的注解。② 毛传："主，家长也。伯，长子也。亚，仲叔也。旅，子弟也。"郑笺："父子余夫俱行。"他认为："序谓此诗春籍田而祈社稷也，主、伯、亚、旅四者，皆略举当时自天子以下卿大夫之禄食公田者，传、笺并臆解不可从。"可见他是同意毛序的说法的，认为此诗确是天子籍田并祈社稷的庙歌。

既然本诗确实出现籍田场面，毛亨何以将籍田与春祈社稷联系在一起呢？《左传·襄公七年》：孟献子说"夫郊祀后稷，以祈农事也。是故启蛰而郊，郊而后耕"。杜注："郊祀后稷以配天。后稷，周始祖，能播殖者。"《月令》："孟春之月……是月也，天子乃以元日祈谷于上帝"；"仲春之月……是月也，择元日，命民社"。可见春祈社稷是籍田以后的事。如此则此诗是籍田后春祈社稷的诗歌。

（二）《良耜》

《良耜》序云："秋报社稷也。"《毛序》认为此诗是秋季祭祀社稷之诗。此诗与《载芟》被视为春祈秋报的姊妹诗。两诗都对春耕秋获进行了描写，不过各有侧重，《载芟》诗侧重在春耕籍田，而此诗则侧重在秋获。孔颖达《毛诗正义》："《良耜》诗者，秋报社稷之乐歌也。谓周公、成王太平之时，年谷丰稔，以为由社稷之所佑，故于秋物既成，王者乃祭社稷之神，以报生长之功。诗人述其事而作此歌焉。经之所陈，其末四句是报祭社稷之事。'妇子宁止'以上，言其耕种多获，以明报祭所由，亦是报之事也。经言'百室盈止，妇子宁止'乃是场功毕入，当十月之后，而得

---

① 朱熹：《诗经集传》，《四书五经》（中册），中国书店出版社，1998，第156页。
② 于省吾：《泽螺居诗经新证》，中华书局，2003，第61页。

言秋报者，作者先陈人事使毕，然后言其报祭。其实报祭在秋，宁止在冬也。"①《正义》对全诗内容进行了很简明的概括。讲到此诗前面描述祭祀的原由，即农作丰收报祀农神，并且《正义》点出此诗描述祭祀场景在最后四句，其实确定祭祀对象关键还在最后两句。

"以似以续，续古之人"，明显地点出了此诗祭祀的内涵与祭祀的对象。《毛传》："以似以续，嗣前岁、续往事也。"《毛传》着眼在历史时间的延续上。《郑笺》："嗣前岁者，后来有丰年也。续往事者，复以养人也。续古之人，求有良司穑也。"《郑笺》在《毛传》解释的基础上，具体点明了接续的是年丰与民足，且点出了祭祀的对象是司穑，即农神。《广雅》："似，续也。""似"即"嗣"之假借，因此"似""续"二字同义。"以似以续"与"以享以祀""以孝以享"一样，是避免重复的一种句式。"似""续"都有祭祀的含义。《说文》："祀，祭无已也。""似""续"就含有祭祀无已的一部分含义。《斯干》："似续妣祖"就是"似""续"具有祭祀义的例子。马瑞辰《毛诗传笺通释》认为此诗"以似以续"是祭祀社稷，"续古之人"是配祀先啬，司啬，即农神。"《传》《笺》分'似''续'为二义，失之。……又或以'续古之人'为续其先祖，如'农服先畴'之比，亦非。"②他认为《传》《笺》将"似""续"分立解释成人事不妥。他也不赞成将此诗的祭祀对象解释成农业祖先神。实际上先啬、司啬即是农业祖先神。陈奂《诗毛氏传疏》认为"古之人"是田祖，田畯。③《周礼·春官·籥师》："凡国祈年于田祖，吹豳雅，击土鼓，以乐田畯。"《甫田》毛传："田祖，先啬也。"郑注："田畯，古之先，教田之官者。"可见陈氏认为此诗为祭祀农业祖先神。学者虽然对于祭祀农业祖先神，与农神有分歧，但是可以肯定的一点是本诗不是单纯祭祀祖先神，而是祭祀农事有关的神，很有可能即是郊祀后稷。

二 关于"祈报"的考证

《周颂·载芟》序云："春籍田而祈社稷也。"《周颂·良耜》序云：

---

① 孔颖达：《毛诗正义》，《十三经注疏》，北京大学出版社，2000，第1600页。
② 马瑞辰：《毛诗传笺通释》，《续修四库全书》，上海古籍出版社，2002，第1111页。
③ 陈奂：《诗毛氏传疏》，《续修四库全书》，上海古籍出版社，2002，第417页。

"秋报社稷也。"可见两诗都写的是祭祀社稷之礼，那什么是春祈秋报呢？春秋两季祭祀社稷，在古代称为春祈秋报，是帝王的必行之礼。春祈是春耕之前祈求丰收，秋报是收获之后答谢神灵。对于这一点，史书多有记载。

《周礼·春官·肆师》："社之日，卜来岁之稼。"郑玄注："社祭土，为取财焉。卜者，问后岁稼所宜。"由郑注可知，此社祭在秋冬进行。《周礼·春官》："卜来岁之稼。"贾疏："祭祀有二时，谓春祈秋报。报者，报其成熟之功。"《白虎通义·社稷篇》："岁再祭之何，春祈秋报之义也。故《月令》仲春之月，'择元日，命民社。'仲秋之月，'择元日，命民社。'"① 此言社祭每年凡两次。但是考之《月令》，仅有仲春之祭，而无仲秋之祀，可见后者乃其附会。他还援引了《（孝经纬）援神契》，《援神契》说："仲春祈谷，仲秋报禾，报社祭稷。"此言春祈秋报。《公羊传》庄公二十三年，何注："社者，土地之主，祭者，报德也。生万物，居人民，德至厚，功至大，故感春秋而祭之。"此言社祭在春秋。《周礼·大司马》："'春蒐田，献禽以祭社'，是春祭也；'秋狝田，致禽以祀方'，是秋祭也。'"此言春秋两祀。

由以上文献归纳可知，祈报一般是在春秋进行，而《郊特牲》孔疏，认为一年有三次。《郊特牲》孔疏，"其社之祭，岁有三：仲春命民社，一也；诗云'以社以方'谓秋祭，二也；孟冬云'大割祠于公社'，是三也"。问题在于，他认为"大割祠于公社"是祀社稷。而郑玄注却与他看法不同，认为是蜡祭。

曹书杰《后稷传说与稷祀文化》认为，"社稷有常规之祭和非常之祭两类。周代的常规之祭每年3次：仲春祈谷、仲秋报谢、孟冬大祭"②。而詹鄞鑫《神灵与祭祀》也持相同观点。③

我们看《月令》的祈报也是一个完整的环节，包括仲春、季秋、孟冬。孟春与仲春是一个完整的春祈环节（已证）。而季秋与孟冬是一个完整的"秋报"环节。这样一来，《月令》的记载与其他文献在一年两次的祈报社稷上就没有不同了。为什么先贤学者们却都以一年一次或两次的祈

---

① 《白虎通疏证》，《新编诸子集成》，中华书局，1994，第84页。
② 曹书杰：《后稷传说与稷祀文化》，社会科学文献出版社，2006，第348页。
③ 詹鄞鑫：《神灵与祭祀》，江苏古籍出版社，2000，第320页。

报相争执呢？这是因为对于月令的记载，他们并没有完整地看，以《月令》的孟冬，去匹配其他文献记载中的仲春与仲秋。殊不知《月令》里的季秋与孟冬实为"秋祭"一个完整环节的两个阶段。

《月令》："孟春之月，是月也，天子乃以元日祈谷于上帝。"

《月令》："仲春之月……是月也，择元日，命民社"。

《月令》："季秋之月……是月也，大飨帝，尝牺牲，告备于天子"。

《月令》："孟冬之月……是月也，大饮烝。天子乃祈来年于天宗，大割祠于公社及门闾，腊先祖五祀。劳农以休息之。"

《郊特牲》认为蜡祭在十二月，而《月令》却在孟冬十月，两者相差两个月。为什么会有此差异？孔颖达认为：《月令》与《郊特牲》相差两个月，是因为历法不同的缘故。因古有"三正"说，即夏历以"寅月"为岁首，殷历以"丑月"为岁首，周历以"子月"为岁首。孔颖达《礼记正义》："蜡者……十二月合聚万物而索飨之……十二月者，据周言之，若以夏正言之则十月，以殷言之则十一月，谓建亥之月也。"

曹书杰《后稷传说与稷祀文化》引用孔颖达《礼记正义》，并认为："月虽不同，但是其季节时间没有变化，故曰'谓建亥之月'。孔氏的这一解释是否真实反映了先秦蜡祭的时间变化尚有待进一步研究。"曹氏认为"月虽不同，但是其季节时间没有变化"①的观点是不对的，周历的十二月对于周是季冬，夏历的十月虽然相对于周历的十二月，但是对于夏而言却是孟冬。

孔颖达《礼记正义》的观点是正确的。由于《吕氏春秋》与《月令》都被证明使用的是夏历（《月令》使用夏历的原因：《月令》取材于秦编著的《吕氏春秋·十二纪》），而《礼记》其他篇章，包括《郊特牲》使用的是周历。因此《郊特牲》的十二月正合《月令》的孟冬。如此则《月令》与《郊特牲》乃为同月的蜡祭。《月令》孟冬的祭祀必为报祭社稷，而同时又为蜡祭。稷祀亦同于孟春，是以后稷配天的形式实现的，即"天子乃祈来年于天宗"；而社祀则在社宫举行，即"大割祠于公社"。

---

① 曹书杰：《后稷传说与稷祀文化》，社会科学文献出版社，2006，第391页。

小 结

本文认为"祈报"一年分为两次进行。春天的祈祀即孟春与仲春的社稷祭祀。又通过引用《月令》与《郊特牲》的材料，论证周代的报祀在季秋孟冬举行。而社稷祭祀在孟冬分别举行：社祀在社宫举行，稷祀仍以后稷配天的形式举行。而且蜡祭与社稷祭祀是同月进行的。

参考文献
一　基本史料
《尚书》，《汉魏古注十三经》（中册），中华书局，1998。
《毛诗》，《汉魏古注十三经》（中册），中华书局，1998。
《周礼》，《汉魏古注十三经》（中册），中华书局，1998。
《礼记》，《汉魏古注十三经》（中册），中华书局，1998。
朱熹：《诗经集传》，《四书五经》（中册），中国书店出版社，1998。
孔颖达：《毛诗正义》，《十三经注疏》，北京大学出版社，2000。
孔颖达：《礼记正义》，《十三经注疏》，北京大学出版社，2000。
孙诒让：《周礼正义》，《十三经清人注疏》，中华书局，1987。
胡承珙：《毛诗后笺》，《续修四库全书》，上海古籍出版社，2002。
陈奂：《诗毛氏传疏》，《续修四库全书》，上海古籍出版社，2002。
苏辙：《诗集传》，《续修四库全书》，上海古籍出版社，2002。
《说文解字》，上海古籍出版社，2001。
《吕氏春秋》，《诸子集成》，上海书店出版社，1996。
《山海经校注》，巴蜀书社，1996。
《春秋经传集解》，《汉魏古注十三经》（中册），中华书局，1998。
《白虎通疏证》，《新编诸子集成》，中华书局，1994。
《国语》，上海古籍出版社，2007。
《甲骨文合集》，中华书局，1980～1983。
《两周金文辞图录考证》，《郭沫若全集》，科学出版社，2002。
二　参考论文、论著
王国维：《观堂集林》，中华书局，2006。
郭沫若：《由周代农事诗论到周代社会》，《青铜时代》，中国人民大学出版社，2005。
郭沫若：《〈诗〉〈书〉时代的社会变革与其思想上的反映》，《中国古代社会研究》,《中国现代学术经典·郭沫若卷》,河北教育出版社,1996。

闻一多:《姜嫄履大人迹考》,《神话研究》,巴蜀书社,2002。

陈梦家:《殷墟卜辞综述》,科学出版社,1956。

胡厚宣:《甲骨文四方风名考证》,《20世纪中华学术经典文库·古代史卷上》,兰州大学出版社,2000。

孙作云:《读噫嘻》,《孙作云文集》,河南大学出版社,2004。

杨宽:《西周史》,上海人民出版社,2004。

于省吾:《泽螺居诗经新证》,中华书局,2003。

陈子展:《诗三百解题》,复旦大学出版社,2001。

高亨:《诗经今注》,上海古籍出版社,1980。

晁福林:《先秦民俗史》,上海人民出版社,2001。

晁福林:《夏商西周的社会变迁》,北京师范大学出版社,1999。

晁福林:《先秦社会形态研究》,北京师范大学出版社,2003。

朱凤瀚:《商周家族形态研究》,天津古籍出版社,2004。

洪湛侯:《诗经学史》,中华书局,2004。

詹鄞鑫:《神灵与祭祀》,江苏古籍出版社,2000。

柯思文:《原始文化史纲》,人民出版社,1955。

白川静:《中国古代文化》(中译本),台湾文津出版社,1983。

〔法〕列维-布留尔:《原始思维》,丁由译,商务印书馆,1997。

曹书杰:《后稷传说与稷祀文化》,社会科学文献出版社,2006。

民族文献学

中国民族自治地方网络信息化发展调查与分析

孔 敬[*]

内容提要：网络信息化是当今世界经济和社会发展的大趋势，信息化水平已成为衡量一个国家和地区现代化水平的重要标志。研究我国民族自治地方的网络信息化发展状况对于促进民族自治地方的经济、文化繁荣以及社会稳定发展等具有重要意义。本文对中国民族自治地方，包括自治区、自治州和自治县三个自治级别，共155个自治地方的行政和事业单位网站建设情况进行了调查，同时引用中国互联网络信息中心发布的《中国互联网络发展状况统计报告》和国家统计局《中国统计年鉴》以及国家民族事务委员会主编《中国民族统计年鉴》的统计数据，对民族自治地方的网络信息化发展现状进行了阐述和分析。分析汇总了五个民族自治区从1997年以来的互联网网民规模、互联网基础设施建设以及网站信息化建设的总体情况，并从政府机关、教育、文化事业和民族文字网站开发四个领域调查了民族自治区、自治州和自治县的网站建设情况，阐述了民族自治地方网络信息化发展现状，揭示了民族自治地方互联网络发展动态，分析了民族自治地方未来信息化的发展趋势，为国家和民族研究工作者提供了民族自治地方网络信息化决策的重要依据。

关键词：民族自治地方　网络信息化　调查分析

---

[*] 孔敬，中国社会科学院民族学与人类学研究所副研究馆员。

引 言

随着互联网和信息化建设的迅速发展，互联网全面渗入世界各国经济、社会、生活的方方面面。在人民生活方面，继网络娱乐应用之后，电子商务快速发展，网络购物等新兴消费形式进入日常生活；在文化传播方面，快速成长的网络文化，推动着全球范围内的产业革命和文化观念活动的创新与社会变革；在政治舆论方面，网络已成为公民表达社情民意的重要载体之一，成为推动政治体制进步的重要工具，网络的兴盛大大拓展了社会的舆论空间，深刻影响着社会舆论的形成机制和传播方式。

就我国网民发展规模来看，截至 2012 年 12 月底，中国网民达到 5.64 亿人，互联网普及率为 42.1%，较 2011 年底提升了 3.8 个百分点。[①] 互联网无疑已成为不少中国人，特别是城镇居民生活中不可或缺的组成部分。

网络信息化是当今世界经济和社会发展的大趋势，信息化水平已成为衡量一个国家和地区现代化水平的重要标志。研究我国民族自治地方的网络信息化发展状况对于促进民族自治地方的经济、文化繁荣以及社会稳定发展等有重要意义。

为深入反映我国民族自治地方的网络信息化发展状况以及未来趋势，我们对中国民族自治地方，包括自治区、自治州和自治县三个自治级别共 155 个自治地方的行政和事业单位网站建设情况进行了调查，调查网站的类别包括政府机关、教育、文化以及民族文字信息化四个领域，共调查 17800 多个样本，最终整理有效数据 16000 多条。本文同时引用中国互联网络信息中心（CNNIC），1997 年 10 月至 2013 年 1 月间发布的第 1~31 次《中国互联网络发展状况统计报告》[②]的统计数据，以及国家统计局 2007 年至 2012 年出版的《中国统计年鉴》[③]发布的 2006~2011 年的各省互联

---

① 中国互联网络信息中心：《第 31 次中国互联网络发展状况统计报告》，http://www.cnnic.cn/hlwfzyj/hlwxzbg/hlwtjbg/201301/t20130115_38508.htm。
② 中国互联网络信息中心：《中国互联网络发展状况统计报告》（1997~2012），http://www.cnnic.cn/hlwfzyj/hlwxzbg/hlwtjbg/。
③ 中华人民共和国国家统计局：《中国统计年鉴》（2007~2012 年卷），中国统计出版社，2007~2012。

网通信能力，并引用《中国民族统计年鉴》① 中民族自治地方社会经济发展数据对互联网发展的支撑环境进行分析。

在上述调查和引用统计数据基础之上，本文分析汇总了五个民族自治区从1997年以来的互联网网民规模、互联网基础设施建设以及网站信息化建设的总体情况，并从政府机关、教育、文化事业和民族文字网站开发四个方面介绍了民族自治区、自治州和自治县的网站建设情况，阐述了民族自治地方网络信息化发展现状，揭示了民族自治地方互联网络发展动态，分析了民族自治地方未来信息化的发展趋势，为国家和民族研究工作者提供了民族自治地方网络信息化决策的重要依据。

一 调查研究方法与内容

依据统计学理论，本次调查采用了网下抽样、网上搜索和官方统计数据引用的调查方法。调查以政府机关和文化教育事业单位为例，对我国民族自治地方包括5个民族自治区、30个民族自治州和120个民族自治县的政府机关和高等教育机构进行了全样本调查，对中等教育机构和文化事业单位采用抽样调查的方法。调研方法和步骤如下。

1. 网下抽样

（1）调查总体

目标总体按行业细分为以下几个方面。

子总体A：人民政府机关（155个民族自治地方）；

子总体B：教育，进一步分为B1大学、B2中学；

子总体C：文化，进一步分为C1政府机关、C2图书馆博物馆、C3出版业、C4广播电视；

子总体D：各部门政府机关，进一步分为D1农业局、D2工商局、D3发改局、D4旅游局等多个行业的政府机关。

（2）抽样方法

先对上述子总体按省、地市和县三级进行分层，各层独立抽取样本。除政府机关和高等院校为全样本调查外，其他各类均为抽样调查。根据各

---

① 国家民族事务委员会经济发展司、国家统计局国民经济综合统计司：《中国民族统计年鉴（2008）》，中国统计出版社，2009。

类别的个体数情况，抽取样本数各不相同。省级包括5个自治区及下属地市级和县级城市，地市级包括30个自治州，县级包括120个自治县，共计17879个调查样本（具体调查样本数见表1）。通过对初步调查样本的调查结果进行审校，最终整理有效调查数据16000多条。

表1 各调查子总体的调查样本数量

子总体编号	子总体名	调查样本数
子总体A	民族自治地方人民政府机关汇总	179
子总体B	教育机关及大学、中学单位	10211
子总体C	文化事业单位	1646
子总体D	各部门政府机关	5843
	合计	17879

2. 网上搜索调查

在互联网上，采用谷歌、百度等搜索引擎对上述的17800多个调查样本进行人工搜索排查、收集相关调查内容，调查内容包括：各单位或机构是否有自己的网站，网站的栏目情况、版本情况，网站的信息量规模，网站内容更新情况，网站的技术支持，是否拥有民族文字网站等网络信息化情况。

3. 官方统计数据调查引用

本文引用了中国互联网络信息中心（CNNIC）发布的《中国互联网络发展状况统计报告》中的网民及网络应用的分省统计数据，《中国统计年鉴》的互联网宽带接入端口、长途光缆线路长度和移动电话交换机容量的分省数据，以及《中国民族统计年鉴》的民族自治地方社会经济发展基础数据。

4. 调查内容与数据来源

本文调查收集的数据包括互联网基础设施、互联网普及、互联网资源、互联网信息建设、互联网支撑环境和互联网应用六个大类，共计28个小项。具体内容及数据来源如表2所示。

表2 民族地区互联网发展调查内容

调查内容分类		内容子项		自治地方调查范围	数据来源
一级	二级	序号	指标名称		
互联网络基础设施	—	1	互联网宽带接入端口	自治区	《中国统计年鉴》
		2	长途光缆线路长度		
		3	移动电话交换机容量		
互联网资源	—	4	IPv4地址	自治区	《中国互联网络发展状况统计报告》
		5	域名		
互联网普及	—	6	网民数		
		7	网民普及率		
互联网信息建设	信息量	8	网站数		
		9	网页数		
		10	网页字节数		
	信息更新	11	网页更新周期率		
	信息文种多样性	12	网页编码类别		
互联网应用	政府机关	13	人民政府网站信息量	自治区、自治州、自治县	田野调查
		14	政府部门建网站率		
	教育单位	15	教育机关网站信息量		
		16	大学网站信息量		
		17	中学建网站率		
	文化事业	18	文化主管部门网站		
		19	文化事业单位建网站率		
	民族文字	20	民族文字网站数		

续表

调查内容分类				自治地方调查范围	数据来源
一级	二级	序号	指标名称		
互联网支撑环境	经济	21	GDP	自治区、自治州、自治县	《中国民族统计年鉴》
		22	城乡人口比重	自治区	《中国统计年鉴》
	教育	23	中学学校数	自治区、自治州、自治县	《中国民族统计年鉴》
		24	中学生人数		
	文化	25	文化馆		
		26	图书馆		
	卫生	27	医疗人员数		
		28	医院、卫生院床位数		

二 调查结果与分析

1. 民族自治区互联网发展历程

从 1997 年至 2013 年，我国五个民族自治区的互联网普及、互联网资源和互联网信息建设三大类统计数据来看①，民族地区的互联网发展历程大致可分为四个阶段：萌芽阶段（1997~2000）、起步阶段（2000~2004）、形成阶段（2004~2007）、发展阶段（2007 年至今）。以互联网网民数为例，其发展趋势如图 1 所示。

萌芽阶段：1997~2000 年，5 个民族自治区在此阶段的网民数均不太多，网民数在万人以下，除新疆以外，其他各自治区的增长率都不太高，互联网的普及率相当低。互联网资源的拥有量非常低，1999 年底 5 个自治区拥有域名总量还不足 900 个，其中广西最多也不过 400 多个。互联网信息建设基本上还处于试探阶段。

---

① 中国互联网络信息中心：《中国互联网络发展状况统计报告》（1997~2011），http://www.cnnic.cn/hlwfzyj/hlwxzbg/hlwtjbg/。

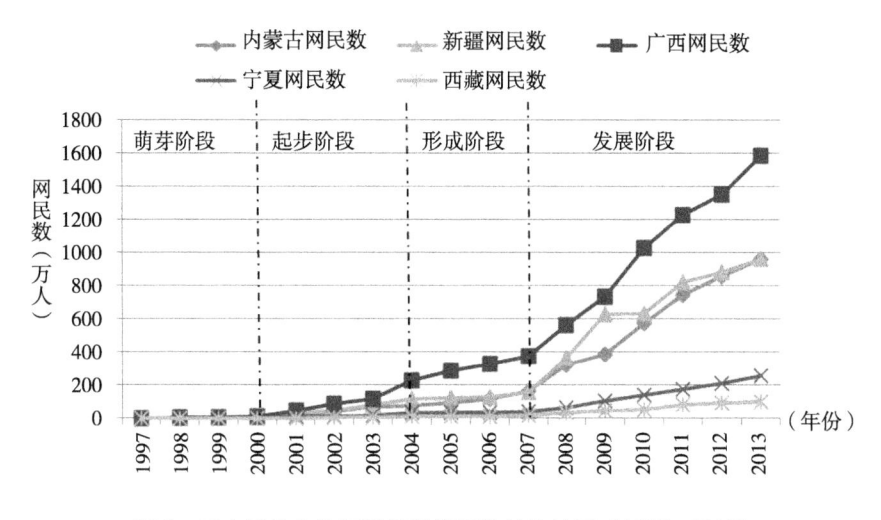

图1 五个民族自治区网民数发展趋势比较图（1997～2013）

起步阶段：2000～2004年，5个民族自治区在此阶段的网民数急剧增加，1999年，除西藏以外，其他各个自治区的网民数均突破1万人，2002年底，多数自治区网民突破50万人。各自治区的网民增长率较高，互联网开始普及。但互联网资源拥有量的增长较为缓慢。互联网信息建设开始起步，网站数逐年增长。

形成阶段：2004～2007年，5个民族自治区在此阶段网民数的增长相对平缓，增长率下滑，部分自治区出现零增长，甚至负增长。各自治区的互联网增长率均在0.5%左右，不超过0.8%，普及率增长缓慢。但互联网资源拥有量增长较快，尤其在2003和2006年这两年出现跳跃式的增长，互联网信息建设平稳增长。

发展阶段：从2007年至今，5个民族自治区在此阶段网民数的增长迅速，在网民数为百万的基础上，保持了一定的增长率，增长率不像起步阶段那么高，但一直维持在10%以上（2009年新疆受网络管制特殊情况除外）。各自治区的互联网普及率增长迅速。截至2012年12月底，均达到25%以上，新疆维吾尔自治区互联网普及率还超过了全国平均水平，内蒙古自治区和宁夏回族自治区互联网普及率低于全国平均水平但高于世界平均水平。互联网资源域名拥有量和互联网信息建设持续快速增长，2008～2009年达到峰值，2010年开始下降，回归到平稳发展状态。此阶段最为突出的问题是发展不平衡，其中西藏自治区互联网信息建设与其他自治区的差距较大,也与其资源拥有量的水平不符。

2. 民族自治区互联网基础设施与资源发展现状

互联网基础资源的统计数据表明:在硬件方面,如互联网宽带接入端口、长途光缆线路长度、移动电话交换机容量、互联网平均连接速度等,5个民族自治区在绝对拥有数上比较少,但相对于其人口数,其拥有资源的水平与其他中等发展水平的地区差距并不大,个别自治区甚至比平均水平高。以互联网宽带接入为例,2006~2009年,我国5个民族自治区的互联网宽带接入端口总体呈上升趋势,增长率较高,除新疆在2009年因网络封闭增长率只有13%以外,其他自治区连续3年保持在23%~66%快速增长的速度。但在软资源方面,如IPv4地址和域名方面,其拥有的资源水平相对更低。

总体来看,无论互联网带宽接入端口,还是IPv4地址、域名的拥有量民族自治地方网络基础设施的发展都处于中下水平,总体说来是经济发达地区的互联网基础设施建设水平要比经济欠发达地区高出很多。

3. 民族自治区互联网普及现状

从互联网普及率来看,5个民族自治区在全国范围内总体居中偏上,互联网普及率排名最后7位无民族自治区,但自治区内部发展不平衡。2012年底,5个自治区互联网普及率由高到低分别为新疆(43.6%)、宁夏(40.3%)、内蒙古(38.9%)、广西(34.2%)和西藏(33.3%)。新疆互联网普及水平较高,其在近几年的互联网普及率均高于全国水平;内蒙古和宁夏互联网普及率处于中等水平,在2012年全国排名分别为第16、19名,低于全国平均水平(42.1%),高于世界平均水平(34.3%)[①];广西和西藏互联网普及率处于中等偏下,低于世界平均水平,在2012年底全国排名中分列第22和24名。从网民数量看,5个自治区网民总量不大,但近年来民族自治区的网民增长速度普遍高于同为发展中地区的中西部非民族自治地区。未来,民族自治区的互联网普及仍有较大的上升趋势。

4. 民族自治区互联网信息建设现状

在互联网信息建设方面,从网站数、网页数、网页字节数三项指标来看,广西数量最多,然后是新疆、内蒙古、宁夏和西藏。广西的网页数

---

① Miniwatts Marketing Group, World Internet Users and Population Stats, 2012.6, http://www.internetworldstats.com/stats.htm.

多，远远超过新疆和内蒙古，宁夏和西藏的网页较少。从5个民族自治区网站增长率发展趋势来看，各自治区网站增长率一直在正、负增长间波动，除西藏以外，其他自治区上下增减幅度基本相当。总体来看，东部地区网站建设数量多于西部地区，南部地区多于北部地区。

就信息更新情况而言，5个民族自治区中首先是宁夏，其次是内蒙古和广西，最后是新疆和西藏。从全国范围上看，并无明显的东西部差距。

从网页编码类别情况来看，从5个民族自治区非简体汉文网页发展来看，各民族自治地方多语言网页版本开发的数量时增时减。在2008和2010年前开发的多语言文种网站版本相对较多，最多的时候达到近20%的非汉文网页。5个民族自治区中，新疆开发的多文种网页较多，其次是广西、西藏、内蒙古和宁夏。

5. 民族自治地方互联网应用现状

（1）政府机关信息化

我们对5个民族自治区、30个民族自治州和120个民族自治县的人民政府机关或部门，共计6000多个政府机关单位进行了网站建设情况调查。

调查结果表明，从人民政府机关的建网情况来看，网站建设已在自治区、自治州和自治县各个层次上全面发展，建站率达90%以上，只有少数县级人民政府机关未建立网站。从民族自治区的各个政府机关部门建网站的情况来看，各地区的发展在地区分布上存在地区发展不平衡问题。总体来看，是新疆维吾尔自治区、内蒙古自治区和广西壮族自治区发展相对好一些，西藏自治区与其他自治区有较大的发展差距。从自治民族成分来看，藏族自治区、自治州和自治县的网站建设与其他民族自治地方存在一定的差距。

（2）教育网络信息化

我们对5个民族自治区、30个民族自治州和120个民族自治县，包括自治区所辖州、地（市）和自治州或县所辖县的教育局进行了完全调查；在高等院校方面对5个民族自治区、30个自治州和120个自治县，包括它们所辖州、地（市）和县的本科和大专学校进行了完全调查，在中学教育机构方面对5个民族自治区、30个自治州和120个自治县，含各级自治地方所辖州、地（市）和县的普通中学（不包含中等专业学校）进行了不完全抽样调查（对乡级中学不进行调查），各自治区的抽样调查率全部在50%以上，对广西壮族自治区中学的抽样率达到90%以上。调查样本达

8700多个。

调查结果表明,在教育机关单位,网站建设正处于发展中,超过一半数量的教育局已建立了自己的网站,但网站建设发展在地区分布上存在地区发展不平衡问题,总体来看,是东部地区较好于西部地区,北部地区较好于南部地区,从自治民族成分来看,藏族自治区、自治州和自治县的网站建设与其他民族自治地方存在很大的差距。在高等院校,网站建设已经普及并且全面展开,网站建设已从起步阶段进入全面发展阶段。在普通中学,网站建设仍处于起步阶段,还需要重点扶持发展。

(3) 文化事业网络信息化

网络作为文化传媒的新兴媒体,将在文化建设中起着越来越重要的作用。从我国5个民族自治区、30个民族自治州和120个民族自治县的文化事业及文化政府机关的网站建设情况来看,民族自治地方的文化事业单位的网站建设处于发展阶段,相比之下作为文化建设管理者的文化厅(局)网站发展相对滞后。总体来看,仍然存在地区间的发展不平衡,5个民族自治区中,西藏自治区的发展较慢,广西、内蒙古、宁夏信息发布较好。从30个自治州来看,吉林和云南两省所辖自治州的文化机构网络信息建设较好。民族自治县文化局网站建设则处于发展初期。

(4) 民族文字网络信息化

从民族文字网站的建设来看,我国主要的现行少数民族文字多数已建有民族文字网站,并且逐年递增。以全国自治地方人民政府机关网站的民族文字版本建设情况为例:当前民族文字网站版本建站数量为蒙古文26个、维吾尔文11个、藏文6个、朝鲜文10个、哈萨克文2个、柯尔克孜文2个、傣文2个,共有59个少数民族文字网站;从民族文字网站的文种来看,在使用人口较多的蒙古文、藏文和维吾尔文三大少数民族文字中,由民族自治地方自主开发的藏文版网站数量相对较少;从地域分布来看,民族文字网站建设也存在地区发展差异问题,如内蒙古自治区有22个,新疆维吾尔自治区有17个,西藏自治区3个,吉林省有8个,云南省有2个,四川省、青海省、辽宁省、广西壮族自治区均只有1个。

6. 民族自治地方互联网支撑环境对互联网发展现状的影响

互联网支撑环境的数据来自《中国民族统计年鉴》"全国民族自治区、自治州、自治县(旗)基本情况表",包括人口、GDP、学校数、学生数、文化馆、图书馆、医疗人员数、医院、卫生院床位数等社会经济发展统计数据。根据这些数据，我们对民族地区互联网发展现状与互联网支撑环境进行了相关性分析。

（1）民族自治区

从全国范围内来看，经济发展对各地区的网络信息化基础建设有重大影响，特别是在互联网硬件基础设施方面促进作用较大。然而在互联网普及率、信息更新等方面与 GDP 的相关性分析来看，则存在明显不一致现象。调查结果表明互联网普及率并不完全受经济发展的影响，而网页更新情况则完全不与经济发展成正比。

与全国范围的网络信息化发展和其经济发展水平基本一致的普遍现象相反，5 个民族自治区的互联网信息化发展与其经济和城镇化发展水平并不一致。例如：新疆、宁夏和西藏网络信息化发展水平均高于其 GDP 和城镇化在全国的排位水平，而内蒙古互联网信息化发展水平落后于其 GDP 发展水平。此外，宁夏在文化事业网络信息化建设方面较为重视，带动其教育文化和卫生事业网站信息化建设的发展。

5 个民族自治区的网络信息化发展与其经济发展水平的差异性说明民族自治区的网络信息化发展具有特别的典型性。

（2）民族自治州

本文调查统计的 30 个民族自治州网站建设情况的综合排名和 30 个民族自治州的社会经济发展指标〔包括 GRP（地区生产总值）、中学、医疗和文化馆、图书馆等，引自国家民委《中国民族统计年鉴》〕的相关性分析结果显示，除了湖南省湘西土家族苗族自治州，云南省德宏傣族景颇族自治州、红河哈尼族彝族自治州，青海省海北藏族自治州、海西蒙古族藏族自治州等自治州高于其经济发展指数排名外，其他各自治州与其经济发展指数基本一致，而社会文化发展对其影响不明显。

（3）民族自治县

本文调查统计的 120 个民族自治县网站建设情况的综合排名与 120 个民族自治县的社会经济发展指标（包括 GRP、中学、医疗和文化馆图书馆等，引自国家民委《中国民族统计年鉴》）的相关性分析结果显示，各自治县的网络化发展与地区经济社会发展相关性不高。可见，当前经济与社会文化发展对各自治县的网络信息化发展影响不明显。总体来看云南省所辖自治县网络信息化发展较好。

三 民族自治地方网络信息化典型性
分析与未来发展趋势

1. 民族自治地方网络信息化典型性分析

民族自治地方网络信息化的调查结果和相关影响因素分析显示，民族自治地方的网络信息化发展存在以下典型现象：一是相对于区域经济发展水平，民族自治区互联网普及率普遍偏高；二是新疆网络信息化发展远高于其区域经济发展水平；三是宁夏文化事业发展带动网络信息化发展模式；四是云南网络信息化建设规模化发展模式；五是西藏网络信息化发展不平衡问题。以下对这些典型特征做进一步分析。

（1）民族自治区互联网普及率偏高分析

调查分析结果表明，除广西外，其余自治区互联网普及率普遍高于其经济发展水平。以西藏为例，统计报告中西藏互联网普及率为27.9%，然而据我们在西藏地区的实地调查来看这显然比实际情况偏高。可见统计报告中民族自治区互联网普及率比实际情况偏高。

分析其原因主要有以下两点。一是除广西属于劳动力输出大省外，民族自治区，特别是新疆、西藏都是劳动力输入省区[①]，宁夏和内蒙古也不属于劳动力输出大省。而劳动力输出大省的农村青壮年均不在本地区，这部分互联网用户调查缺失，并作为其普及率计算的分母，以致经济发展优于民族自治区的劳动力输出大省，如河南、安徽、四川等地互联网普及率在全国的排名下滑落底。二是民族自治区，特别是西藏农村电话普及率不高，且多数人听不懂汉语，这部分非互联网用户人群的调查缺失，造成自治区互联网用户人群数高于实际。当然，排除这些因素，新疆的互联网普及率还是高于其经济发展水平。由此可见，国家援疆政策对新疆互联网的发展起到了较好的推动作用。

（2）新疆网络信息化发展典型性分析

新疆网络信息化整体的发展水平高于其GDP和城镇化水平排位，排位提前了4~5名，特别是其互联网普及水平排位为第11位，与第24位的GDP排名相比，远远高出其经济和城镇化发展水平，但其人均IPv4和人均

---

① 田家官：《中国劳动力流动的经济学分析》，《经济学家》2003年第4期。

网页信息等软资源的建设则略低于其经济和城镇化发展水平，处于倒数第4、5名。在各级政府与党建网络信息建设方面，新疆也是5个自治区中最好的，但在教育、文化和卫生事业的网络信息建设方面，新疆则较落后，仅好于西藏。从新疆网络信息化整体发展的现状与特征来看，新疆网络信息化主要在政府层面上进行了大力推动，网络信息化建设成效明显。但其自身的教育文化发展还需要提高，以进一步深入推动网络信息化建设。

（3）宁夏网络信息化发展典型性分析

宁夏网络信息化整体的发展水平高于其GDP发展水平排位，排位提前了9位（这主要是因其网页信息更新排名突出，为全国排名第二），但低于其人均GDP和城镇化发展水平的全国排名。各级政府与党建网络信息建设方面，宁夏在5个自治区中较落后，仅好于西藏，但在教育、文化和卫生事业方面，宁夏的网络信息化建设水平为5个自治区中最好，与GDP和社会文化发展基本成正比。可见，宁夏在文化事业方面较为重视，带动了其教育文化事业网站信息化建设的发展。

（4）云南网络信息化发展典型性分析

从民族自治州和民族自治县的调查分析显示，云南省所辖自治州和自治县网络信息化发展较好，这主要得益于其网络信息化建设的集约模式。以云南省所辖自治州和自治县的政府与事业单位的网站建设调查为例，云南省主要采用了网站集群建设模式，搭建了统一网站平台，促进了网络信息规模化发展，在资源共建共享、节省资金、降低维护成本方面有很大的作用。

（5）西藏网络信息化发展问题分析

西藏网络信息化的综合指标高于其GDP、人均GDP和城镇化发展水平排位，排位提前了4位。主要是互联网普及率、人均IPv4等方面的排名优势提升了其综合排名。这表明我国在西藏自治区的互联网建设的投入较大，在互联网信息化基础设施方面与其他中西部地区差距不大。但从信息内容建设方面来看，由于西藏自治区经济发展和语言文化发展与其他民族自治地方存在较大差距，信息化人才不足，使得目前西藏的网络信息化建设在互联网信息建设和应用等多方面都与其他民族自治区有很大差距。

2. 民族自治地方网络信息化发展趋势分析

（1）民族自治区网络信息化发展趋势分析

总体来看，民族自治区互联网的普及大大落后于东部发达地区，还有很大的提升空间。从互联网基础设施建设来看,在硬件方面,如互联网宽带接入端口、长途光缆线路长度、移动电话交换机容量等方面,5个民族自治区在绝对拥有数上比较少,但相对于其人口数,其拥有资源的水平与其他中等发展水平的地区差距并不大,有的自治区甚至比平均水平高。但在软资源方面,如 IPv4 地址和域名方面,其拥有的资源水平相对更低,各民族自治区政府与事业单位的网站信息开发也处于发展阶段。因此未来几年,我国民族自治区的互联网普及发展、IP 地址、域名以及网站开发量将会有一个持续快速增长期。

(2) 民族自治州网络信息化发展趋势分析

各民族自治州政府与事业单位的网站信息开发也处于发展初期,无论在组织管理、技术水平,还是在信息发布、网络应用方面,都还有很多不完善的地方。未来几年,我国民族自治州的网站开发将会在数量上有较大增长,在各个行业领域中不断加入新的信息化建设单位,网站应用领域的深度和广度都将不断扩展。

(3) 民族自治县网络信息化发展趋势分析

各民族自治县政府与事业单位的网站信息开发目前处于发展启蒙阶段,大多数单位还没有建设自己的网站。未来几年,随着县域经济的发展,我国民族自治县的网站开发将会在数量上有很大发展。

四 民族自治地方网络信息化发展建议

第一,提高民族自治地方政府领导的信息化建设意识。

领导干部作为政府信息化的践行者,作为加强执政能力的主体,必须树立起信息化建设意识,将信息化工作列为重要的工作内容之一,制定本地区的信息化战略,加大网络信息化建设的力度。

第二,加大民族自治地方信息化软资源建设的投入。

目前各民族自治区在信息化软资源建设方面,如 IPv4 地址和域名等,其拥有的资源水平相对较低,与其他地区特别是东部发达地区有很大差距,需要各级政府和事业单位在 IP、域名、网站开发和动态信息采集发布等方面加大发展建设力度。

第三,构建网站建设集约化模式,促进规模化发展与信息共享。

在民族自治州、自治县大力推广网站集群建设模式,该模式在资源共建共享、节省资金、降低维护成本方面有很大的优势，是快速高效的地区信息化发展途径，同时促进规模化发展和信息共建共享。

第四，大力提升民族自治区人民的文化教育素质。

文化建设对网络信息化建设有着重要影响。如宁夏 GDP 在国内排名虽然落后，但在教育文化和卫生事业方面，宁夏的网络信息化建设水平在 5 个自治区中名列前茅。可见对文化事业建设的重视与良好发展将带动教育文化和卫生事业网站信息化建设的发展。而西藏自治区藏文网站开发不足，成为制约其网络信息化发展的主要因素。因此，大力提升民族自治区人民的文化教育素质，是促进网络信息化发展的有效途径。

第五，进一步深入推动民族自治地方经济发展。

经济发展与网络信息化建设的发展在多数情况下成正比，特别是在互联网基本设施建设方面，与经济发展的正比情况尤为突出，因此深入推动民族自治地方经济发展，将是网络信息化建设发展的催化剂。

第六，加强民族自治地方信息化人才队伍建设。

不少民族地区已开发网站长期没有信息更新，网站技术水平较低等现象说明，我国许多民族自治地方还未建立专门的信息化人才队伍。建立信息化人才队伍是民族自治地方网络信息化发展的基本保证。

第七，加强民族文字网站的开发建设与信息发布。

目前我国民族文字网站的开发与信息发布虽然逐年增加，但与民族地区少数民族语言使用者的需求还相差甚远。应大力发展有较大用户群的现行民族文字网站，繁荣少数民族精神文化生活，促进少数民族地区网络经济发展，提高少数民族人民的现代化生活水平。

结束语

本文结合 CNNIC、国家统计局和国家民委发布的 5 个民族自治区有关互联网网民规模、互联网基础设施建设、网络信息建设、人口、GDP 和 155 个民族自治地方经济与社会发展等统计数据，以及我们对 5 个民族自治区、30 个民族自治州和 120 个民族自治县的政府机关和教育、文化等事业单位的网站建设情况网络调查数据，对我国民族自治地方的网络信息化发展进行了综合分析研究。调查分析显示，从全国范围来看，经济发展对各地区的网络信息化基础建设有重大影响，特别是在互联网硬件基础设施方面影响较大,但互联网普及率并不完全受经济发展的影响。然而民族自治区的网络信息化发展却表现出与本地区经济社会发展不一致的情况,存在以下典型现象:一是相对于自治区经济发展水平,民族自治区互联网普及率偏高;二是新疆网络信息化发展远高于其区域经济发展水平;三是宁夏文化事业发展带动网络信息化发展特色;四是云南网络信息化建设规模化发展特色;五是西藏网络信息化发展不平衡问题。

综合来看,在网络信息化的硬件基础设施与资源方面,我国民族自治地方与其他地区的差距在不断缩小,而且还有很大的发展空间,反映出近几年国家对民族自治地方信息化基础设施建设投入的加大和扶持,特别是新疆维吾尔自治区的网络信息化发展在多项指标上超过全国平均水平。但在网络信息化的软资源建设方面,如IP、域名和信息内容建设,与发达地区的差距较大,还需要加大人才和资金的投入。特别需要加强各民族自治地方人民文化素质的培养,并加强少数民族文字网站的开发建设。

新疆游牧民族及其相关研究文献述评

王小霞[*]

内容提要：本文在实地调查和相关文献资料的基础上，对有关新疆游牧民族研究的专著、论文和各种文献资料进行梳理和比较，分析总结了新疆游牧民族的研究现状和新疆游牧民族的简况，并对我们今后该如何运用这些文献资源等问题进行了探讨。

关键词：游牧　民族文化　游牧民族　文献资源

引　言

在中国西域的新疆位于亚欧大陆腹地，自古以来就是一个多民族、多宗教、多文化的地区，是古代丝绸之路的要冲。在新疆境内，有维吾尔、汉、哈萨克、回、蒙古、柯尔克孜、乌孜别克、锡伯、塔吉克、满、达斡尔、塔塔尔、俄罗斯等13个世居民族。其中，哈萨克、柯尔克孜、蒙古、塔吉克等民族主要从事畜牧业生产，塔塔尔、乌孜别克两个民族的一部分也经营畜牧业，维吾尔等民族都有饲养牲畜、兼事畜牧业的传统习惯。因此，新疆主要的游牧民族有哈萨克族、柯尔克孜族、蒙古族、塔吉克族这四个民族。

"游牧民族"是指以从事畜牧业为主要生活来源的民族。游牧是相对于农耕而言的。"游牧"一词的字面意思，就是指依季节的变化逐水草而放牧。

对于游牧民族的研究一直是人类学关注的对象之一。随着我国草原牧区日益严重的生态危机，游牧文化越来越多地受到学术界的重视。游牧民

---

[*] 王小霞，中国社会科学院民族学与人类学研究所副研究馆员。

族的研究是一个包含了多学科范畴、长时段的研究领域，而我国游牧民族的人类学研究相对薄弱，本文旨在通过实地调查和相关文献资料的搜集，对有关新疆游牧民族研究的专著、论文和各种文献资料进行梳理和比较，分析总结新疆游牧民族的研究现状和新疆游牧民族的简况，希望能对同领域研究有裨益。

一　研究方法及有关文献资料

本次调查梳理的文献资料是针对新疆游牧民族的研究展开的，文献资料内容包括有关新疆游牧民族研究的专著、论文和网上相关报道等。调查研究所需文献的资料来自实地调研（两次深入塔克拉玛干沙漠腹地和昆仑山区游牧地区进行实地调研）、各大图书馆（包括中国国家图书馆、中国社会科学院图书馆和中国社会科学院民族学与人类学研究所图书馆）、各种搜索引擎（包括百度、谷歌、搜狐、网易、新浪等，检索词为：新疆游牧民族、维吾尔族群、游牧民族、游牧、达里雅布依、昆仑山区、阿羌乡、民族研究等）和网上各种论文数据库（包括中国社科期刊全文数据库、方正 Apabi 电子书、维普中文科技期刊数据库等）。

根据上述调查，笔者对新疆游牧民族的研究情况进行分析，梳理汇总出目前新疆游牧民族国内外的研究现状和目前新疆游牧民族的简况，供大家讨论。

经过整理我们能查阅到的新疆游牧民族研究的所有资源，立足于游牧民族研究的专著共有 18 部：其中 7 部是针对新疆游牧民族的研究，其余 11 部只是涉及新疆游牧民族的研究，关于新疆游牧民族研究的内容比较少；相关的优秀硕士论文 2 部，博士论文 2 部；相关论文 70 多篇，对新疆游牧民族问题的论述与研究以及网络上报道及文章以及优秀博硕学位论文章有 60 多篇，在此不一一赘述。

具体的专著以及优秀博硕学位论文名目如下。

专著：

《清末民国时期新疆游牧社会研究》（娜拉，社会科学文献出版社，2010）

《新疆游牧民族社会分析》（娜拉，民族出版社，2004）

《沿河而居》（尚昌平，山东画报出版社，2006）

《哈萨克族定居村落——胡阿根村社会调查周志》（周亚成、阿依登、王景起，新疆人民出版社，2009）

《新疆哈萨克族迁徙史》（《新疆哈萨克族迁徙史》编写组，新疆大学出版社，1993）

《新疆察哈尔蒙古历史与文化》（加·奥其尔巴特、吐娜，新疆人民出版社，2001）

《从游牧到定居》（阿德力汗·叶斯汗，新疆人民出版社，2005）

《游牧文化与农耕文化》（齐木德道尔吉，黑龙江人民出版社，2010）

《文化的变迁：一个嘎查的故事》（阿拉腾，民族出版社，2006）

《中国古代游牧民族经济社会文化研究》（贺卫光，甘肃人民出版社，2001）

《哈萨克族》（贾合甫·米尔扎汗，民族出版社，1989）

《哈萨克族文化史》（苏北海，新疆大学出版社，1989）

《哈萨克族社会历史调查》（新疆维吾尔自治区丛刊编辑组编著，新疆人民出版社，1987）

《西蒙古史研究》（杜荣坤、白翠琴，新疆人民出版社，1986）

《卫拉特蒙古族文化研究》（塔亚，内蒙古人民出版社，2006）

《土尔扈特部落史》（张体先，当代中国出版社，1999）

《厄鲁特蒙古史论集》（马汝珩、马大正，青海人民出版社，1984）

《卫拉特蒙古简史》（上下册）（《卫拉特蒙古简史》编写组编，新疆人民出版社，1996）

优秀硕士学位论文：

《新疆游牧民族定居问题的研究》（朱秀红，新疆大学硕士学位论文，2005）

《改革开放以来新疆游牧民族定居问题研究》（郭文慧，新疆大学硕士学位论文，2005）

博士学位论文：

《游牧与农耕民族关系研究》（易华，中国社会科学院研究生院博士学位论文，2000）

其中娜拉研究员在《新疆游牧民族社会分析》一书中认为，游牧、游牧民族、游牧社会可以说是我国北方民族发展史的代名词。游牧构成游牧民族赖以生存的生产生活方式，游牧民族是游牧社会的主体，游牧社会是我国北方持续千百年的、与农耕社会截然不同的一种生产关系系统。特有的环境、人口、文化和劳动是游牧社会赖以存在和发展的基本要素。她在《清末民国时期新疆游牧社会研究》一书中运用历史学、民族学（文化人类学）、社会学等多学科的研究方法，以翔实的史料和田野调查资料为基础，对清末民国时期新疆游牧社会进行了广泛深入的研究。《清末民国时期新疆游牧社会研究》一书以"社会"为落脚点，以社会变动过程为主线，注重对引起社会变迁因素的探讨，并从游牧社会的构成、社会生活、社会功能等三大方面进行剖析。新疆游牧民族社会经济状况、社会组织与制度、文化教育、宗教信仰、民族关系以及反映在婚姻家庭与生活习俗等方面的社会阶层的社会生活等内容构成《清末民国时期新疆游牧社会研究》的主要研究框架。

齐木德道尔吉的《游牧文化与农耕文化》用人类学的基本研究方法——田野调查的方法对中国游牧文化与农耕文化进行系统研究，总结了传统游牧与农耕方式的利弊，提出了适应新环境的发展战略。其中大部分是内蒙古草原的游牧民族的研究内容，较少部分是研究云南蒙古族民间叙事中的文化变迁和青海藏族的游牧民族的内容，只有"漠北游牧与西域农耕——维吾尔文化嬗变之窥"谈及新疆游牧民族的研究内容。

阿德力汗·叶斯汗《从游牧到定居》，该书回答了有关游牧民定居的背景和意义，定居的历史沿革、现状、模式、目标、存在的问题、对策以及游牧民定居与多种经营、草原生态环境、草原畜牧业现代化的关系等方面的问题。研究关注了游牧人民群众从游牧生活转向定居生活所遇到的一系列问题。

查阅到的关于新疆游牧民族研究的论文有 70 多篇，对新疆游牧民族问题的论述与研究还有网络上的一些报道及文章有 60 多篇，在此不一一赘述。从实地调研和这些文献资料我们可以分析总结出目前新疆游牧民族研究现状和新疆游牧民族简况。

二 目前新疆游牧民族研究现状

我们可以看出国内学者对新疆地方史的研究，通论性著作较多，而相关研究多侧重于政治、经济、文化，对社会生活方面往往少有提及，尤其是关于民国以前的新疆游牧社会状况更是少有记载。如《新疆牧区社会》（中共新疆维吾尔自治区委员会政策研究室等编，农村读物出版社，1988）一书，对新中国成立初期新疆游牧社会的状况进行了较多调查。但是，该书只用阶级分析方法，缺乏从社会文化方面及社会整体结构的系统的分析，除社会性质、阶级关系外，对非阶级因素的社会状况方面缺乏分析，而多强调牧区在新中国成立前夕、新中国成立初期的生产资料占有状况和阶级剥削状况。①

从20世纪50年代起，新中国开始编撰出版少数民族简史、简志等套书丛书，并在此基础上编辑"民族问题五种丛书"。80年代以后，对新疆近现代社会的研究著作有：新疆社会科学院历史研究所编著《新疆简史》（全三册，新疆人民出版社，1980）、《20世纪新疆史研究》（朱培民，新疆人民出版社，1999）、《民国新疆史》（陈慧生、陈超，新疆人民出版社，1999）、《新疆现代政治社会史略》（白振声、〔日〕鲤渊信一主编，中国社会科学出版社，1992），还有娜拉的《清末民国时期新疆游牧社会研究》和《新疆游牧民族社会分析》等。

对于新疆传统游牧民族——哈萨克、柯尔克孜、蒙古、塔吉克族的专门史研究成果较多，与新疆游牧民族研究相关的研究成果：《哈萨克族》，该书对历史上民族关系、古老社会组织等进行了探讨；《哈萨克族文化史》，对近现代的哈萨克族文化方面有一定的探讨；《新疆哈萨克族迁徙史》，对哈萨克族从乾隆年间由哈萨克草原向新疆移牧，直到新中国成立初期散居甘青的哈萨克族迁回新疆的历史进行了研究。此外还有《哈萨克族社会历史调查》等。

关于塔吉克族历史和文化的研究有《塔吉克简史》（罗致平等，新疆人民出版社，1983）。杜荣坤、白翠琴的《西蒙古史研究》（新疆人民出版社，1986），对15~18世纪卫拉特社会组织和统治机构进行了研究。加·奥其尔巴特、吐娜的《新疆察哈尔蒙古历史与文化》，张体先的《土尔扈特部落史》，这些著作对清代晚期及民国时期的新疆蒙古族政治经济发展状况有一定的探讨。马汝珩、马大正在《厄鲁特蒙古史论集》中，对土尔扈特蒙古系谱进行考述，也论及乾隆时期清政府的民族统治政策。《卫拉

---

① 郭文慧：《改革开放以来新疆游牧民族定居问题研究》，新疆大学优秀硕士学位论文，2010。

特蒙古简史》对卫拉特蒙古政治、经济、文化发展历史进行了较全面的探讨。以上大部分著作中也有对新疆传统游牧民族的传统社会组织大致轮廓的梳理，而《论哈萨克族游牧宗法封建制》（杜荣坤，《中央民族学院学报》1989 年第 1 期）、《近代新疆哈萨克族宗法氏族部落》（苏北海，《新疆大学学报》1989 年第 4 期）等论文则进行了一定深度的探讨。①

新疆游牧民族聚居地区地方志主要有：《伊犁哈萨克自治州志》（伊犁哈萨克自治州地方志编纂委员会编，宋家仁主编，新疆人民出版社，2004）、《福海县志》（福海县史志编纂委员会编，崔先立主编，新疆人民出版社，2003）、《伊宁县志》（伊宁县地方志编纂委员会编，张振杰主编，新疆人民出版社，2003）、《和静县志》（和静县史志编纂委员会编，新疆人民出版社，1995）、《克孜勒苏柯尔克孜自治州志》（克孜勒苏柯尔克孜自治州史志编纂委员会编，新疆人民出版社，2004）等。

早期对新疆和田地区于田县达里雅布依人研究的国外学者是斯文·赫定，他将此地称为通古斯巴孜特（野猪聚居地），此地也被称为亚洲的沙漠腹地。

此后，对于新疆游牧维吾尔族的研究专著很少，也可以说是没有，唯有尚昌平的《沿河而居》中提及，且文字不多。

《沿河而居》一书中，作者记述了昆仑山一带人的生活，描述了于田县以维吾尔族为主的少数民族生活习俗，尤其是对四百年前迁徙塔克拉玛干沙漠腹心地带的达里雅布依人的生存状况予以翔实的记录。迄今为止，于田县的达里雅布依人是唯一生活在塔克拉玛干沙漠腹心地带的一支部族，《沿河而居》一书作者从达里雅布依人生存的环境、生活方式、婚姻等方面对其进行描述。

《沿河而居》作者通过历史与现实的比较，揭示了最后一支生活在塔克拉玛干沙漠中的部族存在的客观性和现实性，同时，对于日趋严峻的生态环境提出救助性的保护意见。作者深涉沙海的行思充分反映了当代人类不仅需要关注城市，更需对生存在特殊环境里的人群给予真诚的人文关怀。②

---

① 娜拉：《清末民国时期新疆游牧社会研究》，社会科学文献出版社，2010。
② 尚昌平：《沿河而居》，山东画报出版社，2006。

三 新疆游牧民族简况

新疆历来是中国游牧民族生息繁衍的地区之一,新疆的游牧民族主要是天然草原上放牧生活的少数民族。由于特殊的地理环境和气候条件,新疆广大少数民族牧民世世代代过着逐水草而居的游牧生活。①

1. 新疆游牧民族人口的地域分布及自然状况

从目前所知的历史资料和考古资料中可以得知,在古代新疆草原上,先后有大小几十个游牧民族,如塞种、月氏、乌孙、匈奴、高车、鲜卑、柔然、突厥、回纥、契丹、蒙古等在此活动。② 他们都属于历史悠久的、古老的游牧民族,在长期的社会历史发展过程中,一些民族分化、消失了,而另一些民族则相互同化,相互融合,流离迁徙,逐渐形成了现代新疆的一些少数民族,如维吾尔族、哈萨克族、回族、蒙古族、塔吉克族、柯尔克孜族、乌孜别克族、塔塔尔族等。其中,哈萨克族、柯尔克孜族、蒙古族、塔吉克族是新疆四个主要的传统游牧民族。③

哈萨克族是具有悠久历史和浓郁民族文化色彩的民族,它是中国人口逾百万的少数民族之一。2001年,新疆哈萨克族人口为131.92万人,占全疆总人口的7.03%,占新疆四个游牧民族总人口的77.96%,是新疆人口最多的游牧民族。新疆的哈萨克族主要分布在伊犁哈萨克自治州(包括伊犁州直属县市、塔城地区、阿勒泰地区)、昌吉回族自治州的木垒哈萨克自治县、乌鲁木齐市和哈密地区的巴里坤哈萨克自治县等地,以经营草原畜牧业为主,还从事农业、手工业和商贸业。

柯尔克孜族2001年总人口为17.01万人,占新疆传统游牧民族总人口的10.05%,主要聚居在克孜勒苏柯尔克孜自治州境内,在伊犁、塔城、喀什、阿克苏等地也有零星分布。新中国成立以前,柯尔克孜族还保留着氏族部落组织形式。畜牧业经济发展缓慢,停留在逐水草而居和靠天养畜的状态上,一旦遇上灾年,往往是人、畜死伤无数。约有15%的柯尔克孜

---

① 王宁:《新疆游牧民族定居与牧区生产生活方式的转变》,《新疆社会科学》2004年第6期,第33~39页。
② 郭文慧、宗卫征:《当前新疆游牧民定居及新牧区建设调查研究》,《高等函授学报》(哲学社会科学版)2009年第12期,第32~35页。
③ 娜拉:《新疆游牧民族社会分析》,民族出版社,2004。

族人兼营或从事农业,但耕作技术粗放,产量低下。手工业不发达,一般是就地取材,利用畜产品加工马具、皮帽、纺毛线等,牧民需要的生活用具大都用畜产品交换而来。近年来,全州累计投资近1亿元,使10313户(占60%)牧民结束了祖祖辈辈的游牧生活,实现了定居或半定居,其中5740户通过异地搬迁的形式实现了定居。

新疆蒙古族2001年的人口为16.17万人,占新疆游牧民族总人口的9.6%。主要聚居在巴音郭楞和博尔塔拉两个蒙古自治州以及塔城地区的和布克赛尔蒙古自治县境内,在伊犁、塔城、阿勒泰、哈密、昌吉、乌鲁木齐、克拉玛依等地州市也有少量分布。

蒙古族在向新疆和中亚草原扩散的过程中,不断地吸收、汲取草原上众多游牧民族和中原农耕民族的精华,形成独具特色的游牧生产生活方式。蒙古族以从事畜牧业为主,兼营狩猎、农业、手工业等。现今新疆的蒙古族主要是元末明初游牧在西蒙古的瓦剌部落,他们在明朝期间逐渐向北疆一带游牧。到了清朝初年,已成为北疆地区的主要游牧民族之一。还有部分蒙古族是清朝政府为了加强新疆边防的防卫,从张家口一带迁徙而来的蒙古族官兵,这些蒙古族主要以游牧经济为主。新中国成立后,新疆的蒙古族从事种植业和其他经济事业的人口逐渐增多,但仍以经营畜牧业为主。

塔吉克族2001年人口为4.12万人,占新疆游牧民族总人口的2.43%。以经营畜牧业为主,兼营农业、手工业、商贸业等。主要分布在喀什地区的塔什库尔干塔吉克自治县境内,在阿克陶、沙车、泽普、叶城、皮山等县也有零星分布。

新疆的塔吉克族,自古以来就生息在塔什库尔干一带,过着半定居半游牧的生活。早在公元三四世纪,甚至更早一些时候,他们就饲养牛、马、羊、骆驼等牲畜,并能用羊毛织成毡褐做衣服穿。但自给自足的自然经济只能提供数量极少的牲畜和畜产品,用以交换粮食、茶、布等生活必需品。沉重的封建压迫使广大塔吉克族人民生活极端贫困,名目繁多的苛税负担一般占每户牧民年收入的1/3以上。新中国成立后,1954年,在塔吉克族聚居的原蒲犁县成立了塔什库尔干塔吉克自治县。新中国成立以来,塔吉克族人民在党和政府的支持和帮助下,自力更生、艰苦奋斗,经济社会面貌发生了历史性变化。

新疆现有草原12亿亩,有效利用面积7亿亩,约占全国可利用草场面积的 24%，是我国仅次于内蒙古的第二大牧业生产基地。南疆多是荒漠草原，北疆降水丰富的山地高原和河谷地带，是我国单位面积产草量最高的山地草原。额尔齐斯河流域的克兰河谷、布尔津河谷和哈巴河谷；伊犁河流域的喀代河、巩乃斯河和特克斯河谷地带，都是新疆地区的主要牧场分布区。伊犁哈萨克自治州是新疆最大的草原牧场，约占新疆草原面积的 42%。在全部草原面积中，北疆占 68%，载畜量为 60%；南疆占 32%，载畜量为 40%。

按地貌类型划分，山区草原占 58%，载畜量为 75%；平原草场占 42%，载畜量为 25%。因此北疆游牧业比南疆发达。南疆面积广阔，畜牧业大部分依靠融雪而成的河流两岸的荒漠草原和农作物支持。

总而言之，新疆的游牧民族都属于历史悠久、源远流长的古老游牧民族，他们祖祖辈辈都过着逐水草而居四处迁徙移动的游牧生活。但随着社会的发展，这些游牧民族也在不断地发展变化着，尤其是近 20 年来，越来越多的牧民告别终年游牧的生产、生活方式，经营种植业及其他经济事业，开始了定居、半定居的生活。①

2. 新疆牧民定居的现状

新疆有计划、大规模推行牧民定居是从 20 世纪 80 年代中期开始的。1986 年新疆维吾尔自治区北疆畜牧业工作会议之后，自治区明确了牧民定居的方针和政策，提出了从实际出发，因地制宜，量力而行，在全区大力推广"大分散、小集中""大集中、小分散""插花定居""异地搬迁定居"等。

1996 年自治区召开畜牧业工作会议之后，自治区及各地州、县、市相继出台了许多鼓励牧民定居的优惠政策，在此基础上自治区总结出了"三通"（通水、通路、通电），"四有"〔有住房（80 平方米以上砖混结构）、有棚圈（200 平方米以上砖混棚圈）、有草料地（南疆 30 亩以上，北疆 50 亩以上）、有林地〕，"五配套"（学校、卫生室、商店、文化室、技术服务站相配套）的牧民定居标准模式，并在全疆大力推广。

近年来，蒙古族牧民定居发展很快，生产、生活面貌焕然一新。如博尔塔拉蒙古自治州的牧民已定居 2568 户，占纯放牧户总数的 99.15%。②

---

① 崔延虎：《游牧民定居的再社会化问题》，《新疆师范大学学报》（哲学社会科学版）2002 年第 4 期，第 28~31 页。

② 朱秀红：《新疆游牧民族定居问题的研究》，新疆大学优秀硕士学位论文，2005。

截至目前，全区牧民定居、半定居牧户达到 18.5 万户（所谓半定居是指仅有简易住房，无草料地无棚圈或草料地面积不足、棚圈简单的牧民），占牧民总户数的 78%，① 达到定居标准的占 37% 左右。随着牧民定居工程和牧区基础设施的不断完善，草原畜牧业的抗灾能力明显提高，牧区冬季牲畜死亡率逐年下降。一部分牧民离开草原来到城镇，开始了全新的生活②。

目前，新疆全区共有牧民 27.21 万户，牧民 122.82 万人。南疆牧区主要分布有帕米尔高原、昆仑山区的游牧维吾尔族，北疆牧区主要生活着分布在阿尔泰山区、伊犁河谷、塔额盆地，沿天山一带游牧的哈萨克族、柯尔克孜族、蒙古族、塔吉克族等③。

小　结

通过梳理和比较，我们发现：国内学者对新疆地方史的研究，通论性著作较多，而对于新疆游牧民族研究的专著不多，多是关于新疆北部几个游牧民族的研究；关于新疆南部沙漠腹地和昆仑山区游牧民族的研究论文不多，专著更是没有。期盼能引起专家学者的关注。

由于笔者在知识结构与信息交流尤其是外文水平上的局限性，本文对文献资料进行的梳理分析和总结只是不完全调查的结果，疏漏之处，欢迎各位同人批评指正。

---

① 牧户数从 1996 年的 16 万户增加到 2006 年的 27.21 万户、人口从 80 万人增加到 122.82 万人。
② 朱秀红：《新疆游牧民族定居问题的研究》，新疆大学优秀硕士学位论文，2005。
③ 娜拉：《试论新疆游牧民族社会化的时代局限性》，《西北第二民族学院学报》（哲学社会科学版）2005 年第 2 期，第 75~79 页。

试论创新环境下图书馆员的
职业技能与道德素质培养

林　浩[*]

内容提要：本文试图结合笔者所在的图书馆实情，从馆员整体的素质现状、馆员的专业技能提升、馆员的职业道德培养几方面，论述中国社会科学院创新环境下图书馆员的职业技能与道德素质培养。图书馆的服务工作是一个整体，各个环节缺一不可。而图书馆员作为图书馆服务工作的主体，其个人的专业素质与职业道德必然会影响到图书馆的整体服务质量。在当前中国社会科学院创新工作蓬勃开展之际，如何提升和培养图书馆员的创新服务意识，是我社科院系统的图书馆均要面对的一个新课题。

关键词：创新环境　图书馆员　职业技能　道德素质　培养

近些年，图书馆学论文里关于馆员素质与道德培养的文章有很多：比如，周建新的《馆员素质与职业道德建设》、林岚的《论提高馆员素质在图书馆服务中的重要性》、史红艳的《论网络时代图书管理员专业素质培养》等。而对于目前图书馆界盛行的"学科馆员制度"探索方面的论文也有不少：如王春、方曙、杨志萍、张娴的《中国科学院国家科学图书馆"学科馆员"的学科化服务》，初景利的《试论新一代学科馆员的角色定位》，阎惠红、王彦的《网络环境下专业图书馆学科馆员工作的实践与思考》等。

但经过分析、梳理上述论文，我们不难发现关于图书馆员素质方面的论文，绝大多数都集中在学校图书馆与公共图书馆这两大体系里，而以中

---

[*] 林浩，中国社会科学院民族学与人类学研究所助理馆员。

国科学院图书馆与我中国社会科学院图书馆等为代表的专业图书馆体系里，类似的论文却鲜有发现；同样，关于学科馆员方面的论文，也是以学校图书馆为主，似乎只有以初景利老师等为代表的中科图对科学院图书馆这一系统做了一些有益的探索。

而本文的写作缘起，则是力图在目前我社科院实行创新工程的大背景下，把图书馆员的专业技能素质与学科馆员制度相联系，再加上图书馆员自身的职业道德培养，将这三方面有机地结合起来，尝试寻找一条适合新时期我科学院系统专业图书馆员发展的道路模式。

中国社会科学院图书馆系统属于"公共图书馆""学校图书馆""科学院图书馆"这三大图书馆体系之一，也可称为专业图书馆。其主要任务就是满足全院科研人员的科研、教学需要。作为我院民族学与人类学研究所下属的图书馆，我馆主要任务是根据研究所的学科研究领域和发展方向，搜集有关民族学、人类学、民族问题、民族理论政策、少数民族历史、少数民族语言、少数民族经济和社会发展、少数民族文化教育、世界各民族研究等方面的文献资料。经过多年积累，我馆目前拥有各类文献资料约44万册，现已形成以民族学、人类学学科专业文献为主，其他相关学科文献为辅的藏书体系。2010年底，我馆正式成为我院图书馆下属五大分馆之一的民族学分馆，已成为我国乃至世界民族学与人类学界有一定知名度的藏书机构。

2011年9月，中国社会科学院哲学社会科学创新工程正式启动，这标志着代表中国哲学社会科学最高水平的中国社会科学院，将迎来一场深刻的历史变革。通过创新工程，我社科院将努力建设成为哲学社会科学领域的"国家强院"和居于高端水平的"世界名院"，成为名副其实的党中央国务院重要的"马克思主义坚强阵地"、"哲学社会科学的最高殿堂"、"思想库"和"智囊团"，为建设有中国特色的社会主义国家更好地出谋划策。而作为全院科研辅助系列中的重要组成部分——图书馆，如何应对新形势的变化，怎样调整工作重心等一系列问题，就成为全院图书馆都需要面对的新课题。尤其是图书馆服务的主体力量——图书馆员，在其中如何转变思路、加强相关的职业道德素质与学科服务技能，就成为中国社会科学院创新环境下图书馆亟待解决的重要问题之一。

一　我馆馆员的整体素质现状

1. 以老带新的年龄结构

我馆编制 10 人，现有 9 人。从年龄结构来说，20 世纪 50 年代出生的同志有 2 人，60 年代出生的同志有 3 人，70 年代出生的同志有 3 人，80 年代出生的同志 1 人。我馆老中青三代俱全，在平常的工作中，不仅有阅历颇丰的老同志以身作则，还有毕业于名牌大学图书馆学专业、拥有 20 多年图书馆工作经历的中年同志担任馆领导。图书馆的中、西、俄、日及中国少数民族语等各语种的分编工作，基本由馆内精通该语种的同志负责。而在未来 5 年内，"50 后"同志将逐渐退休，"60 后"同志正慢慢变成图书馆的顶梁柱，4 位"70 后""80 后"的年轻同志也在一步步地成长为馆里的中坚力量。

2. 高低搭配的人员构成

我馆目前在岗的 9 人中，具有副高级职称的有 3 人，相当于中级职称的有 4 人，初级职称的有 2 人。

按照我院 2009 年试行聘任制改革的要求，凡具有副高级职称的人，每年需要在省级以上正式刊物发表论文 3 篇；具有中级职称的人，每年需在省级以上正式刊物发表论文 2 篇。然而，三年过去了，除了个别迫切希望晋升职称的人每年还在努力挤出业余时间坚持创作外，其余的大部分人似乎都早已习惯于每天按部就班的工作。

然而，在我社科院蓬勃开展的创新工程项目，以及我所科研人员积极进行科研创新之际，我图书馆员也不能位居人后。当今的时代，图书馆早已进入了新的发展时期，很多发达国家的图书馆员的学历、职称非常高，研究生、副教授比比皆是。作为国家一流哲学社会科学研究机构附属的专业图书馆员，我们一定要加快更新自己的专业知识储备，一定要想方设法地在本职工作之外，抽出时间来学习、充电，争取多出学术成果，早日晋升至高级职称，以一个崭新的精神面貌更好地为研究所的科研创新事业服务。

3. 普通馆员到学科馆员

我馆现在在职的 9 名同志中，包括 1 名历史学硕士，1 名图书情报学学士，3 名语言类学士，1 名行政管理学学士，还有 3 名语言类本科毕业生。这样的学科背景,如果仅仅是应付目前图书馆的日常工作任务,应该说是可以胜任的。然而,面对我院创新工程的艰巨使命,笔者认为这是远远不够的。而解决的方法之一,就是建立学科馆员制度。

由于种种历史原因,我馆至今仍和我国的大多数传统图书馆一样,没有建立专职的学科馆员制度,而这恰恰与当今世界上图书馆发展的大趋势背道而驰。据笔者所知,中国科学院图书馆早在 2006 年就建立了一支专门的学科馆员队伍。① 中科图采取面向社会公开招聘与竞争上岗的方式,积极引进人才,建立了由拥有各个学科背景和图书馆实际工作经验的 50 多人组成的优秀团队。② 这些图书馆界的精英们带着各自身上的学科烙印,有针对性地服务于各领域的专家学者,详细调查和细致了解各学科研究人员的科研需要,并深入科研学者们的课题组中去,为专家学者的课题项目与浩如烟海的文献资料之间建立了一座桥梁,成为专家学者的参谋和他们科研工作必不可少的"耳目"。③ 几年来,通过这种行之有效的学科馆员制度,中科图获得了中科院系统科研人员的认可,同时也为中科图自身在国内外图书馆界赢得了良好的声誉。

二 我馆馆员的专业技能提升

如今,面对全院科研领域轰轰烈烈开展的创新工程项目,我所图书馆员应抓住机遇,转变思路,努力提高自身的专业技术能力和学科化服务水平。同时,馆里的青年同志更要发挥自己的年龄优势。除了在平常工作中,尽可能多地向馆里经验丰富的老同志请教专业技能外,青年人自己更应重视提升自己的业务水平。

1. 鼓励并支持图书馆员的业余学习

我所图书馆领导向来很重视图书馆员的培训学习,多年来一直提倡并带动图书馆员积极参加图书馆专业知识培训。例如,在 2010 年五六月,时任图书馆领导率领全馆同志一起参加了国家图书馆古籍保护中心举办的,

---

① 王春、方曙、杨志萍、张娴:《中国科学院国家科学图书馆"学科馆员"的学科化服务》,《图书情报工作》2007 年第 2 期。
② 陈漪红、朱江、鄢小燕:《浅析国家科学图书馆学科馆员制度的建立》,《图书馆理论与实践》2007 年第 5 期。
③ 初景利:《试论新一代学科馆员的角色定位》,《图书馆理论与实践》2007 年第 3 期。

为期十天的"第十七期古籍普查培训"的学习；2012年7月12日，我馆主持工作的副馆长又带领全馆同志参加了院图书馆组织的古籍知识培训班。而且，每年各个图书馆学会组织的各种培训班，无论其是否收费，馆领导都尽可能地为大家争取培训名额。比如，2012年馆里的两位同志分别参加了4月11～14日在武汉举办的"2012年学科馆员服务学术研讨会"，以及5月14～18日中科院图书馆举办的"学科化服务的理论与实践应用研讨班"，这两次培训，馆里都给予了经费支持。

但是我馆由于种种历史原因，目前馆内人员的结构素质是比较复杂的。有些同志常年笔耕不辍，再加之自身申报职称的需要，每年都利用业余时间积极撰写学术论文；有些同志，则由于个人原因，只满足于每天完成好自己的工作任务，而无暇练笔提高自己的学术写作能力；但有些青年同志，虽基础较差，却刻苦努力，一直在不断地利用各种机会加强自己的专业技能与知识水平。

青年馆员作为目前我所图书馆的中坚力量，同时也是图书馆以后发展的未来与希望。馆领导更应重视对他们的教育和培养，特别是对那些认识到自身知识能力的欠缺，而主动要求学习的青年同志给予支持、鼓励，并在实际工作中给予一定的扶持和帮助。

2. 积极开展馆际交流，开阔眼界

目前，我院下属的专业图书馆、资料室有十七八个。除了在院部大楼办公的院图书馆、哲学所馆、文学所馆、历史所馆，与附近的中国边疆史地研究所资料室外，其余均分散在全市各区。平常，除了全院组织的集中培训学习外，各个图书馆之间很少有来往与交流的机会，各所图书馆员之间更是十分陌生，有一些同志甚至在本所图书馆工作到退休都没去过院属别的图书馆。

然而，面对当今各种知识层出不穷的时代，就算是在图书馆的专业知识领域，每个图书馆员穷其一生也是无法依靠自身的力量而通晓的。但是，无论是图书馆员个人为职称晋升而必须撰写的学术论文，还是图书馆员要提升自己的专业知识技能，都需要图书馆员充分利用各种资源，尽可能地为自己创造学习、提高的机会。馆际交流，其实就是一个很好的互相学习的平台。

3. 为科研服务是图书馆的最高目标

作为研究所下属的科研辅助机构，我馆历来将"为科研人员服务"当作图书馆立馆的宗旨,并将之落实在图书馆的日常工作中。比如,我馆前后两任分管采购工作的副馆长均十分重视在实际工作中,实现对研究所科研人员的学科化服务。

2011年我馆退休的副馆长曾经不止在一个场合,高度赞扬了我馆负责中文编目的一位老同志。因为那位老同志,在做一套有关我国西南少数民族的多卷书时,认真负责。她将这套影印古籍文献的200册书,每册的编目数据都分别做了书中影印古籍文献篇目的检索点,使图书馆员能轻松地利用图书馆系统软件为广大读者找到其所需的文章在那套200册书中的具体位置。

我馆现任主持工作的副馆长,在其分管图书馆采购工作的8年内,曾经多次为研究所的科研人员提供有针对性的学科化服务。比如,在2005年的一个星期二,我所研究员雅森老师(现已退休)向我馆采访人员提出急需查阅《王震传》的要求,而星期五上午一个书店就立即将书送到,当天下午雅森老师就看到了新书,采访人员也因此得到了雅森老师的高度评价。2006年5月中旬,研究所计算语音室的江荻老师向负责采购的副馆长提出,因其正在翻译一本工具书《国际语音学会手册》,亟须查阅 Handbook of the International Phonetic Association。江老师当时十分着急,他迫切希望能在两个星期内就看到此书。经过我馆采访人员与主营外文进口图书业务的国图公司紧急联系,国图公司用最短的时间在5月底就将此书购回国内,并用快件寄至我馆。这样,江老师在6月2日就高兴地借走了该书。

三 我馆馆员的职业道德培养

专业图书馆作为研究所科研辅助体系中的一部分,其首要任务就是满足研究所科研人员的研究需要。为此,图书馆应将"科研优先""读者至上"的服务理念深入人心,所有的图书馆业务工作都应围绕此唯一目的而开展。作为图书馆读者服务工作的主体,如何提升图书馆员本身的职业道德素质,可以说在某种程度上甚至超越了馆员自身的专业背景和业务素质。

具体来说,我馆目前"采、分、编、流"四大部门中人员的职业道德操守是参差不齐的。毋庸置疑,出生于20世纪50年代且经历过"文革"的老年同志的职业道德素质是最高的;出生于"文革",成长于改革开放初期的中年同志的职操素养也是过硬的。而目前馆里的年轻人群体的情况就比较复杂：客观地讲，凡是有过五年以上图书馆一线（此处指图书馆采购验收与分类编目）工作经历的青年同志的职业素质非常不错，甚至有的人在某些方面并不逊色于年龄大的中老年同志。然而，有些图书馆工作经验少的年轻同志，缺乏有任务指标和完成期限限制的采编部门的工作履历，其本人又没有摆正自身所处的位置，没有真正明白研究所图书馆作为科研辅助系列的特殊性，造成其在图书馆实际工作中眼高手低、好高骛远的不良习惯。众所周知，图书馆是一个与平时工作联系紧密，经常需要互相配合的集体，而且其日常工作又十分琐碎，有时甚至十分繁重。如果由于个别人经常性的轻慢懈怠，影响到图书馆其他人工作的积极性，那么长此以往，必然会破坏目前图书馆内同事之间良好、和谐的人际关系，可以说其后果是比较严重的，因为它必然会影响到研究所图书馆整体的服务质量。

针对以上问题，我所图书馆应该如何解决呢？笔者觉得，有以下三种方案可以用来参考。

1. 岗位轮换制

就像我馆2011年退休的一位老同志的论文中提到的那样："实行馆内工作岗位的轮换制。改变那种一个人一辈子只从事一种工作的状况，因为长期从事同一项工作会使工作人员不了解全馆整个的工作流程，没有全局意识，很容易造成工作人员的惰性和局限性，思想僵化，缺乏新意。文献采购、编目、典藏、读者服务等，这些岗位都可以也应该采取定时轮换的办法。这更符合人性化的管理，符合人全面发展的要求。"[1]

笔者认为，长期从事同一项工作，不仅容易造成图书馆员每日重复相同工作的疲惫感和厌倦感，进而影响到该种工作的完成质量，并且不利于21世纪培养高素质人员全面协调发展的新要求。按照未来的发展趋势，一个合格的图书馆员应该是一专多能的。要想达到这种目标，图书馆领导除了鼓励馆员多学习、多提高自身的专业理论知识、技能外，更应为其创造更多不同岗位的实践机会，尽可能使每个馆员多熟悉图书馆"采、分、编、流"各个环节的流程，这样做必然会调动图书馆员工作的积极性，促

---

[1] 魏忠：《专业图书馆员几种能力的培养》，中国图书馆学会专业图书馆分会：《国家创新体系中专业图书馆的服务与发展》，北京图书馆出版社，2006，第284页。

进图书馆整体工作和谐、健康地发展，保证研究所科研创新事业的顺利进行。

2. 职业认证制

目前，国家对专业技术人员的要求越来越严格，越来越规范。这些年，社会上出现了大量的各式各样的证书，比如，"会计师""建筑师""法律咨询师"等。按照这种发展趋势，国家将来很可能会要求图书馆的从业人员也要有相关的资格证书。据笔者所知，现在有些高校图书馆员，也在参加完国家图书馆举办的图书馆专业技能培训班后，经过严格的考试，成绩合格后拿到了相应的专业技能证，以便证明其已具备了从事该岗位工作的技术资格。

根据以上种种因素，笔者认为，未来在我院图书馆系统推行专业技术资格认证制度，势在必行。因为这将会促进图书馆员整体人员素质的提高，极大地增强科研服务能力，同时，也将会为具备相关图书馆专业技术资格的图书馆员，提升其个人在社会上的竞争力，还可促进全社会的和谐、良好的人员流动。

3. 读者评议制

由于专业图书馆读者服务工作的对象是研究所的广大科研人员，因此，笔者觉得要想客观、公正地评价一个研究所图书馆科研服务质量好坏，莫过于采取"读者评议制"。这与近年来社会上银行、电信服务等行业开展的"用户满意度"打分评比一样，图书馆每年可以定期邀请我所科研人员对图书馆的工作进行评价，并对每位图书馆员打分评比，图书馆领导再根据读者所反馈的信息做出相应的改进方案和奖惩措施。如果这种方法能够实施，并形成制度推行下去，定会极大地促进图书馆读者服务工作的健康发展，密切馆员和读者之间的联系程度，有力促进图书馆员工作的主动性、积极性。

总之，作为中国社会科学院民族学与人类学研究所附属的科研辅助部门，我图书馆只有不断地与时俱进、转变思路、锐意进取，才能跟上中国社会科学院创新工程项目的大潮流，才能更好地、有的放矢地服务于研究所的科研事业。

参考文献

中国图书馆学会专业图书馆分会：《国家创新体系中专业图书馆的服务与发展》，

北京图书馆出版社，2006。

周建新：《馆员素质与职业道德建设》，《贵阳金筑大学学报》2005 年第 2 期。

林岚：《论提高馆员素质在图书馆服务中的重要性》，《中国外贸》2011 年第 8 期。

史红艳：《论网络时代图书管理员专业素质培养》，《哈尔滨职业技术学院学报》2006 年第 3 期。

李学玲：《浅谈图书馆人员素质现状与教育培训》，《黑河学刊》2011 年第 11 期。

苗瑞强：《浅析图书馆员素质建设的重要性》，《东方企业文化》2011 年第 18 期。

赵晓东：《论现代图书馆如何提升馆员素质》，《内蒙古科技与经济》2007 年第 6 期。

王春、方曙、杨志萍、张娴：《中国科学院国家科学图书馆"学科馆员"的学科化服务》，《图书情报工作》2007 年第 2 期。

初景利：《试论新一代学科馆员的角色定位》，《图书馆理论与实践》2007 年第 3 期。

阎惠红、王彦：《网络环境下专业图书馆学科馆员工作的实践与思考》，《图书情报工作》2006 年第 10 期。

陈漪红、朱江、鄢小燕：《浅析国家科学图书馆学科馆员制度的建立》，《图书馆理论与实践》2007 年第 5 期。

民族文字网络搜索引擎开发现状与关键技术

马　爽[*]

内容提要：近年来，在全球信息化发展大潮的带动下，互联网技术不断飞速发展与普及，从而衍生出数以亿计的网站，如何从这些网站中快速检索出有效信息成为人们关注的焦点。搜索引擎在这种情况下应运而生，成为用户方便快捷地查找互联网信息的工具。然而现在流行的搜索引擎仅支持汉文、英文等文种网页的搜索，而我国是统一的多民族国家，56个民族有120多种少数民族语言，50多种少数民族文字，其中主要的现行少数民族文字如蒙古文、藏文、维吾尔文等已建有大量的新闻、专题、博客等各类网站。随着少数民族地区网民数量的不断增多，开发综合的少数民族文字网络搜索引擎势在必行。由于少数民族文字信息技术标准化的工作尚未完成，各网站没有统一的字符编码标准，各种编码间也没有相互转换的规则，每种少数民族文字又有其各自的特征，使得少数民族文字搜索引擎的开发比汉文网页搜索引擎的开发更为困难。由此，本文对我国少数民族文字搜索引擎的开发现状进行了调研分析，并重点对网站文字编码的识别与转换、网页自动发现与采集、文本分词、检索结果排序及跨语言信息检索等关键技术进行了讨论。

关键词：少数民族文字　搜索引擎　网页编码识别转换　网页自动发现与采集

---

[*] 马爽，中国社会科学院民族学与人类学研究所助理馆员，硕士。

前 言

随着互联网的飞速发展,少数民族地区的网民数量与日俱增,根据中国互联网络信息中心(CNNIC)《第 31 次中国互联网络发展状况统计报告》发布的 1997~2012 年数据[1],以新疆维吾尔自治区为例,在 20 世纪末互联网发展初期,该地区网民数量还不足 1 万人,互联网普及率仅为 6.20%,而截至 2012 年底,新疆维吾尔自治区网民数已达 962 万人,互联网普及率达 43.60%,互联网普及率排名全国第 11 位,同时高于全球平均水平(34.3%)和全国平均水平(42.1%)。

从少数民族文字网站的建设来看,我国主要的现行少数民族文字多数已建有民族文字网站,并且逐年递增。据不完全统计,维吾尔文网站有近 2000 个,蒙古文网站有 1000 多个,藏文网站 100 多个。我们于 2011 年进行的全国民族自治区、自治州和自治县政府机关网站的民族文字版本建设情况调查显示[2]:已有部分政府机关建有少数民族文字版本的网站,包括蒙古文 26 个、维吾尔文 11 个、藏文 6 个、朝鲜文 10 个、哈萨克文 2 个、柯尔克孜文 2 个、傣文 2 个。

目前,民族文字网站已拥有一定规模的用户群。以藏文为例,我们于 2011 年在西藏、青海、四川、甘肃、云南等地进行的藏族人民使用网络的抽样调查结果显示,300 位受访者中有 178 位网民,其中有 81 位访问藏文网站,占藏族网民的 45.50%。

近年来,我国已有蒙古文、藏文、维吾尔文、哈萨克文、柯尔克孜文、朝鲜文、规范彝文、傣文等 10 多种少数民族文字被逐步收入国际标准 ISO/IEC 10646《信息技术 通用多八位编码字符集(UCS)》中[3],为我国少数民族文字信息化处理奠定了基础,也为少数民族文字网站的开发创造了条件。

综上可见,我国近年来的少数民族地区网民规模发展迅速,由政府、

---

[1] 中国互联网络信息中心:《第 31 次中国互联网络发展状况统计报告(1997—2012)》,http://www.cnnic.net.cn/。
[2] 孔敬:《中国民族自治地方网络信息化发展报告》,2011。
[3] 代红、陈壮:《中国少数民族文字信息技术标准化现状与标准体系研究》,《信息技术与标准化》2011 年第 6 期。

组织或个人建立的少数民族文字网站数量不断增多，形式多元化，且有一定规模的用户群，主要的现行少数民族文字如蒙古文、藏文、维吾尔文等已建有大量的新闻、专题、博客等各类网站。随着少数民族地区网民数量的不断增多，未来少数民族文字网站的数量还将不断增大，信息量将呈几何级增长，少数民族群众在网络上获取本民族文字信息的需求也将与日俱增，开发综合的少数民族文字网络搜索引擎势在必行。但目前国内外主流的搜索引擎多不支持少数民族文字网络信息的检索，因此开发一个检索结果准确、全面的少数民族文字网络搜索引擎对少数民族文字互联网资源的检索、采集，以及民族问题舆情发现和分析等方面的工作都有着重大意义。

但是由于少数民族文字信息处理技术还处于发展前期，标准化的工作尚未完成，目前许多网站所使用的文字编码互不相通，各网站之间不能兼容，网站开发水平参差不齐，页面代码不够规范等，都使得民族文字搜索引擎的开发比汉文搜索引擎的开发更为困难。本文调查了蒙古文、藏文、维吾尔文等少数民族文字网络搜索引擎的开发现状，分析了少数民族文字网络搜索引擎开发的难点问题，梳理了民族文字搜索引擎开发的关键技术，提出了下一步需要进行的相关工作。

一　开发现状与相关研究

1. 网络搜索引擎主要技术研究现状

网络搜索引擎一般由搜索器、分析器、索引器、检索器、用户接口五个关键部分组成，如图1所示：

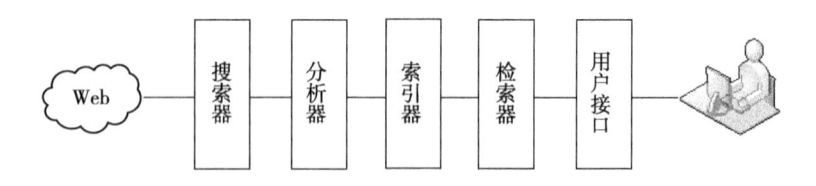

图1　搜索引擎结构

（1）搜索器

互联网上的信息是海量且动态的，这时就需要利用搜索器在互联网上不停地漫游、发现和搜集信息，并将信息储存到本地。由于搜索器是自动、有一定策略的程序，故称其为 Robot 或 Spider，为了提高工作效率，搜索器通常为分布式，并采用并行计算技术。

（2）分析器

搜索器储存的本地信息将利用分析器进行分析以便索引，分析器的关键技术包括分词、过滤和转换等。

（3）索引器

由索引器将储存的信息抽取出索引项，包括网页的 URL、编码类型、页面关键词、更新时间等建立索引数据库。

（4）检索器

检索器根据用户输入的关键词在索引数据库中查找出相关文档，进行文档与查询的相关度评价，返回相关度符合某一阈值的文档集合，并对将要输出的结果进行排序。

（5）用户接口

用户接口的作用是为用户提供可视化的查询输入和结果输出界面，提供用户相关性反馈机制。在输出界面中，综合相关信息和网页级别形成相关度数值。然后进行排序，相关度越高，排名越靠前。最后由页面生成系统将搜索结果的链接地址和页面内容摘要等内容组织起来反馈给用户。

2. 少数民族文字搜索引擎技术研究现状

从我国主要的现行少数民族文字藏文、蒙古文、维吾尔文来看，我国少数民族文字网络搜索引擎的开发已经有不少的尝试与相关技术研究，以下分述之。

（1）藏文搜索引擎技术相关研究

目前，藏文搜索引擎的研究开发主要在西北民族大学进行，如戴玉刚对藏文网页的采集系统进行研究，设计了藏文网页采集模块 Tibet spider，并提出藏文网页的存储模式和通过创建 URL 树构造相似网页集合的方法[①]，他的学生王思丽在其基础上对藏文网页的自动发现和采集、编码转换、网页判定与存储技术做了进一步研究，初步构造了藏文网页信息采集

[①] 戴玉刚：《藏文网页采集技术研究》，《民族语言文字信息技术研究——第十一届全国民族语言文字信息学术研讨会论文集》，第 527~535 页。

系统①。又如江涛等以构建的藏文舆情分词词典为基础，讨论了藏文网络舆情话题发现与跟踪方法。②

（2）蒙古文搜索引擎技术相关研究

目前，蒙古文搜索引擎的研究开发主要在内蒙古大学开展，如巩政对蒙古文编码的识别和转换进行了研究③；王睿设计了一个支持 Unicode 编码的蒙古文网页自动抓取程序④；金威通过蒙古文的构词和语法等方面特点分析并确定了蒙古文停用词表，对蒙古文信息检索模型进行了探讨⑤。

（3）维吾尔文搜索引擎技术相关研究

维吾尔文搜索引擎技术方面的相关研究主要在新疆大学信息科学与工程学院开展，主要研究有：陈丽珍和卡米力·毛依在维吾尔文文档的特征项抽取等方面做了一些探讨，提出了基于网络的维吾尔文信息处理（如：维吾尔文网页下载、网页内容信息的存储以及无词典智能化维吾尔文抽词）的方法⑥；吐尔洪·吾司曼和维尼拉·木沙江提出了维、哈、柯多文种搜索引擎中网页爬行器的结构及其设计方案⑦；艾赛提江·艾拜都拉设计了基于 URL 遍历、数据采集、查询服务三个核心技术模块的维吾尔文网站搜索引擎解决方案⑧。

3. 少数民族文字网络搜索引擎开发的现状评述

少数民族文字网络搜索引擎的开发已在民族地区教学研究机构开展，但还处于初期实验阶段，尚未全面推广。研究主要围绕网页文字识别、文字编码与转换、网页采集与存储等基础工作，个别语种尝试开发的网页自动发现与采集系统也仅是实验用的原型系统，可供采集信息量远远达不到实际需求，并且还缺少对如何实现理解用户行为、优化排序、权衡网络搜

---

① 王思丽：《藏文网页自动发现与采集技术研究》，西北民族大学硕士学位论文，2010。
② 江涛、于洪志、李刚：《基于藏文网页的网络舆情监控系统研究》，《全国计算机安全学术交流会论文集》（第23卷），2008，第133~136页。
③ 巩政：《蒙古文编码转换研究》内蒙古大学硕士学位论文，2008。
④ 王睿：《蒙古文网页抓取及编码识别转换研究》内蒙古大学硕士学位论文，2008。
⑤ 金威：《蒙古文信息检索模型的研究》内蒙古大学硕士学位论文，2009。
⑥ 陈丽珍、卡米力·毛依：《WEB维文信息检索系统中维文的存储和特征项抽取》，《新疆大学学报》（自然科学版）2006年第1期。
⑦ 吐尔洪·吾司曼、维尼拉·木沙江：《维、哈、柯多文种搜索引擎中网页爬行器（Crawler）的设计与实现》，《新疆大学学报》（自然科学版）2009年第1期。
⑧ 艾赛提江·艾拜都拉：《维文搜索引擎设计及实现》，《新疆教育学院学报》2004年第4期。

索引擎的"效率"和"效果"等搜索引擎技术的研究。由于少数民族文字语种繁多、编码不统一、分词困难等因素导致目前少数民族文字网络搜索引擎的研究主要集中在网络搜索引擎结构的前三个部分：搜索器、分析器和索引器，针对后两个部分检索器和用户接口的相关研究还比较薄弱，少数民族文字网络搜索距离成熟可用还有很长的路要走。

二 民族文字网络搜索引擎开发的难点问题

按照搜索引擎结构，针对少数民族文字文本的特点，分述民族文字网络搜索引擎开发的难点问题如下。

（1）搜索器

虽然目前互联网上少数民族文字网页的数量多、更新快，但是遇到汉文、少数民族文字及其他文字夹杂出现，如网页标题是少数民族文字，而内容是大量的汉文等类似情况时，如果搜索引擎不对网页进行分析判断而全部搜集，将导致采集结果不理想。因此必须首先对网页文字进行识别和判定，以提高采集的准确率。这就需要根据少数民族文字的自身特点选择一些关键特征来进行判断。

（2）分析器

搜索引擎检索结果的质量一定程度上取决于检索词汇分词的准确度，对于英文来说一个字就是一个词，而且词与词之间有空格作为标记，所以计算机分析的时候不需要再做分词。而少数民族文字情况较为复杂，如维吾尔文与英文类似，采用空格作为自然分隔符，而藏文等少数民族文字的词汇之间没有明显的分割标志，词汇的界定缺乏自然标准，因此在信息检索时应首先解决检索词的切分问题。

（3）索引器

我国虽然已经发布了一系列少数民族文字信息技术的国家标准并参与制定了相关的国际标准（ISO/IEC 10646），但由于旧标准的优势和人们的使用习惯等，新标准的推行仍然是一项长期的工作，比如目前藏文在国内流行的主要有华光编码、班智达编码、同元编码等，国外有 Sambhota、TIDMBA 等多种编码体系。少数民族文字网页编码的多样性和复杂性，对网页的存储和资源数据库的构建造成了很大的困难。与此同时，少数民族文字编码间的相互转换也成为阻碍民族文字网络搜索引擎开发的众多问题之一。

(4) 检索器

为了提高检索结果的质量,更准确更快地将结果信息反馈给用户,还应该对检索结果进行排序工作。从索引库中查询出文档后,如何进行文档与查询的相关度评价,针对少数民族文字的特点选择排序算法也是难点之一。

(5) 用户接口

目前大多数支持多语言检索的搜索引擎,实质上只是多个单一语言模式检索的融合,用户输入的查询语言与返回的检索结果语言必须一致,如果需要多语种的网页检索结果,则必须输入多种语言,这无疑加大了用户搜索的困难。只有实现输入单一语言,检索多语言的结果才可以保证检索结果的全面。

三 关键技术

针对上述难点问题,可利用如下关键技术解决。

1. 网页文字识别

在浩如烟海的网页中,搜索引擎首先需要识别和判定网页所使用的文字,并从众多网页中过滤掉非选定文种,如中、英文或其他文字。有如下几种方法:根据 HTML 中的字体信息判定,检索网页源代码的字体属性 font face、css 标签 font-family 中是否存在少数民族文字字体,如国内藏文网站的编码大多是班智达和同元编码,班智达编码藏文网页常见字体类型有 BZDBT、BZDMT、BZDHT 等;同元编码藏文网页常见字体类型有 TIBETBT、TIBETFG、TIBETCT、TIBETZT、TIBETHT 等;藏文编码字符集扩充集 A 的常见字体有 TibetABt、TibetAHt、TibetAYt 等;国外的 Sambhota 编码常见的字体类型有 dedris-a、deris-b 等。如果存在某种少数民族文字字体中的一种,则判定该网页为此种少数民族文字网页。但是在实际操作中,在源代码中规范标注字体信息的仅为少数,因此可以利用少数民族文字本身的特点在源代码中查找该种少数民族文字高频字进行判定,如藏文可利用音节点和高频音节是否满足一定阈值来判定是否为藏文网页。

2. 网页文字编码识别

可按照如下几种方法对网页文字编码进行识别与判定。

（1）非重叠区域的编码识别方法

一般的少数民族文字的各种编码间通常具有交叉和重叠的区域，我们可利用网页的编码包含在非重叠区域中的概率是否满足阈值来判定其字符是否属于该编码字符集。

（2）高频编码出现概率的编码识别方法

可先对每种编码进行分析统计，在文本中查找某编码的高频编码，如果出现概率满足一定阈值，则判定为该种编码。

（3）基于贝叶斯分类的编码识别方法

通过计算网页中存在的特征字符串编码概率的大小，对应概率越大，就越可能属于某种编码类型。

3. 网页文字编码转换

由于少数民族文字各种字符编码方案之间互相不兼容，使用不同输入系统输入的文档和网页不能相互转换共享，众多的字符编码方案给少数民族文字信息化进程带来了很大的障碍，公众迫切需要编码转换软件来实现少数民族文字各种字符编码方案的互相转换，同时我们也需要利用编码转换工具将众多的编码转换成标准的编码类型，以便于最终网页的统一存储。如蒙古文的一种编码转换方案为：先把蒙古文单词用最小字素串表示，然后根据蒙古文正字法词典所标注的发音把每一个单词转换为名义字符串表示，再根据名义字符串与国际编码一一对应的规则，把该蒙古文单词表示成国际标准码字符串。①

4. 网站的自动发现与采集

网站的自动发现需要建立搜索引擎爬行器，将我们已知的少数民族文字网站进行统计建表，收集它们的种子 URL 地址（首页地址）等信息。爬行器首先获取网站的首页，然后对页面中所链接的网页按照上述少数民族文字网页识别方案进行识别，自动抓取所需网页并利用正则表达式检索符合某种规则的文本，可利用正则表达式进行 HTML 网页的页面文本解析工作，最后通过选择适当的存储策略建立少数民族文字网页数据库，完成网页的存储工作。

---

① 巩政、郝莉、杨旭华：《非标准蒙古文字符编码转换为国际编码的一种方法》，《内蒙古大学学报》（自然科学版）2008 年第 2 期。

5. 自动分词技术

分词是搜索引擎处理用户检索要求的第一步，分词的准确度直接影响着搜索引擎检索结果的质量，自动分词技术也是少数民族文字信息处理中一项不可缺少的基础性工作。少数民族文字需要按照不同文字的特征分别进行分词技术的研究，如彝文可通过建立制定分词词表，采用正向最大匹配算法实现自动分词技术。① 又如藏文可首先将一个单句或多个单句构成的复句进行格切分，再将名词短语、动词短语、介词短语和个别形容词短语进行切分，最后结合分词词典和统计信息切分短语结构内部的词块集合。② 相关研究有青海师范大学才智杰等通过对85万字节藏语语料的统计分析和藏语词的分布特点、语法功能研究，设计了切分用的词典库结构、格分块算法和还原算法，并构建了基于词典库的藏文自动分词系统的模型。③

6. 跨语言信息检索技术

为了跨越语言上的障碍，消除因语言差异而导致的信息检索困难，跨语言信息检索技术的概念应运而生。跨语言信息检索（cross-language information retrieval）是指用户以自己熟悉的一种语言提交检索，系统检索出符合用户需求的包含多个语种的相关检索结果。系统可将用户提交的查询词翻译成系统支持的多种语言，再对不同语言的信息进行查询。如用户需要利用中文作为查询词检索出相应的藏文和英文结果，系统可按照词典将用户提交的中文检索词翻译成目标语种藏文和英文，然后进行检索，检索的结果页面也按照需要翻译为相应的语言。

四 未来工作

目前，民族文字网络搜索引擎的设计开发还处于初级阶段，现已开发的系统大部分只是试验用的原型系统，可供采集的信息量小，检索结果也未达到理想状态，若推广到互联网进行大规模少数民族文字网络搜索的引

---

① 王成平：《彝文自动分词系统的设计与实现》，《中国西部科技》2012年第3期。
② 祁坤钰：《信息处理用藏文自动分词研究》，《西北民族大学学报》（哲学社会科学版）2006年第4期。
③ 才智杰、才让卓玛：《藏文自动分词系统的设计》，《计算机工程与科学》2011年第5期。

擎系统上，还需进行大量工作，具体内容如下。

（1）网页文字及编码识别应提高准确度

现有网页识别以及编码识别算法中阈值的选取都是依靠现有的统计资料在试验中人为随机取值，然后做对比，选取合适的值。这和网页样本数量有很大的依赖关系，在样本量增多和其他变动的情况下，阈值的大小和适合度也会随机改变。因此在后续的工作中如何改进网页识别算法，使其对阈值的选取依赖性变低，对于提高网页识别的准确率非常重要。

（2）网页检索结果的查重

在抓取和解析 HTML 少数民族文字网页的时候，如果只是进行网页的 URL 查重，那么对于如网站转载信息，网页的 URL 不同，但是内容却相同的网页大量存在，就需要提取网页特征对网页的相似度进行检测，用以去掉重复的网页检索结果。

（3）网页检索结果的排序

为了提高检索结果的质量，能够更准确更快地将结果信息反馈给用户，还应该对检索结果进行排序工作，目前比较流行的网页排序算法有：词频位置加权排序法、Direct Hit 算法以及 PageRank 算法等，这需要在以后的工作中通过比对和改进排序算法来优化检索结果。

（4）跨语言信息搜索的准确度

用户查询语句依靠字典翻译的方式虽然直观、简便，但是由于用户提交的查询提问式通常很短，缺乏必要的语境，翻译的准确性尚不能令人满意，这时需要通过采取一定的策略，在忠于用户的查询目的前提下，对其查询提问式进行适当扩充。除查询翻译之外，还可以利用文献翻译、非翻译方式（潜语义索引）[①]，以及基于本体的方法[②]来提高查询的准确度。

[①] 任成梅：《跨语言信息检索的发展与展望》，《图书馆学研究》2006 年第 4 期。
[②] 王进、陈恩红、张振亚、王煦法：《基于本体的跨语言信息检索模型》，《中文信息学报》2004 年第 3 期。

清末的"国语"转型

张 军[*]

内容提要： 满语伴随着满族的崛起和清朝的建立，发展成为具有独特内涵和崇高地位的"国语"，并在有清一代的政治、军事、文化以及族群认同等方面产生了深刻影响。但在三百多年的满汉接触交融历程中，满语作为"国语"和汉语（官话）作为"通语"的双轨体制最后被消解，清末"国语"完成了从满语到汉语的转型。清代"国语"的变迁和转型隐含了满族旗人的中华化过程，伴随着族群政治认同的变化。

关键词： 满族　清代　"国语"　认同

导　论

满族和它建立的清王朝对中国传统社会产生了深刻影响，这一历史过程颇能给人以启示，包括它的语言文化政策。作为一个统治全中国的少数民族政权，清王朝"事实上同时具有着中华王朝与民族政权的双重性格，其最高统治者都兼有中华王朝皇帝与民族酋长的双重身份"[①]。它所施行的制度和方略"实兼具了本民族意识的'征服政权'特征，以及汉文化内涵的'中原政权'特征，形成所谓的'满—汉二元体制'"[②]。但随着王朝统治的持续、社会整合的深化，这种"二元"体制逐渐走向一元化。从语言政策来看，早在满族形成的过程中就确立了满语的"国语"地位，入关后

---

[*] 张军，中国社会科学院民族学与人类学研究所副研究员，文学博士。
[①] 王柯：《民族与国家：中国多民族统一国家思想的系谱》，中国社会科学出版社，2001，第277页。
[②] 叶高树：《清朝前期的文化政策》，台湾大学历史学系博士学位论文，2000。

十分注重以"国语骑射"政策来维护和传扬"满洲特性";另外,为了国家统治和社会治理的需要,历代清帝又必须学习、掌握、推行汉语文和汉文化,延续中原王朝的"通语"制度,推广、规范以官话为基础的社会共通语。在先进而深厚的中原文化的巨大影响下,特别是在国家认同性力量的整合之下满族最后整体上放弃了满语文而转用汉语文。清代语言政策从前期对"国语骑射"的坚守和张扬,到后期"国语"("清语")的衰落直至清末转而确立新的国语目标,这一演变过程对考察晚期中华帝国的族群/国家认同具有典范意义。

一 清代的"国语"

(一) 满族的语言

满族祖先是12~13世纪在北方建立金政权的女真族。明代后期东北的女真人分为建州女真、海西女真和东海女真(明人称野人女真)三部。到1616年建州部爱新觉罗氏首领努尔哈赤先后完成了对本部及其他女真部落的统一,创建了八旗制度,并建元称汗,建立大金国(Aisin Gurun)政权。1635年其子皇太极诰令以"满洲"(Manju)为族称取代"诸申"(Jušen,即女真),次年又改国号"大金"(Aisin)为"大清"(Daicing)。以建州女真为核心的满族的崛起,不仅是女真诸部长期以来在政治经济、血缘地缘等方面交流融汇的结果,也是以女真语言为认同基础和联结纽带的群体建构过程。从语言的亲缘关系来看,满语(女真语)属于阿尔泰语系满—通古斯语族,其中海西女真和建州女真的语言同满语支语言的关系近,野人女真的语言同通古斯语支语言的关系近。① 但实际上这些女真语言间的差别并不大,彼此之间可以交流。努尔哈赤所建立的女真大金政权是以说女真语的族群为基础的。这个族群被周边的明、朝鲜和蒙古人"识别"为"他群",具有统一族名,在明代的汉语文献中被称为"朱里真"、

---

① 金泰方:《从女真语到满洲语》,《满语研究》1990年第1期。

"朱先"或"诸申"①，邻近的蒙古人称其为"主儿扯"（Jurchen）或"主儿扯惕"（Jurchid，复数）②；他们自己也持有相同的语言认知。《满文老档》天命四年（1619）记载："迨至是年，自明国以东，至东海，朝鲜国以北，蒙古国以南，凡属诸申语言之诸国，俱已征服而统一之矣。"《清实录·太祖武皇帝实录》（卷三）也说："满洲国自东海至辽边，北自蒙古、嫩江，南至朝鲜鸭绿江，同一言语者俱征服，是年诸部始合为一。"满族在发展壮大过程中还不断掠夺吸附了一些汉人和高丽人，但这些人大多转用女真语，比如明代汉人（Nikan）虽"自称唐人，曰俱不知被掠年月，所居卫名、父之姓名，且不解汉语矣"（《李朝实录》）。可见，入关之前的满族普遍使用女真语，这种语言的同一性不仅方便了他们的内部交流，成为民族统一的基础，而且在入关前后乃至整个王朝时期都成为认同的标记。

（二）满语作为"国语"的内涵与地位

女真族群的语言认同在后金政权的崛起过程中不断得到强化，最后产生了一种基于族群和国家的语言意识，即"国语"。虽然"国语"一词在清朝建立以后与"汉语"相对而广为使用，但实际上是对入关前满语文献中 gurun i gisun（部落或国家的语言）称谓的沿用。满语 gurun（固伦）一词在汉语中多译为"国家"，但在早期的女真诸语中本为"部落"之意，后来也译为族人或国人。③ 努尔哈赤于万历四十四年（1616）建立政权，号为大金国（Aisin Gurun，直译为"爱新固伦"），确立了新的汗号"天授养育诸固伦英明汗"（abka geren gurun be ujikini seme sindaha genggiyen han），其中的"诸固伦"（geren gurun）就是指当时已被建州女真部落征服的海西女真和东海女真的诸部落（尚不包括叶赫部）。④ 可见其时 gurun 既可以指部落，也可以指部落之上的国家（当然是前现代的王朝国家）。

---

① "诸申""朱里真"等都是女真族名的不同译写形式，是女真诸部落的名称，但随着女真族分化演变成了下层阶级的属名，所以后来皇太极用"满洲"（Manju）一名取代了贬义化的"诸申"，康熙在《御制清文鉴》也将"Jušen"释为"Manju i aha"（满洲的奴仆）。
② 孙静：《"满洲"民族共同体形成历程》，辽宁民族出版社，2008，第30~31页。
③ Jerry Norman 在 A Concise Manchu - English Lexicon 中将 gurun 解释为 "country, tribe, people; ruling house, dynasty"，是可信的。
④ 蔡美彪：《大清国建号前的国号族名与纪年》，《历史研究》1987年第3期。

gurun i gisun 对于女真人来说就是"部落语言",对于满族人来说就是族群语言,对于大清国来说就是"国家(帝国)语言"。但需要注意,满语作为"国语",与我们现在通常所说的国语或国家语言(national language)绝然不同,后者是以民族国家话语为背景、以语言统一为追求目标。清代"国语"(gurun i gisun)的具体内涵和所指对象有一个动态演变过程,它是满族从部落到国家的发展进程中通过满文书写制度的创制和改进而逐步确立的。

金代女真人曾先后创制了大字和小字两种文字,但在金亡以后就基本不能流通使用,明代中叶东北的女真人最后放弃了这种文字,在必要的文书场合开始转用蒙古文。① 到努尔哈赤时期,"时满洲未有文字,文移往来,必须习蒙古书,译蒙古语通之"(《清实录·太祖武皇帝实录》卷二),他本人也"能自解蒙古文"。朝鲜文献记载了当时女真人的语文使用情况:"胡(注:指女真)中只知蒙书,凡文簿,皆以蒙字记之,若通书我国(注:指朝鲜国,时用汉字)时,则先以蒙字起草,后华人译之。"(《建州闻见录》)这种状况在努尔哈赤看来不光是使用上的不便,更是族群认同上的缺陷。所以万历二十七年(1599),他责成精通满汉蒙诸种语言文字的额尔德尼、噶盖二人创制满文:

> 二月,太祖欲以蒙古字编成国语,榜识厄儿得溺、刚盖对曰:"我等习蒙古字,始知蒙古语,若以我国语编创译书,我等实不能。"太祖曰:"汉人念汉字,学与不学者皆知,蒙古之人念蒙古字,学与不学者皆知。我国之言写蒙古文字,则不习蒙古语者不能知矣。何汝等以本国言语编字为难,以习他国之言为易耶?"刚盖、厄儿得溺对曰:"以我国之言编成文字最善,但因翻编成句,吾等不能,故难耳。"太祖曰:"写阿字下合一妈字,此非阿妈乎(阿妈,父也)?厄字下合一脉字,此非厄脉乎(厄脉,母也)?吾意决矣,尔等试写可也。"于是自将蒙古字编成国语颁行,创制满洲文字自太祖始。
>
> (《清实录·太祖武皇帝实录》卷二)

可以看出努尔哈赤对于创制本民族的文字是何等迫切而坚决,对于其

---

① 据记载,明英宗正统九年(1444),统领东北女真人的玄城卫指挥撒升哈、脱脱木答鲁等上奏明廷:"臣等四十卫无识女真字者,乞自后敕文之类,第用达达字(注:指蒙文)。"(《明英宗实录》)可见在15世纪中期女真社会已基本改用蒙古文字了。

中技术上的困难并不为意。渗透其中的"国语"（即"我国语""我国言"）意识是在与蒙古语（字）、汉语（字）的相对待中彰显出来的，但这种直接用蒙古字书写女真语的"满洲文字"，既不能全面准确地记录女真语言，又易与蒙古文书相混，显得粗糙不便，比如"上下字无别，塔达、特德、扎哲、雅叶等，雷同不分"（《满文老档》）。对满洲"国书"的进一步完善由清太宗皇太极实现。天聪六年（1632）三月皇太极授意大臣达海对满文进行改革：

> 上谕巴克什达海曰：国书十二字头，向无圈点，上下字雷同无别。幼学习之，遇书中寻常语言，视其文义，易于通晓。若至人名地名，必致错误。尔可酌加圈点以分析之。则音义明晓，与字学更有裨益矣。
>
> （《清实录·太宗文皇帝实录》卷二）

这样，一种功能完备、身份明晰（有别于蒙古文）的新满文产生了。三年后皇太极诰令以"满洲"为族称取代"诸申"，后世人们把努尔哈赤时代的"无圈点满文"称为"老满文"（fe Manju hergen），把皇太极时代的"有圈点满文"称为"新满文"（ice Manju hergen）。1636年皇太极改国号"大金"（Aisin）为"大清"（Daicing），满语满文又称"清语""清文"，并被赋予"国语""国书（字）"① 的地位，同时也是最重要的两种官方语言之一。

二 双轨制度下的"国语"政策

（一）清代旗人的双语生活

随着努尔哈赤和皇太极对明朝的攻伐，大批汉地军民被并入满洲，八旗中还编制了汉军旗，满汉语言接触现象越来越频繁，沟通中的问题也越

---

① 欧立德认为："清朝时期，满族语言在汉语中通常被称为'清语'、'清文'（Qing language）或'国语'（national language），但这一政治标签从未在满语中使用，它仅仅被说成'满洲语言'（Manju gisun；Manju hergen 仅指书面语言）。"详见Mark C Elliott, *The Manchu way; the eight banners and ethnic identity in late imperial China*, California: Stanford University Press, 2001, p.317。但这不说明清代满人的"国语"意识不鲜明。

来越突出，比如有"汉官不通满语，每以此被辱，有至伤心堕泪者"（《清史稿·列传十九》）。同时，皇太极等满族统治者迫切需要从中原王朝学习先进的技术和文化，非常需要兼通满汉双语的人才。早在入关前后清代社会（包括宫廷）就开始了广泛的满汉语言接触和双语生活，先后成立文馆和内三院（国史院、秘书院、弘文院）负责满汉翻译事务，相应出现了笔帖式、启心郎、通事等翻译职事。皇太极在天聪五年（1631）因为六部"满大臣不解汉语，故每部设启心郎一员，以通晓国语之汉员为之，职正三品，每遇议事，座在其中参预之"。天聪七年八月，汉军旗人宁完我奏请设六部"通事"："六部汉官开口就推不会金话。乞汗把国中会金话的汉人，会汉语的金人，挑选若干名，把六部承政一个与他一个通事……汗之左右，亦该常存两个好通事，若有汉官进见，以便推问，觇其才调。"嗣后皇太极令宁完我等"举国中汉人并会金话的"，当时共推举二人，一个汉人子弟，"会金话，识汉字"；另一个金人子弟，"会金字、汉字"。① 可见当时朝廷对于满汉双语人才的需求和满汉语言接触的情势，这一局面持续到入关初期，并从开始的汉人满化到后来满人"渐染汉习"、满汉兼通，清代官场和旗人中间出现了广泛的双语生活。"从 1644 年清军入关，大约经历了 80 年 5 代人，即在康熙朝后期约 1720 年前后，从整体上说，满族开始由单一满语向满汉双语过渡。"②

统观清代的语言规划进程，基本上是在两条轨道上进行的：一方面，为了实现对地域广阔、人口繁盛的广大"中原"（实际上包括长城以南的广大地区）的有效统治，必须以传统的汉语文为治理工具并对其进行与时俱进的改革和规范；另一方面，为了保存满族作为统治者的优越特性，视满语文为"满洲之道"（Ma Manjusai dora）的不二法门，强调满人（八旗子弟）必须学习使用满语满文以保持文化传统和族群认同。这种二元化的语言制度不单是当时社会现实的需求、语言沟通的保障，也是清王朝的双重政权性格和二元政治体制的内容。

（二）雅正传统与清代"通语"建设

清代对汉语文的规范和规划，是对中国历史悠久的书同文、语同音通

---

① 《宁完我请变通〈大明会典〉设六部通事奏》，《清入关前史料选辑》（第 2 辑），中国人民大学出版社，1989，第 82 页。
② 季永海：《从接触到融合——论满语文的衰落》（下），《满语研究》2005 年第 1 期。

语制度的延续。所谓通语,就是中国古代在行政领域和读书阶层使用的、与各种方言相对的通用语言。① 通语的书面形式受通常所说的文言影响,语音上秉持"正音"传统——不断求得读书正音(以历代主流的"韵书"为标准)和"王畿正音"的平衡和统一。在明清之际,以南京话或者北京话为基础的"官话"发展成为当时的通语。与前朝蒙元王朝形成鲜明比照,清代诸帝从开始就认识到汉语汉字对于促进国家发展、文化建设的重要作用,重视在帝国范围内进行汉语文的规范使用和认同建构。康熙帝于1710年上谕经筵讲官、文渊阁大学士兼吏部尚书陈廷敬及文华殿大学士张玉书等人,认为"字学并关切要,允宜酌订一书",要求编纂一部"垂示永久"的字书。六年后书成,康熙又亲自为序,嘱名《字典》(即《康熙字典》)。康熙秉承许慎以来对于汉字之社会功用的传统观念,"以其为万事百物之统纪,而足以助流政教也"。因此他认为汉字只有规范为形音义"较若划一",才能"昭同文之治,俾承学稽古者得以备知文字之源流,而官府吏民亦有所遵守焉"(《康熙字典·序》)。康熙是以汉字而不是当时的"国字"满文来建构其"同文之治",《康熙字典》在体例和内容上都体现了承古导今、兼容并蓄的中华文化认同精神。它继承了前代《说文解字》《字汇》《正字通》等的体制范例,删繁存精,收录汉字47035个,集字书之大成;虽曰字典,但音义详备,"每字先标音切,然后释义,再引书证;标音释义,先正音本义,然后是别音别义;字有古体的,列于本字之下,重文、别体、俗体、讹字,则附于注后;有所考辨,即附于注末"②;是对传统汉语辞书进行总结传扬的国家工程,体现了康熙大帝的文教识见和文化认同。

在治理国家的语言选择上,清代以满语和汉语为主要的官方语言。但满语主要存在于旗人之中,象征性地使用在宫廷内闱或军机密处。庞大的官僚系统和文教领域主要沿用明代以来形成的官话,清初的几代皇帝很注意对这种"文学语言"的规范和推广。《康熙字典》本身就有正音的目的,它的注音依正音、转音、叶音次第,并"一依《唐韵》《广韵》《集韵》

---

① 鲁国尧认为:直至19世纪末,汉语里的"方言"意指各地的语言,它既包括现在意义的汉语各方言,也包括中国境内的少数民族语言,甚至被用来指称国外的语言。详见其《"方言"和〈方言〉》,载《鲁国尧语言学论文集》,江苏教育出版社,2003,第1~11页。

② 孙雍长、李建国:《宋元明清时期的汉字规范》,《学术研究》2006年第4期。

《韵会》《正韵》为主",所标举的是《切韵》系的传统读书音。康熙还专门于五十四年(1715)诏令文渊阁大学士李光地和翰林院侍讲王兰生一起编修韵书,使五方之民取音"较若划一",指示对传统的反切法进行改革。雍正特为这部历时十一年而成的《音韵阐微》作序。这部官修韵书属于《切韵》系韵书,但所反映的实际读音是当时的官话书音,"所切出的字音,既非《广韵》系统的中古音,也非秦汉古音,而是合于清代北方官话的标准音,跟现代汉语的语音已很接近"①。明清官话本以江淮方言为基础,又在实际使用中逐步受了北方方言特别是北京话的影响,所以不光在文学、办公领域推广,也在普通民众的生活中得到认同。但南方偏远的福建、广东等地的方言与官话音的差别比较大,朝廷上也因官员"各操乡音"而"不可通晓"。雍正皇帝为此敕令"福建、广东两省督抚,转饬所属各府、州、县有司及教官,遍为传示,多方教导,务期语言明白,使人通晓,不得仍前习为乡音"(《清实录·世宗宪皇帝实录》卷七十二),且"廷臣议以八年为限,举人、生员、贡监、童生不谙官话者,不准送试"(清·俞正燮《癸巳存稿》)。于是政府出资在闽粤两省设立"正音"书院、书馆、学社等,要求各级官员和举人、生员、贡监、童生都要学习官话正音。起初使用的教材就是《康熙字典》《音韵阐微》等御定辞书。从嘉庆、道光朝开始,为了适应官话语音的变化和实际教学的发展,陆续出现了专以正音为目的的教学韵书,如高静亭的《正音撮要》(1810),沙彝尊的《正音辨微》(1837)、《正音咀华》(1853)、《正音切韵指掌》(1860)、《正音再华旁注》(1867)以及潘逢禧的《正音通俗表》(1867)等②。沙彝尊曾在广州正音书院从事官话教授工作20多年,他对当时所谓的"正音"有明确说明:"何为正音?答曰:遵依钦定《字典》、《音韵阐微》之字音,即正音也。"正音与当时的北音、南音都有区别:"何为南音?答曰:古在江南建省,即以江南省话为南音。""何为北音?答曰:今在北燕建都,即以北京城话为北音。"(《正音咀华》)正音是语言雅正观念的一个表现。受"正统""正朔"等意识支配,中国古代一直延续着以"同文之治""王畿正音""读书正音"为内容的语言雅观,这是古代"天下通语"制度的内核。这方面清代的作为毫不逊色,反而是良好实践的楷模。

---

① 李建国:《汉语规范史略》,语文出版社,2000,第187页。
② 吕朋林:《清代官话读本研究》,《古籍整理研究学刊》1986年第3期。

(三) 作为"满洲根本"的"国语"政策

努尔哈赤以来清代诸帝对满洲语言的独特认识和高度重视,是有鉴于其先族先朝的经验教训的。早在入关之前,皇太极就告诫大臣:"昔金熙宗循汉俗,服汉衣冠,尽忘本国言语,太祖太宗之业遂衰……诸王贝勒务转相告诫,使后世无变祖宗之制。"(《清史稿·太宗本纪》)元世祖忽必烈以八思巴字代替传统蒙古字的做法,在皇太极看来也是反面教材:"朕闻国家承天创业,未有弃其国语反习他国之语者。弃国语而效他国,其国未有长久者也。蒙古诸贝子,弃蒙古之语,名号俱学喇嘛,卒到国运衰弱。"所以他在建国之初就以"国语"为立国之本。入关以后,为了防备满人因"沾染汉习"而走向衰败,顺、康、雍、乾等历代皇帝反复强调"国语""骑射"对于满人的重要性。顺治皇帝坚持"首崇满洲,固所宜也"(《清实录·世祖章皇帝实录》卷七十二)。乾隆十七年上谕:"骑射国语乃满洲之根本,旗人之要务",明确把"国语骑射"作为基本国策,要求满人八旗子弟能够言说"国语"、读写"清文"、专精骑射、常备武功。甚至在满语渐趋式微的清中后期,诸帝还在谆谆告诫,如道光七年上谕"国语骑射乃满洲根本,人所应晓",咸丰四年上谕"八旗人员骑射、清文是其本务"。① 纵观历代清帝的"国语"政策举措,主要有以下几个方面。

1. 规范正名,纯洁满语

早在天聪八年(1633),皇太极就下诏要求规范使用满语名称,致力于塑造和维护满语文的威权地位和独立形象:"今我国官名,俱因汉文,从其旧号。夫知其善而不能从,知其非而不能省,俱未为得也。朕虽未成大业,亦不听命他国,凡我国官名及城邑名俱易以满语……嗣后俱照我国新定者称之。若不遵我国新定之名,仍称汉字旧名者,是不奉国法,恣行悖乱者也,察出决不轻恕",并对总兵、参将等官名以及沈阳等地名的满语译写做出了明确规定(《清实录·太宗文皇帝实录》卷十八)。乾隆皇帝鉴于满语中借入大量汉语词汇(特别是音译借词),且满汉人名地名翻译混乱,于是谕令发布"钦定新清语"文件110多份、增订1700多个满语新词,刊刻《对音字式》,将大量音译汉语借词改为意译词,解决了满汉

---

① (清)长善等撰《驻粤八旗志》,马协弟等点校,辽宁大学出版社,1992。

对译时出现的问题，并要求官员在奏折中"以满语书写"。①

2. 推行"国语"教育、考试

为了教育八旗子弟学习国语，清初设置了多种旗人学校。顺治元年（1644）首先在国子监增设"清文"内容，令"满洲官员子弟、有愿读清书或愿读汉书及汉官子孙有愿读清汉书者，俱送入国子监，仍设满洲司业一员、助教二员，教习清书"（《清实录·世祖章皇帝实录》卷十一）。其后又新设八旗官学，作为教育八旗子弟的专门机构；各地八旗子弟又设宗学，令"每旗设满洲官，教习满书，其汉书听从其便"。起初宗学与八旗官学都以学习满文为主，辅以汉文，兼习骑射。后来顺治皇帝又担忧"习汉书，入汉俗，渐忘我满洲旧制"。而"既习满书，即可将翻译各汉书观察"，所以于1654年下令"其宗室子弟，永停其习汉字诸书，专习满书"（《清实录·世祖章皇帝实录》卷八十四）。康熙朝在前朝八旗官学的基础上增设了景山官学、八旗义学、盛京左右翼官学和黑龙江两翼官学等旗人学校。② 雍正七年（1729）又设立"觉罗学"，凡"自八岁以上，十八岁以下"的觉罗（gioro）③子弟"具令入学"，分读满、汉书。设置这些旗学的目的，就是为了对八旗子弟进行"国语"教育，以培养"清、汉兼优，精通翻译""可任职事"的人才。顺治八年（1651）准许八旗子弟在顺天府参加科举考试，内容就是满文写作或翻译；雍正元年（1723）清世宗指令八旗满洲等"除照常考试汉字秀才、举人、进士外，在满洲等翻译亦属紧要，应将满洲等另以翻译满文"。开设了在场次、题目上都有颇多优惠的翻译科考试。此外还有专门为各衙署选拔负责翻译、缮写满文文书的笔帖式（满缺和蒙古缺）考试。④ 这些特设的科举考试与旗学一道，成为保存、发扬"国语骑射"的重要途径。

3. 在公务领域推广使用满语文

满文创制后就用来书记军国要务、帝王言行，形成大量的文书档案，仅太祖太宗两朝的"老满文原档"就有40册。清初以来，大臣陈奏事件、各类文移往来，或因汉官不识满文，或因满文不能尽意，便需要将文书翻

---

① 佟永功、关嘉禄：《乾隆朝"钦定新清语"探析》，《满族研究》1995年第2期。
② 季永海：《论清代"国语骑射"教育》，《满语研究》2011年第1期。
③ 清制以显祖宣皇帝塔克世本支为宗室，伯叔兄弟之支为"觉罗"。
④ 屈六生：《试论清代的翻译科考试》，《庆祝王锺翰先生八十寿辰学术论文集》，辽宁大学出版社，1993，第229~238页。

译成满汉两种文字，册书、诰敕"兼书满汉字"。① 因此形成了满汉双语"合璧"的公文制度。清代规定，满蒙官员奏事必须用满文，汉官奏事既可以用汉文也可以用满文。但"与宗室、旗务和内亚军务有关的文件往往只能用满文书写"②。在少数民族地区，双语制表现出多样性，如在蒙古地区使用满蒙文合璧，在西藏地区使用满蒙藏文合璧，体现了清代多民族大一统的格局。

4. 编印满文书籍

早在关外，皇太极就设立"文馆"，命达海等人"译汉字书籍"。康熙二十二年（1683）汉人沈启亮编写出版了第一部大型满汉对照的词典《大清全书》。清初期旗人中已经出现了"后生子弟渐习汉语，竟忘满语"的现象，于是康熙下令"将满语照汉文字汇发明，某字应如何用，某字当某处用，集成一书"，"使有益于后学"。25年后《御制清文鉴》终于在1708年编撰完成，康熙帝亲自为其作序。这是清代第一部钦定满文词典，也是一部百科全书式的分类词典，从此使满文的"大经大法，咸有据依；一话一言，式循典则"（《御制清文鉴·序》）。但迨至乾隆朝旧本已显不敷使用，所以在乾隆三十八年（1773）又纂成《御制增订清文鉴》，乾隆四十四年（1779）仿前例敕撰《御制满珠蒙古汉字三合切音清文鉴》，晚期再扩展完成《御制四体清文鉴》（满、汉、蒙、藏合璧）、《御制五体清文鉴》（满、汉、蒙、藏、维合璧）。这些书籍都为学习、推广满语文提供了便利。

虽然清中期后满语的实际使用水平每况愈下，但单从政策层面来说，清廷一直没有放弃"国语骑射"的基本国策。清后期的道光帝旻宁、咸丰帝奕詝、同治帝载淳、光绪帝载湉以及宣统溥仪都依例自幼学习满语文。光绪十八年（1892）清德宗认为汉军旗都统果勒敏未能"口奏清语"，"殊属非是"，传谕内阁："汉军世历旗籍，国语理宜熟谙，嗣后引见人员，务当遵照向例，口奏清语履历，毋得再有违误，致于重处。"（《清实录·德宗景皇帝实录》卷二三九）直至宣统三年（1911）六月，隆裕皇太后还旨令监国摄政王载沣照料溥仪的国语清文学习："皇帝冲龄践阼，寅绍丕基，现当养正之年，亟宜及时典学。……至于国语清文，乃系我朝根本，着派

---

① 滕绍箴：《明清两代满语满文使用情况考》，《民族语文》1986年第2期。
② 〔美〕罗友枝：《清代宫廷社会史》，周卫平译，中国人民大学出版社，2009，第41页。

记名副都统伊克坦随时教习,并由监国摄政王一体照料。"(《清实录·宣统朝政纪》卷五十五)但因为二元制的语言政策并不适应中国的历史国情,满语文事实上从清中期以后就已成颓势,最后走向濒危。清代的"国语"政策也不得不在名存实亡中转型。

三 清末"国语"的衰落与转型

(一) 满语作为"国语"的衰变

虽然清初满族采取各种措施抵抗"汉习"、防止同化,比如各地修筑"满城",实行旗民分离制度(在北京则将原住的汉人迁至外城,而旗人和投充汉人则住在内城),限制满汉之间的通婚和往来等,但在波澜浩荡的社会生活中满语最终还是走向"满洲人乃自弃之"的命运,落到"皇帝典学,尚知国语,余则自王公大臣以下金不知其为何物"的局面。这种形势在康熙年间就初现端倪。康熙十年(1671),考虑到"满洲官员既谙汉语,嗣后内而部院,外而各省将军衙门通事,悉罢之"。"通事"是清初专门设置在政府机关里沟通满汉官员、从事口语翻译的双语岗位,从开始的稀缺人才到此时的冗闲之职,说明当时的满族官员的汉语水平已足当使用了,甚至皇室贵胄已有"不谙清语"者。雍正六年(1728)皇帝因"近见挑选之侍卫、护军,弃其应习之清语,反以汉语互相戏谑"而十分生气,责令他们"屏其习气,以清语、拉弓及相搏等技,专心学习"(《清实录·世宗宪皇帝实录》卷六十五)。乾隆也诏令对"宗室、章京、侍卫有不谙清语者,定从重治罪";还要求普通满洲人"凡遇行走齐集处,俱宜清语,行走处清语尤属紧要";在例行官员考核中增加了"清话"一条,如"其不能清话者,办事虽好,亦不准保列"(《清实录·高宗纯皇帝实录》卷一三八)。但所谓形势比人强,满人转用汉语的趋势无法逆转。

满汉双语是满汉两族人民交往频繁深入的结果,对于生产生活自然是有利的,不过当时以满族人学说汉语居多,这又影响了满语的发展和前途。综合起来看,满族人在入关之后就朝向满汉双语局面发展,中途经历了语言主位转换,"在顺治、康熙朝最初三十年,迁居北京,善于学习的操满语居民,在与汉族人民交往中,开始进入以满语满文为主的双语合璧时期。又经半个世纪,至康熙末年雍正初年开始转入以汉语汉文为主的双语合璧时期,特别是进入乾隆朝日渐明显,出现满语社会覆盖面大转折的历史时期"①。总体上,清代满语衰退首先发生在驻防各地的旗人中间。例如,雍正十一年(1733),广州驻防官兵"其子弟多在广东生长,非但不会说(满语),又因听闻稀少,耳音生疏,口吻更不便捷。即有聪颖善学习者,又因不得能教之人为之教习"(《雍正朱批谕旨》),以致满语渐为弃掷。可见当时在满城旗营中也没有了满语环境,就连教习满语的老师都选拔不到,这样下一代旗人势必发生语言转用,甚至在满族大员中也出现了母语衰退的现象。乾隆二十八年(1763),在回疆(新疆)办事的满人素诚的奏文就因为"清语不通","竟有不成话",受到乾隆帝的申饬,以为这些"满洲大臣"如果满语不熟,"致失满洲体制,必为回回、哈萨克诸部所笑"。乾隆三十年驻新疆伊犁大臣伊勒图,因驻当地官兵"皆说汉语",致使"清语较前生疏"。乾隆责令其后"伊犁大员回事接谈之际,务禁汉语",如无改观将追究责任。然而此类问题绝非个案,也难以求全责备,所以在三十九年(1774)乾隆上谕中只能退而求其次:"八旗人员住居外省日久,于本地语音,虽微有随同,而旗人体态则不能更改。"(《清实录·高宗纯皇帝实录》卷九七〇)可见当时汉语对满语影响之深。京籍八旗子弟不久也转用汉语了。至康熙末年,北京内城"闾巷则满汉皆用汉语,从此清人后生小儿多不能清语",至于"阙中及衙门皆用清语,奏御文书皆以清文翻译故也"。② 衙门文书使用满文是翻译"造假"的敷衍应付办法。清代以为"龙兴之地"的东北盛京,虽然清初就禁止汉人迁入,又有旗兵镇守,但到了乾隆朝连专司文字的笔帖式也"清语生疏,不能奏对",其他官员更是"所奏履历,不成清语"。至乾隆四十四年盛京"各城所用汉文者多,用满文者少,且能说满语之人仅十之一二"③。尽管顺治、康熙、雍正、乾隆等对满语文非常重视,他们本人也是使用满语文的典范,四朝留存的满文文献最为丰富。但到了嘉庆、道光、咸丰诸朝,宫廷内外、朝野上下的满语水平已大不如昔。晚清皇帝要求使用满语书写文件,主要是将其作为统治阶级的族群象征。嘉庆本人尽管还在重复祖训:

---

① 滕绍箴:《论乾嘉道以降满汉语言交融问题》,《中国民族史学会第四次学术讨论会论文集》,中央民族学院出版社,1993,第195~203页。
② 滕绍箴:《清代八旗子弟》,华侨出版社,1989。
③ 季永海:《从接触到融合——论满语文的衰落》(上),《满语研究》2004年第1期。

"我朝列圣垂训,命后嗣无改衣冠,以清语骑射为重。圣谟深远,我子孙所当万世遵守",宣示"我八旗满洲,首以清语、骑射为本"。但他本人对于语言认同的感受已不如先帝们深刻了。道光、咸丰更于江河日下的清代"国语国字"无所作为,而到了不识满文的慈禧时期,干脆下令大臣的奏折只书汉文,不写满文。总体上,大约从乾隆后期(18世纪末叶),满语文急遽衰落,到咸丰朝年间(19世纪后半叶),大多数满族人已经过渡到使用单一的汉语。[1] 仅有东北农村有少数满族人还能说满语,但其功能已大为衰退,成为一种濒危语言。

(二)清末的"国语"转型

满语作为清代"国语"只能理解为"帝国的语言"。对此"新清史"学派的观点可做概括:满语是清朝的"皇家语言"(imperial language)。它是皇室内部交流的基础媒介,而在宫廷范围的使用,是为了体现皇家尊严、表达意识形态、体现旗人贵族身份,或者为了传递军政秘密。18世纪以后,满语又成为一种文化徽章,是满人地位和认同的标记,也是乾隆皇帝广博才识的一个作品(an artifact of the universalism)。[2] 清末作为活态语言的满语基本上不复存在,这个"国语"的标签自然无以存附。其时适逢一个大转折大变动时代。西学东渐,中国传统文化和制度受到极大冲击,在救亡图存的探索中,以严复、梁启超为代表的晚清知识分子开始接触到了西方现代民族理论。现代国语(national language)思想也经由日本传入中国。"可以认为,从'国语'(即满语)向国语的转移大致发生在19世纪末20世纪初。因为,正是在此时期出现了这样的观点:近代国家的建立,语言的同一和标准化不可或缺。众所周知,这同时也与以日本为样板的富国强兵国家目标密不可分地联系在一起而向前推进的。"[3] 作为"国语"的满语在整个清代仅仅是旗人特权和身份的象征,并未作为国家的统一语言得到推广。所以现代进程所需的国家语言需要重新规划。日本近代

---

[1] 季永海:《从接触到融合——论满语文的衰落》(下),《满语研究》2005年第1期。
[2] Pamela Crossley and Evelyn S. Rawski, "A Profile of the Manchu Language in Ch'ing History", *Harvard Journal of Asiatic Studies* (53), No.1 (1993): pp.63 – 102.
[3] 村田雄二郎:ラスト・エンペラーズ は何語を話していたか——清末『国語』問題と単一言語制(《末代皇帝说什么语——清末的"国语"问题与单一语言制》),载《ことばと社会》(《语言与社会》),三元社,2000年7月第3号。

的国语实践为晚期帝制的中国提供了借鉴。"日本在明治维新以后曾经大力推广以东京语音为标准的民族共同语,他们最初称之为'普通语',后来又称'国语'"①。1902 年,清廷派京师大学堂总教习吴汝纶赴日本考察学制时,详细了解到日本各界关于国语的认识。日本大学总长山川说:"凡国家之所以存立,以统一为第一要义。教育亦统一国家之一端。故欲谋国家之统一,当先谋教育之统一。教育之必需统一者有三大端:(一)精神,(二)制度,(三)国语。"日本贵族院议员伊泽修二认为:"欲养成国民爱国心,须有以统一之;统一维何?语言是也。……前世纪人犹不知国语之为重。知其为重者,犹今世纪之新发明,为其足以助团体之凝结,增长爱国心也。"并忠告吴氏"察贵国今日之时势,统一语言尤其亟亟者",尤其学校要"宁弃他科而增国语"。吴氏回国之后向管学大臣张百熙报告,并请求推广时人王照创制的官话字母:"今教育名家,率谓一国之民,不可使语言参差不通,此为国民团体最要之义。日本学校,必有国语读本。吾若效之,则省笔字(注:指官话字母)不可不仿办矣。"他将官话视同于日本的国语。1903 年京师大学堂学生何凤华等六人上书北洋大臣、直隶总督袁世凯:"请奏明颁行官话字母,设普通国语学科,以开民智而救大局。"则现代国语观念已逐渐深入人心,其具体所指已不是满语(清语)。但当时清廷官方文书中还是沿用"官话"为多,于是宣统二年(1910)清廷资政院议员江谦等提出正名案:"凡百创作,正名为先,官话之称,名义无当,话属之官,则农工商兵,非所宜习,非所以示普及之意、正统一之名。"提请将"官话"改为"国语"。1911 年 8 月 10 日清廷学部中央教育会议议决《统一国语办法案》,以京音"官话"为基础的"国语"正式得到官方认可。② 至此,清代的"国语"完成了从满语到汉语(官话)的转型。这一转型,表象上是对满语和汉语的语言地位的规划和调整,是对"国语"所指对象的变更,但深层意义在于对国语及其承载的国家理念的现代性转变,即从前现代的、封建性的"国语",转型为现代意义上的、以语言和国家统一为诉求的现代国语。

---

① 倪海曙:《推广普通话写进新宪法》,《倪海曙语文论集》,上海教育出版社,1991,第 195~198 页。
② 详见拙文《关于"普通话"的语言观念嬗变》,第四届汉民族学会年会暨荆楚文化学术讨论会会议论文,2012 年 10 月,武汉。

余 论

　　语言规划和政策制定是系统而理性的社会活动，与语言状况、文化传统、意识形态和政治制度等多个方面相关，在多民族（族群）的国家中，还关系到族群认同问题。① 满语在清代被树立为"国语"并不断得到精致化和规范化，但最终还是走向整体消亡。对这一历史过程的认识，国外"新清史"学派依据满文文献材料、按照族群认同理论，对传统的汉化（sinicization）观点提出了质疑。② 比如欧立德认为"汉化"之说具有"同化主义"（assimilationism）的误导性，清季满族成功地采用了一种适应中国政治传统和保持自身特殊素质的平衡策略，满人的文化变迁是一种涵化（acculturation）而非被同化，即能保持自己的"满洲特性"（Manchuness）的文化适应过程。这一看法颇有启发意义。不过，因其受到西方学界的历史知识偏见影响，不能历史地看待"汉（族）"（Han, Sinic）与"中国"、"中华"（China, Chinese）的关系，将"满洲特性"与"中华特性"（Chineseness）对立起来。③ 实际上满族的所谓涵化或文明化正可以理解为"中华化"④ 过程。不同于"汉化说"所认为的满人在文化和语言上被汉人同

---

① Joshua Fishman ed., *Handbook of Language and Ethnic Identity*, Oxford: Oxford University Press, 1999, p. 31.
② 有关这方面的论述和介绍，详见刘凤云、刘文鹏编《清朝的国家认同——"新清史"研究与争鸣》，中国人民大学出版社，2010。
③ Mark C. Elliott, *The Manchu Way: The Eight Banners and Ethnic Identity in Late Imperial China*, California: Stanford University Press, 2001, p. 28.
④ 何炳棣针对罗友枝的"汉化"陈述（"汉化——该论断是说，进入汉族地区的所有非汉民族最终被汉文化所同化——是 20 世纪汉族民族主义者对中国历史的诠释"），特别指出："汉化"（Han - hua）一词是"sinicization"的汉语对译，但这并不十分准确；真正准确的汉文术语应是"华化"（Hua - hua），因为汉化的力量早在汉朝建立前的数千年就开始运作了。何先生从时间纬度上对 sinicization 进行了重新理解，我们认为不仅如此，"华化"或"中华化"在本质上也与"汉化"有别，简单说它是多主体之间在文化涵化（acculturation）过程中的一体化，而不是单向的文化同化（assimilation）。详见 Ho, Ping - ti（何炳棣），"The Significance of the Ch'ing Period in Chinese History", *The Journal of Asian Studies*, Vol. 26, No. 2 (Feb., 1967), pp. 189 - 195; "In Defense of Sinicization: A Rebuttal of Evelyn Rawski's 'Reenvisioning the Qing'", *The Journal of Asian Studies*, Vol. 57, No. 1 (Feb., 1998), pp. 123 - 155; 以及 Evelyn S. Rawski（罗友枝），"Reenvisioning the Qing: The Significance of the Qing Period in Chinese History", *The Journal of Asian Studies*, Vol. 55, No. 4 (Nov., 1996), pp. 829 - 850。

化和吸收,"中华化"主张满人虽然改变了自己的诸多文化样式,但却保留了一些文化要素特别是族群认同指向,在文化吸收的同时还对其他族群(如汉人)产生了深刻的文化影响(最明显的是"旗袍"等满人的传统服饰最后成为中华文化的一个符号),总之是达到了一种文化上的交融和共享。在中国历史进程中各民族之间(主要是少数民族和汉族之间)进行长期交流交融,你中有我、我中有你,彼此之间共同因素不断增多,逐渐形成更高层次的中华民族共同体,这个过程就是中华化。从语言来说,北京话在历史上受到包括满语、蒙古语等多种语言的影响,成为使用范围最广、使用人口最多的一种现代汉语地域变体。现代北京话是清代北京话的直接后继。清代北京话在形成之初,由于大量满人以满语施加影响,所以经历了一个"满语式汉语"的阶段。① 至今北京话里所谓的"京腔京调",据说就有满语的影响。更重要的是旗人对这种"京腔"的认同态度。老舍在其自传体小说《正红旗下》中借着书中人物福海二哥流露出一个旗人对北京话的态度:

> 至于北京话呀,他说得是那么漂亮,以致使人认为他是这种高贵语言的创造者。即便这与历史不大相合,至少他也应该分享"京腔"创作者的一份儿荣誉。是的,他的前辈们不但把一些满文词儿收纳在汉语之中,而且创造了一种清脆快当的腔调;到了他这一辈,这腔调有时候过于清脆快当,以致有时候使外乡人听不大清楚。

近现代以来北京话逐渐被作为新的国语(即后来的普通话)语音标准,成为国家通用语言和各民族族际共通语。这种融合了许多民族语言成分的汉语变体,实际上超越了满与汉,是中华民族的共同语言。

主要参考文献
《清实录》,中华书局,1985。本文另据网络版 http://data.unihan.com.cn/Permit/。
赵尔巽:《清史稿》,中华书局,1986。
白寿彝总主编《中国通史》(第十卷清时期),上海人民出版社,1996。
王锺翰:《清史新考》,辽宁大学出版社,1990。
费孝通主编《中华民族多元一体格局》(修订本),中央民族大学出版社,2003。

---

① 爱新觉罗·瀛生:《满语杂识》,学苑出版社,2004,第798页。

刘小萌：《清代北京旗人社会》，中国社会科学出版社，2008。

〔以〕博纳德·斯波斯基：《语言政策——社会语言学中的重要论题》，张治国译，商务印书馆，2011。

John Edwards, *Language and Identity: An Introduction*, Cambridge University Press, 2009.

《云龙白曲残本》整理与建库

韦 韧[*]

内容提要：以《云龙白曲残本》作为研究对象，在充分吸收已有研究成果的基础上，在普通语言学、普通文字学、比较文字学、汉字构形学理论指导下，借鉴汉字整理的方法，通过数据库等信息化处理手段，将《云龙白曲残本》进行数字化整理，并设计和建立方块白文数据库，以及介绍利用数据库技术研究方块白文的初步成果。

关键词：《云龙白曲残本》 方块白文 数据库

一 《云龙白曲残本》简介

《云龙白曲残本》是中国科学院少数民族语言调查第三工作队白语小组于1958年在云南省云龙县宝丰乡搜集而来的，后由中国社会科学院民族学与人类学研究所研究员徐琳先生保存下来，现由美国马里兰州圣玛利大学傅京起老师（徐先生女儿）收藏。我有幸见到原件并翻拍。目前曲本已释读出版（见《中国白族白文文献释读》），可以直接用于研究。曲本中的文字除使用白族一般运用的汉字音读、训读、借词外，大量使用由汉字或汉字部首组合构造出的表音兼表意的拼合字，拼合字在整本曲本中出现较多，远多于其他已释读方块白文文献。这些拼合字是我们分析白文的重要基本材料，这也是本论文选取《云龙白曲残本》作为研究材料的重要原因。白曲的创作年代不详，残本没有页码，没有抄录年代，没有抄录者地址和姓氏。残本中只有两处可供考察抄录年代的文字，一是中元节给祖先

---

[*] 韦韧，中国社会科学院民族学与人类学研究所馆员。

烧的金银包，落款地址是"金泉乡"（宝丰旧名金泉），年代是"民国二十八年"（1939）；二是借款条，年代是"民国二十一年"（1932）。由此可以推测，该残本的抄录年代应该不晚于民国初期（或在清代）。其传抄地，应是云龙宝丰一带（其押韵的语音是云龙宝丰一带的方音，该地的方言比较特殊）。宝丰是旧时县府所在地，民间知识分子较多，当地有白文使用习俗。[1]而且云龙县地理位置特殊，地处滇西澜沧江纵谷区，是大理州、保山市、怒江州的结合部。云龙县东连洱源、漾濞县，南邻永平县和保山市，西靠泸水县，北交剑川、兰坪县，正好同时接触白语三个方言。正是由于云龙县特殊的地理位置，曲本中记录的白曲极可能不仅仅是云龙县传唱的民歌，而是广泛来源于周边地区白族人民耳熟能详的民歌。

二　数据库建设和方块白文研究的关系

语言学的材料一般都很庞大，信息多面，必须考虑采用有效的手段进行组织、存储和管理，并在此基础上能够充分、有效地实现语言数据共享和数据发布。其中语言数据存储是数据查询检索、管理、共享发布的基础，开展存储构建技术的研究，解决语言数据高效、安全存储问题，为数据的有效集中、高效查询、管理、快速传输提供基础，意义重大。

在语言学的研究中常需要对数据进行索引、搜索、排序、抽取和分组等操作，数据库在这些问题上都很容易实现，并且能形成一个数据库管理系统。因此，用数据库进行方块白文的处理是合适的。

方块白文情况较复杂，提供的信息涉及较多方面，设计和建立方块白文数据库是一项花费巨大精力的工作。在具体操作过程中需要不断地研究和解决问题，思前顾后，如果考虑不周到或有疏忽遗漏，会给后面的研究工作带来不可预计的后果，因此数据库的建设既是基础又是关键，是方块白文文字整理研究的重要基础。

数据库的建设和方块白文文字整理研究思路是相辅相成、互相促进的关系。在最初建立数据库时，方块白文文字整理研究思路还不明晰，数据库的结构也很简单，只是根据材料来源的特点，设计了描述方块白文形音义的几个字段。在大量输入和接触方块白文材料后，逐渐总结出方块白文的特点，摸索出研究的一些规律，由于方块白文字符的类型不同，各类型有自己的特点，需要分别建立数据表，设计能够反映其特性的数据库字段,以求尽量全面地描述出材料的不同信息。合成字数据库的建立又单独增加了示音构件、表义构件、标示构件3个字段。因此,数据库是进行方块白文文字整理研究的重要手段,研究方法的进展也必定会反映在数据库上。

三 数据库建设的总体思路、方法和几个阶段

1. 建立方块白文数据库的必要性和可行性

我们已经进入数字化时代,数字化技术的运用也成为科学研究的一个必要有效手段。早在20世纪90年代,汉语言研究就已开始使用数据库技术[2],有一部分少数民族语言研究也引入数据库技术,建立了一系列少数民族语言数据系统。[3-5]方块白文由于之前收集的材料较少,目前还没有建立方块白文材料数据库,与其他少数民族语言研究相比,稍显滞后。因此,迅速建立一个方块白文数据库是非常有必要的。数据库的建立既可以加大方块白文材料的整理速度和准确度,又可以使方块白文的资源共享,减少工作中的重复浪费,提高工作效率。开展方块白文数据管理关键技术的研究,也为方块白文语言数据和元数据存储提供了坚实的技术基础,同时也是满足少数民族语言信息快速检索与少数民族语言研究的需要。研究开发方块白文数据库系统对抢救和挖掘白族非物质文化遗产也具有非凡的意义。

2. 数据库的选用

Oracle Database 是关系数据库的一种,支持关系对象模型的分布式,面向 Internet 计算,它提供安全的、开放的和科学的信息数据管理方法。由一个 Oracle DB 和一个 Oracle Server 实例组成保障了 Oracle 数据库具有数据自治性并且能提供很好的数据存储机制,方便了用户的使用和操作,提高了信息管理的效率。Oracle 数据库是目前世界上使用最为广泛的数据库管理系统,作为一个通用的数据库系统,它具有完整的数据管理功能;作为一个关系数据库,它是一个完备关系的产品;作为分布式数据库,它实现了分布式处理功能。[6]

Oracle 还提供了丰富的数据类型,可以用准确的数据类型和合理的数据长度来定义数据类型,这样不但可以降低数据冗余而节省系统存储空间,而且可以提高信息系统的检索效率。

3. 数据库建设的总体方法和几个阶段

数据库建设的总体方法是根据方块白文的不同类型和特点，分别建立结构不同的数据表，尽量全面地反映各种方块白文的不同信息，以达到分析每一个字形都可以调动多方面信息的效果。一个信息量充足完善的数据库需要一个长期建设的过程，必须不断地完善和补充数据库。

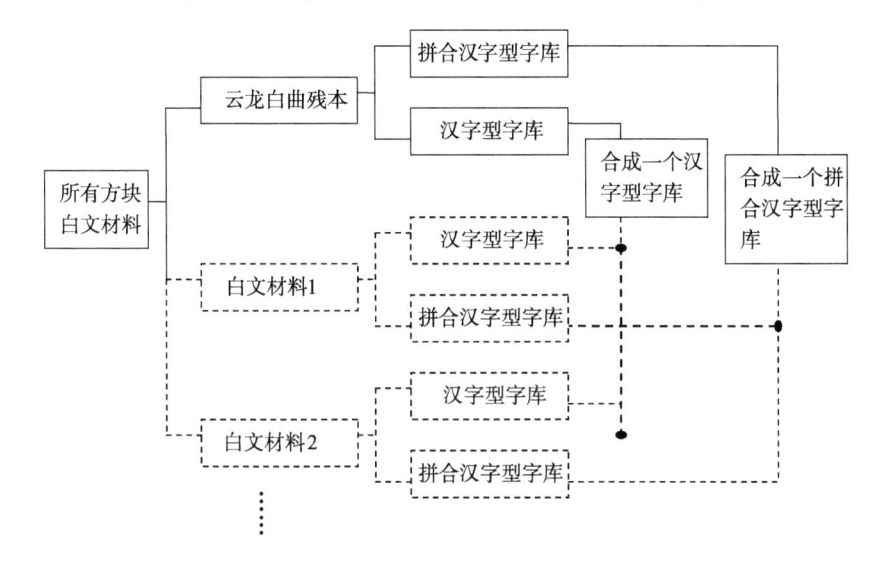

图 1　数据库建设步骤流程

数据库建设主要分为四个阶段，依次是数据库结构设计和建立、数据录入、数据校对和数据整理。对方块白文进行语言学的大量分析处理没有先例，在进行方块白文数据库的建设时，四个阶段是交叉推进的。比如录入、校对数据时，需要不断地验证数据库的结构设计是否可以充分地展示材料各方面信息，并适当加以改进；同样，在录入和校对时也要根据碰到的新情况、新问题对数据的整理步骤和方法进行调整。需要说明的是在数据录入时，笔者对方块白文材料已有一些粗略的思考并做出一定的分析，但全面细致的分析是在数据库完全建立后才进行的。因此，建立方块白文数据库不是遵循一般数据库建设的四个阶段分别进行的，而是基本按照四个阶段建立数据库，并不断交叉互进。

四 《云龙白曲残本》材料的数据库建设

1. 步骤一：数字化

白语方言调查词表由中国社会科学院民族学与人类学研究所王锋副研究员提供，词表是王锋老师在《白语简志》词表的基础上，结合他近几年的白语方言田野调查成果修改完善的。民国时期距今不过短短的几十年，语言变化不大，因此王老师提供的白语方言调查词表可以作为研究的参考依据。在数字化《云龙白曲残本》文献原文时，笔者基本采用紫光华宇拼音输入法 v6.7，遇到超出输入法所支持的字符，使用逍遥笔手写识别软件和方正超大字符集。如字符不在上述两种输入法所支持的字符集内，则使用 windows 自带的 TrueType 造字程序进行造字。

考虑到使用的广泛性和通用性，笔者在数字化材料时，将白曲的注音音标转写为潘悟云、李龙开发的云龙国际音标输入法 4.0 版。

2. 步骤二：建立数据表

数据库的一个显著优点在于能够容纳海量数据，并方便管理。这一优点体现在建库者能够建立关系清楚明晰的数据库表。

（1）建立语言材料元数据表

元数据表是描述数据及其基本属性，相当于所有数据的管理中心，为将来数据的使用和管理提供方便。元数据表字段包括各个语言材料的名称，对应的拼合汉字形字表表名、汉字形字表表名，建库时间和材料收集者信息等。

元数据表字段共 6 个，结构如表 1 所示。

表 1 元数据表字段

字段名	字段类型	字段宽度
材料名称	字符型	50
对应的汉字形字表表名	字符型	50
对应的拼合汉字形字表表名	字符型	50
建库时间	时间型	—
材料收集人	字符型	20
材料来源	字符型	100

数据列举如表 2 所示。

表 2　元数据表数据样例

材料名称	对应的汉字形字表表名	对应的拼合汉字形字表表名	建库时间	材料收集人	材料来源
云龙白曲残本	YLBQ1	YLBQ2	2011 年 10 月	韦韧	《中国白族白文文献释读》，2011，第 4~100 页

（2）建立全字表

全字表字段共 7 个，结构如表 3。

表 3　全字表字段

字段名	字段类型	字段宽度
曲序号	数字型	10
句序	数字型	2
白字	字符型	20
音	字符型	50
义	字符型	50
句直译	字符型	100
句意译	字符型	100

数据列举如表 4 所示。

表 4　全字表数据样例

曲序号	句序	白字	音	义	直译	意译
1	1	偎	fv^{55}	蜂	蜂 这 窝 蜜 丰盛 的	这窝蜂蜜好丰盛
1	1	佻	$nɯ^{31}$	这	蜂 这 窝 蜜 丰盛 的	这窝蜂蜜好丰盛
1	1	不	khv^{31}	窝	蜂 这 窝 蜜 丰盛 的	这窝蜂蜜好丰盛
1	1	凉	mi^{44}	蜜	蜂 这 窝 蜜 丰盛 的	这窝蜂蜜好丰盛
1	1	朝	tso^{21}	丰	蜂 这 窝 蜜 丰盛 的	这窝蜂蜜好丰盛
1	1	捨	$sɛ^{35}$	盛	蜂 这 窝 蜜 丰盛 的	这窝蜂蜜好丰盛

续表

曲序号	句序	白字	音	义	直译	意译
1	1	嗖	lɯ^{33}	的	蜂 这 窝 蜜 丰盛 的	这窝蜂蜜好丰盛
1	2	達	ta^{31}	偷	偷 吃 点	偷吃点
1	2	憂	jɯ^{44}	吃	偷 吃 点	偷吃点
1	2	紀	tɕɛ^{44}	点	偷 吃 点	偷吃点
1	3	阿	ʔa^{55}	谁	谁人 认得	谁人也不知
1	3	朵	to^{22}	谁	谁人 认得	谁人也不知
1	3	伲	ni^{21}	—	谁人 认得	谁人也不知
1	3	認	zɯ^{44}	认	谁人 认得	谁人也不知
1	3	得	tɯ^{44}	得	谁人 认得	谁人也不知
1	4	魚	y^{41}	鱼	鱼肉 不吃 着 鱼刺	不吃鱼肉怕鱼刺
1	4	肉	zu^{33}	肉	鱼肉 不吃 着 鱼刺	不吃鱼肉怕鱼刺
1	4	不	pu^{35}	不	鱼肉 不吃 着 鱼刺	不吃鱼肉怕鱼刺
1	4	吃	tshŋ^{35}	吃	鱼肉 不吃 着 鱼刺	不吃鱼肉怕鱼刺
1	4	着	tsuo^{35}	着	鱼肉 不吃 着 鱼刺	不吃鱼肉怕鱼刺

（3）建立图文对照表

图文对照表共两个字段，分别是字形和对应的图片（见表5）。

表5 图文对照表数据样例

字形	图片
過	
彭	

续表

字形	图片
𬼄	
㨝	
透	

（4）建立汉字型方块白文字表

汉字形方块白文字表字段共 13 个，结构如表 6 所示。

表 6　汉字形方块白文字表字段

字段名	字段类型	字段宽度
曲序号	数字型	10
句序	数字型	2
字形	字符型	20
字形分析	字符型	100
构形模式	字符型	50
声	字符型	8
韵	字符型	8
调	字符型	8
对应汉字	字符型	20
双音词义	字符型	100
句直译	字符型	100
句意译	字符型	100
备注	字符型	100

部分数据列举如表 7 所示。

表7 汉字形方块白文字表数据样例

曲序号	句序	字形	音	字形分析	构形模式	中古拟音	上古音	上古拟音	对应汉字	双音词义	直译	意译
4	1	阿	ʔa³¹	加在亲属称呼前面有亲昵的意味	全借汉字	a	影组歌部	a	阿	—	阿姐 心 上 出 两 色	情姐的心有两色
7	1	阿	ʔa⁵⁵	加在亲属称呼前面有亲昵的意味	—	—	—	—	阿	—	阿姐 硬心 像 铁样	阿姐你心硬如铁
108	1	阿	ʔa⁵⁵	"哪"剑川音ʔa⁵⁵龙音a⁵⁵云	—	—	—	—	哪	—	打发 小姐 哪一天	小姐哪天要出嫁
114	1	阿	ʔa³¹	?	—	—	—	—	如	现在	如今 你的 有 对象	如今你却有伴侣
142	2	阿	ʔa⁵⁵	?	—	—	—	—	不译	虚词	（扭妮状）什么的	扰豫不决为什么
163	2	阿	ʔa³¹	假借"谁"剑川音ʔa³¹	—	—	—	—	谁	—	谁 知 我的 情	有谁知我情
1	3	阿	ʔa⁵⁵	同上，音调差别	—	—	—	—	谁	—	谁人 认得	谁人也不知
93	1	阿	ʔa³¹	?	—	—	—	—	—	—	我的 心 一颗 靠 你们 一边	我一心革着你那方
85	3	哀	e⁴⁴	借汉字音	音读汉字	ɒi	影组微部	əi	爱	喜好	应 不 爱 打扮	本不爱打扮
65	5	挨	e⁴²	全借汉字。大理音同	全借汉字	ɒi	影组之部	ə	挨	敲打	人 为 财 上 受 挨敲	人为财挨敲
8	5	安	ʔa³³	全借汉字。大理音同	全借汉字	ɑn	影组元部	an	安	安心	你 还 安乐 得 安心	你却快乐好安心

(5) 建立拼合汉字形方块白文字表

拼合汉字形方块白文字表字段共 15 个, 结构如表 8 所示。

表 8　拼合汉字形方块白文字表字段

字段名	字段类型	字段宽度
曲序号	数字型	10
句序	数字型	2
字形	字符型	20
声	字符型	8
韵	字符型	8
调	字符型	8
对应汉字	字符型	20
双音词义	字符型	100
字形分析	字符型	100
示音构件	字符型	8
表义构件	字符型	8
标示构件	字符型	8
构形模式	字符型	50
备注	字符型	500

部分数据列举如表 9 所示。

表 9 拼合汉字形方块白文字表字数据样例

曲序号	句序	音	字形分析	示音构件	表义构件	对应汉字	双音词义	直译	意译
177	5	tɕhe³¹	表义构件+示音构件	切 tshua³³ 青 tɕhe⁵⁵	青 tɕhe⁵⁵	青	青色	我 爱 它 叶 青恰恰	我爱它叶绿荫荫
1	6	tɕhe⁵⁵	表义构件+示音构件	—	—	清	寂静	清心 想想 百心 想	清心千次百欢想
49	1	khɤ³¹	表义构件+示音构件	阔（调查字表无字，猜测）	足	(悄声悄气状)	(悄声悄气状)	(悄声悄气状) 你们房后	悄声悄气你家后
84	1	xe⁵⁵	表义构件+示音构件	天 xe⁵⁵ 支 te⁴²	天 xe⁵⁵	天	天上	天上 生着 独 星一颗	天上有颗最亮星
128	5	kɤ⁴²	表义构件+示音构件	古 ku³¹	坐 kɤ⁴²	坐	闲坐	不得 跟 你 把 闲坐	也没跟你闲坐坐
151	3	tɕi³⁵	表义构件+示音构件	"金" 云龙、剑川 tɕi³⁵ "音" 剑川 tɕho⁵⁵	"金" 云龙、剑川 tɕi³⁵	金	金子	拾 着 金 三 钱	拾着金三钱

依据数据库，笔者统计得出作品总字数7241字，使用的单字1307个（包括异体字），其中汉字字形的单字828个，拼合汉字的单字479个，数据库条数共计2815条（条数指的是每一个在《云龙白曲残本》中以不同的形音义出现的字）。如"阿"在数据库中以不同的音义出现了9次，在统计使用的单字时，算作1个方块白文，数据库中算作9个方块白文。我们这样处理的目的就是要全面地反映方块白文的面貌，只有这样才能全面考察方块白文文字系统，使研究结论更准确。

总　结

本文介绍了将《云龙白曲残本》进行数字化整理及方块白文原始语料数据库建设的工作。以这些原始语料数据库做方块白文研究的基础，对方块白文进一步的分析研究，会不断生成新的数据库表，可以用于不同方面的研究。数据库将形成方块白文语料库，并最终建立方块白文研究系统。该系统将为白族语言研究提供坚实的服务基础，并为其他汉字系少数民族文字的数据库建设提供相关的技术探索。笔者对方块白文的信息处理已经解决了基本的编码、造字、录入、排版、部分史料数据库建设方面的技术问题，但是与实际需求还有一定的距离。

根据现有基础和应用需求，下一步我们应该开展的工作包括：首先，尽快制定方块白文字符标准，把它纳入国家和国际标准体系；其次，出版方块白文字典和开发方块白文—汉文翻译系统。由于方块白文字形复杂，各方言区和各个使用者书写的方块白文不统一，导致目前能够阅读方块白文的人越来越少，方块白文文献的收集、整理任务越来越艰巨，因此，编辑方块白文字典和研究开发方块白文—汉文翻译系统的工作迫在眉睫。

参考文献

张锡禄、〔日〕甲斐胜二：《中国白族白文文献释读》，广西师范大学出版社，2011。

宋继华、王宁、胡佳佳：《基于语料库方法的数字化〈说文〉学研究环境的构建》，《语言文字应用》2007年第1期。

李奕琳：《借音壮字研究思路与数据库建设》，广西大学优秀硕士学位论文，2006。

刘连芳、顾林、黄家裕、温家凯：《壮文与壮文信息处理》，《中文信息学报》

2011年第6期。

柳长青、杜建录：《网络下的西夏文及西夏文献处理研究》，《宁夏社会科学》2008年第5期。

郑阿奇：《数据结构实用教程（C语言版）》，电子工业出版社，2011。

纳西东巴文化中的有翼神兽形象及字符考源

木仕华*

内容提要： 纳西东巴文化中留存有数量十分可观的有翼神兽形象及字符，关乎上古时代欧亚草原区域的文化艺术交流史，以及印度西藏间宗教艺术符号的传播。本文运用多学科的证据分别对东巴文化中有翼神兽形象及字符与古埃及斯芬克斯（Sphinx）和欧亚草原有翼神兽的渊源关系，东巴文化中兽首鹰身的"优麻"神和"端格"神形象及字符与格里芬（Griffin）和森穆夫（Senmurv）的嬗变关系进行了全新的研究。

关键词： 纳西　东巴文化　有翼神兽

纳西东巴文化艺术中吸收和留存了诸多异质文明和文化的精粹因素，历经长时段的涵化、变迁创新，如今早已成为纳西东巴文化中不可或缺的重要构成之一，较典型的如白海螺大鹏鸟、白海螺狮子、署神、优麻、曜神等神祇的形象及字符。[①] 这些神灵鬼怪形象及其谱系在纳西东巴教艺术、纳西东巴文字中表现为数量可观的形象和字符组，成为我们追溯纳西族先民分处不同地域和历史时期与其周边多源与多元的族群文化间交流互动的重要证据，这些形象和符号是纳西文化发展史上极富典型意义的文化符

---

* 木仕华，中国社会科学院民族学与人类学研究所副研究员。

① 有关白海螺大鹏鸟的研究请参见拙文《纳西族东巴艺术中的白海螺大鹏鸟与印度 Garuda 和藏族 Khyung 形象比较研究》，谢继胜、沈卫荣、廖旸主编《汉藏佛教艺术研究：第二届西藏考古与艺术国际学术研讨会论文集》，中国藏学出版社，2006，第 297 ~ 334 页。有关"曜神"的研究见拙文《纳西象形文经典中的曜神与印度—西藏曜神之关系》，〔法〕杜德兰、〔法〕风仪诚、邓文宽主编《法国汉学·文明的记忆符号》（第十五辑），中华书局，2013，第 87 ~ 111 页。有关"署神"的研究见拙文《纳西东巴文字考源》，《中国社会科学院民族学与人类学研究所青年学术论坛（2011 年）》，社会科学文献出版社，2013，第 295 ~ 310 页。

号,直接关乎纳西文化与古印度—西藏文明、欧亚大草原区域文化、南亚—东南亚区域文化交流史的重建和发展轨迹的勾勒,亦为中西文化交流视野中非常有典型意义的案例。2012 年我在法国访学期间有幸多次在卢浮宫观赏由各种材质制作的古埃及狮身人面像即斯芬克斯形象遗物,深为古代欧亚非大陆间文明和文化要素跨时空传播而产生的影响力所震慑,使我重新审视纳西东巴文化中有翼神兽形象及字符的历史源流。

有鉴于此,本文以纳西东巴文化中的有翼神兽形象及字符为中心,探究其渊源与原型及传播轨迹,以期对中西文化交流史和藏彝走廊—喜马拉雅区域各民族间文化交流史的认识获得新知,进而拓展纳西东巴文化研究的深度和视野,阐扬和证明纳西东巴经典作为世界记忆遗产所独具的全人类意义的价值。

一 东巴文化中的有翼神兽形象及字符与古埃及斯芬克斯和欧亚草原有翼神兽之关系

早期欧亚草原游牧主体民族之一的塞人纹样被称为"斯基泰"式野兽纹,是中亚细亚地区较为流行的民族民间图案纹饰,被称为动物风格的艺术,包括两层寓意,即表现野兽动物的造型和狩猎的造型意识。一般认为,这种造型艺术本见于公元前 8 世纪至公元前 6 世纪,繁荣于公元前 6 世纪至公元前 4 世纪,到公元前 3 世纪至公元前 2 世纪时渐趋衰落,但影响广远且穿透力极强。自 20 世纪初,欧洲学者探讨古希腊和斯基泰的历史及艺术关系,注意到其中的动物纹饰,也即所谓斯基泰人以及斯基泰风格的"animal style",引发举世关注,[①] 其特点是用动物的形象来装饰各种用品。斯基泰墓葬中发现的物品几乎都有动物的雕像,其中主要有狮子、奔鹿、狮身鹰头、雪豹、熊、大角羊、马等动物形象。这些斯基泰风格动物造型常有幻想性动物形象,不断有各地独创的主题,也有沿袭原初的形象和主体的图像。图像的源流,可追溯到鲁利斯坦的动物纹样,而如果再进一步追溯,则发现其中含有美索不达米亚、希腊、特提凯雅、马凯德尼雅等诸种文化的技法和意匠的影响。斯基泰文化因其弹性和力度而不断获得

---

① 杜正胜:《欧亚草原动物纹饰与中国古代北方民族之考察》,《历史语言研究所集刊》,1993,第六十四本第二分。

新的载体,以其出众的速度和活力将其文化影响一直传至东方。这种文化潮流穿过了亚洲北部,最终波及了中国。① 尤其是其中的有翼神兽,诸如有翼狮子的形象,不断向东传播,形成了全新的发展格局。有翼狮子的形象源自希腊神话斯芬克斯(Sphinx,另译作司芬克斯)之谜的传说几乎举世皆知,也可知其形象亦如传说一样流传四方。②

图 1　古埃及斯芬克斯(Sphinx)像(2012 年笔者摄于巴黎卢浮宫)

在中国,徐中舒通过对古代狩猎图像的考证,证明在周代铜器上,已有有翼兽的刻纹,例如春秋时期的杕氏壶,壶上分明刻着有翼兽做飞奔之

---

① 中野澈:《中国纹样史》,《美术译丛》1988 年第 2 期。
② 据台湾《中文大词典》中阎振瀛撰写的"司芬克斯"条目云:根据希腊神话,斯芬克斯(Sphinx)是一个恐怖的妖怪,女头女胸,狗身蛇尾,鸟翼狮爪,而发人声。有关她的来历,说法不一。一说她为奥索士(Orthos)与季梅拉(Chimera)所生;一说她为太逢(Typhon)与埃季达(Echidna)所生;一说她为奥索士与埃季达所生。天帝宙斯(Zeus)之妻海拉(Hera)派她到底比斯(Thebes)附近,去惩处卡德玛斯家族(The Family of Cadmus)。斯芬克斯匍匐于一块巨石之上,向过路者提出谜语,凡不能解其谜者当遭吞噬,若有人能破其谜,斯芬克斯当即自毁身死。孰知历久无人能解其谜,因而形成大患。此时底比斯国王柯立昂(Creon)心极忧之,许诺若有人能解其谜,愿将王位相让,并将其妹茱克丝塔(Jocasta)许配。谜曰:"世间何种动物早上四只脚、中午两只脚、晚上三只脚?"其后,有伊底帕斯者路过,而破其谜曰:"此乃人也。盖人当孩提时代,用手脚爬行;及长,双脚步行;晚年力衰,则恃手杖助行。"谜破,斯芬克斯践约而亡。除上述之希腊神话外,埃及之人面狮身像,亦称斯芬克斯。埃及最大之人面狮身像,雕于一山岬之上,约有 21 米高、58 米长,自额头到下巴即有 9 米,被称为"伟大的纪泽斯芬克斯"(The Great Sphinx of Ghizeh),约于公元前 2850 年完成。

势,这种兽类傅翼作风绝非中国民族固有之思想。① 有翼兽传入中国的时间很早,汉代所盛行的有翼兽,是否前代所遗留的这也是耐人寻味的事情。波斯有有翼兽,希腊和印度也有有翼兽,以至所谓斯鸠底(Scythian,即斯基泰艺术——引者注)、大夏的艺术上都有有翼兽。②

图 2　法国卢浮宫藏古埃及斯芬克斯雕塑(笔者 2012 年摄于卢浮宫)

梁思成从建筑艺术史的视角推断云:"考古艺术之以石狮为门卫者,古巴比伦及阿西利亚皆有之。然此西亚古物与中国翼狮之关系究如何。地之相去也万里,岁之相去也千余岁。然而中国六朝石兽之为波斯石狮之子孙,殆无疑义。所未晓者,则其传流之路径及程序耳。至此以后,狮子之在中国,遂自渐成一派,与其他各国不同,其形制日新月异。盖在古代中国,狮子之难得见无异麟凤,虽偶有进贡自西南夷,然不能为中土人人所见,故不得不随理想而制作,及至明清而狮子乃变成狰狞之大巴狗,其变化之程序,步步可考。"③

中国不产狮子,古代没有"狮"字。狮子曾分布在欧、亚、非三洲大多数地区;在亚洲,曾分布在中亚、西亚和印度。历代学者都认定中国早期的狮子多来自西域。郭璞注《尔雅》曰:"(狻麑)即师子也,出西域。"中国人对狮子的认知,始于西汉张骞凿空西域之后,④ 延至东汉,狮

---

① 徐中舒:《古代狩猎图像考》,《徐中舒历史论文选辑》,中华书局,1998,第 224~293 页。
② 滕固:《六朝陵墓石迹述略》,《六朝陵墓调查报告》,中央古物保管委员会,1935,第 71~91 页。
③ 梁思成:《中国雕塑史》,百花文艺出版社,1997,第 52 页。
④ 《尔雅》卷一○"释兽",中华书局《十三经注疏》本,1977,第 2651 页上:"狻麑,如虦猫,食虎、豹。疏:即狮子也";可能为后世附会之词。

子作为贡品见于史籍，如《后汉书》卷三"章帝纪"："是岁（章和元年）……月氏国遣使献扶拔、师子"。"狮子"一词是由外来语音译而来的。明李时珍曰："狮子出西域诸国"①。

从文献上看，在中国，狮子有两个称谓，即"狻猊"（"猊"同"麑"）和"师子"（后改"师"为"狮"）。美国汉学家谢弗指出，"狻猊"一词源自印度，公元前传入中国；"师子"一词源自伊朗，继狻猊东传数世纪后传入中国。②

图3 我国古代有翼兽
a. 战国中山王墓翼兽；b. 东汉石刻的天禄、辟邪

狻猊（麑）的古音 suan‑ngiei，上古音作 swan‑ngieg，是古印度语 suangi 的对音。狮子梵语作 simha，巴利语作 siha。在语言学上，h、g 语音近似或相通，狻猊（麑）与狮子显然同出一脉。季羡林曾指出："东汉至南北朝译成中文的佛经，原文大半不是梵文，而是俗语。或混合梵文。当然除了俗语和混合梵文以外，还有许多经是从中亚古代语言里转译过来的。"③ 从文献上讲，狮子的来源有月氏、疏勒、波斯三个说法；从命名的对音来推求，西方学者中有人认为是波斯语的对音，有人认为是古代伊朗

---

① （明）李时珍撰《本草纲目》卷五十一"兽部·兽之二·狮"，刘衡如校，人民卫生出版社，1975，第2815页。《本草纲目》载："狮子出西域诸国。状如虎而小，黄色。亦如神态气质金色猱狗，而头大尾长。亦有青色者，铜头铁额，钩爪锯牙，弭耳昂鼻，目光如电，声吼如雷。有耏髯，牡者尾上茸毛大如斗，日走五百里，为毛虫之长。怒则威在齿，喜则威在尾。每一吼则百兽辟易，马皆溺血。"
② 〔美〕谢弗：《唐代的外来文明》，吴玉贵译，中国社会科学出版社，1995，第191页。
③ 季羡林：《论!、ḍ的音译》，《中印文化关系史》，台北，弥勒出版社，1984，第58页。

语所属某种语言的对音，有说是吐火罗语的，有说是粟特语的。①

当时，中国人对狮子有两种叫法，一种是"狻猊"，见《穆天子传》卷一和《尔雅·释兽》；另一种是"luoni"，则是从新出楚简获得的知识。前者可能是西域方言的一种叫法，后者则与希腊、罗马对狮子的叫法有关。②

牛上士在《全唐文》卷三九八的"狮子赋（并序）"中称狮子"共方颐暨额，隅目高眶，攫地蹲踞，腾空抑扬。簇拳毛以被颈，缕柔鑫以为裳。逢之者碎，犀象闻而顿忧值之者破。雕鹦不敢飞翔。哮呼奋迅，腾振，掌攂攒被，口衔霜刃。怒双睛以电射，揭一吼而雷震。似乌之摧锋，疑项千之入阵。及夫朝哺未食，鼓髯奋力，后劲双，前张阔臆。磋殊榛以傲晚，跳绝梁而禽，倏横噬而风驰，乃掉尾而雷息。口裂奔，足捎狂咒，猛虎摧于掌握，豪猪碎于牙齿"③。

清代郑绩在《梦幻居画学简明·论兽畜》（卷五）中写道："狮为百兽长，故谓之狮。毛色有黄有青，头大尾长，钩爪锯牙，弭耳昂鼻，目光闪电，巨口䫇髯，蓬发冒面，尾上茸毛，斗大如球，周身毛长，松猱如狗。虞世南言其拉虎吞貔，裂犀分象，其猛悍如此，故画狮徒写其笑容，而不作其威势，非善画狮者也"④。王直《抑庵集》卷后三十七"狮子赞"："其性质之强毅，气势之豪壮，才力之剽捷，爪牙之坚利，皆非他物所能及。肆意横行，一日千里。虽象兕之大，熊罴虎豹之猛，猝然遇之，皆震慑摧伏，磔裂搏噬，一听其所为，而莫之能遁"⑤。

上述文献的词句极力渲染狮子的威仪和聚积诸兽的造型要素，夸饰狮子的形象，可知中国古人对狮子这一稀有动物的推崇。

狮子是外来的稀有猛兽，在佛教经典中被尊为战神兽。狮入中华，历经神异化的神秘阶段，其独特的形象逐渐融入中国数千年的神兽文化之中。魏晋南北朝时期以来，依傍佛教艺术的兴盛，狮子在中华文化中的地位逐步得以确立，狮子的形象在大江南北流播。狮子形象的造型风格因时

---

① 罗常培：《语言与文化》，北京出版社，2004，第22～24页。
② 李零：《论中国的有翼神兽》，《中国学术》，商务印书馆，2001年第1期。
③ （清）董诰等编《全唐文》，中华书局，1983。
④ 郑绩：《梦幻居画学简明》，王伯敏、任道斌：《画学集成》（明、清），河北美术出版社，2002，第247页。
⑤ 《四库全书存目丛书》影印雍正七年刊本，齐鲁书社，1995，第6页。

代而异，同时又增益有民族化、地域性的内容，区域差异层出不穷，在保有渊源关系的同时，继承与创新成为永恒的主题，其间的流播轨迹及其演进过程，形象的变迁史与国家盛衰起伏的历史相伴相随。狮子作为外藩动物引进及其文化形象本土化过程与国家民族、历史、文化、政治、经济、时代审美风尚等内容之间的关联之密切，十分罕见。

汉魏以来，尤其是南朝及其后诸王朝的帝陵皆置有有角有翼的石兽，而规格逐渐降低的王侯墓葬，则置有无角而形体较小的石兽。由此可见，狮子无疑是王权的象征。林俊雄认为，这种传说中的猛兽，之所以被置于帝王陵寝，大约是具有防卫邪恶之物侵入的含义，因此在《旧约圣经》中的基路伯（cherub）、日本神社的狛犬以及镇墓石兽之间，可能存在着某种联系。[①]

图 4　江苏丹阳狮子湾永安陵东侧狮子以及南朝梁萧景墓辟邪

图 5　我国古代石狮
a. 四川芦山樊敏墓前四石狮；b. 河南洛阳孙旗屯东汉墓前石狮

[①] 〔日〕林俊雄：《グリフィンの飞翔——圣兽からみた文化交流》，雄山阁，2006，第218页。

六朝时期镇墓有翼神兽，其形象为昂首狞厉，张口吐长舌，仰天长啸，雄视阔步状，遒劲浑朴，形势斐然。唐代狮子体态壮硕、四足立地、刚健有力，鬃须自然披散，凸目隆鼻，恢宏凛然。

图 6　我国古代石狮
a. 唐代帝陵前石狮雕像；b. 明代丽江石狮雕像

宋明以降的狮子形象，世俗化和吉祥物化的特征渐次出现，民间舞狮造型通体圆融活泼，憨态可掬，却依然有百兽之王的威风，从异域进入中国的狮子赫然成为中国的标征。而作为展现震慑功能的狮子依旧威严雄浑，姿势为蹲踞状，成为庙堂、陵寝等纪念性建筑的入口标记。

又如在藏文化中，藏族史诗《格萨尔王传》中，格萨尔出生时，随着太阳的东升，果姆的头顶上出现了如月之日光，接着"出现了一个手持白绸结，雕头人身的白人"（mi – dkar – khyung – gi – mgo – bo – candar – mdung – dkar – po – bzung – ba – zhig – thol – gyis – byung – ste）。这位雕头白神是"白盔上面的保护神"（mgo – rmog – dkar – steng – ri – srung – ma），是"哥哥白海螺大鹏"（phu – bo – dung – khyung – dkar – po）。[①]

《藏汉大辞典》（第 2367 页）的解释称：wer – ma，名词，①战神（dgra – lha – vam – mtshon – lha）；②守舍神（vgo·bavi – lha）。从事藏族苯教研究的学者都确信纳西东巴教战神优麻 $zə^{33} mɑ^{31}$ 的形象当是藏族苯教

---

① 《格萨尔王传·诞生篇》（藏文版），甘肃人民出版社，1987，第 50~51 页。

中的 wer‐ma 战神的变体。纳西族优麻 zɔ³³mɑ³¹ 战神的形象以狮首人身、豺狗首人身、蝙蝠首人身为主，与藏族苯教中的 wer‐ma 在形象上有共同之处，但有时也有将 zɔ³³mɑ³¹ 战神和禽身兽首的"端格"神彼此混合的情形。同样，我们也可以从藏族苯教文献①中看到这种交汇的情况。如藏文苯教仪轨文献 Gzi‐brjid 载曰：

Wer mavi dpav khrom gzhung bzhi yod 威尔玛　众勇神　典籍　四　有	有威尔玛的猛众的四典籍，
Sngon　lha Gsas　dbal　gsum rdzu vphrul las 前面　神　赛　样　三个神　变　业	古昔，神、赛、白用神变力，
nam　mkhav　stong　pavi　dbyings rum nas 天　　　导师　天界　（从……）	从虚空云天宫中，
rin　chen sna　lngavi　sgo nag cig 宝　种　五　卵　黑一	以五宝形成一卵。
rang bzhin shugs kyis　brdol ba las 自然的　力（主格标记）裂开　从	卵以己力开裂。
Sgong shun skyab pavi go　ru srid 蛋　壳　护身　盔甲　变	蛋壳变成护身盔甲，
Bdar sha srung bavi　mtshon　　du srid 皮　　护（属格助词）武器（虚词）能成为	外皮变成御敌兵器，
Sgong chu dpav bavi ngar chur　srid 蛋　水　英勇　之　水　变	蛋清变成勇士威壮剂，

---

① 此节内容系藏文苯教仪轨文献 Gzi‐brjid 的节选，目前有 Dovid Llewellyn Snellgrove 的英译文和谢继胜先生的汉译文，但两家都只刊布了意译的内容，没有逐字的解释。故笔者依据藏文本原文，并参考前述两家的译文做了直译。David Llewellyn Snellgrove 英译文刊于 The Nine Ways of Bon, Excerpt from the Gzi‐brjid, Edited and Translated, London, 1967, London Oriental Series, Volume 18, pp. 62–63; Snang gshen gyi thag pa. 另，谢继胜的汉译文载于其著《风马考》中（台北，唐山出版社，1996，第 15~20 页）。

sgon pri vkhra bavi mkhar du srid
蛋内 皮 隐匿 城 堡 变
内皮变成隐匿的堡宅。

khro chu dlmu rdzong mun gyi mkhar
戳 曲 穆 宗 门 的 城
晦暗堡宅戳曲穆宗。

gsal ba nyi mavi kha vod vphrog
明亮（金黄色）太阳 （夺）光 照耀
劫夺太阳明亮光芒。

sgo nga nang gi snying po las
蛋 中 的核（从）蛋核中的
从蛋黄之中，

rdzu vphrul mi pho cig du srid
神 变 人 男 个一 变成
变出一具变法神力之男子；

seng gevi mgo la dbyi yi rna
狮 子 头（处所助词）猞猁（所有格助词）耳朵
生有狮头猞猁耳，

vkhro bavi gdong la glang chen sna
愤怒相 脸（处所助词）象 大 鼻
忿怒面相大象鼻，

Chu srin①zhal la rgyal stag mche
水 獭 嘴（处所助词）王 虎 獠牙
水獭嘴巴虎獠牙，

ral grivi rkang la chu gri gshog
剑 腿 （助）水 剑 翅
长剑双腿水剑翅，

bya khyung dar mavi rva dbal la
大鹏 壮年人角（吉祥殊胜/修饰词）
在鸟和大鹏的两角之间，

yid bzhin nor buvi dbu brgyan can
如 意 宝贝 头 饰 者
有如意宝的头饰，

de la ming vdogs ming med pa
对（那个）名词 起 名 没有
没人起名，因而无名，

ye gshen dbang rdzong mthu yis bsgrubs
智 慧 旺 宗 力量＝咒语（主格助词）修
益西旺宗以咒术修度之，

dpav chen werma nyi na zhes
勇 大 威尔玛 尼那 云云
唤作大勇威尔玛尼那。

---

① 有时也译成"摩羯"。

mthu ldan yongs　　kyi thu　bopo　　是众具勇力者中最
力量 具有 全部（定语助词）力量 人　　胜者，
bon dang gshen gyi bstan bo　bsrung　　护持苯和辛的教法，
苯 和 辛 的 教法 护持
dgra dang bgegs kyi　dpung tshogs　gzhom　　击退仇敌与生障魔
敌 和 魔（助词） 众　　制服　　的部众。
dkar dang dge　bavi sdong grogs mdzad　　做善美之友。
白 和 善 （助） 朋友 做
de　la　wer ma　gzhung bzhi grol　　此有威尔玛的四典籍。
对那个 威尔玛 典籍 四 解脱
wer ma　lha dang bsdebs ba las　　威尔玛与神成一体，
威尔玛 神 和 结合 从
lha　yi wer ma bdud vdul srid　　就成降魔神威尔玛，
神（主助）威尔玛 魔 降 变
Wer ma gnyan dang bsdebs pa la　　威尔玛与念成一体，
威尔玛 念 和 结合 对象
gnyan gyi wer ma　dgra　vdul　grol　　就成退敌念威尔玛；
念 的 威尔玛 敌人 制服 解脱
Wer ma　khyung dang bsdebs pa la　　威尔玛与大鹏成一体，
威尔玛 大鹏 和 结合 于是
khyung gi　　wer ma　klu　vdul　grol　　就成驱龙鹏威尔玛；
鹏（主语助词）威尔玛 龙 制服 （修饰动词）/解脱
Wer ma seng dang bsdebs　pa la　　威尔玛与狮成一体，
威尔玛 狮子 和 结合 于是
dpav vdul wer ma mched　gsum grol　　就成威尔玛勇士三
勇 制服 威尔玛 兄弟 三 解开/（修饰动词）兄弟；
Wer ma dpav bavi dpav khrom grol　　威尔玛勇士成猛阵，
威尔玛 勇士 勇敢 阵式（修饰动词）

dmag tshogs　　dgu khvi dgu vbum grol 军　队　　九　万　九　十万（修饰动词）	抵兵众九十九万强①。
lha la　grol　　zhing　gsas la　chad 神 对 解脱（助词/递进）赛 对 打断	由神来，由赛生，
dpal la　vdra　zhing bdul la　tshig 勇者对 相同（助词）魔 向 指向	似"白"神，摧妖魔，
gang la　yang ni vphuag（vphuang）dog cing 任何人 又是　嫉　妒　　持 有	偏狭妒人人，
kun　thub　gang　yang　vjigs pa med 所有 能制服 任何 又 畏惧 无	凡事无惧情。
Tsha dbal　vjoms shing grang dbal　len 热 勇敢 摧毁（助词）冷 勇敢 取出	毁极热，执极冷，
gang　gis　mi shig nam mkhavi mkhar 任何地方（主格助词）人一个 天 界 城堡	没人毁其天界堡宅，
kun　gyis mi vijgs　wer mavi sku 所有 的 不 畏惧 威尔玛 身相	无所惧，威尔玛之躯，
gyung drung bon gyi bstsan pavi srog 雍　仲　苯 的　教法　命	是雍仲苯教的命息，
dgra　bgegs vdul bavi gnyen por byung 敌人 魔　制服　制服者 产生	降服仇敌和生障魔的对治者，
de wer ma dpar bavi gzhung bzhi yin 这 威尔玛 勇士　典籍　四 是	这就是威尔玛勇士的四典籍。

上述苯教文献中关于威尔玛（wer-ma）②来历和缘起的传说的记载与纳西族东巴经典中关于优麻（$z\partial^{33}$ ma^{31}）战神的来历的记载有类似之处，可能是同源的关系。因此，藏学研究者也认为现在我们看到的"尤（优）玛"与"威玛"是同一个神系在纳西东巴文化和西藏苯教文化中的存在形

---

① 此处谢继胜先生译为"抵兵众九万九千强"。藏文为 dgu khri dgu vbum，其中的 vbum 意为十万，故据实改译为九十九万。

② 象雄语中"威尔玛"的"wer"有"王"之意，参见 Nagano, Yasuhiko and Samten G. Karmay（eds.）, *A Lexicon of Zhangzhung and Bonpo Terms*, Series Ethnological Reports 76, Osaka: National Museum of Ethnology, 2008, p. 215。

式，同时可以发现这个神系比较庞杂，想做到完全相同、完全一致是非常困难的。"尤玛与威玛"现象说明纳西东巴文化与西藏苯教文化之间普遍存在进行互识、互证、互补研究的必要性和可能性：一方面，长期以来，西藏苯教面对波斯文明、印度文明、中原文明，自身发生了巨大变化，了解、阐释、重构藏古文化迫切需要与相关兄弟民族之间的交流；另一方面，纳西东巴文化迫切需要通过藏文化，特别是通过西藏苯教文化进一步推动纳西东巴文化的深度研究。①

在关涉各种主旨的东巴教仪式的东巴经典中还大量记载有优麻神诞生神话和有关其形象的诸多解释，相同或类似的记载，如纳西东巴经典《董述战争》记云：优麻神之父为萨英威登与乌纣哈姆化育，生出一对白蛋，历经孵抱却无法孵化问世。又经含英巴达树上的白海螺大鹏鸟、居那什罗神山上的白海螺狮子，神山上的巨蟒蛇，森林中的红虎、苍狼等又孵抱了三天三夜，也未能孵化出来。最后不得已找到美利达吉神海里的大黑摩羯，令其用利齿撕咬和利爪扯裂才打开坚固的蛋壳，优麻神才得以问世。由于优麻历经太阴太阳的孵抱，生有太阳一般的脸庞，生有月亮一般的斑纹。生有白海螺狮子的一样的狮首，生有白海螺大鹏鸟一样的翅膀，生有巨蟒蛇一样的尾巴，生有摩羯一样的利齿，生有老虎一样的虎皮战袍。②

图 7 踏"督魔"优麻神像

资料来源：东巴经典《超度胜利者·迎接优麻神·擒敌仇》首页。

---

① 同美：《西藏苯教文化与纳西东巴文化的比较研究：以〈十三札拉神〉中的"威玛"与〈东巴文化真籍〉中的"尤玛"为例》，《民族学刊》2013 年第 2 期。
② 和志武：《纳西东巴经典选译》，云南人民出版社，1993，第 167 页。

此外，较典型的记述如《纳西东巴古籍译注全集》第 12 卷中《延寿仪式·寻找散失的战神·迎请优麻神摧毁九个仇寨》和《延寿仪式·供养优麻战神》所载："那位具有大神威的优麻神在黑白交界处，住在炼铁铸犁、火花飞溅的神寨中，坐在利刀利矛利箭的床上。……天上的萨依威德大神及其妻乌宙合姆交媾，生出一只闪光的巨大的白海螺色的蛋，放在白海螺色的帐篷里。由天上的萨依威德大神抱三天，孵不出雏儿。由乌宙合姆抱三天，孵不出雏儿。天上的太阳月亮抱三天，孵不出雏儿。由绿松石色的青龙抱三天，蛋儿孵不出。由白海螺色的狮子抱三天，孵不出雏儿。由白海螺色的大鹏抱三天，孵不出雏儿。由悬崖上的豹子抱三天，蛋儿孵不出。由茂密的杉林中的巨掌赤虎抱三天，孵不出雏儿。由白色的高原上的黑嘴狼抱三天，蛋儿孵不出。由美利达吉神海中的醋西那补抱三天，孵不出雏儿。短肠急性的醋西那补，具有锋利如刀的爪子，把蛋儿抓破，蛋儿产生出闪电一样四射的光芒，从蛋里产生出三百六十位手持白铁利刃和白铁三叉戟的优麻战神。由于天的萨依威德抱了三天，就成为优麻神之父；因乌宙合姆抱了三天，就成为优麻之母。因天上的太阳和月亮抱了三天，就产生出生太阳脸的优麻，产生出长月亮一样亮光的长鬓的优麻。因绿松石色的青龙抱了三天，便产生出长青龙利角的优麻。因白海螺色的大鹏抱了三天，就产生出长大鹏翅的优麻。因白海螺色的狮子抱了三天，由此便生出长狮鬓的优麻。因在居那若罗山上的乌革鲁久飞蛇抱了三天，由此产生出飞蛇尾的优麻。因猛虎抱了三天，由此产生出虎纹的优麻。因白脸美豹抱了三天，由此产生出豹子斑纹的优麻。因黑嘴美狼抱了三天，由此产生出耳灵的优麻。因在美利达吉神海中的醋西那补抱了三天，由此产生出利爪的优麻，产生出白铁利刀、白铁三叉戟和白铁带齿利刀的优麻。这样产生了生爪、生斑纹、生蹄子的千千万万尊优麻神由盘人的崩仞给其取一名，称为莹世谷补优麻，由盘人的祭司给其取一名，叫作巴乌优麻。由禅人的崩仞给其取一名，称为套金拿优麻；由禅人的祭司给其取个名，叫作纽牛优麻；由纳人祭司给其取个名，叫作土蛊优麻。一种优麻神可以有五个名的出处来历就在此。具有大神威的优麻，住在黑白交界处，住在炼铁铸犁、火花飞溅的神寨中，坐在利刀利矛利箭的床上。"①

---

① 和云章释读、王世英翻译、李静生校译：《延寿仪式·供养优麻战神》，东巴文化研究所编译《纳西东巴古籍译注全集》第 12 卷，云南人民出版社，1999，第 127～130 页。

图8 东巴经典《超度能者·迎接优麻神》首页，左侧为优麻神像

因此，在东巴绘画艺术中出现了与上述记载有关联的形象，文字字符中亦出现了摹写优麻神的系列字符组，无论是艺术造型，还是东巴文字符的构形，优麻神的构形要素中积聚了诸多神兽和巨禽的特征，诸如蹄、爪子、斑纹、利齿等。优麻神卵生孵化而出、集合了诸多神兽的特征的说法与苯教神灵威尔玛的来历有明显关联，藏文化中的战神威尔玛的身上有水剑翅、头顶有如意宝珠，持剑、旗帜，骑虎，形象兼有狮子、龙、猞猁、大鹏鸟、摩羯、念神等诸多神祇的造型元素，这些特征与优麻神均十分接近。

在纳西东巴教的神轴画中对优麻神的形象的描绘和展示已经形成相对较为严谨的图像程序和叙述程式。"土蛊优麻"神为360个优麻中的第一位，其通体白色，有三只眼，右手执剑，左手执三叉戟，脚踏两个督魔，与其他所有的优麻和端格同伴一样，其背有翼，其身着虎皮，张开大口露出牙齿，其居留处有火焰纹为背屏，其头顶腾起一条龙，其头顶部中央位置为大鹏鸟、龙和狮子，龙的左边为其母乌宙合姆，狮子的右侧为其父萨依威德，在其右翼和手臂之下是金头白猴，手里提有督魔的头颅，猴子的左下方为东巴，其右侧为"戈武拉都"，是制作优麻武器的铁匠。在土蛊优麻神的莲座下方跳舞的形象从左到右为：达拉密布、鹰头优麻、牦牛头优麻、有角优麻、土蛊优麻、有斑纹的优麻。最下部的一行展示"土蛊优麻"领地，左侧由老虎守护，右侧由牦牛守护，牦牛的右上角画有武器：

一个三叉戟，一柄剑和箭镞（参见图9第2幅）。①

骑虎优麻神的形象与"土蛊优麻"神大同小异，其通体白色，以虎为坐骑，但身上有斑纹，右手执剑，左手执三叉戟，其背有翼，其身着豹子皮，其头顶有火焰纹，头戴珠冠，以一条巨蛇作为项链。其嘴大张，呈忿怒像，其上方呈禅思状的大神为恒丁窝盘，其右侧为萨依威德。骑虎优麻左侧从上到下分别为土蛊优麻、摩羯头优麻、牛头优麻。骑虎优麻右侧从上到下分别为虎头优麻、豹头优麻、乌鸦头优麻，法座两侧的神名未知，系非优麻类神祇。优麻所属领地的左侧由老虎守护，右侧由牦牛守护，老虎左侧为舞蹈中的东巴形象，一手执板铃，一手执刀把，其右下角为戈武拉都，是制作优麻武器的铁匠（参见图9第1、3幅）。②

图9　纳西族东巴艺术中的狮首人身
（"土蛊优麻""骑虎优麻"神卷轴画形象）

纳西东巴文中既有描摹全形的狮子字符（$si^{33} \eta gw^{33}$，$\S\imath^{31}$ 狮子）；也有只截取了头部特征的狮子，其读音音值中前一个读音与梵语、藏语中狮子的译音有关，而后一种读音则与汉语中的狮子的译音有关。纳西语中对狮子的称呼既有由经藏语借入的梵语借词 $si^{33} \eta gw^{33}$，也有由狻猊演变而来的汉语借词狮 $\S\imath^{31}$，恰恰展示了纳西处在汉藏之间的文化地理格局。

---

① Joseph F. Rock, *The Na-khi Naga Cult and Related Ceremonies*, Parte II - serie orientale Roma 4：Instituto Italiano per il Medio ed Estremo Oriente, 1952, plate XLI.

② Joseph F. Rock, *The Na-khi Naga Cult and Related Ceremonies*, Parte II - serie orientale Roma 4：Instituto Italiano per il Medio ed Estremo Oriente, 1952, plate XLII.

但如上文所述，无论是藏语，还是境内其他民族语言的"狮子"一词，均系外来借词。因此，共时语音形式虽有异，但就其历时来源而言，当是同一的。波斯语 šir、梵语 simha、吐火罗语 B：secake/sisäk 诸语言中的"狮子"一词，甚至完全有可能是同源关系。

除了白海螺狮子，$dv^{31}p^h\partial r^{31}si^{33}\eta g\mu^{33}$ = singen kar-po，有翼狮子形象相关的 $z\partial^{33}m\alpha^{31}$ 的字符有如下几个：优麻战神 $z\partial^{33}m\alpha^{31}$、有蹄的优麻战神 $k^ho^{33}dz\eta^{31}z\partial^{33}m\alpha^{31}$、有爪子的优麻战神 $t\c s\partial^{31}dz\eta^{31}z\partial^{33}m\alpha^{31}$、有斑纹的优麻战神 $p\partial r^{55}dz\eta^{31}z\partial^{33}m\alpha^{31}$。

在东巴经典中记载较频繁的优麻神有土蛊优麻、纽牛优麻、敬套优麻、梭恭优麻、巴乌优麻、骑青龙的优麻神、骑豹子的优麻神、骑白海螺狮子优麻神、骑豺优麻神、骑白额黑犏牛优麻神、骑蛇皮斑纹白鹿优麻、骑绿松石龙头优麻、长白海螺大鹏头的优麻神、长熊脸的优麻神、长水牛头的优麻神、长牦牛头的优麻神。①

$z\partial^{33}m\alpha^{31}$ 作为纳西东巴教的战神，其居所为，位于阴阳黑白两界交界处的优麻神火焰房居所。关于优麻神的数量，有 $z\partial^{33}m\alpha^{31}s\eta^{31}\c ci^{33}t\c s^hu\alpha^{55}ts^h\partial r^{31}$ 360 个优麻神之说。一般认为优麻有 360 个，通常与"端格"有联系，它们也被称作 $\gamma u\partial^{33}m\alpha^{31}$，与藏族的 wer-ma 相同，当为借词的音译，苯教也有 360 个，并不是均按名称数。纳西写本中会碰到大多数，它们的来源在堕纳肯仪式·消灾·优麻冲巴基的第 956 号写本中有相关描述。② 因此，东巴文中有 360 个优麻神的总名字符 $z\partial^{33}m\alpha^{31}s\eta^{31}\c ci^{33}t\c s^hu\alpha^{55}ts^h\partial r^{31}$，意为 360 个优麻神，此为约数，喻其数量多，非确指。

表1 优麻神字符音译对照简表

字符	音值	汉译	备注
1.	$\eta i^{33}me^{33}kv^{33}dz\eta^{31}z\partial^{33}m\alpha^{31}$	直译为"生太阳头优麻神"	此字符十分罕见，为人面，体形呈人足半蹲踞状，有翼，无手

---

① Joseph F. Rock, *The Na-khi Naga Cult and Related Ceremonies*, Parte Ⅱ-serie orientale Roma 4：Instituto Italiano per il Medio ed Estremo Oriente, 1952, p. 184.

② 参见 Joseph F. Rock, *The Na-khi Naga Cult and Related Ceremonies*, Parte Ⅱ-serie orientale Roma 4：Instituto Italiano per il Medio ed Estremo Oriente, 1952, pp. 135-139, note123.

续表

字符	音值	汉译	备注
2.	ɲi³³ me³³ xe³³ me³³ ẓə³³ mɑ³¹	有太阳光和月光一样翅膀的优麻神	—
3.	ɣo³³ xər³¹ mɯ³³ ndẓər³¹ ndzɑ³¹ ẓə³³ mɑ³¹	骑青龙的优麻神	—
4.	pʰe³³ le³¹ kv³³ dẓɿ³¹ ẓə³³ mɑ³¹	长蝴蝶头的优麻神	其特征为在湖中咀吸水露
5.	pʰe³³ le³¹ kv³³ dẓɿ³¹ ẓə³³ mɑ³¹	长蝴蝶头的优麻神	其特征为蝴蝶头，骑虹，吸露水状
6.	pʰər³¹ so³³ mɯ⁵⁵ ʂɿ³¹ ẓə³³ mɑ³¹	其躯体为白色，有四个面庞	旁边字符标注其部分读音
7.	pʰər³¹ so³³ mɯ⁵⁵ ʂɿ³¹ ẓə³³ mɑ³¹	它有四颗红色的头颅，左手执斧，右手持镜	其主要职能为镇压两类鬼怪
8.	sər³³ tʂʰə⁵⁵ ẓə³³ mɑ³¹	优麻神之一	—
9.	ẓɿ³¹ sa³³ tʰɯ³¹, ẓɿ³¹ ʂɯ³³ ndz, ẓɿ³¹ ɣo³³ kʰa³³ ẓə³³ mɑ³¹	吸仇敌血，吃仇敌肉，咬仇敌骨头的优麻	—
10.	tʰɑ⁵⁵ tɕi³³ nɑ⁵⁵ nɑ³¹ ẓə³³ mɑ³¹	优麻神之一	—
11.	tʰɑ⁵⁵ tɕi³³ nɑ⁵⁵ nɑ³¹ ẓə³³ mɑ³¹	优麻神之一	—
12.	tsʰɿ⁵⁵ si³³ tʂə³¹ dẓɿ³¹ ẓə³³ mɑ³¹	长摩羯爪子的优麻神	缘起于优麻神问世时，摩羯用其爪子挠开孕育优麻的蛋壳而得
13.	lɑ³³ nɯ³³ pər⁵⁵ ndzɑ³¹ ẓə³³ mɑ³¹	生猛虎斑纹的优麻神	—
14.	le³³ ka³¹ kv³³ dẓɿ³¹ ẓə³³ mɑ³¹	生乌鸦头的优麻神	—
15.	lv³¹ tɕy⁵⁵ ndv³³ dẓɿ³¹ mɑ³³ dẓɿ³¹ ẓə³³ mɑ³¹	生龙鞠翅膀和尾巴的优麻神	—
16.	mbər³¹ kv³³ dẓɿ³¹ ẓə³³ mɑ³¹	生牦牛头的优麻神	—
17.	mi³¹ to⁵⁵ ẓə³³ mɑ³¹	弥东优麻神，优麻神之一	—
18.	mɯ³³ ndẓər³¹ kv³³ dẓɿ³¹ ẓə³³ mɑ³¹	长有龙头的优麻神	—
19.	mɯ⁵⁵ ʂɿ³¹ ŋə³³ mɑ³¹ ẓə³³ mɑ³¹	孟史尔玛优麻神，优麻神之一	—
20.	mɯ⁵⁵ ʂɿ³¹ ŋə³³ mɑ³¹ ẓə³³ mɑ³¹	孟史尔玛优麻神，优麻神之一	与 pʰər³¹ so³³ mɯ⁵⁵ ʂɿ³¹ ẓə³³ mɑ³¹ 等同

续表

	字符	音值	汉译	备注
21.		ndzʅ³³ ndza³³ zə³³ ma³¹	骑豹的优麻神	—
22.		ndzʅ³³ nɯ³³ kʰɯ³³ dzɿ³¹ zə³³ ma³¹	长豹子腿的优麻神	—
23.		tsʰɿ⁵⁵ si³³ kv³³ dzɿ³¹ zə³³ ma³¹	长摩羯头的优麻神	—
24.		ndzɿ³¹ kv³³ dzɿ³¹ zə³³ ma³¹	长犏牛头的优麻神	—
25.		ndv³³ dzɿ³¹ zə³³ ma³¹	有翅膀的优麻神	—
26.		ndv³³ dzɿ³¹ zə³³ ma³¹	生鹤翅膀的优麻神	—
27.		ŋgv³³ zɿ³³ zə³³ ma³¹	九代世系优麻神	—
28.		ɳə³³ ɳə³¹ zə³³ ma³¹	纽牛优麻神	—
29.		ɳə³³ ɳə³¹ zə³³ ma³¹	骑白鹿纽牛优麻神	—
30.		no³¹ tʂʰu⁵⁵ zə³³ ma³¹	弄冲优麻神	—
31.		tɕi⁵⁵ tʰa⁵⁵ ŋgv³³ niɛ³³ zə³³ ma³¹	吉淘古牛优麻神	—
32.		gv³³ kv³³ dzɿ³¹ zə³³ ma³¹	长熊头的优麻神	—
33.		gv³¹ nɯ³³ kʰɯ³³ ndzɿ³¹ zə³³ ma³¹	长熊腿的优麻神	—
34.		xa³¹ zi³³ dzi³³ bə³¹ dv³¹ dzɿ³¹ zə³³ ma³¹	长蝙蝠翅膀的优麻神	—
35.		xa³¹ zi³³ dzi³³ bə³¹ dv³¹ dzɿ³¹ zə³³ ma³¹	长蝙蝠翅膀的优麻神	它的坐骑为大鹏鸟的妻子，同时它又是居住在火焰房中的优麻神的信使
36.		—	长雉头的优麻神	为吸吊死鬼血、捣毁吊死鬼骨头，吃吊死鬼肉的优麻神
37.		xɯ³¹ kv³³ dzɿ³¹ zə³³ ma³¹	长雉头的优麻神	—
38.		tɕʰy³¹ gu⁵⁵ kv³³ dzɿ³¹ zə³³ ma³¹	长雌性大鹏鸟头的优麻神	—
39.		tɕʰy³¹ gu⁵⁵ kv³³ dzɿ³¹ zə³³ ma³¹	长雌性大鹏鸟头的优麻神	—
40.		çə³³ tɕʰy³¹ kv³³ dzɿ³¹ zə³³ ma³¹	长大鹏鸟头的优麻神	—
41.		kʰua³³ dzɿ³¹ zə³³ ma³¹	长牦牛角的优麻神	—
42.		kʰua³³ dzɿ³¹ zə³³ ma³¹	生牦牛头，长有蹄的优麻神	—

续表

字符	音值	汉译	备注
43.	la³³kv³³dzɿ³¹ʐə³³mɑ³¹	长老虎头的优麻神	—
44.	la³³ndza³³ʐə³³mɑ³¹	骑虎的优麻神	—
45.	dv³¹pʰər³¹si³³ŋɯ³³ndza³³ʐə³³mɑ³¹	骑白海螺狮子的优麻神	—
46.	tɕy³¹ndza³³ʐə³³mɑ³¹	骑骡的优麻神	—
47.	tʂɿ³¹ndzɿ³¹ʐə³³mɑ³¹	生爪子的优麻神	—
48.	tso³³tʰi⁵⁵ŋɑ³³ʐər³¹ʐə³³mɑ³¹	佐逖嘎汝优麻神	—
49.	tso³³tʰv³¹gə³³ʐɿ³¹ʐə³³mɑ³¹	佐土嘎汝优麻神	—
50.	tv³¹sɿ⁵⁵zi³³tɕʰi³¹ʐə³³mɑ³¹a⁵⁵sɿ³¹	优麻神之一	系pʰər³¹so³³mɯ⁵⁵sɿ³¹ʐə³³mɑ³¹的父亲，图中的所有字符均为标注读音的字符
51.	dzi³³ɣɯ³³kv³³dzɿ³¹ʐə³³mɑ³¹	生豺头的优麻神	—
52.	dzi³³kv³³dzɿ³¹ʐə³³mɑ³¹	长老鹰头的优麻神	—
53.	ɣɯ³³kv³³dzɿ³¹ʐə³³mɑ³¹	长牛头的优麻神	其职能主要为镇压吊死鬼等鬼怪
54.	kə⁵⁵kv³³dzɿ³¹ʐə³³mɑ³¹	长老鹰头的优麻神	—
55.	ko³³pʰər³¹ndza³³ʐə³³mɑ³¹	骑白鹤的优麻神	—
56.	kɯ³³kʰu³³ʐə³³mɑ³¹	耿孔优麻神	—
57.	tɕi³¹ne³³xər³¹ndza³³ʐə³³mɑ³¹	腾云御风的优麻神	—

纳西族东巴教优麻神的基本特征是鹰头狮（人）身、狮头人身，背上均有双翼。一类是动物形象的写实或组合；一类是用不同的动物，主要是以鸟禽和兽类的基本形象为基础，适当加以组合、变形附会而成，成为人为想象而创生的神灵形象。弗朗索瓦兹·王（Françoise Wang）在研究西藏艺术表现中宝座背屏之"六拏具"的"山羊/狮子"的关系时指出"有翼神兽"的来历，她认为这让我们联想起（"西亚"是"伊朗"、"美索不达米亚"和波斯之间的恰当折中）艺术传统中的格里芬美（鹰头狮身的有

翼怪兽）。① 可以推知纳西族东巴教优麻神（zə³³ ma³¹）的原型除了与藏族威尔玛战神的形象相关而外，其源头可以追溯至西亚、印度等地更古老的艺术传统，只有通过与古今中外有翼兽相关的图像资料或考古实物进行比较，才能解决纳西族东巴教优麻神是自生的形象抑或外来的影响的问题。

图10　纳西东巴经典所记载的骑虎、骑马、骑优麻神字符

世界上最古老的狮子形象是与埃及和两河流域的太阳神崇拜密不可分的，故在古代埃及美索不达米亚和波斯的艺术作品中，狮子形象和有翼狮造型十分普遍。古埃及文明对东西方文化产生的深远影响，由此可见一斑。尤其在中世纪的动物寓言中，狮子象征复活精神；在基督教艺术中，狮子既象征"犹大部落之狮"，又代表咆哮如雷的撒旦。有翼狮，与鹰、人、牛、狮四物象征四福音使徒约翰、马太、路加、马可。《圣经》中翼狮原是福音使徒马可的坐骑，相传马可的遗骸埋葬在威尼斯，因而翼狮成了威尼斯的保护神，该城的城标是一头抱着《马可福音》的翼狮形象。

东西方艺术中，狮子无一例外是威猛雄壮的象征，其力量和凶猛为人们所敬畏。狮子图像自然被各种宗教所采纳，成为神庙、宫殿和坟墓等纪念性建筑的象征性守卫者，人们希望借狮子的威猛护佑人类自身。因此，较典型的造型艺术如作为古印度佛教象征的"鹿野苑四狮子柱头"，即以四只雄狮整合为一组作为柱头顶端的形象主体，面向东西南北四方的四只雄狮发出警醒世人的狮吼，象征佛教正法之鸿音传遍大千世界，以狮吼象征法力无边的释迦牟尼和佛法的力量。佛教徒则进一步将狮子象征作为从众生苦海中解脱的"力量"。以至于佛陀被描绘成"释迦狮子"，阿育王石

---

① 参见弗朗索瓦兹·王《西藏艺术表现中宝座背屏之"六拏具"》，《第二届西藏考古与艺术国际学术研讨会论文提要》，2004，第44~45页。

柱上的狮子头顶部托有法轮，这些狮子有两层含义：一层含义是代表佛陀转动法轮解脱苦海中的众生；另一层含义是阿育王的象征，表示阿育王将自己的全部精力投身于传扬佛法。①

在古埃及艺术中法老的力量和权威常用狮子来代表，因而，狮身人面像就成了人与动物结合的超人权力的象征。同时，由于法老被看作人与神的结合，所以，狮身人面像也象征着崇高的神权。② 埃及吉萨的"斯芬克司"——狮身人面像，就是法老的化身，象征着法老的权力与威严。

此外，亚述的"拉马苏"（lamassu）雕像（图11a）是两河流域的雕像中给人印象最深的作品之一，它在整体造型上给人怪异和威慑之感，是由人的头部、鹰的翅膀、牛的身躯以及五条带蹄的腿集合成的形象，是超越人的现实经验的。而局部的雕工极其细腻和真实，那卷曲的胡须，鹰翼上整齐的羽毛以及肌肉发达、血管清晰的腿等，又将人的感觉拉回现实之中，这种视角效果在某种意义上较古埃及的狮身人面来得更强烈。③ 留存至今的公元前8世纪的形象为有翼人首公牛雪花石膏雕像就是其典型代表。

图 11

a. 亚述的人首翼兽拉马苏雕像；b. 有翼鹿首格里芬

---

① Asis Sen, "Animal Motifs in Ancient Indian Art", Firma K. L., *Mukhopadhyay in Calcutta*, 1972, pp. 65 – 76.
② 李建群：《古代埃及和美索不达米亚美术》，中国人民大学出版社，2004，第28页。
③ 李建群：《古代埃及和美索不达米亚美术》，中国人民大学出版社，2004，第218页。亚述神话中"拉马苏"被视为能够去除魔怪鬼魅的神灵，因此，其雕像也就被置于宫殿、陵寝、城门的入口，以彰显其威仪、震慑的功能。

公元前后，集希腊、印度、罗马艺术于大成的犍陀罗艺术在五河流域兴起，成为中亚及天山南路的主要艺术潮流。月氏贵霜王朝在葱岭以东的政治军事扩张和商业活动、佛教传播，也使犍陀罗艺术于东汉开始传入现今中国新疆境内，西域艺术风格影响着中国内地艺术风格的变异与创新发展。因此，美术史家所谓战国、东汉乃至南朝时期出现的有翼类狮虎型石雕神兽形象洋溢着浓厚的中亚—希腊文化艺术色彩也就在情理之中。

又如沈福伟认为：有翼兽流行在波斯和北印度，由散居中亚、天山南北和印度河流域的塞人传播至中国。有翼兽的图像在汉代已经是一种和中国传统艺术融合在一起的艺术表现手法了。① 李学勤通过对中山王墓出土物的考察，认为有翼神兽可能受到了斯基泰—西伯利亚艺术中格里芬的影响。②

西藏艺术中最早的狮子造像，见于琼结藏王墓赤松德赞墓碑上的狮子，虽然此处的狮子形象与中亚、伊朗等地的狮子有若干相似之处，但还不足以证明其源自中亚。因为我们在藏区西部艺术风格传播区域内并没有发现狮子经由藏区西部进入卫藏的传播线索，考虑到藏王墓石碑碑顶采用了初唐流行的石碑做法，即汉式檐顶样式，所以碑前所置石狮极有可能采用的是唐人陵寝的形制。③

狮子和公牛一样，与作为原始形态的母亲女神的联系比它与男性神灵的联系要古老得多。女性神怖畏身相的本质是女性神自己变化成令人畏惧的动物，或者是陪伴她和控制她的动物。如此她可能是母狮（如埃及狮身人面像），也可能骑狮或坐于狮座。印度的这种母亲神可能是母虎，也可能是骑虎或坐于狮座。在人类心理中，动物被认为具有某种魔力，与女性始祖的生殖神相联系，食肉动物吞食食物往往隐喻女神的交合。但在男权发展以后，男性取代了女性神的主宰地位，一些动物神逐渐改变了性别，成了男性神。此后国王的狮座（simhasana），象征国王对"大母"的统治，此后狮子逐渐演变成国王的象征。此类女性造像突然出现在奥瑙纳文化时期（Aurignacian period），这是最早的雕刻艺术的例证。在新石器时代，大

---

① 沈福伟：《中西文化交流史》，上海人民出版社，1985，第68页。
② 李学勤：《虎噬鹿器座与有翼神兽》，《比较考古学随笔》，广西师范大学出版社，1997，第95页。
③ 谢继胜：《川青藏交界地区藏传摩崖石刻造像与题记分析——兼论吐蕃时期大日如来与八大菩萨造像渊源》，《中国藏学》2009年第1期。

约公元前 600 年，第一次出现裸体女神站在狮背上或有凶猛的狮子胁侍。两类母题在此后地中海沿岸的文明中大量出现。弗雷泽《金枝》说亚述人（Assyrian）艺术中狮座上站立神灵的方式被腓尼基人（Phoenicians）和赫梯人（Hittites）借鉴，他们用自己的动物替代狮子。非常奇怪的是，在印度河谷文化代表的封泥印章图像中，没有看到任何狮子的踪影，只有一些印章描绘了老虎。当然，对雅利安人来说，他们迁徙到印度是以印度河谷遗迹毁坏为代价的。狮子和狼似乎是最应该猎杀的猛兽，但他们不了解老虎，至少在他们的早期著作《梨俱吠陀》（Rgveda）中没有提到。老虎首先出现在《阿达婆吠陀》（Atharvaveda）中，揭开这个谜团非常困难，1500 年以前移居印度的雅利安人应该与老虎有关。虽然老虎在信德邦已经灭绝（1883 年灭绝），但它以前在这一地区和周边肯定很多。但是在哈拉帕（Harapan）的印章中没有狮子造像表明他们不熟悉这种动物。由此我们可以推断人们对狮子的恐惧来自伊朗及周边地区，这些地区也是雅利安人迁徙印度之前居住或到达的地方。这些居民似乎用"狮子"这样一个词语来称呼老虎，在他们的早期著作中，这两种猛兽并没有什么区别。此后，在阿达婆吠陀时代，当雅利安人逐渐熟悉了当地的动植物物种后，他们就用老虎代替了狮子。所以，老虎和印度古代母亲神的联系是最为古老的。或许是由于印度领土上狮子的数量稀少，在印度早期宗教中任何的神灵头像与狮子都没有关联。在《梨俱吠陀》中，狮子这个名词仅仅被用作表示帝释天、火神阿耆尼活力的比喻，而比喻又来自他们以往对这种动物已有的印象。狮子象征意义的实际转移发生在孔雀王（Mauryas）统治时期，当时伊朗文化（其他西方国家的文化）和印度文化之间产生空前的触合。至此，狮子的象征完全从最初的女性神寓意中剥离出来，专属于礼仪官员或王室。[1]

由上述的比较和分析可以得知，纳西东巴文中的有翼狮字符与东巴艺术造像中的有翼狮战神图像基本一致，而且与其他几类有翼狮的四足落地有别，呈双足或爪子落地立像，此外其身躯亦为人的身躯，而非兽身。综合读音、字符的基本构形、图像的旁证，我们可以归纳有翼狮字符的基本构型为：狮首、人身、有翼、双足落地支撑状貌。但这些局部的创新不

---

[1] Asis Sen, "Animal Motifs in Ancient Indian Art", Firma K. L., *Mukhopadhyay in Calcutta*, 1972, pp. 65 – 76.

足以影响我们判定它的历史源头系来自欧亚草原有翼兽传入而非自源的事实。

二 东巴文化中兽首鹰身的"优麻"神和"端格"神形象及字符与格里芬（griffin）和森穆夫（senmurv）的关系

纳西东巴文中优麻（$ẓə^{33}mɑ^{31}$）战神的另外一种字符为狮首鹰身的构形，即 ， 以往有的学者译为"人鹰"。①

1. $tsʰɿ^{55}si^{33}kv^{33}dzɿ^{31}ẓə^{33}mɑ^{31}$，长有摩羯头的优麻神。
2. $tʰv^{33}tʂɿ^{31}ẓə^{33}mɑ^{31}$，土蛊优麻神。
3. $ʑi^{33}ndzɑ^{33}ẓə^{33}mɑ^{31}$，骑山鼷的优麻神。
4. $ɣuə^{33}gə^{33}lv^{31}tɕy^{55}nɯ^{33}mɑ^{33}dzɿ^{31}ẓə^{33}mɑ^{31}$，长有龙鞠尾巴的优麻神。
5. $ʑi^{31}ʂɿ^{55}ŋgu^{33}mbv^{33}ẓə^{33}mɑ^{31}$，益什恭补优麻神。
6. $ʑi^{31}ʂɿ^{55}se^{55}ŋgu^{33}ẓə^{33}mɑ^{31}$，等同于益什松古优麻神。
7. $ʑi^{31}ʂɿ^{55}so^{33}ŋgu^{33}ẓə^{33}mɑ^{31}$，益什松古优麻神。
8. $ẓə^{33}mɑ^{31}$，风和云一般迅捷的优麻神。
9. $ẓə^{33}mɑ^{31}ʂɿ^{33}dzɿ^{33}tsʰe^{31}xo^{55}kv^{33}$，十八个食肉的优麻神。
10. $bɯ^{55}ʂɿ^{31}ẓə^{33}mɑ^{31}$，有关此优麻神的事迹，几乎没有见诸记载，只是提及其名。
11. $ẓə^{31}ndzɑ^{33}ẓə^{33}mɑ^{31}$，骑虹的优麻神。
12. $ʐuɑ^{33}ndzɑ^{33}ẓə^{33}mɑ^{31}$，骑马的优麻神。
13. $pɑ^{33}ti^{33}to^{31}mi^{55}ẓə^{33}mɑ^{31}$，巴丁多弥优麻神。
14. $pɑ^{33}ty^{33}to^{31}mi^{55}ẓə^{33}mɑ^{31}$，巴顿多弥优麻神。
15. $pɑ^{33}ɣuə^{33}ẓə^{33}mɑ^{31}$，巴乌优麻神。

---

① 参见戈阿干《丝路文明与东巴文化》，中国文史出版社，2006，第56页。

16. pɑ³³ɣuə³³ʐə³³mɑ³¹，巴乌优麻神。

17. pɑ³³ɣuə³³ʐə³³mɑ³¹，巴乌优麻神。

18. pv⁵⁵tʂʅ³¹ɣuə³³ʐə³³mɑ²¹，布赤乌优麻神。

19. bu³¹ndzɑ³³ʐə³³mɑ³¹，骑猪的优麻神。

此外，纳西东巴教神灵中还有一类被称为"端格"的神灵形象也与有翼神兽关联密切，即 tər³³ko³¹。我们通过跨文化比较，发现这一类字符的原型实际上与欧亚草原神鹰（mythological eagle）有关联，其特征是大耳、短额、钩喙，头戴肉冠，颈项和胸脯饰垂鳞纹。数量和类型繁杂，东巴经典中有 tər³³ko³¹sʅ³¹ɕi³¹tʂuɑ⁵⁵tsʰər³¹，意为 360 个端格神，仅为约数，非确指。仅列举 10 个端格神为例：

1. pv⁵⁵ʂʅ³³ɕə³¹tɕʰy⁵⁵tər³³ko³¹，长有大鹏鸟头的端格神。

2. do³¹ʐy³³mɑ³³do³¹，sər³³ʐy³³mɑ³³sʅ³³sʅ³³ɕy³¹mə³³tɕy³¹tər³³ko³¹，遍知遍观的端格神

3. to³¹tɕʰy⁵⁵kə⁵⁵bv³¹tər³³ko³¹，长有雄性大鹏鸟头的端格神。

4. to³¹tɕʰy⁵⁵kə⁵⁵bv³¹tər³³mu³¹tər³³ko³¹，类似长有雄性大鹏鸟头的端格神，其形象为牦牛头，在两角之间长有大鹏鸟宝珠。

5. tər³³ko³¹nɑ³¹ŋgv³³sy³¹，黑色端格神九种。

6. tər³³ko³¹ŋgv³³dɑ³¹zo³³，端格神九个勇敢的儿子。

7. tər³³ko³¹ȵi³³mbu³³lɑ³³do³³，端格神尼布拉多。

8. tər³³ko³¹pʰər³¹ŋgv³³sy³¹，白色端格神九种。

9. tər³³ko³¹zo³³dɑ³³ŋgv³³kv⁵⁵，端格神九个勇敢的儿子。

10. kə⁵⁵pʰər³¹tər³³ko³¹，鹤头端格神。

一般把"端格"作为东巴教的保护神类神灵，骆克认为其与藏族苯教中的 thugs–dkar 相同①，数量也有 360 个之多。《纳西东巴古籍译注全集》

---

① 骆克认为鹰头只是用来标音，这种看法值得商榷，因为作为端格神的形象和字符的构成组合中，鹰头居于核心位置，而不是类似别的假借标音字符一样，标注在核心字符旁，以示意为标注读音，结合端格神与欧亚大陆广为分布的格里芬（griffin）和森幕夫（senmurv）形象关系的比较，则更进一步证明了骆克的用作标音符号说难以立足。

第19卷《迎请优麻战神·优麻的出处来历》是讲述优麻战神的出处和来历的经典，它可用于一切需要迎请优麻战神的东巴祭祀仪式，也可用于祭风仪式。在东巴经中，端格、优麻战神往往相提并论，实际上端格和优麻战神是两种同一类型的神。从形象上看，一个是长猛兽头、凶禽身的战神，另一个则完全是凶禽模样的战神。从表面上看，它们应该是同一类战神中的阴和阳，但又不完全是。只是东巴经往往把这两种名字混在一起，合二为一。因此这本经书虽然只说到优麻战神，但也并不完全排除端格战神。①

端格神的形象有许多也与优麻神相混，共同之处为：两种神灵均以有翼为特征，类别区分主要依据鸟首或兽首，生有斑纹或爪子、蹄子，有的则与优麻神有区别，最重要的区分在于：端格神的形象无一例外是鸟首（或兽首）有翅禽身立姿正面形象；而优麻神的形象既有鸟首（或兽首）有翅禽身立姿正面形象，也有鸟首（或兽首）人身（或禽身）立姿正面形象。

东巴经典中关于端格神的出处与来历的记载，表明两种神灵之间难分彼此的关系。《纳西东巴古籍译注全集》第19卷《迎请优麻战神·优麻的出处来历》载云：最初，大神萨依威德和乌宙合姆相交合，产了一枚白蛋。这枚白蛋由萨依威德和乌宙合姆孵了三天，孵化不了。在含依巴达神树上，由海螺般洁白的大鹏鸟孵了三天，孵不出来。在海螺般洁白的山岭上，由海螺般洁白的狮子孵了三天，孵不出来。由大森林中的巨掌红虎孵了三天，孵不出来。由居那若罗神山上的鹰一样会飞翔的鲁久孵了三天，孵不出来。在海螺般洁白的山岭上，白胸脯的黑熊孵了三天，孵不出来。在东方海螺般洁白的大山上，山崖上的凶豹孵了三天，孵不出来。最后，美利达吉神海中的醋西，用它的锋利的爪子抓，尖利的硬嘴啄，白蛋才被啄破。从白蛋中产生出了许多闪亮的光斑。就这样，端格优麻战神出世了。这就是端格优麻战神的来历和出处。②

《纳西东巴古籍译注全集》第54卷《驱妥罗能特鬼仪式·迎战端格战

---

① 和即贵释读、和宝林翻译、习煜华校译《迎请优麻战神·优麻的出处来历》，东巴文化研究所编译《纳西东巴古籍译注全集》第19卷，云南人民出版社，1999，第106页。
② 和云彩释读、李例芬翻译、习煜华校译《迎请优麻战神·优麻的出处来历》，东巴文化研究所编译《纳西东巴古籍译注全集》第19卷，云南人民出版社，1999，第109~111页。

神》记云:"端格神是区分善恶、分清黑白、是非,惩恶扬善的战神"。关于其来历:名为岛宙超饶者,是端格战神的父亲,名为沙劳萨娶者,是端格战神的母亲。名为尤拉丁端者,是端格战神的父亲,名为米宙禾姆者,是端格战神的母亲。他们六位来交媾,生育出最大的十九个端格男儿,生育出十九个端格女儿。①

图12 纳西东巴经典《迎请端格》片段

据李零的研究,格里芬可分为以下几种。第一种是鹰首格里芬。它的特点是,其鹰首往往都是采用上述"神鹰"的形式,并且有 S 形的双翼,翼尖朝前(朝向头部),翼形和中亚及波斯的格里芬是一样的,但值得注意的是,它还带有希腊艺术的特点。如它们的鹰首往往都是背上有鬣(mane),早期作锯齿状,晚期作鱼鳍状,这种特点就是受公元 5 世纪希腊艺术的影响(亚述和希腊有这种特点,波斯没有)。狮首格里芬或带翼狮。它和波斯、中亚的带翼狮在总体特点上是一样的,但也有一些不同,一是因为所用材料不同(如刻画于木材、皮革或毡毯),有些只是表现其轮廓,缺乏立体感和细部描写,写实性不如前者;二是有"虎化"的趋势,很多"带翼狮"被改造,去其雄狮之鬣,如同母狮,或者干脆和老虎一样,学者常以表示猫科动物的 feline 一词称之,并把此类和第三类混称为 feline griffin;三是多半有角(或一角,或两角),角端有结,或作圆纽状,或作圆饼状,类似于中国文献描写麒麟所说的"角端有肉"。②

格里芬(griffin)是西方神话中鹰首狮身的翼兽,其形象起源于上古西亚地区,在向东方传播的过程中,大概受到草原风格艺术的影响,头上

---

① 和云彩释读、李例芬翻译、习煜华校译《驱妥罗能特鬼仪式·迎战端格战神》,东巴文化研究所编译《纳西东巴古籍译注全集》第 54 卷,云南人民出版社,1999,第 346~350 页。

② 李零:《论中国的有翼神兽》,《中国学术》,商务印书馆,2001 年第 1 期。

长出了鹿角,羽翼也逐渐退化(仅为个人推测。国内著述一般称为虚幻动物、怪兽)。在欧亚草原上"斯基泰文化因其弹性和力度而不断获得新的载体,以其出众的速度和活力将其文化影响一直传至东方。这种文化潮流穿过了亚洲北部,也终于波及了中国"①。因此,产生于西亚地区的格里芬、森穆夫,对中国早期狮子形象的影响实属必然。

图 13　格里芬
a. 以色列的格里芬；b. 卡拉宫墙上的格里芬装饰

　　Griffin,又作 Gryphon、Griffon,是一种希腊神话传说中的生物,也被称为"格芬"、"格里芬"或"鹰头狮身兽"。它拥有狮子的强壮身体及鹰的头、喙和翅膀。因为狮子和鹰分别称雄于陆地和天空,因此,有时被译作"狮鹫",被视为非常厉害的动物。格里芬的形态,主要由狮子和鹰(或其他猛禽)以不同的组合方式构成的。其头部既可为狮首也可为鹰首,大多数情况都有翅膀,但尾巴则时有时无,既有两条腿的,也有四条腿的。在此基础上加上蝎子、蛇或人体的某些部分就构成了多重的合成兽。林俊雄认为可根据头部的不同,将诸种格里芬大体分为两类。一种是狮首的狮子格里芬(lion griffin);另一种则是鹰首的鹰格里芬(eagle griffin),不能断定其头部为鹰的时候则称为鸟头格里芬(bird griffin),但原则上这一类还是以鹰为代表的大型肉食猛禽,因此可统称为鹰格里芬。②

　　李零更进一步将亚述、波斯和中亚地区的格里芬分为鹰(鸟)首格里

---

① 中野澈:《中国纹样史》,《美术译丛》1988 年第 2 期。
② 李零认为:"麒麟"的上古音,"麒"是群母之部字(giə),"麟"是来母真部字(lien)。我们怀疑,它也许是一种借助中国概念和中国词语(麟)的外来译词,引入中国的年代要相对早一点,《论中国的有翼神兽》,第 108 页。按:"麒"高本汉拟的上古音为 *gʻiəg;李方桂拟的上古音为 *gjəg。"麟"高本汉拟的上古音为 *lien;李方桂拟的上古音为 *ljin,因此与 griffin 的第一个音节当有关联。

芬、狮首格里芬或带翼狮、羊首格里芬或带翼羊三种，并认为鹰（鸟）首格里芬才是本来意义上的格里芬即狭义格里芬，世界上的格里芬均以此为主。①

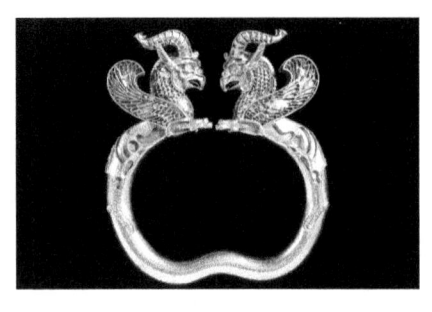

图 14　格里芬

a. 阿姆河宝藏中（Oxus treasure）的有双角的鹰首格里芬；b. 叙利亚格里芬柱础雕像

格里芬图像在公元前 3000 年之前产生并传播，如美索不达米亚的苏美尔、阿卡德王朝，古巴比伦时期，中期亚述和米底帝国时期；埃及的古、中、新王国时期；地中海东岸的叙利亚、巴勒斯坦和塞浦路斯；以及希腊海地区等。笔者结合考古学资料，分析了"格里芬"图像在苏萨（Susiana，两河流域以东、由源出扎格罗斯山脉的河流形成的冲积平原上的一处重要遗址）诞生后，向西的传播以及适应各地的文化范式而发生的变化。

图 15　来自叙利亚的格里芬印模，时代未知（Seal impression from Syria; unknown date，参见 Porada，1948：Plate CXLI，936E）

资料来源：Jesse D. Chariton,"The Mesopotamian Origins of the Hittite Double-Headed Eagle", *Journal of Undergraduate Research* XIV, 2011, p. 1.

---

① 李零：《论中国的有翼神兽》，《中国学术》，商务印书馆，2001 年第 1 期。

格里芬艺术主题起源很早，它们的问世时代和地中海地区的司芬克斯形象几乎同时。也即公元前 3000 年已有，出现地域为两河流域，其形象为鹰首加狮身的合成。此后，格里芬在北非、南欧、南亚、西亚、中亚和欧亚草原广泛传播。格里芬的基本形象是鹰首狮身，后多有变种，如翼狮、带翼虎、羊首狮身、翼羊、鹰首鹿身等。其中与纳西东巴文 $zə^{33}ma^{31}$ 关系最密切的是狮首鹰身的格里芬。纳西东巴文中有一系列的字符为证，字符构形规则为：字符一侧为优麻神的形象，另一侧（有时位于上方或下方）为具体优麻神的名称的读音标注：

$zi^{31} ʂʅ^{55} so^{33} ŋo^{33} zə^{33} ma^{31}$

$tso^{33} tʰi^{33} zə^{33} ma^{31}$

$tʰa^{55} tɕi^{33} na^{33} na^{31} zə^{33} ma^{31}$

$tʰv^{33} tʂʅ^{33} zə^{33} ma^{31}$

$mi^{31} lɯ^{33} kə^{55} lɯ^{33} zə^{33} ma^{31}$

$kɯ^{31} kʰo^{55} dv^{33} dzʅ^{33} zə^{33} ma^{31}$

$ŋə^{33} ŋə^{31} zə^{33} ma^{31}$

$pa^{33} ɣo^{33} zə^{33} ma^{31}$

就格里芬的基本形态而言，格里芬主要是由狮子和鹰（或其他猛禽）以不同的方向组合而成。其头部既可为狮首也可为鹰首，大多数情况都有翅膀，因此，人们依旧把格里芬纳入有翼狮一类，但格里芬的尾巴部分在有的造型中被抹去，形成既有两条腿的，也有四条腿的格里芬形象。在此基础上加上蝎子、蛇或人体的某些部分就构成了多重的合成兽狮子。狮子是外来王国的贡献之物，源于两河流域的格里芬艺术母题，由西亚经中亚、欧亚草原传入中国。春秋战国一些青铜器受到其影响，在造型、纹饰上出现带有双翼的神兽。汉代以后逐渐变为程式化的翼狮造型。而在纳西东巴文中除了有双翼的特征，不知何故却完整地保留了格里芬的尾部造型，而且几乎所有的字符都保持了其作为鸟禽类尾羽的基本特征，堪称奇特。纳西东巴文中格里芬式 $zə^{33}ma^{31}$ 战神类型多样，其多样化主要体现在头部的变换，有的为狮首，有的为鹰首、牛首、大鹏鸟首、熊首、雉首、牦牛首、摩羯首等。

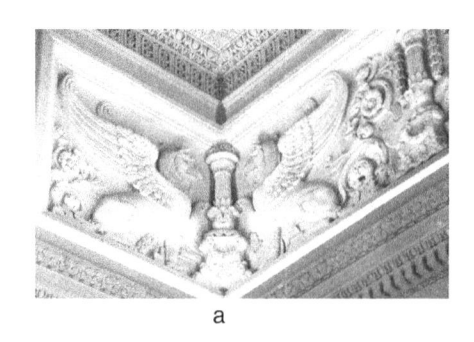

图 16　格里芬雕塑
a. 卢浮宫博物馆墙角鹰格里芬造型雕塑；
b. 巴黎古建筑边沿的人首格里芬造型雕塑（2012 年笔者摄于巴黎）

此外，纳西东巴文中格里芬式优麻（$zə^{33}mɑ^{31}$）战神类型多样化还体现在它所骑乘的兽类的变化上，有的优麻（$zə^{33}mɑ^{31}$）战神骑鹤，有的骑骏马，也有的骑白海螺狮子、骑猪、骑牦牛或腾云御风等。但此时，其头部一定都是狮首，而非鹰首或其他。

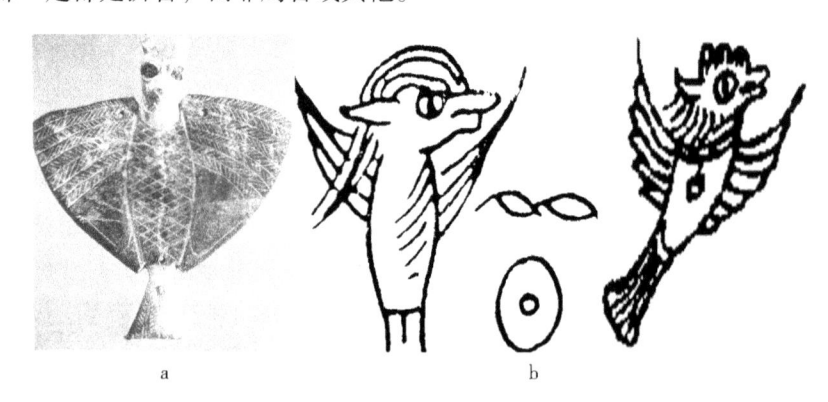

图 17　狮首鸟身像或字符
a. 狮首鸟身像，公元前 2500 年叙利亚国立
博物馆藏；b. 狮首鸟身纳西优麻神字符

纳西东巴文中格里芬式优麻（$zə^{33}mɑ^{31}$）战神类型多样还体现在它的双翅的变换方面，有时变换为蝙蝠翅；有的翅膀上持拿的武器不同；有的持刀剑；有的持旗帜等。此时头部有的是狮首，有的是其他动物的头部。可知纳西东巴文中格里芬式优麻战神在一定程度上保持了格里芬有翼神灵的早期造型的多样化特征，尤其是将这些内容与叙利亚等地发现的格里芬

早期形象比较，我们可以推知其源远流长。在流变中，纳西东巴文成为原型模式的偏厦一隅，留存了富有典型意义的早期内容，其参证价值自不待言。

一般认为，在两河流域，动物形态的刻画比之人物形象要成熟得更早。在第二代乌尔王安尼帕德建造的神庙门前的青铜匾上，刻着一只狮头鸟身的动物，它正展开双翅保护着一对羚羊。这个动物是伊姆杜吉德的象征。这类由不同动物的肢体构成的生物是苏美尔人自原始时代奉行的信仰的一个组成部分，他们在两河流域的艺术中经常出现。神鸟的狮头和羚羊的犄角都伸展出浮雕的长方形构图，伸出的部分已是完全的圆雕了。①

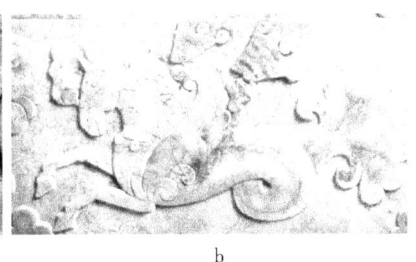

图18 虞弘墓椁座浮雕

a. 人首鹰身森穆夫守卫袄教圣火坛；
b. 有翼马首，马前驱蛇后身鱼尾森穆夫

资料来源：图片选自太原市文物考古研究所编《隋代虞弘墓》，文物出版社，2005。

姜伯勤对青州傅家画像石图像研究认为，画像石中可以见到多种系有绶带、饰物的吉祥鸟。青州傅家画像石第九石，画面上方一有翼神兽向左飞翔，嘴含一饰物。此种神鸟、有翼兽即袄教经书《阿维斯陀》《班达希申》中的森穆夫。袄教艺术史家 G. Azapay 指出，森穆夫即伊朗 hvarnah 这一概念的图像符号。hvarnah 意为吉祥，意味着照耀人神的光辉。此图可视为中国画像石中出现的较早的正式带有袄教意味森穆夫图像，其后，此种图像频见于山西太原虞弘墓画像石中。森穆夫（Slnamurv）或作"思摩夫"（Simurgh/Senmurv），该鸟历经天地生灭三大劫，故知过去、现在、未来一切事。其貌鸟身犬首或人面，两翼伸展可遮蔽日月群星。古波斯神话中有株"知识树"，结籽化为世间万种草木。森穆夫筑巢其上，每至果实

---

① 李建群：《古代埃及和美索不达米亚美术》，中国人民大学出版社，2004，第177页。

成熟，将其摇下，播于大地山川。其事多见史诗《诸王书》（*The Shah Nameh*）中。这些有绶带的瑞鸟都是广义的吉祥鸟，亦即象征 hvamah 的瑞鸟。从这种意义上讲，波斯式吉祥鸟图像符号的引入，丰富了中国艺术史上的图像世界。格鲁塞指出，萨珊艺术也影响到匈奴、突厥等游牧部落，"有着程式化的鸟类、'格力芬'和怪物互斗的花纹的萨珊朝纺织品，对于第 3 至第 10 世纪间中亚的织造品是有影响的"。这些图像和纹样也影响到 3 世纪以后的中国艺术（参见图 11）。①

格里芬向东而翔，起源于波斯和希腊的格里芬形象在东方几大重要区域广泛传播，如中亚的塞人地区、阿尔泰山和中国等。其中除了我们已知的关于草原文化器物中常见的格里芬形象，以及被认为属于塞人文化的金饰品上的格里芬图案外，尚有不少值得关注之处。如林俊雄在俄罗斯艾米塔什博物馆所藏巴泽雷克 2 号墓出土古尸的纹身中，即发现具有格里芬部分特征的混合兽形象。又如，通过比较哈萨克斯坦阿拉木图出土的锼缘装饰，林俊雄认为在新疆维吾尔自治区博物馆展出的通常称为"铜环"或"铜圈"的器物，实际上也是具有格里芬形象的装饰品，可能是祭祀时用来覆盖在锼上的。②

图 19　赫梯邮戳印章 Hittite stamp seal 中的格里芬形象
（von der Osten 1926：Figure 26）

资料来源：Jesse D. Chariton, "The Mesopotamian Origins of the Hittite Double – Headed Eagle", *Journal of Undergraduate Research* XIV, 2011, p. 1.

---

① 姜伯勤：《中国祆教艺术史研究》，生活·读书·新知三联书店，2004，第 64、328 页。
② 〔日〕林俊雄：《グリフィンの飞翔——圣兽からみた文化交流》，雄山阁，2006，第 308 页。

从欧亚研究的角度出发，探明传说母题自西亚、希腊向东方传播的途径和路线，并对格里芬飞翔轨迹进行追寻。有翼兽造型及其与西亚艺术有一定的关联，古萨珊波斯（Sassanian Persia）的象征物也是波斯神话重要主题角色之一，与祆教经典《阿维斯塔》的神话相关。《阿维斯塔》中有"森莫夫"（Senmurv）或称为"席穆尔格"（simurgh, semurgre），在古代伊朗神话中有预言未来的功能。① 它在伊朗神话中又被称为 Saena 的神鸟，还被称为赫瓦雷纳（xvarenah）的神鸟。在琐罗亚斯德教经文中，森穆夫住在湖中岛上，栖息在 hom 圣树上，由摩羯守护，能催云化雨，减少人类的病苦。狮头变成了犬头，野兽真实的腿被省略，变成了纯粹的飞禽，鹰的尾巴成为孔雀般的尾巴，标志其为天国之鸟的角色。② 森穆夫是伊朗神话中虚构神鸟 Simurgh/Simorgh 的婆罗钵语（Pahlavi，即中古波斯语）形式，其名称源出自波斯古经《阿维斯塔》（Avesta）中的 maragho saeno，意为"Saena 鸟"，原本指鹰、雕一类的猛禽。这一神鸟在伊朗艺术中被描绘成鸟形的巨型有翼动物，能够抓起大象或骆驼，类似孔雀，长着一个狗头和一副狮爪，有时显出一张人脸。据说这种鸟能在火焰中再生并成为不朽。③

图 20　萨珊波斯的森穆夫（senmurv）浮雕及黑白图像，
其形象为前半身像犬、后半身像鸟

---

① 魏庆征：《古代伊朗神话》，山西文艺出版社，1985，第 458 页。
② R. A. Jairazbhoy, *Oriental Influences in Western Art*, London, 1965, p. 205.
③ 王小甫：《拜火宗教与突厥兴衰——以古代突厥斗战神研究为中心》，《历史研究》2007 年第 1 期。

由此可知，纳西东巴文中格里芬式优麻战神和端格神形象与祆教森穆夫之间有着源流关系①，尤其是纳西东巴文中有一个格里芬式优麻战神的字形为狮首鹰身，双翼上方分别标有月亮和太阳，ȵi³³me³³xe³³me³³zə³³mɑ³¹ 意为格里芬式优麻战神，拥有日光和月光一般的双翼。这与祆教的光明黑暗二元对立观念中的天宫诸神的太阳神 Mithra 和月神 Mah 似有关联，需要专文探讨，兹从略。

图 21　亚述的"拉马苏"及希腊格里芬雕版

格里芬作为一种传说中的神兽，自远古以来几乎传遍世界各地，如今在美术图像、电子游戏、动漫、奇幻小说角色、体育运动（如美国篮球队的格里芬）等诸多大众文化媒介的冲击下，已越来越为普通国人所熟知。其自西向东飞翔传播的路径亦愈加清晰，其间的创新和变异，同样需要分析。与斯芬克斯一样，格里芬与森穆夫几乎同时出现并互相影响，虽历经改造，其形象也不断在流播所经地域出现诸多创新性内容，但仍保留有神秘的色彩，依旧保留在东西方各民族的文献、文化艺术中，生动地再现了古欧亚草原区域中西宗教礼乐文明间互动关联的脉络。

余　论

中国古人将西域流入的真狮形象、有翼狮（兽）形象与本土的传统审美观念结合起来。汉魏以降，有翼狮、镇墓狮在江南区域的流播和发展，与当时的宗教信仰、思想观念、中西文化交流背景有密切的关系。狮子的

---

① simurgh，semurgre 与梵语的 simha，以及上古汉语"狻猊（麑）"（古音作 * suan-ngiei），从语词的词形分析，当有同源关系。

传入是狮子图像和雕塑等艺术作品得以产生的重要缘起。依据信史记载，一般认为自东汉始，狮子由西域经陆上丝绸之路进入中国。狮子为番国重礼，物以稀为贵，寻常百姓无法观瞻豢养于皇家苑囿的狮子，对狮子形象的认知自然十分有限，只知其为猛兽，传言会使人产生恐惧、敬畏的心理，成为震慑人神的权威象征。帝王为了彰显其无上权威，在帝陵前置放镇墓狮，与神道两旁陈列的石像雕刻群相配。

考古证据表明汉魏六朝以来，以狮子作为神道镇墓兽盛行起来。① 此后，有翼狮和有翼兽在各地方及各民族渐次传扬，在形象上出现了许多次生的亚类型。中国的有翼神兽受到了外来影响，但它们与中国的艺术主题长期共存，又受后者影响，二者是互动关系。中国古代艺术，自商周以降，以龙、凤为主。战国以来，形成由青龙、白虎、朱雀、玄武构成的"四灵"，后来麒麟加入其中，也叫"五灵"，但天禄、辟邪不在其中。天禄、辟邪在中国艺术中的地位很微妙，它不仅是以外来的狮子作为依托，从一开始就与外来艺术有不解之缘，而且还经常与其他表现异国情调的动物一起构成中国古代的"纪念艺术"。②

今人的研究和考古证据表明，中国有翼神兽的传播路线，除与古代丝路有关的东西通道值得重视外，还有很多南北通道也值得考虑。如：①从内蒙古东部、辽宁西部到河北北部，经山东，进入江、浙的路线；②从内蒙古草原中部，经山西到河南，走洛阳、南阳、淅川、襄樊到江汉平原的路线；③从内蒙古草原中西部，经宁夏、甘肃和陕西，入四川、云南的路线。汉代文化，是南北文化、中西文化大交流的结果。秦汉以来，有翼神兽逐渐成为普遍的主题。③

在探讨陆路传播的多条路径的同时，海路传入亦是不可忽略的路径，如滕固就认为双翼的风格，源于美索不达米亚的亚述帝国。亚述都城尼尼微（公元前2000年）有巨大宏丽之宫殿，以双翼牛身人首之石像列之于宫门之首；其后流传至波斯，在波斯波利斯尤以石兽遗迹留存。陵墓之前的石兽作护卫和装饰的风俗，皆来自埃及的狮身人面石像（即斯芬克斯）。

---

① 南朝陵墓石刻有翼狮为现今南京城市标志即渊源于此，此外威尼斯、日内瓦等地也以有翼狮为城市的标志。
② 李零：《论中国的有翼神兽》，《中国学术》，商务印书馆，2001年第1期。
③ 李零：《论中国的有翼神兽》，《中国学术》，商务印书馆，2001年第1期。

又认为陵墓之前的石兽作护卫的作风即起自西亚,如何传至中国,颇成疑问。一般以为六朝之时,与南洋交通渐繁,希腊、波斯之作风,或由海道传来,先至南京;故除六朝陵墓外,汉唐陵寝,反少受其影响。否则如由中亚陆路传来,何以不在长安、洛阳先留遗迹,而反在遥远之江左,首先传播耶?按此说不过据理臆测,未能成立。①

此外还应加强对从西亚经伊朗—中亚至西藏及喜马拉雅—藏彝走廊区域的传播路线,也就是与"麝香之路"和"茶马古道"叠合的区域的有翼狮(兽)及其风格流变轨迹的研究,如艺术史家相信隋唐以来的狮子鬈发形象是受印度—吐蕃风格的影响,且延续至今。

纳西东巴文化艺术中有翼神兽是常见的主题,其形象十分繁杂,除了图像,在东巴文字符中亦有数量可观的字符群,既有兽身带翼的神兽有翼狮首、有翼虎首、有翼摩羯首、有翼牦牛首、有翼大鹏鸟首、有翼豺首、有翼犏牛首、有翼龙首、有翼熊首和人首(四头或两头),又有格里芬和森穆夫式的鸟首神兽,以及兽首鸟禽身的神物。而且对这两大类型的有翼神兽(禽)做了十分清晰的分类,即:有翼兽首神灵、有翼鸟禽首神灵、有蹄(腿)类有翼神兽、有斑纹类有翼神兽、有兽爪的有翼神兽、有角类有翼神兽(禽)。有翼神兽(禽)的翅膀除了一般意义的水剑翅外,还有蝴蝶翅、蝙蝠翅、白鹤翅、大鹏鸟翅等。此外,根据优麻神所骑坐骑的差异还分为:骑青龙优麻神、骑豹子优麻神、骑白海螺狮子优麻神、骑豺优麻神、骑白额黑犏牛优麻神、骑蛇皮斑纹白鹿的优麻神、骑绿松石龙头优麻神等,不胜枚举,都是其民族性的内容。

纳西东巴文化中的有翼神兽形象,无论是兽首,还是禽首,无一例外是双翼展开,绝大多数翼尖朝上的正面立像姿势,这与欧亚各地的侧面像和四足落地为主的构型有别;禽首部分为侧面翱翔状,其翼和尾羽为如实摹写状,栩栩如生,写实特点较强。有翼神兽表现在文字字符的构形时,头部呈侧面像,而非正面立体像。除了基本的有翼狮形象外,其他绝大多数为组合型有翼神兽,而且在东巴绘画艺术中有翼神兽的躯体的"人化"风格明显,而不是欧亚草原或中原区域的龙化、虎化趋向,这也是纳西东巴文化中有翼兽的民族性风格之一。

---

① 滕固:《六朝陵墓石迹述略》,中央古物保管委员会:《六朝陵墓调查报告》,1935,第71~91页。

这些分类标准的形成和完善与纳西族东巴教神灵谱系的建构密不可分，应是在吸收以往各种有翼神兽的形象的基础上的积极创新。

本文对纳西东巴文化艺术中有翼神兽形象及字符的源流、发展轨迹的研究表明，纳西东巴文化中的有翼狮形象及字符直接渊源是从公元前 3000 年左右在美索不达米亚、印度、埃及几处分别发展起来的几种有翼兽化形象①渐次向东方传播的产物。具体而言，公元前 3000 年的古埃及斯芬克斯狮身人面像（sphinx），古希腊到两河流域的格里芬鹰首有翼狮（griffin），希腊神话中有翼神兽奇美拉（winged chimera），亚述的人首翼兽拉马苏（lamassu）、兽首鸟形怪兽森穆夫（senmurv）等欧亚各民族历史上的有翼神兽形象十分奇绝地在中国西南的纳西族古典文化艺术中留存衍变。纳西人以其信仰世界的神灵谱系为建构基础，创设了十分驳杂的有翼神兽系统，虽然目前我们尚不能明确界定欧亚草原、印度—西藏间有翼神兽形象的年代学和风格间的复杂关系，传播路径的历史线索和年代层次的区分认知仍处于猜测和大致推断的阶段，但从其形象的基本构式中，我们依旧能够寻绎出其间的历史性关联以及直接或间接的传递影响嬗变关系。

参考文献

蔡鸿生：《狮在华夏》，王宾、比松：《文化双向认识的策略问题》，中山大学出版社，1993。

龚良：《陵墓有翼神兽石刻的发展及其艺术源流》，《华夏考古》1994 年第 1 期。

顾问、黄俊：《中国早期有翼神兽问题研究四则》，《殷都学刊》2005 年第 3 期。

巫鸿：《礼仪中的美术——巫鸿古代美术史论丛》，生活·读书·新知三联书店，2005。

施安昌：《火坛与祭司鸣神：中国古代祆教美术考古手记》，紫禁城出版社，2004。

沈刑：《中国有翼神兽渊源问题探讨》，《美术史研究》2007 年第 4 期。

林通雁：《西汉张骞摹大型石翼兽探考》，《汉中师院学报》（社会科学版）1986 年第 2 期。

芮传明、余太山：《中两纹饰比较》，上海古籍出版社，1995。

蒲慕州：《追寻一己之福——中国古代的信仰世界》，台北，麦田出版社，2004。

---

① 一般认为，有翼狮形象在公元前 500 前后于希腊初次定型。这种定型的样式，在希腊化的过程中传播到与中国各地及其毗邻的区域，与其间的固有艺术主题共存并相互融合，实现了从吸收到创新并再次输出、传播的流程。

蒲慕洲:《墓葬与生死——中国古代宗教之省思》,台北,联经出版社,1993。

荣新江:《中古中国与外来文明》,生活·读书·新知三联书店,2001。

邵大箴:《世界美术全集:古代希腊罗马美术》,中国人民大学出版社,2004。

周一良:《魏晋南北朝史札记》,中华书局,1985。

朱希祖:《南朝陵墓雕刻艺术》,文物出版社,2006。

罗世平、李建群:《世界美术全集:古代埃及和美索不达米亚美术》,中国人民大学出版社,2004。

罗世平、齐东方:《世界美术全集:波斯和伊斯兰美术》,中国人民大学出版社,2004。

张光直:《美术、神话与祭祀》,辽宁教育出版社,2002。

张广达:《文本、图像与文化流传》,广西师范大学出版社,2008。

姜伯勤:《中国祆教艺术史研究》,生活·读书·新知三联书店,2004。

Bernard Goldman, "The Development of the Lion-Griffin, American," *Journal of Archaeology*, Vol. 64.

S. J. Rudenko, "The Mythological Eagle, the Gryphon, the Winged Lion, and the Wolf In the Art of Northern Nomads", *Artibus Asiae*, Vol. 21, No. 2, 1958, pp. 101 – 122.

Guirry Azarpay, "Some Classical and Near Eastern Motifs in the Art of Pazyryk", *Artibus Asiae*, Vol. 22, No. 4, 1959.

O. Siren, "Winged Chimera In Early Chinese Art", *East Art*, Octorber, 1928.

Joseph F. Rock, $A^1 Na^{-2}$ *khi-English Encyclopedic Dictionary*, Part Ⅱ, Serie Orientale Roma, Instituto italiano per il Medion ed Estremo Oriente, 1972.

民族语言学

原始仡央语小舌音构拟

吴雅萍[*]

内容提要：小舌音是原始汉藏语的一种古老的语音现象。本文认为它是仡央语言原有的一个声类，分析了它在现代仡央诸语言中的保留情况以及演变特点，并在此基础上尝试构拟原始仡央语的小舌音系统。

关键词：仡央语 小舌音

引 言

关于小舌音是历史的遗留还是后起的语音现象这一问题，学界一直有所讨论。李永燧先生（1990）认为上古汉语有小舌音，汉语在和苗瑶语分化为不同语言时，其小舌塞音演化成了舌根塞音。潘悟云先生（1997）也力证上古汉语存在小舌音，它们在中古分别变成了影、晓、匣、云等母。原始侗台语（梁敏、张均如，1996）、苗瑶语（王辅世、毛宗武，1995）以及南岛语（何大安、杨秀芳，2000）等都构拟了小舌音。在藏缅语族语言里，小舌音于部分语言比如羌语支中大量保留，部分语言中则分化为舌根音和喉音，可以说藏缅语族里也应该构拟小舌音。

据此，孙宏开先生（2001）构拟了原始汉藏语的小舌音系统，认为原始汉藏语至少有小舌部位的塞音，不过至于是否有小舌部位的鼻音和擦音则未下定论。至此我们可以说，小舌音是原始汉藏语的一种古老的语音现象，是历史的遗留。

本文所持基本观点和上述各位学者的一样，也认为小舌音不是后起的

---

[*] 吴雅萍，中国社会科学院民族学与人类学研究所《民族语文》编辑。

语音现象。在汉藏语系各语言里，反映古老声母系统面貌的语言，一般都保留着小舌音声母。我们纵观侗台语族的语音历史，各语言早期都应该有小舌音，只不过后来在一部分语言中率先消失了，现台语支中就已无小舌音。而水语的小舌音则保留得比较完整，小舌塞音 q、qh 和小舌浊擦音 ʁ 都较为常见。

本文主要讨论小舌音在现代仡央诸语言中的保留情况并分析其演变特点，在此基础上尝试构拟原始仡央语的小舌音系统。

二 仡央各语言中的小舌音及其演变趋势

仡央语言分布在我国西南地区和越南北部地区，包括仡佬语、仫佬语、拉基语、布央语、普标语、拉哈语、恩语和羿人语等几种。在侗台语族中，仡央语支的语言同其他3个语支的语言差别比较大，不仅如此，其内部差别也比较大。这几种语言均为濒危语言，其中羿人语已经消亡。就小舌音而言，除了恩语和拉哈语两支方言不存在小舌音外，其他各语言都有小舌音。①

1. 仡佬语②

除了哈给方言，在仡佬语其他三个方言中，小舌塞音 q、qh 普遍存在，且不送气的小舌塞音出现频率比送气小舌音高。阿欧方言小舌音最为丰富，除了小舌塞音外还有小舌浊擦音 ʁ 和小舌清擦音 χ。倪大白先生（1990）曾经记录到小舌浊塞音 ɢ，但是近年的调查没有发现这个音，而是记为舌根浊塞音 g，如 ɢɯ^{31}—gɯ^{31} "茅草"（居都），ɢau^{21}—gəw^{35} "捡"，ɢo^{21}—gun^{35} "称"（月亮湾）。张济民先生（1993）还记录到了带鼻冠音的 N q，比如 N quŋ^{13} "疙瘩"（大狗场），我们调查的时候记为 qɯ^{55} quŋ^{13}。仡佬语各个方言点小舌音的对应比较整齐，小舌音要么和小舌音对应，要么和舌根音对应。如表1所示（只记词根）。

---

① 恩语于最近才被发现和研究，材料尚缺，故本文对其暂不做讨论。根据现有的一些材料（李锦芳、艾杰瑞，2006），恩语是没有小舌音的，但是它与其他仡央语言尤其是布央语东部方言之间的对应关系还是比较明显的。羿人语本文也不做讨论，学术界对于这种已经消亡的语言不甚了解，只有张济民先生在《仡佬语研究》中做过一些报道。就抢救下来的有限的语言材料来看，羿人语至少有小舌塞音 q，比如 qe^{33} "鸡"。

② 平坝大狗场仡佬语、六枝居都仡佬语、月亮湾仡佬语材料系李锦芳等2003年调查所得；比工仡佬语系笔者2005年调查所得；红丰仡佬语系何彦诚2005年调查所得；三冲仡佬语系王怀榕2006年调查所得。

表 1

	三冲	大狗场	居都	比工
鸡	kai³⁵	qai³³	qɛ³¹	qua³¹
屎	ko⁵³	qɔ⁵⁵	qɛ³³	qa⁵⁵
姜	kei³⁵	qhei³³	qen³¹	χei³¹
戴（帽）	kau³⁵	qa³³	qo³¹	kɔ³¹
家	ki³⁵	qe³³	ʔlei³¹	ʁɐɯ³¹

说明：①哈给方言中的小舌音都已变为舌根音 k 或 kh，比如其他方言的 q 在三冲仡佬语中都变成了不送气的舌根音 k。②在大狗场仡佬语中，小舌塞音 q 和舌根塞音 k 是两个对立的音位，但在某些情况下又有自由变音现象。现已经出现把 q 逐步说成 k 的趋势，中年人的发音已无 q。

只有阿欧方言还存有小舌清擦音 χ 和小舌浊擦音 ʁ。浊擦音 ʁ 只在一些老年人的语言中清晰地保留，中年人都念成舌根浊擦音 ɣ。在仡佬语内部，ʁ 和其他方言的对应不是很有规律，但是与其他仡央语言的对应还是很明显的。清擦音 χ 的摩擦程度较重，和 h 在发音上不容易区分，二者有互读情况。其他仡佬语方言点的小舌塞音在阿欧仡佬语中变成了小舌擦音 χ。如表 2 所示。

表 2

	红丰	居都	三冲	大狗场
路	χən⁴³	ʔlan³¹	kuen³³	qen⁵⁵
值	χəu¹³	qəɯ³⁵	tʂʅ³¹	qau¹³
苦	χaŋ⁴³	quŋ³¹	kaŋ³⁵	qaŋ³³
腿	χəu⁴³	ko³¹	ko³⁵	qau³³

2. 仫佬语

仫佬语中有 q 和 qh 两个小舌音声母。qh 已趋于消失，在常用的基本词汇中仅找到两例：qhai³³ "左"，qhai²⁴ "见面"。q 的部位非常靠后，不会与舌根音产生混淆。历史上，仫佬人与仡佬人曾经在同一地区居住过，仡央诸语言中仡佬语与仫佬语最为接近。就小舌音 q 来说，仫佬语与仡佬语、拉基语的对应规律性都比较明显，与布央语、普标语的对应次之。

3. 拉基语

拉基语的声母系统中有 q 和 qh 两个小舌音。在仡央语言中，拉基语同仡佬语、木佬语的关系较为接近。小舌音之间的对应关系也可以作为这种亲近性的反映之一。如表 3 所示（只记词根）。

表 3

	拉基	月亮湾	仫佬	郎架	普标
啃	qhui^{31}	ʐu^{33}	ku^{31}	qɛt^{11}	qiau^{33}
苦	qaŋ^{55}	qu^{35}	xe^{31}	qam^{54}	daai^{213}
茅草	qo^{55}	qəm^{35}	qa^{33}	qa^{54}	qa^{54}
角（兽角）	quai^{55}	qəm^{35}	xau^{31}	—	qau^{54}
旧	quai^{35}	qu^{31}	zuŋ^{53}	qu^{11}	qau^{312}
先	qui^{53}	ҫan^{42}	—	qon^{54}	quan^{54}

资料来源：拉基语材料引自李云兵《拉基语研究》，并参考小坂隆一、周国炎、李锦芳《仡央语言词汇集》。仫佬语材料引自罗世庆主编《贵州仫佬族》，并参考薄文泽《木佬语研究》。普标引自梁敏、张均如、李云兵《普标语研究》。

说明：①拉基语和仡佬语中的小舌塞音对应比较有规律，在仫佬语中部分并入舌根音。②在仡央语言内部，虽然拉基语同仡佬语、仫佬语自成一个语群，但是在有同源关系的词中，拉基语同布央语、普标语小舌声母的对应关系还是非常整齐的。

4. 布央语①

在布央语中，小舌音在峨村、巴哈、雅郎、郎架四个点的分布情况各不相同。四个点都有不送气清塞音 q。除了峨村以外其他三个点都有送气清塞音 qh。清擦音 χ 是峨村独有的，且容易和 h 相混，但两者是区别音位的。峨村的小舌音出现频率不高，正趋于消失。浊擦音 ʁ 只出现在巴哈，与其他地方的对应关系不明显。

在布央语中，各个点的小舌音、舌根音、喉音多交错对应，规律性不是很强。如表 4 所示（只记词根）。

---

① 巴哈、雅郎、郎架引自李锦芳《布央语研究》；峨村布央引自小坂隆一、周国炎、李锦芳《仡央语言词汇集》。

表 4

	峨村	雅郎	郎架	巴哈
烟	ʔat^{55}	qhat^{11}	—	qaːu^{322}
解	ha^{55}	ki^{53}	qha^{11}	qi^{31}
血	χa^{32}	qɔ^{33} qha^{24}	pɛ^{31}	—
路	hun^{24}	qhɔn^{53}	qhun^{54}	ka^{45}
孵	kam^{33}	—	quːm^{24}	qham^{45}

说明：①峨村没有送气音声母，这在仡央语支中是独一无二的。其他语言点的 qh 在峨村一般念成相同或相近部位的不送气声母，部分并入喉音。②在峨村，q 失落的现象较突出，实际上变成了前喉塞音声母 ʔ。

虽然布央语内部小舌音交叉对应不是非常严整，但从它与其他仡央语支语言小舌音的对应情况来看，它们之间的发生学关系还是一目了然的。

5. 普标语

从地理分布上看，普标人和马关拉基人、麻栗坡仡佬族毗邻。普标语也有 q 和 qh 两个小舌音声母，qh 的例字不多。在仡央语言内部，普标语和布央语、拉哈语自成一个小群，核心词汇相同的百分比非常高。但是就小舌音来说，普标语和拉基语的对应比它同仡佬语、布央语、拉哈语的对应要整齐得多。

6. 拉哈语

拉哈语是仡央诸语言中不为语言学界尤其是中国语言学界所熟知的一种语言。拉哈人是越南一个单列民族，分布在老街省的为"水拉哈"，分布在山萝省的为"旱拉哈"。在仡央语言中，拉哈语同布央语最为接近。拉哈两支方言都无小舌音，其他仡央语言的小舌音在拉哈语中表现为 k、kh、h、x 等舌根音和喉音，对应比较整齐。

根据上文我们把小舌音在现代仡央诸语言中的保留情况做了一个统计，具体如表 5 所示（"+"表示有，"-"表示无）。

表 5　现代仡央诸语言中的小舌音保留情况

语言点		q	qh	χ	ʁ
仡佬语	哈给	−	−	−	−
	稿	+	+	−	−
	多罗	+	+	−	−
	阿欧	+	+	+	+
仫佬语		+	+	−	−
拉基语		+	+	−	−
普标语		+	+	−	−
布央语	峨村	+	+	+	−
	巴哈	+	+	−	+
	雅郎	+	+	−	−
	郎架	+	+	−	−
拉哈语		−	−	−	−
恩语		−	−	−	−
羿人语		+	?	?	?

我们分析了小舌音在现代仡央诸语言中的表现后可以总结出这样一条演变途径：小舌塞音 q、qh 在各语言中的表现各不相同，部分保留，部分归入舌根音，部分演变成喉音；小舌浊擦音 ʁ 仅在巴哈布央语和仡佬语阿欧方言中有所保留，小舌清擦音 χ 仅在峨村布央语和仡佬语阿欧方言中有所保留，使用频率都已比较低，逐步并入舌根音或喉音。从总的演变趋势来看，仡央语言的小舌音正逐步简化，处于陆续消失的过程中。

从上述分析我们可以看出，仡央语言小舌音的历史演变是不平衡的。有的语言中小舌音保留得非常完整，有的语言已无小舌音。我们通过调查发现越是人口比较集中、比较封闭的村落族群，小舌音就保留得越是完整，比如居都仡佬语。再看语言使用者的年龄，小舌音一般保留在老年人的口语中，很多中年人的发音已无小舌音。比如大狗场仡佬语，老年人和中年人口中就存在小舌音和舌根音两套塞音，q 基本上已与 k 合并。从类型学角度来说，这也与如下蕴涵关系相符：q→k。即有 q 的语言必有 k，有 k 的语言不一定有 q。

三 原始仡央语小舌音系统拟测

在对现代仡央诸语言中小舌音的保留情况做了一个梳理以后，我们现在可以根据语音的对应关系来尝试构拟原始仡央语中的小舌音系统。梁敏、张均如先生（1996）曾构拟了一套原始侗台语小舌音系统：q、qɦ、qʁ、ɢ、ɢɦ、ʁ、ʁɦ、sɢɦ、xq、xqɦ、sqʁ。吴安其先生（2002）也构拟了原始侗台语声母中的小舌音声母：q、qh、ɢ、ɴ。日本学者小坂隆一（2000）为原始侗台语构拟了 q、ɢ 两个小舌塞音。与以上几位学者不同，泰国学者 Weera Ostapitat（2000）构拟的原始仡佬语的语音系统中则没有小舌音。

下面我们先来看看表 6 中的几组词（只记词根）。

表 6

	红丰	居都	大狗场	三冲	仫佬	拉基	峨村	郎架	巴哈	雅郎	普标	拉哈*
含	qhaŋ⁴³	kuŋ³¹	kən³³	kuŋ³⁵	qan²⁴	qun⁵⁵	ʔom²⁴	qom⁵⁴	ʔam³²²	qam⁵³	ʔam⁵³	hom²⁴
孵	qhaŋ⁵⁵	—	qaŋ⁵⁵	kaŋ³¹	—	qan⁴⁴	kam³³	qum²⁴	qham⁴⁵	—	kam³³	—
苦	χaŋ⁴³	quŋ³¹	qaŋ³³	kaŋ³⁵	xe³¹	qan⁵⁵	ʔam²⁴	qam⁵⁴	qam³²²	qam⁵³	—	kam³(旱)
腿	χəu⁴³	ko³¹	qau³³	ko³⁵	kau⁵⁵	ku⁵⁵	—	—	kɯ⁴⁵	—	kuaŋ⁵⁴	—
下巴	qhe⁵⁵	qɯ³⁵	qei⁵⁵	—	qun³³	qei⁴⁴	ʔaŋ³³	qaŋ²⁴	qaŋ⁴⁵	qia³³	qaŋ³³	kɑŋ³¹

*拉哈引自艾杰瑞、葛列格松（1997）。

表 6 中的几组词我们构拟其原始仡央语的声母语音形式为 *q。在现代仡央语言中，小舌音 q 部分保留，部分发音部位前移演变为相应的舌根音 k，部分演变为喉音。峨村的前喉塞音声母 ʔ 是塞音弱化的结果。红丰的小舌擦音 χ 显示了小舌音演变的另外一条途径即塞音擦音化。大部分其他方言的 q 在红丰变成了同部位的送气音 qh，这种现象比较独特，如何产生有待进一步探讨。

侗台语 4 个语支不同语言方言中塞音一般都是 4 分的，原始仡央语的塞音可能也是清、清送气、浊、带先喉塞浊 4 分的，而先喉塞浊塞音可能是稍晚才出现的（吴安其，2002：232）。我们认为原始仡央语是有送气清塞音声母的，现代峨村布央语没有送气清塞音应该是语音演变的结果。我们现在看看表 7 中的几组词（只记词根）。

表7

	红丰	居都	大狗场	三冲	仡佬	拉基	峨村	郎架	巴哈	雅郎	普标	拉哈
姜	χai⁴³	qen³¹	qhei³³	kei³⁵	xə³¹	qei⁵⁵	ɕaːŋ²⁴	tshɛn⁵⁴	qeŋ³²²	kiə⁵³	kiŋ⁵⁴	hɔːm³⁴³
干(衣服晒干)	xəu¹³	kɯ³⁵	xau¹³	—	—	ku⁴⁴	—	qha¹¹	—	khɔ³³	kwa²¹³	xa³⁴³
集市	kie⁴³	khai³⁵	qhəu³³	—	kai³¹	—	hɯ³³	—	—	hiə³³	hɯ²¹³	—
啃	—	—	—	—	ku³¹	qhui³¹	hiet⁵⁵	qet¹¹	ɣat³³	—	qau³³	—

表7中的几组词我们构拟其原始仡央语的声母形式为*qh。在现代仡央语言中，*qh与*q平行演变。部分保留小舌音，部分并入舌根，部分变为喉音。"姜"，其他如泰语 khiŋ¹，黎语 khɯːŋ¹，龙州话 khiŋ¹，仡佬 hiŋ¹，傣语 xiŋ¹。"干"，其他如仡佬 khu¹，德傣 hɛŋ³，龙州 khaɯ²。"啃"，其他如拉基语曼蓬话 qhe⁴⁵，水语 ɣan⁵，武鸣 hen⁴。

原始仡央语有丰富的复辅音声母，根据现代仡央语言的情况，我们认为其中存在小舌音类复辅音声母，构拟为*ql。这类声母演变到今天在少数语言里仍保留复辅音读法，但已变为 kl-，如旱哈拉。多数语言里则变为单辅音声母，一般保留首辅音的较多，部分读 q 或 qh，很多已变成 k、kh、h、x。有的保留次辅音，表现为 l、ɬ 等。请看表8（只记词根）。

表8

	红丰	居都	大狗场	三冲	仡佬	拉基	峨村	郎架	巴哈	雅郎	普标	拉哈
梯子	xa⁴³	ʔle³¹	lai⁵⁵	kai³⁵	la⁵³	lu³⁵	hoŋ²⁴	qhoŋ⁵⁴	tɕaːt³³	luə²⁴	kuəŋ⁵³	—
路	χən⁴³	ʔlan³¹	qen⁵⁵	kuen³³	xe³³	khin⁵⁵	hun²⁴	qhun⁵⁴	ka⁴⁵	qhɔn⁵³	qhon⁵³	xən²⁴
盖(被子)	χaŋ⁵⁵	ʔlaŋ³³	qhaŋ⁵⁵	kaŋ³³	kai²⁴	qaŋ⁴⁴	χoːm³²	qup¹¹	kham⁴⁵	ham⁵³	qam³³	—
药	qhən⁴³	—	la³⁵	lu³¹	lo⁵⁵	luə³⁵	luə³¹²	qaːu³²²	lu³¹	—	za³⁴³	—
斧头	χai⁴³	qɯn³¹	qu⁵⁵	ka³⁵	xa³¹	la⁴³	ʔaːn²⁴	qaːn⁵⁴	raːn³³	—	—	—
菌子	qhəu⁴³	ʔləɯ³¹	qau³³	—	qo²⁴	qu⁵⁵	—	—	ra³²²	—	qa⁵⁴	—

*ql 到了现代仡央语言中极少数保留复辅音，且已读为 kl-。如"梯子"，安顺湾子读 klai³³，但在年轻人的口中已经变为 kai³³。其他仡央语言中则部分保留首辅音，大多数保留次辅音。居都 ʔle³¹，这是首辅音弱化的结果。雅郎 luə²⁴、普标 kuəŋ⁵³当经历了一个唇化的过程，最后唇化部分发

展为介音。小舌音和舌根唇化音的对应不是偶然的语音现象，正显示了二者之间的演变关系。比如苗语中的"蛙"先进 qaŋ—多祝 kwan（王双成，2011）。潘悟云（1997）更是认为汉语中"乌"字的读音是这样形成的：*qa > *qʷa > kua。巴哈的塞擦音声母 tɕ 如果与此同源的话应该是经过了一个腭化的过程。

"盖（被子）"，泰语 hom⁵，壮语 koːm⁵，通什话 khɯːŋ⁵。送气音可能是复辅音在语音演变过程中对基本辅音的影响所造成的。这种音变是比较常见的。

另外，巴哈 r 声母比较独特，不排除另有来历。

在现代仡央语言中，*ql 大部分还是保留首辅音，有的变为 q，有的变为 qh，此后按照上述途径各自演变。少数保留次辅音。在居都仡佬语中，首辅音弱化现象非常严重，声母变为 ʔl。部分复辅音声母转化成腭化声母，腭化成分与声母结合不紧密逐渐发展为介音。"药"，贞丰 kja³⁵，正是显示了复辅音到单辅音的一个过渡。

根据音系的对称原则和侗台语族语言的特点，原始仡央语中至少应该还有浊的 *G 和 *Gl。我们已经发现一些证据，但还是缺乏足够的材料支持。此外，现代语言中还有一部分词表现为擦音 s、z、ʑ，它们可能来自类似 *sql、*zql 的三合复辅音声母，这些都有待今后掌握更多语料后再做进一步探讨。至此我们暂拟出原始仡央语的小舌音系统：*q、*qh、*ql、*G、*Gl。

余 论

本文对现代仡央诸语言中小舌音的情况做了一个客观描述，并力图在此基础上尝试构拟原始仡央语的小舌音系统。仡央语小舌音的历史比较情况非常复杂，其中的对应关系或规律性较强，或因交叉而显复杂，本文也只能尽最大可能从总体上来寻找把握仡央语小舌音的历史演变脉络。探讨语音的历史演变与发展需要掌握大量的语言材料，材料的缺乏再加上笔者学识有限，疏漏之处在所难免，需要我们继续探讨的地方还很多。比如侗台语声母的清浊变化与声调的关系非常密切，那么仡央语小舌音的历史演变与声调有没有什么制约关系呢？而与台语、侗水语相比，仡央语言及方言间声调的对应又非常不整齐，这无疑加大了我们研究的难度。再者，历史比较法也存在缺陷，它只能解决不同层次之间的语音对应，要想说明一些语音的演变途径还显不够。我们现在对一些小舌音的演变途径、发展和分化的条件不是很清楚，需要我们做更加深入的调查研究。

参考文献

艾杰瑞、葛列格松：《侗台语的亲属语：中越边境拉哈语记略》，《中央民族大学学报》（社会科学版）1997年第4期。

艾杰瑞：《仡央语分类补议》，莫海文译，《广西民族大学学报》（哲学社会科学版）2011年第2期。

薄文泽：《佯僙语研究》，民族出版社，2003。

陈娟：《论仡佬语小舌音的历史发展》，中央民族大学硕士学位论文，2008。

何大安、杨秀芳：《南岛语与台湾南岛语》，《台湾南岛语言》丛书导论，远流出版事业股份有限公司，2000。

贺嘉善：《仡佬语简志》，民族出版社，1983。

李锦芳、周国炎：《仡央语言探索》，中央民族大学出版社，1999。

李锦芳：《布央语研究》，中央民族大学出版社，1999。

李锦芳、艾杰瑞：《越南恩语和布央语的初步比较》，《语言研究》2006年第2期。

李锦芳等：《西南地区濒危语言调查研究》，中央民族大学出版社，2006。

李锦芳主编《仡佬语布央语语法标注话语材料集》，中央民族大学出版社，2011。

李云兵：《拉基语研究》，中央民族大学出版社，1999。

李永燧：《汉语古有小舌音》，《中国语文》1990年第3期。

梁敏：《仡央语群的系属问题》，《民族语文》1990年第6期。

梁敏、张均如、李云兵：《普标语研究》，民族出版社，2007。

梁敏、张均如：《侗台语族概论》，中国社会科学出版社，1996。

罗世庆：《贵州仡佬族》，贵州民族出版社，1997。

倪大白：《侗台语概论》，中央民族学院出版社，1990。

潘悟云：《喉音考》，《民族语文》1997年第5期。

孙宏开：《原始汉藏语辅音系统中的一些问题——关于原始汉藏语音节结构构拟的理论思考之二》，《民族语文》2001年第1期。

孙宏开、刘光坤：《也谈西夏语里的小舌音问题》，《宁夏大学学报》（人文社会科学版）2001年第6期。

王辅世、毛宗武：《苗瑶语古音构拟》，中国社会科学出版社，1995。

王双成：《安多藏语的小舌音》，《语言科学》2011年第5期。

吴安其：《汉藏语同源研究》，中央民族大学出版社，2002。

小坂隆一、周国炎、李锦芳:《仡央语言词汇集》,贵州民族出版社,1998。

曾晓渝:《见母的上古音值》,《中国语文》2003 年第 2 期。

张济民:《仡佬语研究》,贵州民族出版社,1993。

小坂隆一:"A Descriptive Study of the Lachi Language – syntactic description historical reconstruction and genetic relation",东京外国语大学大学院地域文化研究科博士论文,2000。

Weera Ostapirat, Proto – Kra, *Linguistics of the Tibeto – Burman Area*, Volume 23.1, Spring 2000。

白语南部方言中来母的读音*

王 锋**

内容提要： 白语中有数量较多的白汉关系词，其读音与汉语有较为复杂的对应关系。本文归纳和分析了白语中来母关系词声母的读音，将其分为两类，即读为 l-（n-、ȵ-）的主体读音和读为 k-、ŋ-、x-、ɣ-、ø-、j- 等的非主体读音，认为读为 l-（n-、ȵ-）的是中古以来的历史层次，而非主体读音则分属上古及中古早期的历史层次。

关键词： 来母 白语 关系词

白语在汉藏语系语言中地位独特，其词汇系统中大批与汉语相关的词语尤其引人注意。对于这些词汇，学术界的认识仍有较大分歧。鉴于同源词和早期借词的区分目前仍有不同意见，本文将这些词语统称为白语的白—汉关系词，并以白语南部方言大理话中的来母关系词为例，试图通过对其语音对应关系的揭示，探讨白语中白—汉关系词语音的历史发展。

一 汉语中来母的历史发展

来母是汉语声母系统发展过程中具有重要地位的一个声母。高本汉把来母的中古音构拟为 l-，这一意见后来成为学界共识。高本汉认为来母的音值从上古到中古没有变化，因此，他把来母的上古音也拟作 l-。

---

* 本文的研究基于笔者在上海师范大学语言研究所的博士后研究项目"白语大理方言中白—汉关系词的声母系统"。初稿在 2013 年 1 月中国社会科学院民族学与人类学研究所第二届"青年学术论坛"上宣读。修改稿已发表于《民族语文》2013 年第 3 期。

** 王锋，中国社会科学院民族学与人类学研究所副研究员。

但蒲立本（Pulley Blank，1962）通过汉语与藏缅语同源词的比较研究发现，藏缅语同源词与汉语以母对应的是 l-，与来母对应的是 r-。因此，他把来母改拟作 *r-，把以母改拟作 *l-（1973）。这一构拟得到很多学者的支持，包括 Schuessler（1974）、包拟古（1980）、俞敏（1985）、郑张尚芳（1987）、潘悟云（1984，1987）等。上述学者除了进一步补充藏缅语同源词与汉语来母对应的材料，证明藏缅语同源词的 r-主要与汉语来母对应，l-主要与汉语以母对应之外，还提供了古代译音方面的丰富材料，论证了类似的对应关系。在这些证据的有力支持下，来母的上古音为 *r-、以母的上古音为 *-l 这一构拟逐渐成为学界共识。至于 *r-演变为 l-的时间，雅洪托夫（1976）认为在 5 世纪初（北凉天竺昙无谶译大般涅槃经第八如来性品第四之五，414～421 年）。在后来的许多音译中，ra 用带"口"旁的"囉"表示。佛经翻译中如果碰到汉语中没有的梵音，往往用一个读音相近的汉字再加一个"口"旁来代表。可见当时的汉语中已经没有 r 这个音了。由此可知，来母的上古音应拟为 *r-。在 5 世纪初，*r-全部变为 *l-。此外，汉语来母字自身的发展，以及来母字在藏缅语同源词中有不少对应为复辅音，其他民族语言中的汉语来母字借词往往有复辅音声母，这些语言事实都表明有些来母可能不是简单的 *r-，而是带有塞音成分。从高本汉开始，汉语是否有复辅音问题就困扰着汉语学界，与来母相关的语言事实则使与来母谐声的复辅音类型成为讨论的焦点。郑张尚芳在汉藏语同源词的比较研究中发现，上古汉语中还有 *kl-（*pl-）的形式。潘悟云进一步提出了复辅音简化的基本规则，认为在复辅音序列中，发音强度较弱的音素失落。这就较好地解释了汉语与藏文复辅音声母 Cl-的两种不同的演变方向①：

```
              汉语  kl-> k-
       kl-
              藏语  kl-> hl-> l-
```

由于上古汉语的 *Cr-到中古变作二等字，所以包拟古把跟见组和帮组谐声的来母上古形式构拟为 **g-r、**d-r、**b-r > r-（包拟古，1980）。潘悟云进一步指出，有些来母字的声母在上古只是一个塞音 C 加

---

① 潘悟云：《汉语历史音韵学》，上海教育出版社，2000，第 275 页。

上流音 r 的辅音序列。但它不可能是 Cr-，因为 Cr-中 C 的发音强度比 r 强，最后会保留下来，而这些来母字中的声母中 C 是要失落的。如何解释这一发展？令人信服的解释就是 C 与 r 分属两个音节，C 所在的音节是次要音节，次要音节都是弱的，后来就失落了，最后剩下 *r-＞l-。根据这一假设，潘悟云（1999）指出这些来母字在上古是 *C·r-＞r-，圆点前的部分为次要音节。如"蓝"为 *g·ram，故泰文译为 gra：m^{A2} 蓝靛，也可解释它与"监" *kram 之间的关系。

二 白语中来母的主体读音及其历史层次

从上古时期的 *r-，到中古以及当代各汉语方言中的 l-，汉语来母读音的发展总体上比较稳定，尤其是中古以来，很多方言中的来母读音基本没有变化。中古以来的来母读音，大多数汉语方言都较为一致地读为 l-。

白语各方言中来母的主体读音与汉语中古以来的读音一致，都读 l-。如下列南部方言大理话中的来母关系词[①]：

蓝蓝（靛）蘭兰（花）la^{21}；懒 la^{31}；蠟（洋）蜡：蜡烛 辣辣（子）欖（橄）榄 la^{35}；欄栏（杆）攔（阻）拦 la^{42}；邋邋（遢）瘌癞（头）拉 la^{44}；籬笓（筛）蘆芦（苇）浪浪（穿）：今大理洱源 lɔ^{21}；了（做完）了溜溜（走），溜（开）絡绕，缠 lɔ^{32}；鑼锣（锅），（铜）锣骡蘿（胡）萝（卜）籬（碗筷）笓 lɔ^{35}；痨痨（病）lɔ^{42} 籬（提）笓 lɔ^{55}；禮礼（仪）礼（物）理（道）理 le^{33}；勒赖赖（账）le^{44}；另 leπ^{32} 瘌（拉）痢 li^{31}；傈傈（傈子）：傈傈族 璃（玻）璃 離连（黄）连厘（一）厘 li^{42}；立立（秋）慮（顾）虑 籬（笊）篱 li^{44}；梨（雪）梨 li^{55}；亮（明）亮 lia^{44}；籠（灯）笼 lɯ^{35}；詈骂骂诅咒 lɯ^{44} 老（阿）老：爷爷 lou^{32}；爐炉（子）lu^{21}；六鹿马（鹿）lu^{35}；輪轮（流）蓮莲（花）lue^{21}；輪轮（子）lue^{42}；亂吵闹論（议）论 lue^{55}；落落（后）駱骆（驼）luo^{35}；螺螺（丝钉）luo^{42}；绿 lʮ^{44}

除了读为 l-以外，来母的主体层次还包括两个读音，即 n-和 ȵ。这涉及泥母与来母读音的相混问题。泥母与来母混读的现象，汉语中除北京话等部分方言外，在很多方言中都有不同程度的存在。在一些方言中，泥母

[①] 限于篇幅，现代汉语借词不列出。

和来母部分混读，有的方言中则完全混读。混读的条件一般是洪细音的区别。另外一些方言中鼻化与否也会造成混读的不同。如赣方言中，来母与泥母相混多出现在洪音上，而在细音上不混。[①]

白语中也有来母和泥母混读的情况，但混读只出现在部分泥母和来母字，多数来母和泥母字并不混读。当然情况也因地而异。大理市下关镇的汉语中，混读情况较为普遍，相应地邻近下关的白语也有较多的混读现象，应该是受当地汉语西南官话的影响发展而成，这里不做过多讨论。多数白语方言中，来母混读为泥母的词并不多。南部方言大理话中来母混读为 n- 的词有如下一些：

n-：煉炼（油）ne^{32}；領领（受）neπ^{33}；樓 nɯ^{21}；兩（斤）两 nou^{32}；糧（公）粮 nu^{21}；龍 nɣ^{21}；欏关，圈（动）nɣ^{32}；籠笼，筐 nɣ^{33}。

一些来母关系词的声母 n- 进一步发展为舌面鼻音 ɲ-，如：ɲ-：烂 ɲa^{31}；略（省）略 ɲɔ^{35}。

以上两种读音，都是 l- 比较常见的变读现象。

上述例子中泥母和来母混读的都为洪音字，可见白语中泥来母相混的情况与包括客赣方言在内的汉语方言基本一致。

在历史层次上，白语中来母的主体读音属于中古以后的层次。在5世纪初，汉语来母已全部由 *r- 变为 *l-。因此，白语中读为 l- 的来母字，主要都是中古前期以后输入白语的汉语借词。

三 白语中来母的非主体读音及其历史发展

1. 白语中来母的非主体读音

相比起汉语中来母读音的稳定发展，尤其是中古以来较为一致地读 l- 的现象，与汉语关系密切的白语中，来母的读音发展则有比较复杂的表现。郑张尚芳先生归纳了白语中部方言（剑川方言）中白—汉关系词来母的读音，除了上述的 l、n、ɲ 三种主体读音以外，还有很多特殊的读法，这些读法在汉语方言中也不多见，值得关注（郑张尚芳，1999）。本文对南部方言大理话中来母的几种非主体读音进行了归纳，大致有如下几种。

[①] 刘泽民：《客赣方言历史层次研究》，甘肃民族出版社，2005，第74页。

——k-：硌硌（脚）ka⁴⁴；露露（水）kɔ³²；流 kɯ²¹；两两（个）kou³³；老老（人）ku³³；卵男生殖器 kua³³；聋 kv̩³⁵；壟 kv̩²¹

——ŋ-：嶺（山）岭领（衣）领 ŋeɹ³³

——x-：裹（房子）里 xɯ³¹；缧线李李（子）xɯ³³

——ɣ-：漏漏（水）露露（出）ɣɯ³¹；鹠猫头鹰 ɣɯ³³；力（气）力 ɣɯ⁴²；柳 ɣɯ⁴⁴

——ø-：列（行）列裂剪、撕（布料）eɹ⁴²；樑（房）梁 ua²¹；落（陷）落 ou⁴²；量（测）量 ou⁴⁴

——j-：蠟（蜂）蜡臘腊（月）ja⁴²；铃（马）铃 jeɹ²¹；镰 ji²¹；利（锋）利 ji³¹；來（这里）来 jɯ³⁵

以上仅列出两个例子以上读法，孤例未列出。如：kh-：裹里（面）khɯ³¹；ɕ-：栗（板）栗 ɕi²¹。郑张尚芳先生指出剑川方言中来母还有 f（fv̩⁴⁴，六）、tɕ（tɕi⁵⁵，犁）两种读法。大理方言中也有类似读音，但因没有更多的词例支持，这些读法与来母的关系还有待进一步论证。但即便如此，大理白语中来母的读音即有 9 种之多（包括零声母和三种主体层次的读音）。这是比较复杂的语音对应关系。造成这种复杂对应的原因，一方面是由于这些读音来源于不同的历史层次，另一方面则是这些关系词的读音在白语中有了新发展的结果。

2. 来母非主体读音的历史层次及其发展

（1）上古层次

除占主体的中古层次之外，白语中的来母关系词还有一些特殊的读音层次，很难用中古音来概括，这就需要讨论其上古来源。白语中来母的上古层次，即包括由 r-发展而来，而非从 l-发展而来的各种读音。这些读音或许在白语中有新的发展，但仍属于上古层次，与从 l-发展而来的中古及以后层次有根本的区别。白语中来母的上古层次，大体先由颤音擦化为舌根浊擦音，即：*r-→ɣ-。这是一个很常见的音变。舌根浊擦音 ɣ-是一个很不稳定的音，它在白语中又有不同的后续发展。总的来看，白语中来母上古层次读音的历史发展可以归纳为如下几种类型。

① *r- > ɣ-。

白语中的来母不少读为舌根浊擦音 ɣ-，这是一个很常见的音变，如表 1 所示。

表 1　读舌根塞音 ɣ-的白语来母关系词及其上古拟音

	漏	露露（出）	鹠	力	柳
白语	ɣɯ³¹	ɣɯ³¹	ɣɯ³³	ɣɯ⁴²	ɣɯ⁴⁴
白一平	＊c-ros	＊g-raks	＊c-rju	＊c-rjək	＊c-rju
郑张尚芳	＊roos	＊g.raags	＊m.ru	＊rɯg	＊ruʔ
潘悟云	＊roos	＊[g] raags	＊[m] ru	＊[g] rɯg	＊[g] ruʔ

从表 1 中可知，白语的舌根擦音 ɣ-与来母的上古拟音 ＊r-有整齐的对应关系。＊r->ɣ-的音变，在汉语来母字的发展中很少见到。但可以肯定的是，ɣ-不可能变成 l-，所以 ＊r->ɣ->l-的音变不能成立，＊r->ɣ-与 ＊r->l-是两个不同的发展方向。汉语中 ＊r->ɣ-的音变，在二等字介音的发展过程中则常见为：-r->-ɣ->-ɯ-。白语来母的发展与汉语二等字介音的发展十分相似。上述来母字潘悟云认为有的带有塞音成分。如"力""里""柳"。这些字的前置辅音 g-与 r-分属两个音节，g-所在的音节是次要音节，次要音节都是弱的，这几个字声母的音变应该是舌根塞音先擦化，并最终脱落，只剩下后面的 r-。这一发展过程如："力" ＊[g] rɯg > [ɦ] rɯg > [ɦ] ɣɯg > ɣɯg > ɣɯ。

②塞化：＊r-→ɣ-→g-→k-。

很多来母字在现代汉语中读为舌根塞音，这是上古汉语有复辅音声母的重要论据之一，其发展途径为 ＊gr->kl->k-。但在汉语官话中不少读为 l-的来母字在白语中也读为舌根音声母 k-，且其来源并非为复辅音声母，就是很特殊的现象。如表 2 所示。

表 2　读舌根塞音 k-的白语来母关系词及其上古拟音

	硌	露水	流	两	老	卵	垄
白语	ka⁴⁴	kɔ³²	kɯ²¹	＊kou³³	＊ku³³	＊kua³³	＊kv²¹
白一平	＊g-rak	＊g-raks	＊c-rju	＊b-rjaŋʔ	＊c-ruʔ	＊c-rojʔ	＊b-rjoŋʔ
郑张尚芳	＊g.raag	＊g.raags	＊ru	＊raŋ	＊ruuʔ	＊g.rool	＊roŋ
潘悟云	＊[g] raag	＊[g] raags	＊ru	＊raŋ	＊[g] ruuʔ	＊[g] rool	＊[g] roŋʔ

白语中来母读成舌根塞音 k-很难解释。郑张尚芳（1999）认为这既非汉语上古音所能解释，也是现存汉语方言所没有的现象，不可能找出相类比的可作为影响源的汉语方言作为借出点。因此只能说这些词是同源词而

非借词。但后来他提出了一种新的解释。他在比较壮语、水语、仫佬语等语言材料的基础上，提出了 *r-→ɣ-→g-→k- 的塞化音变模式，即来母由上古的 *r-，发展为舌根擦音 ɣ-，舌根擦音塞化成 g-，g- 又进一步清化为 k-。① 这一音变有其他语言的材料证明，是一个值得重视的意见。

③鼻化：*r->ɣ->ŋ-。

白语中有少数几个来母字读为后鼻音声母 ŋ-。如："嶺（山）岭"、"領（衣）领"都读 ŋe³³。其音变途径当为 *r->ɣ->ŋ-。这些字的共同特点是都为带后鼻音韵尾的梗摄清韵字。在借入白语后，由于白语无后鼻音韵尾，鼻音韵尾在脱落过程中，不仅使韵母变为卷舌元音，同时还对舌根擦音 ɣ- 发生影响，使之变为舌根鼻音 ŋ-。因此，后鼻音韵尾应是这一音变的条件。

④清化：*r->ɣ->x-。

白语中来母有的可以读为清擦音声母 x-。其语音发展为浊擦音声母 ɣ- 发生清化，即 *r->ɣ->x-。例如，"裹（房子）里"读 xɯ³¹，"纑线""李李（子）"都读 xɯ³³。这些字的共同特点都是细音字。

⑤弱化并脱落：*r->ɣ->ø-。

在白语中，浊擦音声母 ɣ- 最常见的音变是进一步弱化，这有点类似于汉语中二等字介音的发展过程：r->-ɣ->-ɯ-。白语的 ɣ- 往往在弱化以后并最终脱落，变成零声母。白语方言的内部发展以及不同方言之间的比较，都证明了 ɣ->ø- 音变的普遍性。此外，白语中还有不少词汇有 ɣ-、ø- 两读的现象，如白语的"柳"字，除读 ɣɯ⁴⁴ 外，也可自由变读为零声母 -ɯ。在白语的来母关系词中，读为零声母的不在少数，都是从浊擦音声母 ɣ- 弱化而成，如"列（行）列"eɹ⁴²、"裂剪、撕（布料）"eɹ⁴²、"梁"ua²¹、"落"ou⁴²、"量"ou⁴⁴ 等字，都经历了 *r->ɣ->ø- 的语音变化。

（2）中古层次

中古层次的非主体读音，主要是中古前期来母完成 *r->l- 的音变之后在白语中的新发展。主要的新发展是 l->j-（ɕ-）。白语中的来母关系词有部分读作 j- 声母。如表 3 所示。

---

① 郑张尚芳：《白语"来、以"母的特殊变化》，首届白语国际学术研讨会，云南大理，2009。

表3 读为半元音声母j-的白语来母关系词及其上古拟音

	蠟	臘	鈴	鎌	利	連	來
白语	ja⁴²	ja⁴²	je˞²¹	ji²¹	ji³¹	ji⁴²	jɯ³⁵
白一平	c – rap	c – rap	c – reŋ	c – rjem	c – rjits	c – rjen	c – rə
郑张尚芳	raab	raab	reeŋ	g. rem	rids	ren	m. rɯɯg
潘悟云	raab	raab	reeŋ	[g] rem	[b] rids	[b] ren	rɯɯ

*l->j-在汉语中是常见的音变。如以母上古拟音为*l-，此后陆续向j-变化。雅洪托夫（1976）举了《后汉书·东夷列传》用"邪馬臺"对译日本jamatoö的例子，说明当时的以母字"邪"已经用来对译j-了。Schessler（1974）认为以母在汉代变作ʎ-。从边音l-到半元音j-，中间只能经过ʎ-。潘悟云指出，与以母谐声的定母字原来与以母一样也是l-。到后来，一二四等的l-变作了定母d-，三等的l-变作了以母j-。至于来母字，由上古的*r-变成中古的l-以后，在白语中，l-又继续变成j-，在南部方言大理话中还可以进一步变成ɕ-，形成一个r->l->j->ɕ-的音变链。

l-经常变为j-，是由于这两个音在读音上有内在的相似性。潘悟云指出，l-和j-的共振峰十分相似。l-的持阻时间缩短会变成闪音，音色上很类似于塞音，后来与塞音合流。l-的持阻时间延长，就会变成j-。这个音变现象具有普遍性，不仅在汉语中常见，英语中也有类似的音变，如美国加州的地名Laholla，读作lahoja，其中的第一个l-保持l-的读音不变，但是-ll-变成了-j-。①

由上可知，白语中读为j-的来母字，其音变规律如下：*r->l->j-。由l-到j-是一个中古以后的音变。

在白语大理方言中读为j-的来母，在其他一些方言中对应为舌根浊擦音ɣ-"来"：

大理	洱源	剑川	云龙	昆明	鹤庆	兰坪	元江	祥云
jɯ³⁵	jɯ³⁵	ɣɯ³⁵	ɣɯ³⁵	ɣɯ³⁵	ɣɯ³⁵	ɣɯ³⁵	ɣɯ¹²	ɣɯ¹²

这些来母关系词在白语中有两种不同的读音，显示它们之间并非历史的发展关系，而是平行发展的不同音变，其音变的路径不同。大理白语中读j-的来母字，其发展路径是*r-先变成流音l-，l-再变成j-，即*r->l->

---

① 潘悟云：《汉语历史音韵学》，上海教育出版社，2000，第272~273页。

j-。而读 ɣ- 的来母字，则是由上古的 * r- 直接变成了 ɣ-，其音变规律是如前所述的 * r-> ɣ-。ɣ- 在白语中有多种新的发展形式。因此，这两种不同的读音，说明来母字进入白语的时间很早，并且在不同方言中发生分化，各自发展路径不同，形成了当代白语中两种不同的来母读音。同一个汉语来母字进入白语，在不同方言中的音变完全不同，其中的机制值得进一步研究。当然，也不能完全排除不同汉语方言影响的可能性。

从来母的读音及其历史层次可以看出，白语中白—汉关系词声母有上古、中古、中古以来等多个历史层次，是一个多历史层次重叠的系统。其主体层次是中古及中古以后的层次，占绝大比例的白—汉关系词也可以确认是中古以来的汉语借词。此外还有部分借词属上古层次，体现了白语和汉语早期的密切关系。

参考文献

包拟古：《原始汉语与汉藏语》（1980），潘悟云、冯蒸译，中华书局，1995。

高本汉：《中国音韵学研究》，商务印书馆，1946。

刘泽民：《客赣方言历史层次研究》，甘肃民族出版社，2005。

潘悟云：《非喻四归定说》，《温州师专学报》1984 年第 1 期。

潘悟云：《汉藏语历史比较中的几个声母问题》，《语言研究集刊》，1987。

潘悟云：《汉藏语中的次要音节》，《中国语言学的新拓展》，香港城市大学出版社，1999。

潘悟云：《汉语历史音韵学》，上海教育出版社，2000。

韦树关：《汉越语关系词声母系统研究》，广西民族出版社，2004。

吴安其：《白语的语音和归属》，《民族语文》2009 年第 4 期。

吴安其：《藏缅语的分类和白语的归属》，《民族语文》2000 年第 1 期。

徐琳、赵衍荪：《白语简志》，民族出版社，1984。

徐琳等主编《大理丛书·白语篇》，云南民族出版社，2008。

雅洪托夫：《上古汉语的开头辅音 L 和 R》（1976），《汉语史论文集》，北京大学出版社，1986。

俞敏：《等韵溯源》，《音韵学研究》第 2 辑，中华书局，1985。

郑张尚芳：《上古韵母系统和四等、介音、声调的发源问题》，《温州师范学院学报》1987 年第 4 期。

郑张尚芳：《白语是汉白语族的一支独立语言》，潘悟云、石锋主编《中国语言学的新拓展》，香港城市大学出版社，1999。

郑张尚芳:《白语"来、以"母的特殊变化》,首届白语国际学术研讨会,云南大理,2009。

Lee Yeon-Ju and Sagart, Laurent, *The strata of Bai*, Paper presented to the 31th International conference on Sino – Tibetan languages and linguistics, University of Lund, Sweden, 1998.

Pulley Blank, E. G., *The Consonantal system of Old Chinese*, Asia Major 9, 1962, 潘悟云、徐文堪中译本《上古汉语的辅音系统》,中华书局,2000。

Pulley Blank, E. G., "Some New Hypothesis Concerning Word Families in Chinese", *Journal of Chinese Linguistics*, 1. Schuessler, 1973. A. "R and L in Archaic Chinese", *Journal of Chinese Linguistics*, 2. Starostin, 1974. S. "The Historical Position of Bai", Paper presented to the 27th International conference on Sino – Tibetan languages and linguistics, Paris, 1994.

论汉藏语言复辅音的演化与音节结构的关系

燕海雄[*]

内容提要：复辅音［塞音＋介音］的演化在汉藏语言的演化过程中起到了重要的音系调整功能。本文提出汉藏语言的音节结构存在表层形式与深层形式的差别，汉藏语言复辅音的演化与音节结构的深层形式密切相关，即当塞音与介音之间结合较为紧密、轻重相当时，倾向于塞擦音化；当塞音与介音结合较为松散、前轻后重时，塞音倾向于脱落，保留介音的语音形式；当塞音与介音的结合较为松散、前重后轻时，介音倾向于脱落，保留塞音的语音形式。该理论系统地解决了复辅音［塞音＋介音］在不同语言或方言中的演化道路。

关键词：汉藏语言 复辅音 演化 音节结构

引 言

复辅音不仅在现代汉藏语言音系中比较常见，而且在古代汉藏语言音系的演化过程中起到了重要的音系调整功能。孙宏开结合诸家关于音节结构的构拟模式，提出了原始汉藏语言复辅音声母的构拟模式[①]。

表1 原始汉藏语言复辅音声母体系

F1	F2	C	B
前置辅音1	前置辅音2	基本辅音	后置辅音

---

[*] 燕海雄，中国社会科学院民族学与人类学研究所助理研究员。
[①] 孙宏开：《原始汉藏语的复辅音问题——关于原始汉藏语音节结构构拟的理论思考之一》，《民族语文》1999年第6期，第8页。

从音节的类型看，复辅音在汉藏语言中主要有以下四种类型，即基本辅音+后置辅音；前置辅音+基本辅音；前置辅音+基本辅音+后置辅音；重前置辅音+前置辅音+基本辅音+后置辅音。① 上述四种类型在汉藏语言中的分布是不同的，第一种类型最为多见，第二种类型次之，第三种类型少见，第四种类型罕见。在第一种类型中，复辅音［塞音+介音］最为常见。随着历史的演化，复辅音［塞音+介音］在不同的语言中，至少具有以下三种可能性的演化方向：

（1）［塞音+介音］ ＞ 塞擦音
（2）［塞音+介音］ ＞ 介　音
（3）［塞音+介音］ ＞ 塞　音

下面以［软腭塞音+/j/］在藏语支语言中的演化为例来说明上述三种演化方向的可能性，如表 2 所示。

表 2　［软腭塞音+/j/］在藏语支语言中的变化

	狗	八	肠	救	搀扶	流
书面藏语	khji	brgjad	rgju ma	skjob	skjor	tɕhu rgjug
藏语拉萨话	chi^{55}	cɛ^{132}	cu^{13} ma^{52}	cap^{52}	coː^{55}	tɕhu^{55} cu^{132}
藏语巴塘话	tɕhi^{53}	dzɤʔ^{53}	dzu^{55} ma^{53}	ɕau^{53}	ɕo^{55}	dzuʔ^{53}
藏语夏河话	tɕhə ɣə	dzal	dzə ma	htɕop	htɕor	zər
藏语阿力克话	tɕhə ɣə	wdzat	rɟjə mæ	wɕop	—	—
错那门巴语	chi^{53}	cen^{35}	cu^{35} mo^{53}	cop^{53}	coʔ^{55} la^{31}	cur^{35} ja^{35}
墨脱门巴语	khu	jen	le	tɕap	—	de

资料来源："汉藏语同源词数据库检索系统"。

一般认为，书面藏语在藏语支语言的发展史上处在较早的历史时期，保留了较早的语言形态。比较表 2 中书面藏语中的［软腭塞音+/j/］的语音形式，在拉萨话和错那门巴话中变化为硬腭塞音，在巴塘话、夏河话和阿力克话中变化为塞擦音，在墨脱门巴语中有多种可能，既有塞音，又有塞擦音，还有介音。［软腭塞音+/j/］在藏语支语言中的演化可以说明，复辅音的演化是多种多样的，但是在具体的语音环境中，可选择的道路又

---

① 孙宏开：《原始汉藏语的复辅音问题——关于原始汉藏音节结构构拟的理论思考之一》，《民族语文》1999 年第 6 期，第 2~3 页。

是相对有限的。那么汉藏语言复辅音［塞音＋介音］的演化是如何实现的？与音节结构之间具有什么关系？这是本文将要探讨的问题。

一 音节结构的分层理论：表层结构与深层结构

复辅音在不同的语言或方言中具有不同的演化道路，这就说明复辅音的音节结构可能存在差别。非线性音系学在分析音节结构时，曾经指出音节结构存在不同的层次。

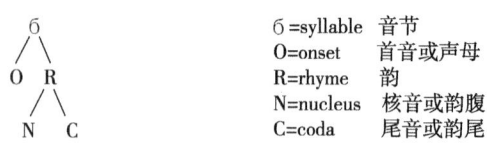

```
      σ            σ=syllable    音节
     / \           O=onset       首音或声母
    O   R          R=rhyme       韵
       / \         N=nucleus     核音或韵腹
      N   C        C=coda        尾音或韵尾
```

图1 音节结构的层次

资料来源：王洪君：《汉语非线性音系学》，北京大学出版社，2008，第98页。

上述分析模式注意到了音节结构的内部层次，即在一个音节内部，其各个构件在音节结构中的功能和地位存在差别。王洪君在分析英语等重音型语言的音节结构时进一步指出：

> 即使对于重音型语言，音节中各个音段的组合关系也不是松紧一致的，它们还有直接成分的层次结构：一个音节里元音前的位置上，无论出现多少个辅音，对重音都没有影响；而元音后的位置上出现几个辅音，则对重音有直接影响。这至少说明，元音和元音后的辅音形成了一个对重音有影响的关系更密切的单元，元音前的辅音与它们的关系则稍远一层。①

这就是说，音节结构的内部层次存在功能性差别。潘悟云（1987a）在研究复辅音演变规律的时候，提出上古汉语有两种类型的复辅音，一种是 *Cr-、*Cl- 型的，是结合得较紧的复辅音，塞音部分较长较重，到中古的时候塞音部分留存下来，*Cr- 发展为中古的二等韵和重纽三等韵，*Cl- 发展为中古的一等、四等和非重纽三等韵。另一种是 *C-r-、*C-l- 型复辅音，结合得较松，塞音部分较短较弱，后来失去。*C-r-

---

① 王洪君：《汉语非线性音系学》，北京大学出版社，2008，第97页。

的塞音失去以后，发展为中古的来母，*C-l-的塞音使后头的流音塞化，变作端组字，*C-则失去。但是把复辅音分为两类，有的复辅音前轻后重，有的复辅音前重后轻，这样复杂的复辅音系统使人觉得难以置信。后来他（指潘悟云——笔者注）通过研究南方民族语才明白，前者就是一般的复辅音，后者是一个半音节。在南方的一些语言中，至今还是带复辅音的音节与一个半音节并存。①

这就说明，复辅音的音节结构存在表层结构与深层结构之间的差别。*Cr-、*Cl-型是一种结合较为紧密的复辅音序列，而*C-r-、*C-l-却是一种结合较为松散的一个半音节，而且还存在两种不同的类型，一种是前重后轻，另外一种是前轻后重。根据上述分析，本文把乔姆斯基生成语法中的"表层结构"和"深层结构"借用到音节结构分析中来。其中表层结构是指音节结构的语音载体，而深层结构是指音节结构的内部组织形式和功能负载。表层结构相同，深层结构可能不同。我们利用上述分层理论为汉藏语言音系中的复辅音［塞音＋介音］建立表层与深层结构模型，如表3所示。

表3　复辅音［塞音＋介音］的表层结构与深层结构

音节类型	表层结构	深层结构	描述
复辅音	［塞音＋介音］	（a）［基本辅音＋介音］	结合较为紧密，轻重相当
一个半音节	［塞音＋介音］	（b）［基本辅音_重＋介音_轻］	结合较为松散，前重后轻
		（c）［基本辅音_轻＋介音_重］	结合较为松散，前轻后重

二　汉藏语言复辅音的演化及其实现机制

复辅音［塞音＋介音］在汉藏语言音系中具有相同的表层结构和不同的深层结构，正是由于不同的深层结构从而走上了不同的演化道路。同时我们还要解释另外一个问题，即既然复辅音的表层结构相同，为什么深层

---

① 潘悟云：《上古汉语的音节类型》，潘悟云：《汉语历史音韵学》，上海教育出版社，2000，第116页；另外可参见潘悟云《汉藏语历史比较中的几个声母问题》，《语言研究集刊》，1987。

结构却不同了呢?这是重新分析的结果,也就是说,复辅音[塞音+介音]在原始共同语时期具有相同的深层结构,后来在发展演化的过程中,其深层结构发生了变化。从历史语言学的角度看,(a)、(b)和(c)代表着三个不同的历时形态,其中(a)属于较早时期的一种语音形态,具有原生性质;而(b)和(c)属于较晚时期的一种语音形态,具有创新性质。这就是说,(b)和(c)是在(a)的基础上重新分析出来的。因此,从历史语言学的角度看,古代汉藏语言[塞音+介音]的深层结构曾经发生了如下演化:

$$(a) > (b), (c)$$

正是由于复辅音的深层结构发生了这样的演化,从而选择了不同的实现机制。根据上文的分析,复辅音[塞音+介音]的演化与音节结构的关系(即实现机制)如表4。

表4 复辅音[塞音+介音]演化的实现机制

表层结构	深层结构	实现机制	生成项
[塞音+介音]	(a)[塞音+介音]	塞擦音化	塞擦音
[塞音+介音]	(b)[塞音$_轻$+介音$_重$]	塞音脱落	介音
[塞音+介音]	(c)[塞音$_重$+介音$_轻$]	介音脱落	塞音

汉藏语言复辅音的演化与音节结构的深层形式密切相关,不同的深层结构决定着不同的演化方向,即当塞音与介音之间结合较为紧密、轻重相当时,倾向于发生塞擦音化;当塞音与介音结合较为松散、前轻后重时,塞音倾向于脱落,保留介音的语音形式;当塞音与介音的结合较为松散、前重后轻时,介音倾向于脱落,保留塞音的语音形式。该理论系统地解决了复辅音[塞音+介音]在不同语言或方言中的演化道路。

参考文献

丁邦新:《上古汉语的音节结构》,《丁邦新语言学论文集》,商务印书馆,1998。

黄行:《中国语言的类型》,孙宏开、胡增益、黄行主编《中国的语言》,商务印书馆,2007。

江荻:《汉藏语言演化的历史音变模型》,民族出版社,2002。

潘悟云:《汉藏语历史比较中的几个声母问题》,《语言研究集刊》,1987。

潘悟云:《汉藏语中的次要音节》,《中国语言学的新拓展》,香港城市大学出版社，1999。

潘悟云:《汉语的音节描写》,《语言科学》2006 年第 2 期。

潘悟云:《上古汉语的音节类型》,参见潘悟云《汉语历史音韵学》,上海教育出版社，2000。

孙宏开:《藏缅语复辅音研究》,1984 年第十七届国际汉藏语言学会议论文。

孙宏开:《藏缅语若干音变探源》,《中国语言学报》第 1 期，商务印书馆,1983。

孙宏开:《独龙语简志》,民族出版社,1982。

孙宏开:《门巴、珞巴、僜人的语言》,中国社会科学出版社,1980。

孙宏开:《原始汉藏语的复辅音问题——关于原始汉藏语音节结构构拟的理论思考之一》,《民族语文》1999 年第 6 期。

王洪君:《汉语非线性音系学》,北京大学出版社,2008。

燕海雄:《论东亚语言塞音的音变规则》,中西书局,2011。

J. A. Matisoff, "Sino-Tibetan Linguistics: Present State and Future Prospects", *Annual Review of Athropology*, 1991.

W. S. Coblin, *A Sinologist's Handlist of Sino-Tibetan Lexical Comparisons*, Netteal: Steyler Verlag, 1986.

孟高棉语次要音节

陈国庆*

内容提要：孟高棉语言中大都具有"次要音节+主要音节"的语音结构形式，本文对孟高棉语次要音节概念的产生缘由、与次要音节相关联的术语、次要音节的语音结构特点及类型等进行考察；对孟高棉语次要音节的形式及内容进行了系统的描写与梳理。如此考察有助于对孟高棉语语音结构特点及类型进行了解，同时，也可为相关语言的历史比较研究提供语言材料上的保障。

关键词：孟高棉语　主要音节　次要音节

引　言

在东亚语言的历史比较研究中，音节一直处于核心的地位，音节在东亚语言研究中具有无可替代的重要位置。包拟古（1980）指出："由于音节能够最好地说明音系结构，所以选择音节作为基本单位是恰当的。长期以来，音节一直被看作是描写汉语的基础。它在藏缅语中也是同等的重要，这不仅因为它是音系的单位，同时也因为它是主要的形态单位。"① 中国民族语言的音节类型与汉语相比，要显得尤为复杂得多。由此，民族语言学专家提出了不同的音节类型的问题。

一　次要音节概念

在东亚许多语言中，除了典型的音节以外，还有一种"次要音节"的

---

* 陈国庆，中国社会科学院民族学与人类学研究所副研究员。
① 包拟古：《原始汉语与汉藏语》（1980），潘悟云、冯蒸译，中华书局，1995。

音节类型，音节类型可分为次要音节与主要音节两种类型，在南亚语系孟高棉语言中尤为典型。

最早提出次要音节这一术语的是国外南亚语学者 H. L. Shorto（1960）："要描写崩龙语的单词，必须区分两种音节类型，我们分别称其为主要音节（major syllable）和次要音节（minor syllable）。我们可以理解主要音节是含有一个元音的音节，而次要音节除了一个两辅音之间添加的元音外，不包含其他元音，这个添加的元音记音符号采用 ə 表示。"①

H. L. Shorto 认为，"一个次要音节包括：（1）一个辅音声母，（2）有时，一个辅音韵尾。一个增加的元音，用记音符号 ə 来表示。一般出现在起首辅音之后"。

除了一小部分借词例外，所有的崩龙语单词毫无例外地都包括一个主要音节，其前可以带有一个或两个次要音节。若用（Ma）表示主要音节，用（Mi）表示次要音节，则可能有如下的音节结构。②

单音节（Ma）　　　　　　例如：　　ta^ʔ "编织"
双音节（MiMa）　　　　　例如：　　kərta^ʔ "舌头"
三音节（MiMiMa）　　　　例如：　　rəkərta^ʔ "梭子"

二　与次要音节相关联的术语

对于次要音节的概念、形式和分类问题，国内外学者在不同的时期，或所研究的不同语言中，有着不同的概念与认识。

（一）一个半音节词

James A. Matisoff（1973）："原始南亚语曾拥有可以叫做'一个半音

---

① H. L. Shorto：Word and Syllable Pattern in Palaung H. L. Shorto Bulletin of the School of Oriental and African Studies，University of London，Vol. 23，No. 3（1960），p. 545. 英语原文为："For the description of the Palaung word it is necessary to distinguish two types of syllable，which will be referred to as major and minor syllables. For the present it is sufficient to note that a major syllable is one which contains a vowel，a minor syllable containing no vowel other than an anaptyctic one，represented in the transcription by ə."

② H. L. Shorto：Word and Syllable Pattern in Palaung H. L. Shorto Bulletin of the School of Oriental and African Studies，University of London，Vol. 23，No. 3（1960），p. 553. 英文原文为："A minor syllable consists of（1）a consonantal initial and（2），insome cases，a consonantal final. An anaptyctic vowel，represented in the transcription by ə，follows the initial."

节'的结构，语素的长度曾是'一个音节加上半个音节'的长度。也就是说，元音前面的辅音之间还常常加上一个'声母之前的'辅音。如在现代柬埔寨语词 psaa'市场'，tkiam'下巴，下颚'，ckaɛ'狗'，knaok'孔雀'。但这些辅音不同于汉藏语的前缀，汉藏语的前缀通常不稳定，容易消失掉，而这些声母前的辅音目前在孟高棉语中保存完好。"①

James A. Matisoff 把由次要音节和主要音节组成的词叫作一个半音节的词（sesquisyllabic word）。Matisoff 把这"一个半音节"中的"半音节"叫作前置辅音（pre - initial consonant），这是由于"半音节"专指出现在词根前，且其韵母失去音位价值的弱化音节，它的音系功能实际上等同于一个辅音，这主要是从音系角度考虑，表明次要音节的韵母没有任何功能负载，故称它们为前置辅音。②

（二）词头、一般音节（主要音节）、附加音节（次要音节）

国内民族语专家，一般把次要音节或叫作词头，或叫作弱化音节、前加音。罗季光（1957）在对佤语的音节结构分析中指出，在岩帅话词的结构中，具有诸如 si、tɕi、dʑi、ri、la、pa、ta、ka、ʔa 等词头，这些词头一般位于主要音节之前。词头 si 的元音，经常是含糊的，不太固定的高元音，其他如：tɕi、dʑi、ri、la、pa、ta、ka、ʔa 等的元音，始终只在轻读的场合出现，根本难断定它原来应该是什么音。③ 罗文中对于次要音节的定位是一个词头，主要是从构词平面进行解释的。

王敬骝、陈相木（1981）指出佤语的音节可分为两类，一类是一般音节，或可称之为主要音节；一类是附加音节，或可称之为次要音节。其中，在佤语中，一般音节具有较简单的一定的形式，便于用声、韵（和调）的办

---

① James A. Matisoff：Tonogenesis in Southeast Asia. Consonant types and tone, Larry M. Hyman (ed.), *Southern California Occasional Papers in Linguistics* N. 1, pp. 71 - 95, July 1973. 英文原文为："Proto-Austro - Asiatic had what one might call a 'sesquisyllabic' structure, with morphemes that were 'a syllable and a half' in length. That is, the prevocalic consonant was often preceded by a 'pre-initial' consonant, as in the modern Cambodian words…. Unlike the Sino-Tibetan prefixes, which tended to be unstable and easily lost, these pre-initials are well preserved in Mon-Khmer."

② James A. Matisoff：Tonogenesis in Southeast Asia. Consonant types and tone, Larry M. Hyman (ed.), *Southern California Occasional Papers in Linguistics* N. 1, pp. 71 - 95, July 1973.

③ 罗季光：《岩帅卡佤语音位系统》，1957 年油印稿。

法来说明它们的结构。附加音节（次要音节）并不发达，表现为弱化音节。①

（三）前置音、前加成分、前缀

黄同元、王敬骝认为，佤语的前置音系统比较简单；一般音节跟汉语以及我国南方其他少数民族语言一样，具有较简单的一定的形式。前置音，国外同行或称之为次要音节，国内同行或称之为前加成分、前缀，在佤语中则称之为前置音或前置的次要音节。②

王敬骝、陈相木、黄同元等人在相关著作中，提出前置音与前缀或前加成分，是两个既有关联又有区别的概念。前置音是从语音结构的平面进行描述，而前缀或前加成分则是从语法结构的平面进行描述。

（四）弱化音节

在国内的藏缅语中，也有类似或相当于次要音节的语音结构类型，并广泛存在于藏缅语中。国内的藏缅语专家一般把这类语音结构或叫作"词头"③，或叫作"前加成分"④，或叫作"弱化音节"⑤。

弱化音节是藏缅语族部分语言中比较重要的一个语音现象，它与语音演变、词的结构都有一定的关系。藏缅语中的弱化音节分两类，一类是前弱化音节，另一类是后弱化音节。前弱化音节是指多音节的单纯词或复合词，从听觉上比别的音节弱、短，声调类似于汉语的轻声，这就是弱化音节。由于它出现在整个词的前部，故称为前弱化音节。

藏缅语中有相当多的语言有这类前弱化音节，如景颇语支的景颇语、独龙语、怒语等；缅语支的缅语、阿昌语、载瓦语等；羌语支的多数语言都有比较丰富的弱化音节。

藏缅语弱化音节具有以下特点。

（1）其发音特征主要表现在元音和声调上，元音音色不如非弱化音节清晰，声调一般读轻声，整个音节读得轻而短，但可以有高低的区别。

（2）弱化音节可以出现于任何单辅音，但不出现于复辅音。

---

① 王敬骝、陈相木：《佤语岩帅话的音位系统》，《民族学报》1981年第1期。
② 黄同元、王敬骝：《佤语概述》，《佤语研究》，云南民族出版社，1994。
③ 孙宏开：《门巴、珞巴、僜人的语言》，中国社会科学出版社，1980。
④ 孙宏开：《独龙语简志》，民族出版社，1982。
⑤ 藏缅语语音和词汇编写组：《藏缅语语音和词汇》，中国社会科学出版社，1991。

(3) 由实词变化来的弱化音节，在声韵母上都要发生一定的变化。其中韵母变化有一定的规律性，一般来说，出现在弱化音节中的单元音，要比该语言中的单元音范围窄得多，往往是辅音后面的一个自然元音。例如：以舌面音为声母的弱化音节中多半用 i，其他部位用 ə（ɯ）或 a。有时带韵尾的实词变为弱化音节时，韵尾要发生脱落现象。①

三　孟高棉语次要音节特点与类型

（一）次要音节语音特点

王敬骝、陈相木（1984）对德昂语的次要音节特点曾做了如下的分析论述：主要音节大多单独有意思，可以独立运用；有的则要加上次要音节，才有意思，并成为一个可以独立运用的语言单位。次要音节一般不能独立存在、独立运用，只有纯粹的构词作用。有的也具有一定的词汇意义和语法意义。单独说一个次要音节时，人们一般不会知道是什么意思，它必须和主要音节在一起，才有意思，并成为一个可以独立运用的语言单位。②

在语音方面，孟高棉语主要音节一般可以重读，声、韵分明，而次要音节通常轻读。次要音节的声母辅音如果是与主要音节声母同部位的鼻音，其元音失去，鼻音自成音节。在其他的辅音情况下，则带一个弱化元音，音色伴随辅音声母而有不同，很难断定它原来是什么元音，通常也把这类次要音节称为弱化音节。

在讲究字数整齐的民歌、韵语中，次要音节有时算一个字，有时不算一个字。以德昂语为例，它的次要音节算为一个字。

siam	rai răɯ	
邋惹氏（刘姓）	呆	邋惹呆，
kaɯ	m̥' pŏˀ	
敲	锅盖	敲锅盖。
jăɯ	ma rŏˀ	
看见	癞蛤蟆	见蟾蜍，

---

① 藏缅语语音和词汇编写组：《藏缅语语音和词汇》，中国社会科学出版社，1991。
② 王敬骝、陈相木：《崩龙语硝厂沟话的音位系统》，《民族调查研究》1984 年第 4 期。

k'tɤ̌p   krŭp
趴   拜   趴着拜。

共四句，每句三字，第二句的次要音节m̩和第四句的次要音节 k' 都是算为一个字的。

又如以下的两句 k'ʔɑɯ "格厄调"：

măi   mŭh   hē   n'röŋ   gaɯ   hău?
你   是   树   榕   砍   折而未断   妹是榕树人已砍，
măi   mŭh   hē   dzŭŋ baŋ   blău?   ʔun
你   是   树   菩提   轻砍   留下刀痕   妹是菩提人想伐。

字数整齐，每句七个字，对仗工整，"榕树"对"菩提树"，名词对名词；"砍"对"轻砍"，动词对动词；"折而未断"对"留下刀痕"，形容词对形容词。上句 n'röŋ 一词中的次要音节 n' 也是算为一个字的。

次要音节不算为一个字的例子如下。

ʔu   blē   m'ga
一   果子   麻利加   咱数一，麻利加。
ʔa   blē   k'moi
二   果子   鼻涕果   咱数二，鼻涕果。
ʔoi   blē   gluan
三   果子   南瓜   咱数三，老南瓜。
m'phuan blē   m'män
四   果子   李子   咱数四，得李子。

共四句，每句三个字。在这里，第一句的次要音节 m'，第二句的次要音节 k'，第四句的次要音节 m̩' 和 m'，都是不算为一个字的。

（二）次要音节类型

从语音结构分析，孟高棉语言的次要音节是一个非重读、弱化的音节，它通常居于主要音节（词根）之前。一般有两类：一类是自成音节的鼻音，它们通常出现于主要音节（词根）的声母为其同部位的辅音之前。另一类是辅音声母后带有弱化元音的，此弱化元音始终是以轻读、弱化的形式出现，其读音含混不清，且不太稳定，可以读成 ə，也可以读成 a、i、u，等等。

次要音节在音节中的标写，对于前一种能自成音节的鼻音，采取与后面的词根连写，但中间用"ˊ"符号隔开的方式；第二种带有弱化元音的次要音节，采取省去弱化元音，只标出辅音声母或弱化元音后面的辅音韵尾，然后与词根连写，中间用"ˊ"符号隔开的方式（本文中，柬埔寨语的次要音节，则参照其实际读音进行标写）。

1. 自成音节的鼻音

克木语：

m̥ˊput	云	m̥ˊbraŋ	马
n̥ˊtăˀ	尾巴	n̥ˊtar	晒
ŋ̊ˊkur	风	ŋ̊ˊkar	黄鼠狼

德昂语：

m̥ˊpa	桥栏杆	m̥ˊpʰĭaˀ	签子
n̥ˊteŋ	路	n̥ˊtʰai	犁具
ŋ̊ˊkom	板栗	ŋ̊ˊkʰim	薄荷
ɳ̊ˊtɕoˀ	织布之棕叶	ɳ̊ˊtɕʰiap	门闩

布朗语：

ŋ̊ˊkiŋ[35]	打盹	ŋ̊ˊkʰut[35]	豪猪
ŋ̊ˊŋɤm[33]	低头、俯身	ŋ̊ˊŋăm[35]	脏
m̥ˊploik[35]	挣脱	m̥ˊpʰlat[35]	分散
n̥ˊtɔŋ[35]	头	n̥ˊtʰap[35]	以掌打
n̥ˊtɕiŋ[44]1	线	n̥ˊtɕʰak[44]	铲一下
m̥ˊpɤ[44]	唱歌	m̥ˊpʰak[35]	刀鞘

2. 带有弱化元音的次要音节

克木语：

pˊtɤˀ	火烟	pˊnɤr	翅膀
tɕˊlɔŋ	船	tɕˊpum	放屁
tmˊpɤr	斑鸠	tmˊkah	岔
tŋˊner	平坡	tŋˊgaˀ	树枝
plˊdɔh	炸裂	plˊdăk	腿
prˊlöŋ	门	prˊgai	使还

德昂语：

| mˊpiŋ | 漫平 | mˊmăh | 随便敲敲 |

s'tŏ	上衣	s'da	尾巴
tɕ'puan	僧人	tɕ'bŏ	英雄
k'piʔ	粘贴	k'ba	掌
ʔ'säh	阉过的公猪	ʔ'phɽh	膀胱
n'ken	想念	n'gau	米

布朗语：

p'sɔŋ³⁵	老	t'kuŋ⁴⁴¹	高粱
tɕ'pui³⁵	影子	k'jat³⁵	鸡冠
ph'jat⁴⁴	病	s'tuŋ³⁵	南冬寨

佤语：

ka̱ man	骨髓炎	ka̱ kau	裸体
si̱ daiŋ	非常	si̱ daiʔ	八
tɕi̱ kua	天花	tɕi̱ mauʔ	梦
la̱ lhek	钢铁	la̱ puk	一种鼠
pa̱ ʔaɯ	布朗族	pa̱ tiʔ	什么
si̱ ŋaiʔ	太阳	si̱ beʔ	衣服

柬埔寨语：

crə muh	鼻子	chə ŋaɲ	香
prə ʔɔp	盒子	bə bɔk	云
lə lai	涨	kə dam	蟹
gʱə niap	钳子	grə hiə	家、屋子
ɲə ɲ ɤt	犹豫、支吾	cə cɔk	豺
pə di	丈夫	phə daup	拥抱
ʔɔn dat	舌头	ʔɔɲ ceh	如此
bɔm nɯɲ	窝棚	bɔn lic	沉、浸
tɔn drɔm	跺脚	tɔŋ kiap	剪子
lɔm hɔ	开、打开	sɔm pɛt	细、小
gɔm bi	圣经	cɔm nai	浪费
pɔm ruŋ	计划、打算	pɔn dup	房间

如前所列，在现代孟高棉语的语言实际现状中，可以看出柬埔寨语、克木语、德昂语等语言的次要音节比较丰富，其语音结构比较复杂；而佤语、布朗语的次要音节则已经相对贫乏，语音形式已经比较简化。在次要

音节语音结构形式保存层面，这些孟高棉语言之间存在着一定的差异，这说明它们从原始孟高棉语分化之后，在现实的语料中依然分别保留有原始孟高棉语不同历史时期的语音面貌。

小　结

孟高棉语言大都具有"次要音节+主要音节"的语音结构形式，显现为较特殊的音节类型。在东亚语言的历史比较研究中，音节一直处于核心的地位，具有无可替代的重要位置。对于孟高棉语言次要音节结构与特点的分析描写，在一定程度上可为东亚语言历史比较提供材料上的支撑，在研究思路上为其提供方法论的创新与尝试。

另外，在孟高棉语实际现状中，由于语言历史演变的条件不同，各语言次要音节保存有不同程度的差异性，讨论这些差异所产生的原因及语音演变的机制与规律，具有很高的学术价值与研究意义，这些问题将另文讨论。

参考文献

陈国庆：《克木语研究》，民族出版社，2002。
陈相木、王敬骝、赖永良：《德昂语简志》，民族出版社，1986。
李道勇、聂锡珍、邱锷锋：《布朗语简志》，民族出版社，1986。
罗季光：《岩帅卡佤语音位系统》，1957年油印稿。
马学良：《汉藏语概论》，民族出版社，2003。
潘悟云：《汉藏语中的次要音节》，《中国语言学的新拓展》，香港城市大学出版社，1999。
孙宏开：《门巴、珞巴、僜人的语言》，中国社会科学出版社，1980。
孙宏开：《独龙语简志》，民族出版社，1982。
王敬骝、陈相木：《佤语岩帅话的音位系统》，《民族学报》1981年第1期。
王敬骝：《佤语研究》，云南民族出版社，1994。
王敬骝、陈相木：《崩龙语硝厂沟话的音位系统》，《民族调查研究》1984年第4期。
颜其香、周植志：《佤语简志》，民族出版社，1984。
藏缅语语音和词汇编写组：《藏缅语语音和词汇》，中国社会科学出版社，1991。
包拟古：《原始汉语与汉藏语》，潘悟云、冯蒸译，中华书局，1995。

H. L. Shorto: Word and Syllable Pattern in Palaung H. L . Shorto Bulletin of the School of Oriental and African Studies, University of London, Vol. 23, No. 3 (1960) .

Philip N. Jenner: Mon – khmer Studies Ⅶ, Karnchana Nacoskul, *The syllabic and Morphological Structructrue of Cambodian Words*, *by Karnchana Nacaskul*, USA: Hawaii University press. 1978.

James A. Matisoff: Tonogenesis in Southeast Asia. Consonant types and tone, Larry M. Hyman (ed.), *Southern California Occasional Papers in Linguistics*, *N.* 1July 1973.

蒙古语标准音塞音及其音变*
——基于声学和生理数据的实验研究

哈斯其木格**

内容提要：本文利用声学和生理数据详细描写了蒙古语标准音 5 个塞音及其语流音变，在此基础上分析蒙古语塞音格局特点以及音变规律，提出以下观点：塞音音变发生在发音方法上，发音部位不变；塞音音变主要条件为词中位置和邻音强弱性质；蒙古语塞音格局不对称，具有缺项对立特点。

关键词：蒙古语标准音　塞音　音变　格局

塞音是多数语言音系皆有的一类音，有关塞音的研究也是世界各种语言语音研究中最普遍的命题之一。纵览以往的研究，学者们使用传统的描写方法、声学分析方法和生理分析方法，对蒙古语塞音的发音部位、发音方法、变体以及活跃度（出现位置和频率）提出了各自不同的观点。蒙古语塞音研究著作虽多，但大多数人只概括性地提到塞音的发音部位和方法，且分歧较多。从语流音变角度来看，人们只观察到塞音音变的表现形式，很少有人归纳其音变规律，更没有人归纳其格局特点。针对上述研究现状，出于利用声学和生理数据细致地描写蒙古语标准音塞音，并分析和归纳其音变规律的目的，本文以蒙古语标准音 5 个塞音 p、p^h、t、t^h、k 为研究对象，系统地描写了其音姿和音变规律。

文中所用的语料和参数来自"蒙古语语音动态腭位数据库"和"蒙古语语音声学参数数据库"（新旧 2 部），有关这些数据库的介绍请见哈斯其

---

* 本研究得到中国社会科学院重大项目资金支持，项目编号：0900000112。
** 哈斯其木格，中国社会科学院民族学与人类学研究所助理研究员。

木格和呼和等人的相关文章。① 语料发音人为 4 名：F1，女，55 岁，内蒙古电台蒙古语播音员，内蒙古正蓝旗人；M1，男，35 岁，内蒙古电台蒙古语播音员，内蒙古正蓝旗人；M2，男，45 岁，内蒙古师范大学附属中学数学老师，正蓝旗人，生理语料库的发音人；M3，男，35 岁，内蒙古大学蒙古语文研究所老师，内蒙古正蓝旗人。文中所用语料均为单念单词。分析语音用了美国 KAY 公司研制的 96 点帧假腭动态腭位仪、Multi - Speech 3700 语音分析软件和 PRAAT 语音分析软件。主要利用的数据为辅音声学时长、生理时长、辅音共振峰和舌腭接触数据等。

一 双唇塞音

蒙古语有 [p]、[pʰ] 这两个双唇塞音，[p] 可以出现在词中任何位置，[pʰ] 只出现在词首或借词词中节首位置，例如 pʰɐs pʰɐs "啪啪，象声词"、sumpʰɐn "算盘" 等。

（一）变体

[p] 有 [p，β，ɸ，b] 等 4 个变体。[p] 是双唇不送气清塞音，出现在词首或 - Vp/pV - 序列中，例如 [ɐppɜl] "ABVBAL，拿的话（动词假设形态）"。[ɸ] 是双唇清擦音，出现在 [x，s，ʃ，tʰ，tʃʰ] 等清擦音和送气辅音之前。[b] 是双唇浊塞音，出现在 [m] 辅音之后，例如 [pomboɣ] "BOMBOGE，球"。[β] 是双唇浊擦音，在其他语境中出现，即出现在词中、元音和除了 [x，s，ʃ，tʰ，tʃʰ] 以外的辅音之前以及词末位置。在连续语流中，句中词首位置的 [p] 也会变读为 [β] 或 [b]，例如 [ɐʒχa] "阿老师"。[b] 只出现在 [mb] 组合里，其他语境里从不出现，出现频率很低。在 [mb] 组合里，[b] 的浊音性质来自声带惯性振动，因前置辅音 [m] 而出现，并非 [b] 本身固有特性。在传统语音学中，一些学者认为/p/还有腭化变体，例如 [tʰɑbʲ] "五十"。在我们语料中出现了少数的腭化 [βʲ]，只出现在个别人发音中，其腭化特点较

---

① 哈斯其木格等：《蒙古语语音动态腭位数据库》，《第九届中国语音学学术会议论文集》，南开大学出版社，2010；呼和等：《关于〈蒙古语语音声学参数数据库〉》，《内蒙古大学学报》（人文社会科学版）1997 年第 5 期。

为模糊，没有区别词义的功能。根据 3100 多个单词的统计结果，/p/辅音 4 个变体中 [p] 和 [β] 的出现频率相对高，各占 38.91% 和 39.88%；其次是 [ɸ]，占 18.68%；[b] 的出现频率最低（2.53%）。虽然变体 [β] 最活跃，使用率最高，但蒙古语词首位置是较少受到其他音素影响的典型位置，故此以变体 [p] 作为典型变体。

(二) 声学特征

在语图上，[p] 表现为爆破脉冲，词首 [p] 只能测量到 VOT 数据，15~18ms。词中 [p/p] 序列共享一个发音过程，前一个记为 [p˺]，其共同的 GAP 相对长（约 250ms），VOT（约 15ms）与单辅音相似。[β] 在语图上表现为浊音共振峰，能量弱于前后元音，有时在高频区出现微弱摩擦。[β] 的音长会受到词中位置的影响，出现在词末时，音长最长（90~140ms）；在词中音节首，前一音节为闭音节时，音长最短（约 50ms）；在词中音节末或两个元音之间，音长居中（约 70ms）。[β] 的共振峰一般不会受到词中位置的影响，而受到前后音素的舌位影响。在 [ɔ, ʊ, o, u, x, ɣ] 等后音素环境里，[β] 的 VF2 会明显下降（746~1250Hz 之间，均值为 1007Hz）；在 [i, ɛ, œ, j] 等前音素环境里，明显上升（1180~1673Hz 之间，均值为 1380Hz）。由此可见，发 [β] 音时，舌体因前后音素而发生变动，在前音素的环境里，相对靠前，而在后音素环境中相对靠后。从发音机理角度来讲，[β] 音收紧部位在双唇，舌体相对自由，约束度很小，因此发 [β] 时，舌体在前后维度上变化较大。[β] 的 VF2 受到前后语境的影响，但其 VF1 和 VF3 基本不会受影响，不管是前音素环境还是后音素环境，其 VF1 均为 440Hz 左右，VF3 均为 2300Hz 左右。[ɸ] 在语图上表现为频谱较宽的清擦音乱纹，音长约 70ms。[b] 表现为 GAP + VOT，在 GAP 段出现浊音横杠，其 GAP 为 40ms 左右，VOT 为 10~18ms 之间。图 1 是蒙古语 4 个双唇辅音的语图，A、B、C、D 依次为词中 [p˺p]、浊塞音 [b]、浊擦音 [β] 和清擦音 [ɸ] 的语图。

词首 [pʰ] 的 VOT 约 60ms，出现在词中时，GAP 为 68ms，VOT 为 33ms。

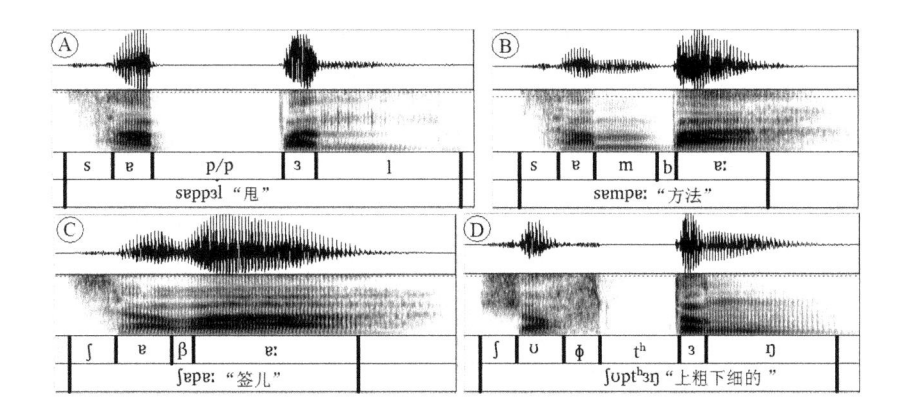

A					B			
s	ɐ	p/pʰ	ɜ	l	s	ɐ	m	b	eː

seppɜl "甩"　　　　　sɐmbeː "方法"

C				D				
ʃ	ɐ	β	eː		ʃ	ʊ	ɸ	tʰ	ɜ	ŋ

ʃɐβeː "签儿"　　　　ʃʊɸtʰɜŋ "上粗下细的"

图 1　双唇辅音语图实例

（三）生理特征

[p] 是双唇辅音，其每个变体的收紧部位均在双唇。虽然使用 EPG 无法观察双唇辅音的发音过程，但可以观察其舌位活动。双唇音的收紧部位在双唇，对舌体无具体要求，约束小，舌位活动空间较大。因此，在双唇音发音全程中携带后续音素的舌位特征，舌体受到前后音素的舌位影响而发生改变。动态腭位图谱表明（图2），在 [pɐ] 和 [pu] 音节里，舌腭之间没有接触，舌面处于较低位置。在 [pi] 音节里，舌腭之间出现大面积接触，舌面有一定的上抬动作。与词首 [p] 相同，词中音节末的 [β] 和 [ɸ] 也会受到后续辅音的舌位影响。在 [βn, βt, βtʃ, βj, ɸs, ɸʃ, ɸtʰ, ɸtʃʰ] 等组合里，[β] 或 [ɸ] 从起始时刻起携带后置辅音的腭位特征。[p] 的收紧部位虽然在双唇，但只要求双唇合拢，对"展"或"突"的唇形并无要求。与舌位相同，双唇辅音的唇形也会因元音唇形而发生变化。例如，发 [pu] 时，唇形具有"圆拢"特点；发 [pi] 时，唇形具有"扁展"特点；发 [pɐ] 时比较自然，没有特定唇形。

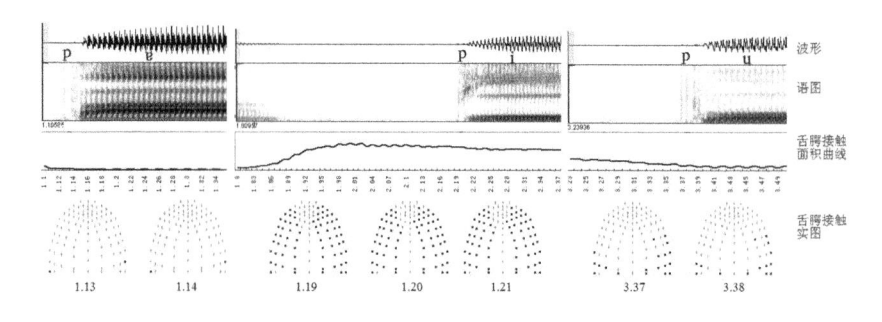

图 2　[pɐ]、[pi]、[pu] 三音节语图和腭位示意

二　齿和龈区塞音

蒙古语有 [t] 和 [tʰ] 两个齿和龈区塞音，可以出现在词中任何位置，均为清塞音，主要区别在送气与否上。

（一）变体

在传统语音学研究中提出 [t] 辅音在 [s, tʰ, ʧ, ʧʰ] 等辅音之前变读为 [s, tʰ, ʧ]①，还有腭化变体 [tʲ]②。根据实验结果，[t] 和 [tʰ] 在 [s] 和 [ʃ] 之前 VOT 短、能量弱外，发音部位和发音方法保持不变，在我们的语料中未发现腭化变体。[t] 和 [tʰ] 在 [t, tʰ, ʧ, ʧʰ] 等塞音和塞擦音之前，有时不爆破，与后置辅音共享一个发音过程，表现为持阻段拉长的"长辅音"，可记为 [t⁻]。在边音 [l] 之前，变为边爆破音 [tˡ] 或 [tʰˡ]；在鼻音 [n] 前，变为鼻爆破音 [tⁿ] 或 [tʰⁿ]。[tʰ] 在词中变为前送气辅音 [ʰt]。③

[t⁻] 出现在 [t, tʰ, ʧ, ʧʰ] 等辅音之前。在我们所观察的 74 个 [t, tʰ, ʧ, ʧʰ] + [t, tʰ, ʧ, ʧʰ] 的序列中，M1 和 F1 的发音里 [t⁻] 较少，各出现 8 次和 7 次，均为 [t] 或 [tʰ] 的变体。在 M2 的发音里出现 53 次，[t, tʰ, ʧ, ʧʰ] 的变体都有。M1 和 F1 为电台播音员，他们的

---

① 清格尔泰：《蒙语语音系统》，《内蒙古大学学报》（蒙文版）1963 年第 2 期；武达：《察哈尔土语语音音系统的某些特点》，《内蒙古大学学报》（蒙文版）1982 年第 4 期。
② 那德木德：《蒙古语察哈尔土语的元音和辅音》，《民族语文》1986 年第 5 期。
③ 哈斯其木格：《蒙古语察哈尔土语的前送气辅音》，《民族语文》2009 年第 1 期。

发音可以代表标准音的语音特征；M2 是中学老师，可以代表日常发音习惯。不爆破的 [t̚] 是蒙古语，甚至整个阿尔泰语系语言里的重要语音现象。[t̚t] 虽然共享一个发音过程，但仍然是跨音节的两个音素。虽然 [t̚] 的出现与个人发音习惯有关，但在日常用语中出现频率较高，需要使用社会语言学的理论和方法进行专题研究。在标准音的应用和推广中也该重视此类问题。边爆音 [tˡ]（[tʰˡ]）和鼻爆音 [tⁿ]（[tʰⁿ]）各出现在 [l] 和 [n] 辅音之前，3 位发音人的发音比较一致。

（二）声学特征

在语图上，词首 [t]、[tʰ] 表现为爆破脉冲波（冲直条）和一段乱纹，主要区别在 VOT 长短上，[t] 是不送气音，VOT 短（15ms 左右）；[tʰ] 是送气音，VOT 长（65ms 左右）。不爆破的 [t̚] 与后面的 [t] 或 [tʰ] 共享一个较长的持阻段（240ms 左右），后置辅音 [t] 的 VOT 为 24ms 左右，[tʰ] 的 VOT 为 27ms 左右。边爆音 [tˡ]、[tʰˡ] 和鼻爆音 [tⁿ]、[tʰⁿ] 具有明显的爆破脉冲，虽然其语图与其他 [t]、[tʰ] 音的相似，但除阻方法和部位不同，具体参见下文。相比之下，[tʰˡ] 的 GAP 稍长（10ms 左右）于 [tˡ]，但 VOT 相差较小（差 2~4ms）。同样，[tⁿ] 的 GAP 和 VOT 均短于 [tʰⁿ]，但未发现显著差异。数据显示，在 [tˡ] 与 [tʰˡ] 间和 [tⁿ] 与 [tʰⁿ] 间在声学特征上并无明显的差异，其主要区别是对前接音素的影响上。[tʰˡ] 和 [tʰⁿ] 是送气辅音，但其送气特征前移，影响前接音素，使其清化。[tˡ] 和 [tⁿ] 并无此特征转移现象。图 3 是 [tˡ]、[tʰˡ]、[tⁿ]、[tʰⁿ] 等辅音的语图实例，在 [tʰˡ] 和 [tʰⁿ] 前的元音 [ɔ] 均出现一定程度的清化尾。

送气前移①是蒙古语很多方言土语②中共有的语音现象，是一种普遍特征。蒙古语标准音送气前移辅音 [ʰt] 的 VOT 较短，GAP 之前出现一段清化乱纹，或其前辅音清化。蒙古语的送气前移在不同语境中表现为不同形式：在 – Vtʰ – 序列中，元音尾部清化；在 [p, k, l, r] + [tʰ] 序列

---

① 蒙古语词中和词末送气辅音的送气段缩短或消失，而前接音素清化，以此区别词义，我们称这种语音现象为送气前移或前送气。
② Svantesson Jan – Olof and Karlsson Anastasia Mukhanova, Preaspiration in modern Mongolian dialects, 2010 年 6 月，学术报告，中国社会科学院民族学与人类学研究所。

中，前置辅音清（擦）化；在 [j, n, m] + [tʰ] 的序列中，前置辅音尾部清化；在 [x, s, ʃ, ʧ, ʨ] + [tʰ] 序列中，前置辅音不发生音变，但 tʰ 的 VOT 仍然会缩短。

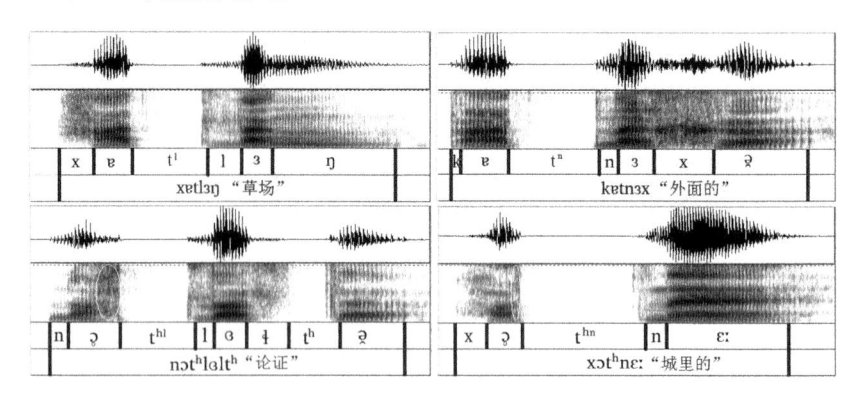

图3 [tˡ]、[tʰˡ]、[tⁿ]、[tʰⁿ] 等辅音语图实例

（1）–Vtʰ–序列：在 87 个 –Vtʰ– 序列中，77 个（88.5%）的元音尾部出现 20~40ms 等不同长度的清化部分。该 77 个 –Vʰt– 序列里，不管 [ʰt] 出现在词中音节首还是词中音节末，其 VOT 为 26ms 左右，GAP 为 116ms 左右。在其他 10 个 –Vtʰ– 序列里 [tʰ] 的 VOT 明显长于 [ʰt]，36ms 左右，GAP 为 96ms 左右。元音的清化长短受到元音固有音长影响，短元音更容易清化，相比之下，长元音的清化长度短，清化概率低。在短元音 + [ʰt] 序列里，元音清化部分为 36ms 左右，占元音整长度的 45%。在长元音 + [ʰt] 序列里，清化部分为 26ms 左右，占整长度的 15%。在听感上，出现在 [ʰt] 前的短元音更具清化特征。从元音清化"尾巴"出现的频率来看，80% 的长元音出现清化现象。携带清化"尾巴"的短元音比例高长元音 9.5%，即 89.5% 的短元音尾部清化。与之对应的 –Vt– 序列在数据库中共出现 92 个，[t] 前的元音均不出现清化现象，[t] 的 VOT 为 21ms 左右，GAP 为 100ms 左右。词中 [ʰt] 的 VOT 长度接近于 [t] 的 VOT 长度（差 5ms），但 [tʰ] 的 VOT 长于 [t]（差 15ms）。

（2）[p, k, l, r] + [tʰ] 序列：在该序列中，前置辅音音变为 [ɸ]、[χ]、[ɬ]、[ɹ̥]。在与之对应的 [p, k, l, r] + [t] 序列里，前置辅音为浊音 [β]、[ɣ]、[l]、[r]。在 [ɬtʰ]、[ɸtʰ]、[ɹ̥tʰ]、[χtʰ] 等 4 个组合里，[tʰ] 的 VOT 各为 26ms、28ms、27ms 和 25ms，GAP 各为

96ms、118ms、113ms 和 110ms。与之相应的 [βt]、[ɣt]、[lt]、[rt] 等组合里的 [t] 辅音 VOT 和 GAP 数据依次为：20ms、19ms、21ms、22ms 和 129ms、99ms、86ms、119ms。

（3）[j, n, m] + [tʰ] 序列：在这种序列中，[tʰ] 的 VOT 同样较短，而前置辅音尾部出现清化段。在 [jtʰ]、[ntʰ]、[mtʰ] 组合里，[tʰ] 的 VOT 为 26~27ms，GAP 各为 113ms、102ms、92ms。在与之相应的 [jt]、[nt] 和 [mt] 组合里，辅音 [t] 的 VOT 为 20~22ms；GAP 各为 116ms、52ms 和 72ms。显然，在 [nt]、[mt] 和 [ntʰ]、[mtʰ] 组合里，[t] 和 [tʰ] 的 VOT 很接近，但 GAP 差异显著。除此之外，[j, n, m] 等辅音的清化尾也是其主要差别之一，在这 3 个辅音尾部各出现占其整长度 50%、40% 和 38% 的清化尾。在与之相对应的 [jt]、[nt] 和 [mt] 组合里，前置辅音 [j]、[n]、[m] 不发生清化。

（4）[x, s, ʃ, tʃ, tʃʰ] + [tʰ] 序列：在这种序列里，前置辅音的音长和音色均无变化，但 [tʰ] 的 VOT 较短（27ms），GAP 为 100ms 左右。

[tʰ] 和 [t] 出现在 [s] 或 [ʃ] 前时 VOT 短又弱，如图 4。在 [tʰ, t] + [s, ʃ] 序列里，[tʰ] 的 VOT 为 9.6ms，[t] 的 VOT 为 8.7ms。动态腭位图谱表明，在 [tʰ, t] + [s, ʃ] 序列里，[tʰ] 和 [t] 的除阻特点也与其他语境中的 [tʰ] 和 [t] 不同，爆破时舌腭间的缝隙小，爆破力度弱。

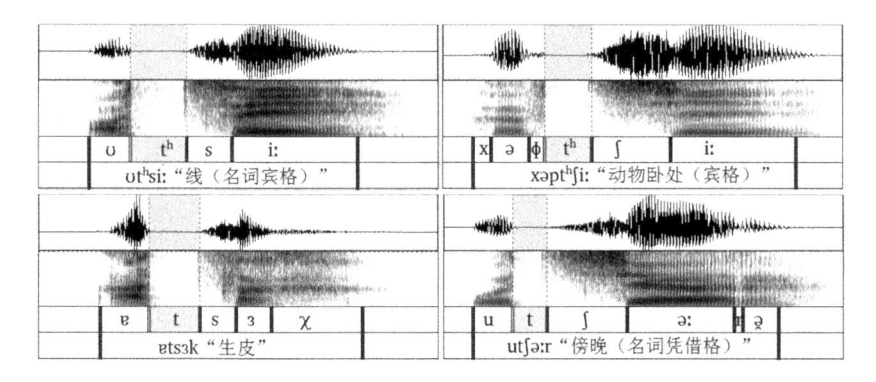

图 4 出现在 [s] 或 [ʃ] 前的 [tʰ]、[t] 辅音语图实例

在词末，多数时候 [tʰ] 和 [t] 携带非成音节元音，其 VOT 长度与

其他词中 [tʰ] 和 [t] 相同。词末 [tʰ] 和 [t] 后不携带非成音节元音时其后出现时长较长（一般都 100ms 以上）的呼气乱纹。

（三）生理特征

[tʰ] 和 [t] 的区别是送气特征，[tʰ] 是送气音，爆破后还有一段从肺部来的湍流通过口腔，辐射到外；[t] 是不送气音，爆破后立即进入下一个音素的发音阶段。[tʰ]、[t] 两个辅音发音过程中的舌腭接触部位和动态特征基本一致，以 [t] 为例图示其发音过程中的典型舌腭接触模式，如图5。该图用黑色电极和灰色区域标示了舌腭间有接触的部位。T1 是成阻起始点，在硬腭两边出现了接触，表明舌面开始上抬，贴近上腭。T2 是持阻起始点，成阻已结束，在上门齿背和齿龈上（假腭 1~3 行及外围 3 列）出现满接触，表明口腔内形成阻塞，堵住气流。T3 是辅音目标时刻，腭前区接触继续增多，同时后区接触也增多，表明舌叶和舌面进一步抬高，舌腭接触已达到最大面积。T4 是持阻结束点，除阻前一帧，正准备除阻。舌叶和上门齿之间的接触尚未消失，依然保持阻塞。但舌腭接触面积大幅度减少，只在齿背和齿龈界（假腭外围 2~3 列）上有接触。T5 是除阻点，舌叶和门齿间的接触已消失，出现大面积的空白。T6 是除阻结束点，也是辅音发音全程的终点，舌腭接触回到 T1 点的状态。这些塞音的成阻和持阻过程一般不会受到词中位置和前后音素的影响，而其除阻过程因后接音素的不同而有所不同。[tˀ，tˡ，tⁿ] 等不爆破音、边爆音及鼻爆音的除阻特征不同于上述过程。

图5　[t] 辅音 T1~T6 点典型舌腭接触模式图示意

总之，发这两个塞音时，首先舌叶上抬贴合齿—龈，口腔内形成阻塞，堵住气流；其次保持此类阻塞状态，其间舌腭接触面积出现逐步增加—保持最大状态—逐步缩减的变化过程；最后突然释放口腔内的阻塞，气流辐射到口腔外，形成爆破脉冲波，发出爆破音。在这个过程中声带不震动。从语图表现与生理动作对应关系角度来看，[tʰ] 和 [t] 的成阻段完成在前一个音素后过渡段里，GAP 基本等于持阻段，除阻始于冲直条，完成在后音素前过渡段内。在语图上，能看到持阻段和部分除阻段。在听感上，只有除阻脉冲波具有明显的听感。而在动态腭位图上，能看到发音的整个动态过程。图 6 是词中和词末 [t] 辅音的发音过程实例，图上标出

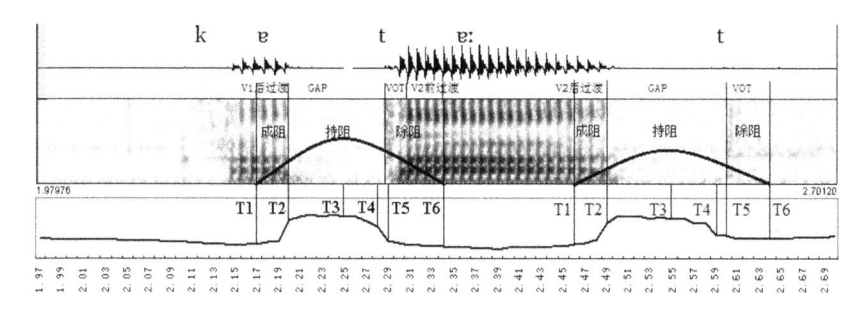

图 6 词中和词末 [t] 的发音过程图

了辅音 6 个生理时间点、3 个发音过程和相应的声学时段。辅音的发音过程也可以解读为"主动发音器官走向收紧部位—接触收紧部位并形成阻塞（或阻碍）—达到辅音目标姿态—解除阻塞（阻碍）—主动发音器官离开收紧部位"的一个过程。其中，最关键的是辅音目标姿态。辅音目标姿态一般都形成在持阻阶段中期。从图 5 看，$[t^h]$ 和 [t] 辅音的收紧部位在齿—龈区，包括齿背、齿龈界、龈等部位。从舌腭接触面积得知，主动发音器官不仅是舌尖，而包括舌尖和舌叶的较大部分。因此，$[t^h]$ 和 [t] 是舌叶和齿—龈之间形成阻塞的辅音。随着舌叶和齿—龈之间发生大面积接触，剩余舌体随之上抬，与上腭其他部位之间发生接触，这也是 $[t^h]$、[t] 音发音姿态中的重要部分。由此可见，$[t^h]$ 和 [t] 的发音姿态是：①舌叶上抬，接触齿—龈区，形成阻塞；②舌面随之上抬，部分接触硬腭；③软腭上升，堵住鼻腔。该三种特征是 $[t^h]$ 和 [t] 辅音发音姿态中不可或缺的。腭前区和腭后区舌腭接触数据变化（图 7 所示）表明，在 $[t^h]$ 和 [t] 的发音进程中舌叶和舌面动作有所不同。腭前区为门齿背到前硬腭的区域，RCAa、CA 等指数的变化可代表该区域内的舌腭接触动态过程。腭后区为硬腭区，RCAp、CCp 等指数的变化可表明该区域内的舌腭接触动态过程。舌尖、舌叶和舌面前对应于腭前区，舌面中对应于硬腭。从这些指数的变化趋向看，在 $[t^h]$ 和 [t] 的发音进程中舌面活动幅度小，舌叶活动幅度较大；舌面活动较缓慢，舌叶活动较快；舌面活动先启

动后结束，舌叶活动后启动先结束。这也是 [tʰ] 和 [t] 发音姿态中的重要特点之一。

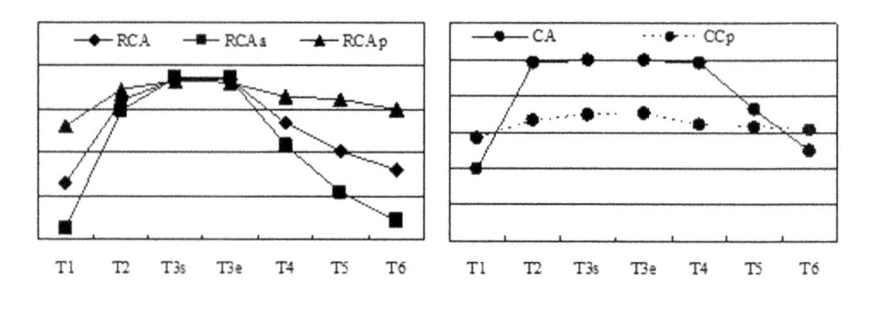

图7　[t] 发音过程中的舌腭接触指数变化曲线

其他变体的生理特征：[t̚] 是不爆破音，与后接塞（或塞擦）音共享一个发音过程，-t̚/t-序列与单辅音 [t] 之间的差异表现在持阻段的长短上，在发音姿态、收紧部位、发音方法以及成阻段和除阻段的时长等其他特征上并无显著差别。在 -t̚/ʧʰ 或 -t̚/ʧ 序列里，[t̚] 虽然保持固有收紧部位，但其时长较短，在前后两个音素共同的持阻段里，后置塞擦音的特征出现得较早，占据大部分时长。[tˡ]（[tʰˡ]）是边爆音，虽然在语图上与 [t] 音没有显著差别，但在听感和生理特征上具有明显的不同。根据腭位特征，[tˡ] 的收紧部位与 [t] 相同，但除阻部位不在齿—龈区，而在软腭两边。以图8为例，语图3.33秒处为 [t] 的冲直条出现时刻，却在与其对应的舌腭接触图（舌腭接触实图第4行第3张）表明腭前区依然处在封闭状态。将3.32秒处的舌腭接触图与3.33秒、3.34秒、3.35秒处舌腭接触图相比，可看出腭后区两边的接触点开始减少，表明腭后区开始出现缝隙。但舌腭间的缝隙没有表现在动态腭位图上，舌腭间缝隙在更靠后的软腭部位。

[tⁿ]（[tʰⁿ]）是鼻爆音，与 [tˡ]（[tʰˡ]）相似，其语图特征与 [t] 音无差异，但其除阻部位是软腭，软腭的下降动作释放口腔内的高压气流，气流从鼻腔辐射到外。

[tˡ]、[tʰˡ] 的除阻部位在腭后区舌侧缘，舌叶和齿—龈之间保持阻塞；[tⁿ]、[tʰⁿ] 的除阻部位在软腭，气流通过鼻腔辐射到外，口腔内仍保持阻塞。边爆音和鼻爆音在听感上也不同于其他 [t]、[tʰ] 音。

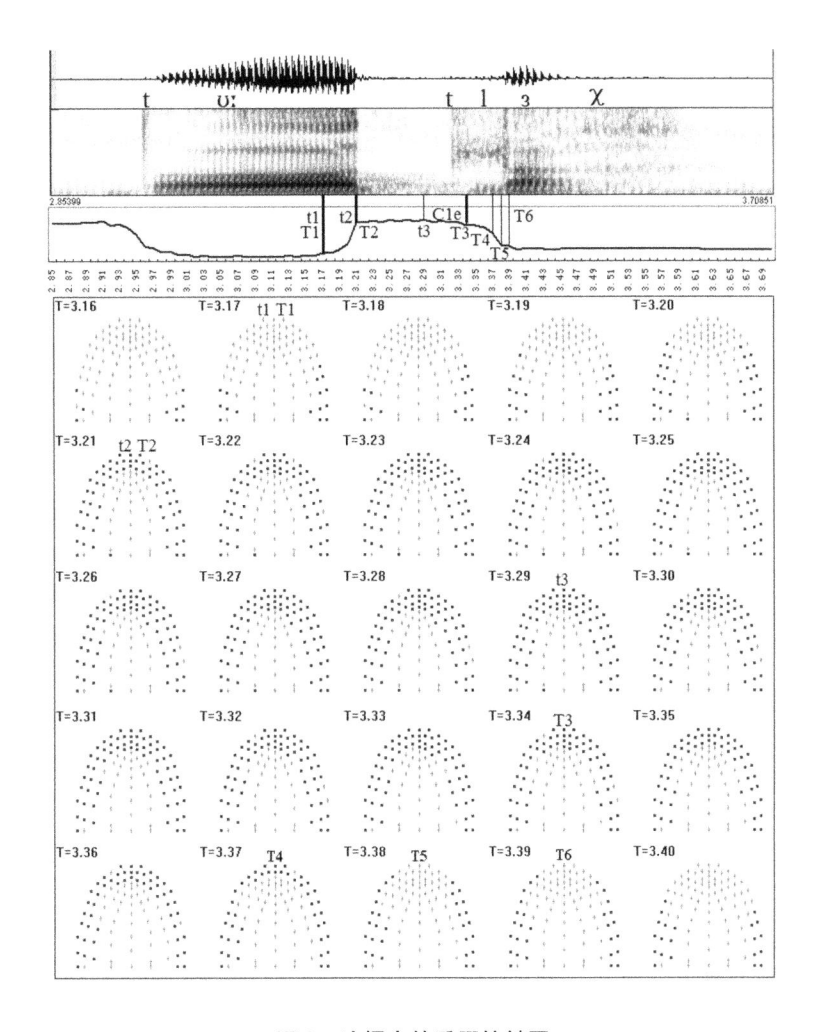

图 8　边爆音的舌腭接触图

三　软腭区塞音

假腭无法覆盖软腭区域,因此在动态腭位图上不能观察软腭辅音的舌腭接触特征,在这里主要从声学表现以及其他音素之间的过渡特征角度分析蒙古语软腭区塞音 [k]。

（一）变体

在传统语音学研究中提出辅音［k］有多则 6 种，少则 1 种变体，如阴阳变体、擦化（清和浊）变体、前化变体、浊塞变体和腭化变体等。这些变体不仅发音方法不同，其发音部位和阴阳性质也不同。宝玉柱等人以发音部位更靠后的［q］记录了正蓝旗土语的软腭塞音[①]，认为［q］有［k］、［ɣ］、［ɣh］、［q］、［ʁ］、［ʁh］等变体。根据他的分析，这些变体并无阴阳之分，主要在发音部位前后和塞与擦、清与浊等发音方法上有别。蒙古语软腭辅音（或舌面后辅音）有无阴阳变体？若有，其声学相关物是什么？是否可用共振峰值量化其区别？针对这样的问题，我们考察了标准音词首［k］辅音共振峰数据。从数据看，［k］辅音的 CF1 一般不会受到后接元音的舌位影响。CF2 会受到后接元音舌位前后影响，在前元音之前相对靠前，而在后元音之前相对靠后，［k］音的 CF2 分布相似于其后接元音 F2 分布特点（图 9）。根据 CF2 的分布情况，将词首［k］可分为 3 组，前、中、后。出现在［i, ɛ］元音之前的［k］最靠前，出现在［ɐ, ə］之前的［k］居中，出现在圆唇元音之后的［k］最靠后。显然，这种分布并不受阴阳性质的影响，而受到后接元音舌位前后和唇形的影响。但值得注意的是，在同组内部，出现在阳性元音之前的［k］相对靠后。如，［kɐ］的 CF2 比［kə］的低 113Hz；［kɔ］的 CF2 比［ko］的低 110Hz；［kʊ］的 CF2 比［ku］的低 165Hz。这种差异表明蒙古语软腭辅音的阴阳性质值得进一步探索。

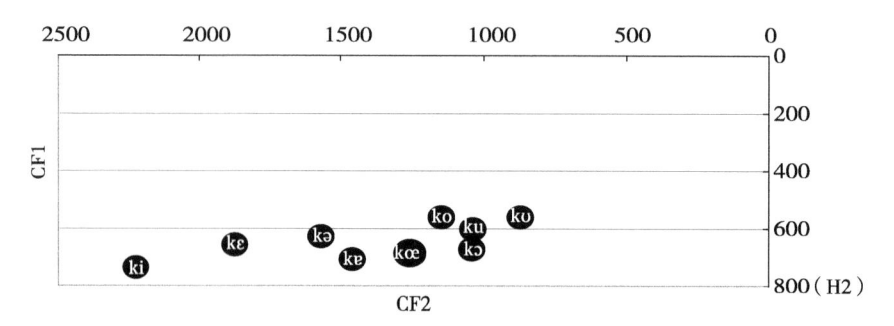

图 9 辅音［k］CF2 分布图

[①] 宝玉柱、孟和宝音：《现代蒙古语正蓝旗土语音系研究》，民族出版社，2011，第 59～60 页。

[k] 的主要变体是清塞音、清擦音、浊擦音等3种。除此之外，偶尔出现浊塞音变体。这些变体可记为 [k]、[ɣ]、[χ]、[g]。[k] 是软腭区不送气清塞音，主要出现在词首，偶尔出现在词中。[χ] 是软腭区清擦音①，主要在 [x, s, ʃ, tʰ, tʃʰ] 等清擦音和送气辅音之前出现，偶尔出现在词中送气辅音之后的音节首位置和词末。[g] 是软腭浊塞音，出现在 [ŋ] 辅音之后，出现频率较低。[ɣ] 是软腭浊擦音，在其他语境里出现，即在词中，元音和除了 [x, s, ʃ, tʰ, tʃʰ] 以外的其他辅音之前以及词末位置。在词末，[ɣ] 偶尔会清化为 [χ]。在 [k] 的4个变体中，[ɣ] 的出现频率最高（54.03%），其次是 [χ]（21.02%）和 [k]（17.43%），[g] 很少见（7.52%）。软腭塞音4个变体的主要区别在于发音方法，即塞与不塞（擦）、清与浊等。发音部位不会发生变化，均为软腭区音，其中 [k] 是典型变体。

（二）声学特征

在语图上，[k] 的表现与其他清塞音相同，但 VOT（27ms）长于 [t] 和 [p] 的 VOT（15ms）。[ɣ] 在语图上表现为浊音共振峰，其能量相对低于前后元音。[χ] 表现为清擦音乱纹，频谱较宽，一般不出现明显的强频集中区。[ɣ] 和 [χ] 受到词中位置、音节个数和前后音素的影响，音长有所不同。总体上来看，词末辅音比词中和词首辅音长；出现在两个元音中间的 [ɣ] 比出现在辅音和元音之间的 [ɣ] 长；音节末的辅音比音节首的辅音长；复辅音前置辅音比单辅音长。除了词末辅音之外，其他条件下的变体时长差距在 10~20ms 之间。这些变体时长上的差异规律与辅音 [p] 的4个变体音长分布模式相同。[g] 是鼻音 [ŋ] 后出现的条件变体，其冲直条之前所出现的浊音横杠是受到前置辅音 [ŋ] 的声带振动惯性延续。[ɣ] 的第二共振峰受到前后元音第二共振峰的影响，在后、圆唇元音 [ɔ, ʊ, o, u] 前后较低，800~1200Hz 之间；在其他元音

---

① 宝玉柱等人用 [χ] 记录了正蓝旗土语小舌清擦音，并指出其发音部位不同于 [x]（宝玉柱、孟和宝音：《现代蒙古语正蓝旗土语音系研究》，民族出版社，第35页）。出于简单记录语流变体的目的，本文用 [χ] 记录了标准音 [k] 音位的清擦音变体，其音质也不同于 [x]，但主要区别不是发音部位的前后，而是收紧程度的大小。[χ] 的收紧程度大，收紧处的发音器官更紧张，缝隙相对小；[x] 的收紧程度小，发音器官的紧张程度低，缝隙相对大。在听感上 [χ] 的摩擦程度比 [x] 大。

前后 1100～1800Hz 之间，特别在前元音［i，ɛ，œ］前后，一般在 1600Hz 左右。［ɣ］的第一共振峰和第三共振峰不会受到前后元音的共振峰影响而变，VF1 在 400～600Hz 之间，VF3 在 2400Hz 左右。图 10 是蒙古语软腭区塞音 4 个变体的语图。

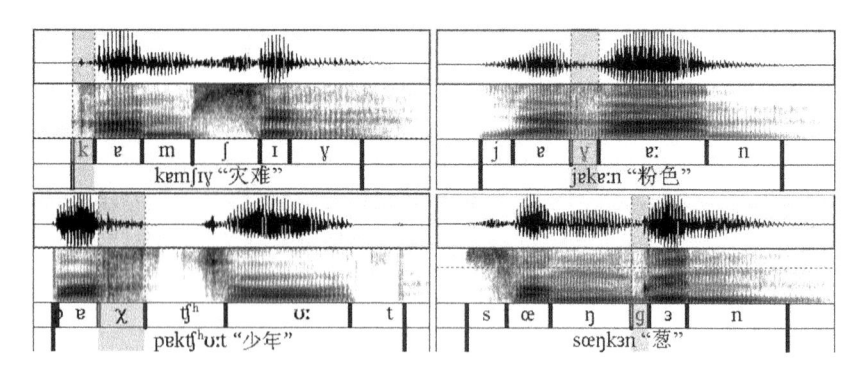

图 10 软腭区塞音 4 个变体的语图

（三）生理特征

［k］辅音 4 个变体的收紧部位都在软腭—舌面后部位。在语流中受到前后音素的影响，收紧部位发生前后移动，其舌腭间的接触面积也会相应地增大或减少，以上声学数据在一定程度上证明了这一点。这些特征也反映在动态腭位图上。如图 11，在发音节［ki］时，［k］受到元音［i］的影响，其收紧部位前移，在硬腭和舌面之间出现阻塞性接触。而在［kɐ］、［ku］等音节中，［k］的收紧部位不会前移，在动态腭位图上观察不到阻塞性接触。

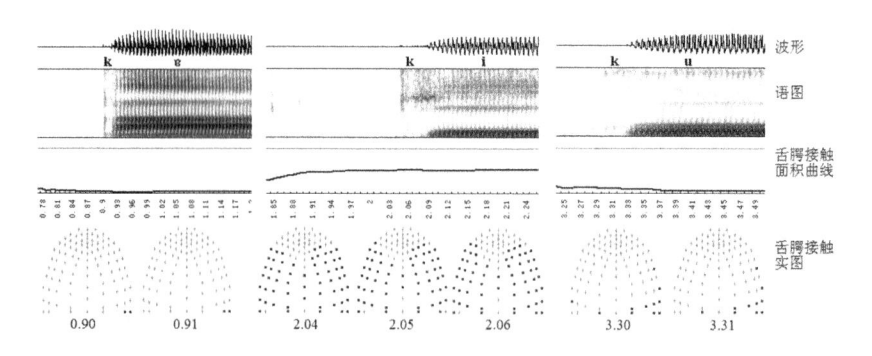

图 11 ［kɐ］、［ki］、［ku］三音节语图和腭位图

总 结

　　[p] 有 [p，β，ɸ，b] 等 4 个变体，各为清塞音、浊擦音、清擦音和浊塞音，收紧部位均在双唇。[pʰ] 的出现频率很低，语流中具体表现形式为双唇送气塞音 [pʰ]。[t] 和 [tʰ] 两个辅音有清塞音、不爆破音、边爆音和鼻爆音等变体，[tʰ] 在词中出现送气前移现象，不管是哪一种变体，其收紧部位均在齿—龈区，主动发音器官为舌叶。[k] 有 [k，ɣ，χ，g] 等 4 个变体，各为清塞音、浊擦音、清擦音和浊塞音，收紧部位均在软腭区，主动发音器官为舌面后。

　　在蒙古语塞音格局中，不同的收紧部位和送气与否是区别词义的两个要素。从收紧部位角度来看，[p，t，k] 等 3 个辅音分布在双唇、齿—龈、软腭等不同的收紧部位。从送气特征角度来看，[p] 和 [pʰ] 之间、[t] 和 [tʰ] 之间以送气特征为主要的区别。在察哈尔土语中也出现辅音 [kʰ]，是辅音 /x/ 的条件变体，只出现在辅音 [ŋ] 之后。该 [kʰ] 音在标准音中却很少出现。显然，[p]、[t]、[k] 的对立在蒙古语音系中较为稳定，但 [pʰ]、[tʰ]、[kʰ] 在具体语言中很少形成对立，形成蒙古语塞音缺项对立的不对称格局特点。

　　从文中分析可总结出塞音变体的主要区别在于发音方法上，因词中位置和后续音素性质不同，而出现塞与不塞（擦）、浊与清的差异。不管是哪一个变体，其收紧部位不会发生变化。对这些变体的出现条件，起到决定性作用的是词中位置和后续音素的强弱性质。词首和非词首的区别是变体出现的第一个主要条件，后续音素是否强辅音是变体出现的第二个主要条件。这也是蒙古语辅音音变中的普遍性规律。[t] 和 [tʰ] 两个辅音的不爆破音、边爆音和鼻爆音等变体同样为发音方法上的变体，其收紧部位不变。这些变体的出现条件为前后两个音素的发音部位相近程度和协同发音可能性，在很大程度上可以认为是一种协同发音现象。

参考文献

宝玉柱、孟和宝音：《现代蒙古语正蓝旗土语音系研究》，民族出版社，2011。

哈斯其木格等：《蒙古语语音动态腭位数据库》，《第九届中国语音学学术会议论文集》，南开大学出版社，2010。

哈斯其木格：《蒙古语察哈尔土语的前送气辅音》，《民族语文》2009 年第 1 期。

呼和等：《关于〈蒙古语语音声学参数数据库〉》，《内蒙古大学学报》（人文社会科学版）1997 年第 5 期。

那德木德：《蒙古语察哈尔土语的元音和辅音》，《民族语文》1986 年第 5 期。

清格尔泰：《蒙语语音系统》，《内蒙古大学学报》（蒙文版）1963 年第 2 期。

武达：《察哈尔土语语音音系系统的某些特点》，《内蒙古大学学报》（蒙文版）1982 年第 4 期。

关于鄂温克语辅音系统*

乌日格喜乐图**

内容提要：本文利用语音分析软件 Praat，对"鄂温克语语音声学参数数据库"中出现的辅音音长 CD，共振峰 CF1、CF2、CF3、CF4、VF1、VF2、VF3、VF4 数据进行实验研究，并对所得数据统计分析，进而阐述了鄂温克语辅音声学特征。

关键词：鄂温克语　辅音研究

引　言

鄂温克语属阿尔泰语系满—通古斯语族通古斯语支语言。根据 2000 年全国人口普查统计，我国鄂温克族人口共有 30500 人，主要居住在内蒙古自治区呼伦贝尔市鄂温克族自治旗、莫力达瓦达斡尔族自治旗、鄂伦春族自治旗、陈巴尔虎旗、根河市、阿荣旗、扎兰屯，黑龙江省讷河县、嫩江县和新疆塔城等地区。鄂温克语属于黏着型语言，没有声调，没有文字。以单词为基本单位，一个单词由若干个音节组成，有比较复杂的附加词缀系统。中国境内鄂温克语具有代表性的是辉河方言、莫尔格勒河方言、敖鲁古雅河方言三大方言。辉河方言简称辉方言，历史上被称为"索伦语"或"索伦鄂温克语"，使用该方言的鄂温克人分布在内蒙古自治区呼伦贝尔鄂温克族自治旗、莫力达瓦达斡尔族自治旗、鄂伦春族自治旗、阿荣旗、扎兰屯市以及黑龙江省讷河和嫩江县等地，使用人口占鄂温克族的 90% 以上。莫尔格勒河方言简称莫方言或陈方言。历史上被称为"通古斯

---

* 本文得到中国社科院院重大 A 类项目"基于语音声学参数统一平台的阿尔泰语系诸语言语音研究"（编号为：0900000112）资助。

** 乌日格喜乐图，中国社会科学院民族学与人类学研究所助理研究员。

语"或"通古斯鄂温克语",使用该方言的鄂温克人主要分布在内蒙古自治区呼伦贝尔市陈巴尔虎旗莫尔格勒鄂温克苏木、鄂温克族自治旗锡尼河东苏木和孟根楚鲁苏木等地区。敖鲁古雅方言简称敖方言,曾被称作"雅库特语"或"雅库特鄂温克语"。该方言主要分布在内蒙古自治区额尔古纳左旗敖鲁古雅鄂温克民族乡以及鄂伦春自治旗等地。①

鄂温克语音位系统有8个短元音和与之相对应的8个长元音,18个基本辅音音位。其音位系统如下:

短元音:/ɐ/、/ɔ/、/ʊ/、/o/、/u/、/ə/、/i/、/e/;

长元音:/ɐː/、/ɔː/、/ʊː/、/oː/、/uː/、/əː/、/iː/、/eː/;

清塞音:/p/、/pʰ/、/t/、/tʰ/、/k/、/kʰ/;

塞擦音:/tʃ/、/tʃʰ/;

清擦音:/s/、/ʃ/、/x/

鼻音:/n/、/m/、/ŋ/;

边音:/l/;

颤音:/r/;

通音:/w/、/j/。

首次对鄂温克语进行田野调查的人是德国民族学者G.威森。他于1705年,在威斯巴登出版了《鄂温克语词汇笔记原稿》。其后俄国语言学家阿力克桑德尔于1856年撰写了《通古斯诸语语法教科书》,伊瓦诺夫斯基于1894年撰写了《索伦语与达斡尔语》,向世人第一次展示了鄂温克语语音、词汇、语法等方面的基本结构特征。N.鲍培于1931年编辑出版了《索伦语资料》。

在国内,鄂温克语的调查研究是从20世纪60年代开始的。1962年,胡增益、李树兰和王庆丰到鄂温克族自治旗辉苏木进行鄂温克语调查。之后,1983年胡增益和朝克进行了补充调查,并编写了《鄂温克语简志》(胡增益、朝克,1986)和《鄂温克语研究》(朝克,1995)。这两部专著是国内用传统语言学的理论和方法研究鄂温克语的比较有影响的著作。杜·道尔吉在1998年编辑出版了我国第一部鄂温克语词典《鄂汉词典》。除此之外还有不少专家学者写了有关鄂温克语的若干论文。

---

① D. O. 朝克:《鄂温克语研究》,民族出版社,1995,第3页。

一 实验语料及研究方法

（一）实验材料

语料：语料选自"鄂温克语语音声学参数数据库"，该数据库包含 1 男 1 女发音人的 2375 个单念单词，其中，女声（F1）1199 个单词，7325 个音素；男声（M2）1176 个单词，7169 个音素。

发音人：M2，男，内蒙古呼伦贝尔学院教师，鄂温克族自治旗伊敏苏木鄂温克族人，其母语和生活用语为鄂温克语，工作用语为汉语。F1，女，鄂温克族自治旗广播电视台鄂温克语播音员，鄂温克族自治旗辉苏木鄂温克族人，其母语和生活用语为鄂温克语，工作用语为鄂温克语、蒙古语和汉语。两位发音人均来自鄂温克族聚集地，发音纯正，前后一致，能代表鄂温克语辉河方言典型发音。

（二）实验设备和分析方法

录音设备为配有索尼指向性话筒 SONY ECM 44B 和 Creative 录音软件的 IBM R 系列笔记本电脑。采样率为 22kHz，16bits，单声道，S/N 不低于 45dB。录音地点为内蒙古自治区呼伦贝尔市人民广播电台录音棚。

本文采用 praat 语音分析软件，提取出现在各种语境中的辅音音长（CD），共振峰（CF1 - CF4，VF1 - VF4）数据。

二 结果

鄂温克语有 [p]、[pʰ]、[t]、[tʰ]、[k]、[kʰ]、[tʃ]、[tʃʰ]、[s]、[ʃ]、[x]、[n]、[m]、[ŋ]、[l]、[r]、[w]、[j] 等 18 个基本辅音。也有些学者认为鄂温克语除以上 18 个辅音以外还有 [dz]、[tʂ]、[ʂ]、[ʐ] 等辅音，主要用在汉语借词当中。[①] 本文采用 praat 语音分析软件提取了"鄂温克语语音声学参数数据库"中所出现的鄂温克语 18 个

[①] 斯仁巴图：《关于鄂温克语音位系统及特征》，《内蒙古社会科学》（蒙文版）2007 年第 1 期，第 40 页。

基本辅音在各种语境中的音长（CD）、音强（CA）和共振峰（CF1 – CF4，VF1 – VF4）数据，并对其进行了统计分析。

（一）清塞音

塞音的发音特点是：①主动发音器官上举与被动发音器官构成完全性的接触，从而关闭了口腔或鼻腔的气流通道；②声门下的气流被阻塞在关闭点后部，随着气流的积聚，口腔内形成超压；③关闭点被突然打开，释放出一股强气流，冲破空气的阻力，形成一个类冲击波。① 也就是辅音发音过程中的三个阶段：成阻，持阻，除阻阶段。GAP（Silent gap）一般特指清塞音、清塞擦音生理动作的闭塞段，声学层面的持阻段。VOT（Voice onset time）指破裂音除阻到声带振动起始点之间的音长。实际上 VOT 的意义是测量辅音冲直条到后面浊音音段的时间间距。GAP 是塞音特有的声学表现，GAP + VOT 是清塞音的声学音长。②

鄂温克语有 [p]、[pʰ]、[t]、[tʰ]、[k]、[kʰ] 等 6 个清塞音。我们从"鄂温克语语音声学参数数据库"中选取包含清塞音的单词，作为实验材料，主要对词首位置和词中音节音节首位置清塞音 GAP、VOT 数据进行了统计分析。详细数据如表 1 所示。

[p] 双唇不送气清塞音。可以出现在词首或词中，很少在词末出现。例如：pɔlɔ（秋天）、tɔlpɔ（夜晚）、kəppi（名字）。双唇浊擦音 [β]，出现频率较低，出现在词中位置。例如：tʰupikə ~ tʰuβikə（果实）。

[pʰ] 双唇送气清塞音。可以出现在词首或词中位置，不在词末出现。例如：pʰəntʰu（鹿茸）、sɐpʰpʰɐ（筷子）。

[t] 齿龈不送气清塞音。可以出现在词首或词中位置，很少在词末出现。例如：tɔː（河）、nɐtɐŋ（七）、ɐttɐrəŋ（高兴）、ultə（肉）等。

[tʰ] 齿龈送气清塞音。可以出现在词首或词中位置，不在词末位置出现。例如：tʰɐtʊː（那里）、ʊntʰɐ（靴子）、nətʰtʰə（矮的）等。

[k] 软腭不送气清塞音。可以出现在词首或词中位置，很少在词末出现。例如：kɔrɔ（远）、kukkultəŋ（动弹）、tʰəkku（道路）。在语流当中，偶尔出现软腭浊擦音 [ɣ]，出现在词中音节首位置，出现频率不高。例

---

① 呼和：《蒙古语语音实验研究》，辽宁民族出版社，2009，第 84 页。
② 郑玉玲：《论声学语音声学参数》，《第九届中国语音学学术会议论文集》，2009。

如：jəkin～jəɣin（九）。

[kʰ] 软腭送气清塞音。在少数单词中出现在词首，多数出现在词中位置，不在词末出现。例如：kʰumpil（柳蒿芽）、əkʰkʰi（裤子）、nənikʰkʰuŋ（薄的）等。

表1 词首、词中音节首清塞音 GAP、VOT 数据

单位：ms

		p		t		k		pʰ		tʰ		kʰ	
		M2	F1	M2	F1	M2	F1	M2	F1	M2	F1	M2	F1
词首	VOT	21	17	21	18	34	28	59	58	60	62	65	68
词中音节首	GAP	66	57	85	76	48	52	91	82	121	116	110	86
	VOT	14	15	17	15	26	21	32	36	30	20	53	49
	CD	80	72	103	222	74	73	123	118	151	146	163	135

我们对在词首和词中音节出现的清塞音 VOT 数据进行分析发现。词中音节出清塞音 VOT 数据小于词首清塞音数据。送气塞音 VOT 数据大于不送气清塞音 VOT 数据。不送气清塞音 VOT 数据排序为 [p] < [t] < [k]，而送气清塞音 VOT 数据的排序则为 [tʰ] < [pʰ] < [kʰ]（如表1、图1所示）。

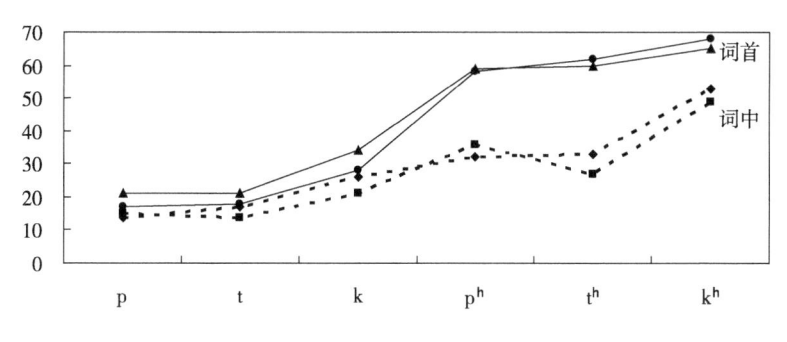

图1 清塞音 VOT 长度示意

我们根据鄂温克语清塞音 GAP、VOT 数据，引用石锋和冉启斌提出的使用塞音的浊音起始时间（VOT）和闭塞段音长（GAP）作为二维平面坐

标来构建塞音的声学空间①方法，绘制了鄂温克语清塞音辅音声学格局（见图 2、图 3）。图中横轴为 VOT，纵轴为 GAP，根据绘图结果，鄂温克语清塞音分布在"左下"和"右上"两个区域，其界线是横轴 30ms 和纵轴 90ms。很显然鄂温克语塞音格局呈现出以下特点：①从分布空间来看，鄂温克语清塞音明显以送气与否分布在两个区域内。②实验数据表明，不送气清塞音 [t]、[p]、[k] 分布在 VOT < 30ms、GAP < 90ms 的范围内，送气清塞音 [t^h]、[k^h]、[p^h] 则分布在 VOT > 30ms、GAP > 90ms 范围内。③鄂温克语清塞音不论送气与否 GAP 均比 VOT 长。④鄂温克语送气清塞音的 GAP 比不送气清塞音长。

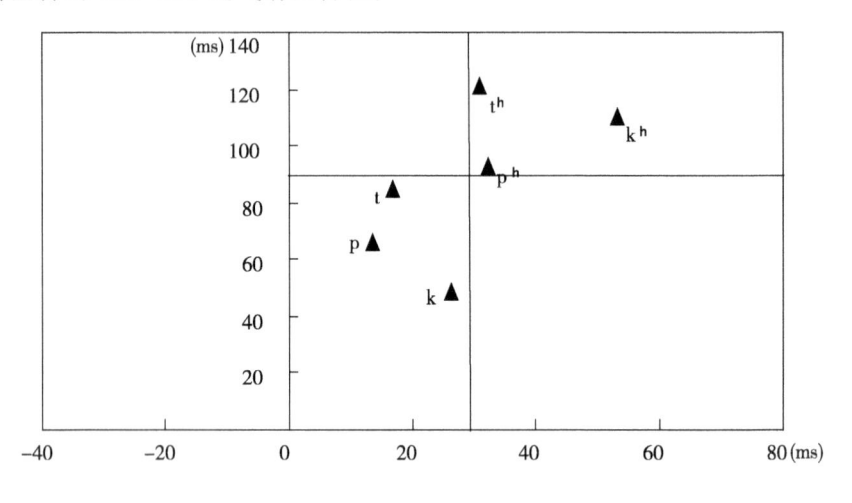

图 2 鄂温克语 M2 清塞音格局

（二）塞擦音

塞擦音的发音特点：发音时主动发音器官和被动发音器官构成阻塞，气流不断在口腔内聚集，口腔内形成超压，口腔不是马上打开，而是先开一缝隙，气流挤出缝隙产生摩擦，形成塞擦音。鄂温克语有 [tʃ]、[$tʃ^h$] 两个清塞擦音。

---

① 冉启斌：《辅音声学格局研究》，《当代外语研究》2011 年第 9 期。

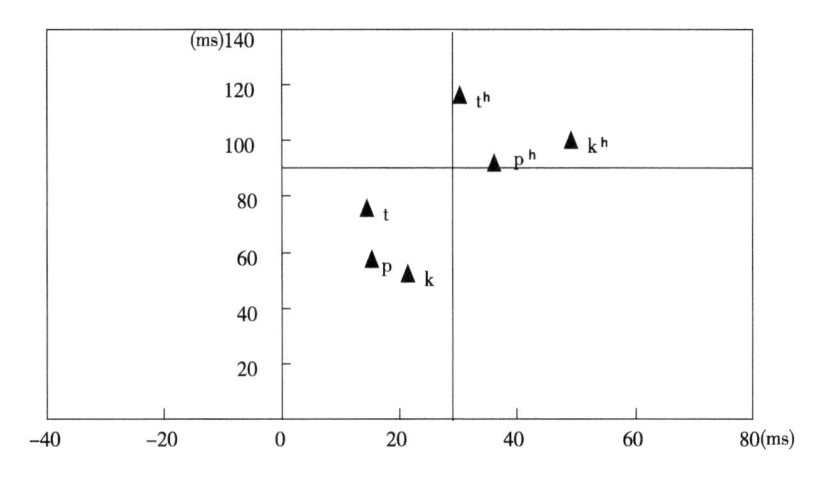

图 3　鄂温克语 F1 清塞音格局图

[tʃ] 舌面前、龈脊不送气清塞擦音。出现在词首和词中位置。不在词末出现。例如：<u>tʃ</u>əki（下巴）、ʋnɛː<u>tʃ</u>i（姑娘）、əɪ<u>tʃ</u>ʃikkiŋ（像这样）等。

[tʃʰ] 舌面前、龈脊送气清塞擦音。出现在词首和词中位置。不在词末出现。例如：<u>tʃʰ</u>ixɛmɪ（半高狍皮靴）、əːltʃʰi（有营养的）、sɛ<u>tʃʰtʃʰ</u>irɛŋ（砍）等。

表 2　塞擦音 GAP、VOT 统计表

单位：ms

		tʃ		tʃʰ	
		F1	M2	F1	M2
词首	VOT	43	44	86	85
词中音节首	VOT	40	485	74	95
	GAP	61	66	73	110
	CD	100	113	146	205

我们对"鄂温克语语音声学参数数据库"中所出现的塞擦音音长数据进行了统计分析（见表2）。结果显示：不送气塞擦音[tʃ]的 GAP 与清塞音[t]、[p]、[k]的 GAP 相近，但 VOT 远远长于清塞音[t]、[p]、[k]的 VOT，送气塞擦音[tʃʰ]的 GAP、VOT 均长于送气清塞音[tʰ]、 [kʰ]、[pʰ] 的 GAP、VOT。这表明清塞擦音在发音过程中口腔内积聚的气流冲破阻碍向外释放时，不是以一股突然被释放的强气流的形式放出来的。主动发音器官与被动发音器官不是一下子打开阻碍，而是先打开一条缝隙，气流从突然被释放转而从缝隙中挤压出去产生摩擦。鄂温克语清塞音、清塞擦音不论送气与否 GAP 长度均大于 VOT 长度。

（三）清擦音

清擦音的发音特点：发音时主动发音器官和被动发音器官不完全阻塞，形成一条缝隙，气流强行通过缝隙产生摩擦音。鄂温克语有 [s]、[ʃ]、[x] 3 个清擦音。

[s] 舌尖清擦音。可以出现在词首或词中位置，很少在词末出现。例如：su̠ːn（皮袍）、əs̠ur（扫帚）、irs̠ə（熟的）等。鄂温克语清擦音 [s] 不在元音 [i] 前出现。

[ʃ] 舌面前清擦音。可以出现在词首或词中位置，不在词末出现。例如：ʃiːltə（胆）、ʃikʰkʰul（鬼）、nəːʃin（汗水）等。鄂温克语清擦音 [ʃ] 只在前高元音 [i]、[e] 前出现。

[x] 软腭清擦音。可以出现在词首或词中位置，不在词末出现。例如：xe̠kʰkʰɐr（盖子）、ɐːxin（肺）、əx̠uttə（热的）。

表3 鄂温克语清擦音音长统计

单位：ms

	x		s		ʃ	
	F1	M2	F1	M2	F1	M2
词首	105	93	128	104	154	168
词中	123	129	146	155	148	149

我们对"鄂温克语语音声学参数数据库"中所出现的清擦音音长数据进行了统计分析（见表3）。结果显示：鄂温克语清擦音 [x] 的音长最短，[ʃ] 的音长最长，音长长度依次为 [x] < [s] < [ʃ]，词中音节首 [x]、[s] 的音长均长于其在词首位置的音长。而词中音节首 [ʃ] 的音长均短于其在词首位置的音长。

清擦音 [s]、[ʃ]、[x] 的频谱宽度较相近，但强频集中区分布明显不同，[s] 的强频集中区在 5030Hz 左右，[ʃ] 的强频集中区在 3891Hz 左右，[x] 的强频集中区在 1550Hz 左右。清擦音的强频集中区依次为清擦音 [x] < [ʃ] < [s]。表明发音部位越靠前，共鸣腔越短，共鸣频率越高。① 因此 [s] 的发音部位最靠前，[ʃ] 的发音部位在 [s] 后面、[x] 的发音部位在最后（见图 4）。

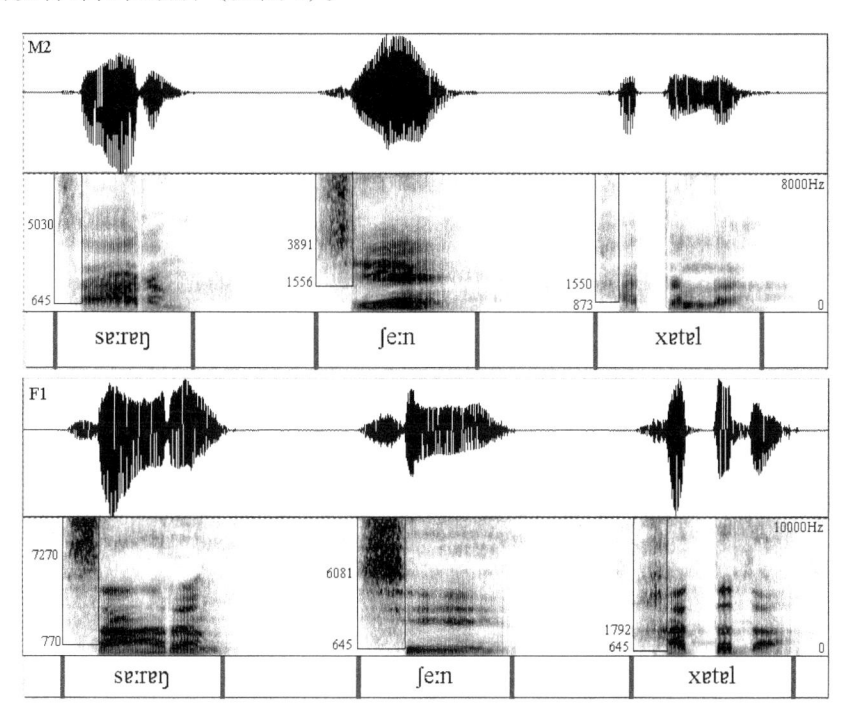

图 4 清擦音 [s]、[ʃ]、[x] 强频集中区示意

（四）鼻音

鼻音发音特点：发音时口腔里形成的阻碍，完全闭塞，但软腭下降，打开气流通往鼻腔的通道，口腔内阻塞的气流顺利地从鼻腔出去，形成鼻音。鼻音是浊音性的，发音时声带振动产生周期性声波。鄂温克语有 [n]、[m]、[ŋ] 3 个鼻音。

[n] 舌叶鼻音。可以出现在词中任何位置。例如：n̠en̠te（皮子）、

---

① 鲍怀翘：《辅音论》，2005 年 6 月讲义。

tʰeːnɘŋ（拽）、ʊlkeɳ（猪）等。

［m］双唇鼻音。可以出现在词中任何位置。例如：menti（厉害的）、ʊmɯ（骨髓）、nʊnʊm（长的）、ɐmmɯ（口）等。

［ŋ］舌根浊鼻音。不在词首出现，但在非词首音节首出现。词末出现较多。例如：pɔŋkɔd（大的）、seŋŋas（烟）等。

表4　鼻音音长统计

单位：ms

	n		m		ŋ	
	F1	M2	F1	M2	F1	M2
词首	69	49	72	56		
词中音节首	92	95	95	102	55	63
词中音节尾/词末	113	134	134	137	143	152

我们对"鄂温克语语音声学参数数据库"中所出现的鼻音音长数据进行了统计分析（见表4）。从在词中任何位置均可出现的两个鼻辅音［n］、［m］的音长数据来看，不论在词中任何位置辅音［m］的音长均长于辅音［n］。而辅音［ŋ］的音长数据表明，辅音［ŋ］在词中音节首或词中音节末出现时其音长短于辅音［n］、［m］的音长。辅音［ŋ］在词末出现时其音长则长于辅音［n］、［m］的音长。

鄂温克语鼻辅音［n］、［m］、［ŋ］在词中音长分布如下：词首［n］<［m］，词中［ŋ］<［n］<［m］，词末［n］<［m］<［ŋ］。

表5　鼻音共振峰数据

单位：Hz

		词首		词中音节首		词中音节尾	
		F1	M2	F1	M2	F1	M2
m	VF1	352	336	361	358	355	385
	VF2	1236	1094	1307	1234	1156	1132
	VF3	2565	2283	2376	2224	2241	2150
	VF4	3768	3641	3451	3310	3292	3109

续表

		词首		词中音节首		词中音节尾	
		F1	M2	F1	M2	F1	M2
n	VF1	399	409	387	371	423	438
	VF2	1524	1573	1467	1328	1375	1364
	VF3	2588	2410	2496	2330	2583	2346
	VF4	3731	3759	3445	3235	3822	3435
ŋ	VF1			433	422	421	428
	VF2			1244	1221	1280	1273
	VF3			2428	2270	2346	2270
	VF4			3247	3116	3262	3138

从鼻辅音第二共振峰数据来看（见表5）。[n] 的第二共振峰最高，[ŋ] 的第二共振峰数据低于 [n] 的第二共振峰数据，表明 [n] 的发音部位靠前，[ŋ] 的发音比 [n] 的发音部位靠后。[m] 是双唇音，因此无法用辅音第二共振峰数据来说明其发音部位特点。

（五）边音

边音的发音特点：发音时舌尖形成阻碍，不让气流通过，气流从舌头两边空隙流出。边音同鼻音一样是浊音。鄂温克语有1个边音 [l]。

[l] 舌尖边音。在词中任何位置均可出现。例如：luxereŋ（脱衣服）、mʊntɛːltireŋ（打架）、tʰɔːrɔl̥（灰尘）等。辅音 [l] 在 [s]、[ʃ]、[x]、[tʰ]、[tʃʰ] 等辅音前面出现时，因受后续辅音影响会发生清化现象，辅音 [l] 变为 [l̥]。如图5、图6所示，常态的 [l] 在语图上的表现为有明显的声带振动产生的周期性声波。而清化的 [l̥] 在语图上的表现为没有周期性的声波而出现清擦乱纹。辅音 [l] 在词末出现时常伴有弱短元音。

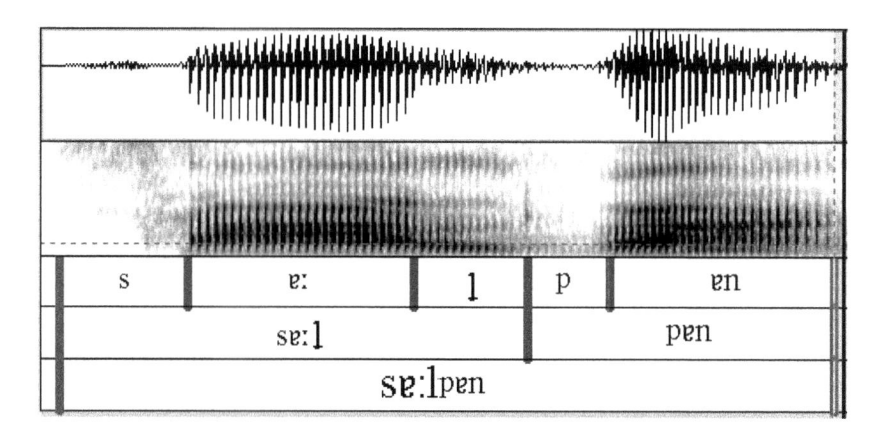

图 5　词中浊边音 [l]

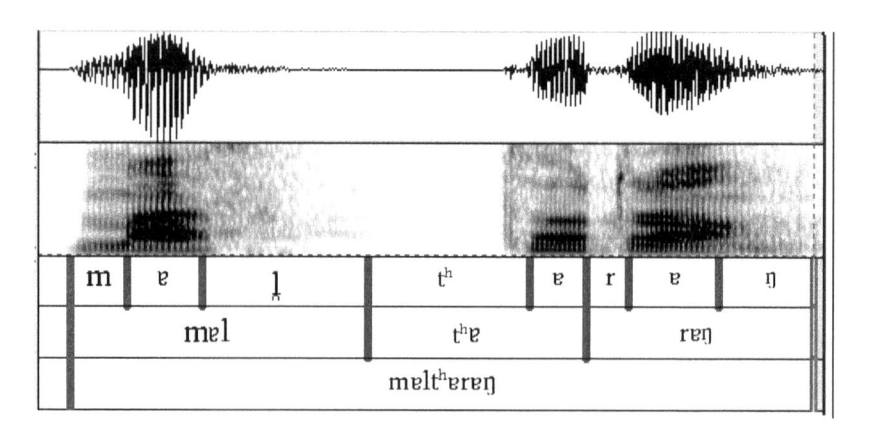

图 6　词中清化 [l̥]

我们对词中各个位置 [l] 辅音的音长进行了统计（见表6）。词首位置 [l] 的音长最短。随着音节的增多在词中音节出现的 [l] 辅音音长出现明显增长现象。词末位置的 [l] 辅音的音长最长。[l] 辅音音长在词中分布为：词首 < 词中音节音节首 < 词中音节音节尾 < 词末。

表 6　边音 [l] 音长统计

单位：ms

	词首	词中音节首	词中音节尾	词末
F1	71	78	109	98
M2	53	87	118	139

根据边音共振峰统计，边音［l］的共振峰数值大致在 VF1 = 380 ~ 450Hz, VF2 = 1290 ~ 1570 Hz, VF3 = 2440 ~ 2950 Hz, VF4 = 3650 ~ 4160 Hz（见表7）。

表7 边音共振峰数据表

单位：Hz

	词首		词中音节首		词中音节末		词末	
	F1	M2	F1	M2	F1	M2	F1	M2
VF1	429	447	419	394	409	401	381	395
VF2	1489	1286	1347	1412	1569	1494	1625	1366
VF3	2841	2510	2437	2493	2669	2464	2945	2542
VF4	4155	3869	3744	3651	3909	3720	4125	3661

（六）颤音

颤音的发音特点：舌尖的肌肉具有一定的弹性，当气流通过时舌尖受气流冲击产生颤动，进而发出声音。鄂温克语有1个颤音音位［r］。

［r］舌尖浊颤音。除词首以外词中任何位置均可出现，如 ulerin（红的）、seːren（知道）等。颤音［r］在语图上的表现为短暂的摩擦乱纹，如图7所示。图7中左侧为男声（M2）语图，右侧为女生（F1）语图。辅音［r］在词末出现时常伴有弱短元音。

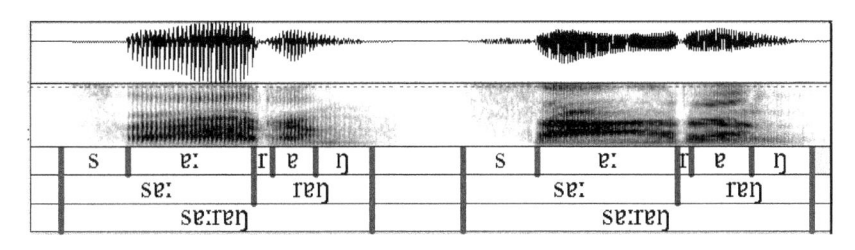

图7 颤音/r/的语图

(七) 通音

通音的发音特点：发音时主动器官和被动器官不形成阻碍，口腔通路接近开放。气流通过时只产生轻微的摩擦或没有摩擦。发音时声带振动产生周期性声波。通音是浊音。鄂温克语有［w］、［j］两个通音。

［w］软腭通音。在词首、词中位置出现，不在词末出现。例如：w̯ɐrəŋ（杀）、ɐːw̯oŋ（帽子）等。

［j］舌面前浊擦音。在词首、词中位置出现，不在词末出现。例如：jərən（九十）、aja（好）等。

通音音长统计数据显示，辅音［j］的音长长于辅音［w］的音长。在词中位置辅音［w］、［j］的音长均长于词首位置辅音［w］、［j］的音长（见图8）。

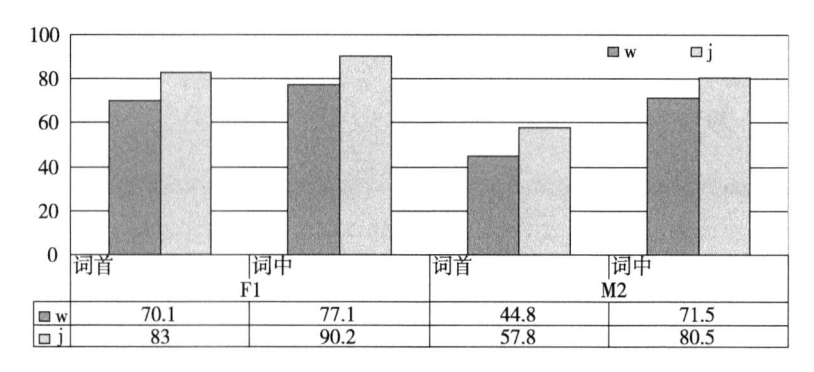

	词首 F1	词中 F1	词首 M2	词中 M2
w	70.1	77.1	44.8	71.5
j	83	90.2	57.8	80.5

图8 通音音长分布示意

辅音［w］的共振峰数值大致在 VF1 = 480~510Hz，VF2 = 980~1050Hz，VF3 = 2300~2760Hz，VF4 = 3800~4490Hz。通音［j］的共振峰数值大致在 VF1 = 380~490Hz，VF2 = 1820~2430Hz，VF3 = 2570~3130Hz，VF4 = 3560~4090Hz（见表8）。统计结果，辅音［w］和［j］的第一共振峰数值相近。而第二共振峰数据有明显的差距，辅音［j］的第二共振峰数值大于辅音［w］的第二共振峰数值，表明辅音［j］的发音部位比辅音［w］的发音部位靠前。辅音［j］的第三共振峰数值大于辅音［w］的第三共振峰数值。辅音［j］的第四共振峰数值小于辅音［w］的第四共振峰数值。

表8 通音共振峰数据

单位：Hz

	w				j			
	词首		词中		词首		词中	
	F1	M2	F1	M2	F1	M2	F1	M2
VF1	498	513	488	494	400	376	492	447
VF2	1041	975	1051	984	2427	1843	2109	1829
VF3	2762	2308	2564	2318	3132	2720	2945	2570
VF4	3886	3805	4482	4266	4087	3567	4074	3655

我们根据辅音［w］和［j］的第一共振峰VF1和第二共振峰VF2数据绘制了舌位图（见图10）。图中VF2为横轴，VF1为纵轴。横轴表现开口度大小，纵轴表现舌位前后。从图10中我们可以看到，辅音［w］和［j］的开口度大小基本相近，VF1数值在400～600Hz之间。辅音［j］的发音部位明显靠前，VF2数值在1840～2430Hz之间。辅音［w］的VF2数值在980～1051Hz之间。

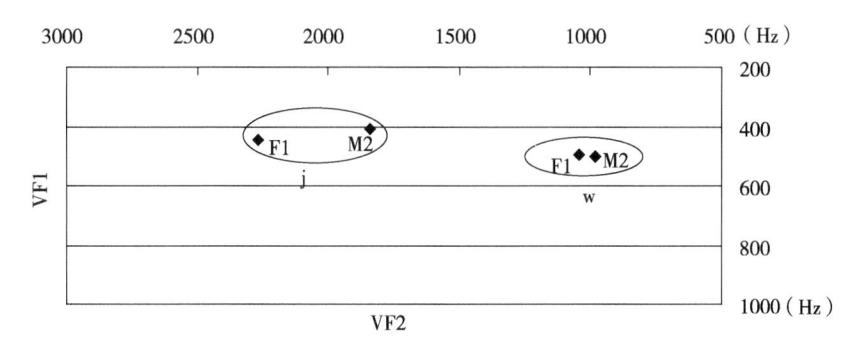

图9 辅音［w］和［j］的舌位图

（八）辅音重叠

辅音重叠现象是指某一个辅音音素连着出现两次的语音现象。[①] 前一音节音节末的辅音与后一音节音节首的辅音相同，因而形成重叠辅音。鄂温克语里的辅音重叠现象比较普遍，有人认为鄂温克语几乎每个辅音音素

---

① D.O.朝克：《鄂温克语研究》，民族出版社，1995，第12页。

都能重叠出现。① 根据我们调查和分析，鄂温克语里可以重叠出现的辅音有 12 个：p/p、pʰ/pʰ、t/t、tʰ/tʰ、k/k、kʰ/kʰ、tʃ/tʃ、tʃʰ/tʃʰ、m/m、n/n、ŋ/ŋ、l/l，例如：kəppi（名字），sɐpʰpʰe（筷子），ɐtterɐŋ（高兴），sutʰtʰə（全部），kukkəltəŋ（动弹），ɐkʰkʰirɐŋ（刺、扎），əʃʃikkiŋ（就这些），sɐtʃʰtʃʰirɐŋ（砍），ɐmme（口、嘴），ənnəkəːŋ（像这样），sɐŋŋɐŋ（烟），pɐːllerɐŋ（抨量）等。s、ʃ、x、r、j、w 等辅音不会出现重叠现象。重叠辅音与相应单辅音互相对立，区别词义。例如：ɐterɐŋ（划破）~ ɐtterɐŋ（高兴）。鄂温克语辅音重叠只出现在词中音节界上，在词首或词末不出现。重叠的两个辅音分别属于前后两个音节，一个为音节末辅音，而另一个为下一个音节的音节首辅音。

我们依据辅音发音方法和发音部位绘制了鄂温克语辅音表（见表 9）。

表 9　鄂温克语辅音表

单位：Hz

发音方法			双唇	龈	后龈	龈脊		软腭	
				舌叶	舌尖	舌尖	舌面前	舌面后	
塞音	不送气	清音	p	t	—	—	—	k	
	送气		pʰ	tʰ	—	—	—	kʰ	
塞擦音	不送气		—	—	—	—	tʃ	—	
	送气		—	—	—	—	tʃ	—	
擦音			—	—	s	ʃ	—	x	
鼻音		浊音	m	n	—	—	—	ŋ	
边音			—	—	l	—	—	—	
通音			—	—	—	—	j	w	
颤音			—	—	r	—	—	—	

总　结

对"鄂温克语语音声学参数数据库"各种语境中出现的鄂温克语 18 个基本辅音的音长、共振峰数据的提取统计，我们得出以下结论。

---

① D. O. 朝克：《鄂温克语研究》，民族出版社，1995，第 12 页。

（1）鄂温克语清塞音、清塞擦音中送气音的 GAP、VOT 长度均长于不送气音。

（2）鄂温克语清擦音中［s］的强频集中区最高，［ʃ］的强频集中区居于［s］和［x］之间，［x］的强频集中区最低、发音部位最靠前，［s］、［ʃ］居中，［x］的发音部位最靠后。

（3）从鼻辅音第二共振峰数据来分析，［n］的发音部位靠前，［ŋ］的发音比［n］的发音部位靠后。辅音［j］的发音部位比［w］靠前。

（4）鄂温克语边辅音［l］在［s］、［ʃ］、［x］、［tʰ］、［ʧʰ］等辅音前面出现时因受后续辅音影响会发生清化现象。

（5）从音长分布来看，鄂温克语辅音词中音长呈现词首最短，随着音节的增加，后续音节的辅音音长增长的特点。在词中音长分布大致为：词首＜词中音节首＜词中音节尾＜词末。

参考文献

鲍怀翘：《辅音论》，2005 年 6 月讲义。
郑玉玲：《论声学语音声学参数》，《第九届中国语音学学术会议论文集》，2009。
朝克：《鄂温克语研究》，民族出版社，1995。
呼和：《蒙古语语音实验研究》，辽宁民族出版社，2009。
胡增益、朝克：《鄂温克语简志》，民族出版社，1986。
冉启斌：《辅音声学格局研究》，《当代外语研究》2011 年第 9 期。
斯仁巴图：《关于鄂温克语音位系统及特征》，《内蒙古社会科学》（蒙文版）2007 年第 1 期。

Huhe, Zhouxuewen, Wurigexiletu, Hasiqimuge, acoustic parameter databases of daur, evenki, oroqen nationalities, *cocosda*, 2011, Taiwan。

蔡家话代词系统探析*

胡鸿雁**

内容要：蔡家话的代词大体可分为人称代词、指示代词、疑问代词三类。本文对这三类代词的构成和功能进行初步描写和分析。在此基础上，尝试分析蔡家话代词的层次和来源。

关键词：蔡家话代词

蔡家人曾广泛分布在川东南、黔西北、滇东北交界地区，"蔡家人"或"蔡族"是他称，蔡家人用西南官话称呼自己的族群时也使用这个他称，使用母语时自称 men^{31}ni^{33}。在毕节地区的威宁、赫章两县以及六盘水市水城县的偏僻山区，还有部分蔡家人使用一种不同于周边语言和方言的母语，学界据他称称作蔡家话。该语言熟练使用者人数极少，处于极度濒危状态。

对于蔡家话的语言归属，学界目前有三种观点。应琳（1995）认为从词汇看感觉蔡家话就是一种汉语。[①] 薄文泽（2004，第71页；2007，第468~1469页）指出"蔡家话与汉语不同的词语一部分与侗台语似乎有关系"，并将蔡家话和三种侗台语的9个词进行了比较；《中国的语言》一书将蔡家话归入侗台语族。而郑张尚芳（2010，第390页）则认为根据侗台

---

* 本文研究得到中国社会科学院 A 类重大课题"中国新发现语言调查研究"，中国社会科学院民族学与人类学研究所所重点项目"蔡家话系属研究"，以及中国博士后科学基金（编号：20090450714）资助。本文曾在2013年1月中国社会科学院民族学与人类学所第二届青年学术论坛上宣读，感谢千玉花博士的点评。吴安其编审、薄文泽教授、李大勤教授对本文的修改提出了宝贵的意见，谨此致谢。文中错讹概由笔者负责。

** 胡鸿雁，中国社会科学院民族学与人类学研究所助理研究员。

[①] 应琳，日本东京外国语大学亚非语言研究所讲稿《中国南方民族·语言·文化小议》（该所通讯83号），1995年3月，转引自郑张尚芳（2010）。

特征词系判断，蔡家话猪 l-、狗 kh-、熊 b-、蚁 p-、新 ç-绝不合于上述侗台特征词系，不会是侗台语，蔡家话"应该是属于汉白语族白语支的一种独立语言"。依据田野调查及对所掌握材料的分析，我们认为蔡家话很可能是一种带有少数民族语言底层的汉语方言，蔡家话的系属问题我们另文讨论。

在语言接触的理论研究中，可借性（borrowability）问题是一个历久不衰的话题，最经常提到的很难被借用的词汇可能就是代词类，特别是人称代词。一般认为代词是语言系统中一个介于词汇和语法之间的结构紧密的封闭小系统，借用会扰乱整个语言系统的运作。

但在蔡家话的调查和研究中，我们却发现情况并非如此，蔡家话的代词就包括不止一个层次的来源。在下文中，我们将蔡家话的代词大体分为人称代词、指示代词、疑问代词等三类，对其构成和功能进行初步描写和分析，在此基础上，尝试分析蔡家话代词的层次和来源。

一　人称代词

1. 蔡家话的人称代词列表

表1

	单数主格、宾格	单数属格	复数	
			变调	加词尾
第一人称	ŋo^{33}	ŋue^{33}	ŋo^{24}	ŋo^{24} xɯ^{55}
第二人称	nɯ^{33}	ne^{33}	nɯ^{24}	nɯ^{24} xɯ^{55}
第三人称	je^{33}	je^{33}	—	je^{33} xɯ^{55}
尊称（您老人家）	nɯ^{33} la^{31} ten^{55}			
反身称（自己）	tsʅ^{31} tɕa^{55}			
总称（大家）	ta^{31} xo^{55}，te^{31} tɕhi^{55}			
旁称（别人，人家）	ȵi^{33} "人家"，pha^{33} sʅ^{31} "别人，旁人"，pha^{33} sʅ^{31} xo^{33} tsho^{33} "别人，旁人"，pha^{33} xo^{33} tsho^{33} "别人，旁人"			

2. 蔡家话人称代词用法举例

(1) ŋo³³ sɿ³¹ kan²⁴ pu³³, nɯ³³ sɿ³¹ ja³³ pa³³ ɣo³³ tsho³³, je³³ sɿ³¹ ko⁵⁵ su⁵⁵ ŋa⁵⁵.
　　我　是　干部　　　你　是　庄　稼　人　　　他　是　读　书　娃
　　我是干部，你是农民，他是学生。

(2) ŋo²⁴ ta⁵⁵ ȵie³³ tɕi³¹ len³¹, nɯ²⁴ ta⁵⁵ ȵie³³ pa²⁴ len³¹, je³³ ta⁵⁵ ȵie³³ khen⁵⁵ to³³ to⁵⁵.
　　我们　两　个　犁　田　你们　两　个　耙　田　他们　两　个　拔　秧　秧
　　我俩犁田，你俩耙田，他俩拔秧。

(3) ŋo²⁴ pu³³ kue³³ o³³, nɯ³³ tsɿ³¹ tɕa⁵⁵ kue³³.
　　我们　不　去　了　你　自　家　去
　　我们不去了，你自己去。

(4) nɯ²⁴ tɯ³¹ lau³¹ la²⁴?
　　你们　住　哪里
　　你们住在哪里？

(5) sɿ³³ je³³ do³¹ ȵi³³ xa³¹.
　　让　他　一　人　讲
　　让他一个人说。

(6) ŋue³³ he³³ khin⁵⁵ nen³¹ ɣaŋ³³ sa³³ tsɿ³³ nen³¹ o³³.
　　我的　弟弟　今　年　有　三　十　岁　了
　　我弟弟今年三十岁了。

(7) o³³ o⁵⁵ i³³ pie³¹ sɿ³¹ je³³ ɣuŋ⁵⁵.
　　这房一　座　是　他　的
　　这座房子是他的。

(8) o³³ ua²⁴ sɿ³¹ o⁵⁵ sɿ³¹ je³³ ɣuŋ⁵⁵.
　　这　儿　的　房　是　他家　的
　　这些房子是他家的。

(9) o³³ sɿ³¹ ŋo³³ ɣuŋ⁵⁵, mo³³ sɿ³¹ nɯ³³ ɣuŋ⁵⁵.
　　这　是　我　的　　那　是　你　的
　　这个是我的，那个是你的。

（10）je³³ ɣuŋ⁵⁵ ʐi³¹ tɯ³¹ tha³³ tie⁵⁵ tie⁵⁵.
　　　他　的　鞋　在　床　下　下
　　　他的鞋子在床底下。

（11）tsʅ³¹ tɕa⁵⁵ tɕe⁵⁵ tsʅ³¹ tɕa⁵⁵ zu³¹.
　　　自　家　做　自　家　吃
　　　自己做自己吃。

（12）ŋo²⁴ pu³³ n̪o³¹ n̪i³³ ɣuŋ⁵⁵ tuŋ³³ ɕi³¹ o³³.
　　　我们　不　要　别人　的　东　西　呢
　　　咱们不要人家的东西。

3. 蔡家话人称代词的特点

（1）蔡家话人称代词第一、二人称有单复数的区别，复数有两种形式，一种是采用变调的曲折形式，另一种是在曲折形式的人称代词后面再加上词尾 xɯ⁵⁵ 构成的形式，但前一种形式的使用频率远远高于后一种形式。后一种形式是不是受到彝语的影响而产生的形式，尚需进一步研究。

（2）蔡家话第一、第二人称单数有属格形式。根据初步分析，这个属格形式可能是主格加 je³³ "家"这个语素的合音，使用功能很受限制，只能用在表示亲属称谓的名词前面，在其他名词前面一律使用主格形式加上结构助词 ɣuŋ⁵⁵ "的"构成的修饰语，这个属格形式很有可能是受当地西南官话的接触影响而形成的。

（3）蔡家话的第三人称语音形式没有变化，明显和第一、二人称在语音形式和使用功能上存在不对称性。

（4）蔡家话的人称代词没有排除式和包括式的区别。

（5）在表示别称的三个人称代词中，做修饰语时一般只用 n̪i³³ "人家"，后面可以加上结构助词 ɣuŋ⁵⁵，也可以不加。n̪i³³ 一般表示无定指代，而 pha³³sʅ³¹ "别人，旁人"、pha³³sʅ³¹ yo³³tsho³³ "别人，旁人"既可以表示无定的，也可以表示有定的。

（6）人称代词作宾语时，和主格形式相同。

（7）蔡家话的第一、二、三人称和现在当地通行的西南官话形式不相同，具体来源有待进一步研究。反身称、总称都是比较晚近的汉语形式，而且读音也和西南官话形式相合。表"别人，旁人"的 pha³³sʅ³¹ 是不是比较早期的汉语方言形式，还需进一步研究。

二 指示代词

1. 蔡家话的指示代词及其短语列表

表 2

指示对象		指称区分		
		近指	中指/远指	远指
指人或物	单数	o²⁴，o³¹/o³³ 这	mo²⁴，mo³¹/mo³³ 那	—
	复数	o²⁴sui⁵⁵ 这些	mo²⁴sui⁵⁵ 那些	
指时间		o³¹gɯ²⁴ 这时候	mo³¹gɯ²⁴ 那时候	—
指处所		o²⁴ha³³ > ua³³，o³¹ua²⁴ 这里；o²⁴mi³¹ 这边	mo²⁴ha³³ > ma²⁴，ma³¹ha³³ 那里；mo²⁴mi³¹ 那边	po³³ 那（遥远）
指性状		o²⁴sʅ⁵⁵ 这么	mo²⁴sʅ⁵⁵ 那么	—
指程度、方式		o²⁴sʅ⁵⁵ 这样	mo²⁴sʅ⁵⁵ 那样	—

2. 蔡家话指示代词用法举例

(13) je³³ ɣuŋ⁵⁵ o³³ khɯ⁵⁵ li³¹ i³³ ko³¹ pi⁵⁵ mo³¹ sa³³ ko³¹ la³³¹ pu³¹.
　　 他　的　这　黑猪　一　个　比　那　三　个　都　肥
他的这头黑猪比那三头都肥。

(14) o²⁴ sʅ³¹ nɯ³³ ɣuŋ⁵⁵， mo²⁴ sʅ³¹ je³³ ɣuŋ⁵⁵.
　　 这是　你　的　　那是　他　的
这是你的，那是他的。

(15) o²⁴ sʅ⁵⁵ la³¹ lo²⁴ i³³ po⁵⁵ pu³³ du³³ ken³³ ko³¹.
　　 这么　大　瓜　一　个　不　得　见　过
还没见过这么大的一个瓜。

(16) ŋo³³ tɯ³¹ ua²⁴, nɯ³³ tɯ³¹ ma²⁴, khua³¹ khua³³ tsan³¹ hɯ⁵⁵, pie³³
　　 我　在　这儿　你　在　那儿　好　好　看　着　别
sʅ⁵⁵ je³³ piau³³ kue³³.
让　他　跑　去
我在这儿，你在那儿，好好看着，别让他跑了。

(17) je³³ ɣuŋ⁵⁵ la³¹ to⁵⁵ o⁵⁵ sɿ³¹ tɯ³¹ po³³ to³³ luŋ³³.
　　 他　的　老　房子　　是　在　那　昭　通
　　 他的老家在昭通那边。

3. 蔡家话指示代词的特点

（1）蔡家话的指示代词有近指、远指的区别，近指代词表示在说话人附近或视线范围内的人或物，远指代词指代相对位置较远的人或物，可以在视线范围内，也可以不在视线范围内。从实际用例来看，近指、远指代词可以指代时空范围。

（2）指示代词作为代词用来指人、指物时，一般在句中只作主语，既可以表示单个的人或物，也可以表示多数。指示代词还可以充当名词修饰语，一般要和量词共现，语序是指示代词＋名词＋（数）量词，指示代词单起指示作用，表定指。

（3）在蔡家话中，指称处所、时间、方式、程度的短语，也都由指示代词参与构成。

（4）这、那在构成指代短语时，也会发生声调的变读，读为 31 调，但是没有发现变读条件，属于自由变读。在和 ha³³ 构成"这儿""那儿"等指示地点的短语时，通常会产生合音形式。"这儿"也用于"扫地"一词中，蔡家话为 sau⁵⁵ua³¹，是 ua³¹"这儿"的一种比较特殊的用法。

（5）指示代词的声调都为 24 调，而且都存在有自由变调情况。根据目前对蔡家话的调查分析，24 调应该是一个后起的声调，而其常常可以变读为 31 调。代词的这种声调现象还需要更加深入的研究。

（6）在上面的实际用例中，有一个指示词 po³³，一般只能指称空间范围，而且必须和所指称的地点共现，语序是 po³³ ＋地点名词。目前我们还不太清楚这个词的来源和功能，是指示代词三分体系中表更远指的远指代词的残余遗迹，还是二分体系中原来的远指代词，现在被远指代词 mo²⁴ 所替代，都还需要进一步研究。

（7）指处所的指示代词有多个语音形式，我们只是粗略对这几种形式进行描写，这几种形式的来源以及在用法上的细微区别，仍需深入研究。

三　疑问代词

1. 蔡家话的疑问代词

表 3

疑问代词分类	蔡家话疑问代词
问人	lau^{24} ȵi^{33} 谁（哪个），哪个人，哪些人 哪　人
问事物	lau^{24} + 量词　哪个，哪些；sʅ^{31} mo^{55} 什么 哪　　　　　　　　　　什　么
问地方	lau^{24} ha^{33} > la^{31} ha^{24}/lau^{31} la^{24}，lau^{24} kha^{33} 哪里 哪　地方
问数量	khua^{31} tie^{33} 多少；khɯ^{31} + 量词　几个/多少 好　多　　　　　　几
问时间	lau^{24} gɯ^{33} 什么时候；khua^{31} ko^{33} 多长时间 哪　时候　　　　　　好　久
问程度	khua^{31} + 形容词　多；lau^{24} sʅ^{55} 怎么 好　　　　　　　　哪　样
问性状	tɕe^{55} mei^{55}　怎样 做　么
问动作方式	lau^{24} sʅ^{55} 怎么/ tɕe^{55} mei^{55}　怎样 哪　样　　　做　么
问原因	tɕe^{55} mei^{55} / tɕe^{55} mei^{33} tɕe^{55} / tɕe^{55} mo^{55} 怎样 做　么　　做　么　做　做　么

2. 蔡家话疑问代词用法举例

（18） lau^{24} ȵie^{33} sʅ^{31} ȵin^{31} la^{33} kɯ^{33}？
　　　哪　人　是　银　　匠
　　　谁是银匠？

（19） o^{24} sʅ^{31} lau^{24} ȵi^{33} ɣuŋ^{55} ɯ^{33}？
　　　这　是　哪　人　的　衣
　　　这是谁的衣服？

（20） lau^{24} su^{55} i^{33} pen^{31} sʅ^{31} nɯ^{33} ɣuŋ^{55}？
　　　哪　书　一　本　是　你　的
　　　哪本书是你的？

(21) nɯ³³ go³³ lau²⁴ ȵi³³?
　　 你　找　哪　人
　　 你找谁？

(22) lau³¹ la²⁴ ɣaŋ³³ sʅ⁵⁵?
　　 哪　儿　有　水
　　 哪里有水？

例（22）也可以用下面的方式表达，没有语义和语用的差别。

(23) lau²⁴ kha³³ ɣaŋ⁵⁵ sʅ⁵⁵?
　　 哪　地方　有　水
　　 什么地方有水？

(24) ta⁵⁵ o³¹ ua²⁴ tɕo⁵⁵ luŋ³³ mo⁵⁵ kue³³ ha⁵⁵ ɣaŋ³³ khua³¹ ti⁵⁵?
　　 从　这儿　到　城　里头　去　还　有　好　远
　　 从这里到城里还有多远？

(25) nɯ³³ tɯ³¹ tɕo⁵⁵ o³¹ ua²⁴ ɣɯ³³ ɣaŋ³³ khua³¹ ko³³ o³³?
　　 你　在　到　这儿　来　有　好　久　了
　　 你到这里来有多久了？
　　 ɣaŋ³³ i³³ ko³¹ tie³³ ŋun³³ o³³.
　　 有　一　个　多　月　了
　　 有一个多月了。

(26) bia³³ ka⁵⁵ tshɯ³¹ tɕin³¹ khua³¹ tie³³ i³³ tɕin³³?
　　 白　菜　钱　好　多　　一　斤
　　 白菜多少钱一斤？

(27) tɕe⁵⁵ mei³³（tɕe⁵⁵）tɕe⁵⁵ le³¹ tshe³³ khua³¹?
　　 做　么　（做）　做　呢　才　好
　　 怎样做才好？

(28) nɯ³³ ȵo³³ sʅ³¹ mo⁵⁵? tshʅ⁵⁵ po⁵⁵ oŋ⁵⁵? lau²⁴ po⁵⁵ la³³ ȵo³³ du⁵⁵?
　　 你　要　什么　　洋　芋　吗　哪　个　都　要　得
　　 你要什么？土豆吗？哪个都可以吗？

蔡家话的疑问代词也有非疑问用法，举例如下。

（29）lau³¹ gɯ²⁴ kɯ⁵⁵, lau³¹ gɯ²⁴ zu³¹.
　　　 哪　时候　饿　哪　时候　吃
　　　 什么时候饿了，就什么时候吃。

（30）ɣaŋ³³ sʅ³¹ mo⁵⁵ a³³ sʅ³¹ mo⁵⁵.
　　　 有　　什么　给　什么
　　　 有什么给什么。

疑问代词的非疑问用法中，还有一种是表示遍指的，表示"所有的"，或者"每"。如：

（31）ŋo²⁴ lau²⁴（i³³）kuŋ⁵⁵ la³³ ʐu³¹ ʐu³³ sa³³ ti³¹.
　　　 我们　哪　　一　　天　都　吃　饭　三　顿
　　　 我们每天吃三顿饭。

（32）lau²⁴ ȵi³³ la³³ tiu³³ tʂhan²⁴ ko³³.
　　　 哪　人　都　会　唱　歌
　　　 哪个人都会唱歌。

蔡家话表示"每"还有另外一种说法 xu⁵⁵ + 名词构成，语义和用疑问代词 lau²⁴ 构成的短语稍有差别，lau²⁴ 短语相当于英语的 each，而 xu⁵⁵ 短语相当于英语的 every，如：

（33）mo²⁴　ȵin³¹ tɕi³³ tʂhŋ³³（sʅ³¹）ɣo³³ tʂho³³ xu⁵⁵ ȵi³³ la ta³³ ko⁵⁵ sa³³ ta³¹.
　　　 那（些）年纪　青　（的）人　何人　都　担　过　三　担
　　　 每个青年挑了三担。

（34）lau²⁴ ȵi³³ la³³ ɣɯ³¹ o³³.
　　　 哪　人　都　来　了
　　　 所有人都来了。

也可以说：

（35）xu⁵⁵ ȵie³³ la³³ ɣɯ³¹ o³³.
　　　 何　人　都　来　了
　　　 每个人都来了。

3. 蔡家话疑问代词的特点

（1）疑问代词 lau²⁴ 及其构成的短语是蔡家话疑问代词的主体。lau²⁴ 不能单独使用，只能作其他成分的修饰成分，与其他成分组合共同组成疑问词语。

（2）蔡家话也用副词"好"加上形容词，比如多、重、远、久等，构成疑问短语，这同当地汉语的表达形式相同，而和汉语普通话不同。

（3）蔡家话表示"怎样、怎么"有三个疑问词，分别是 tɕe^{55}mei^{55}、tɕe^{55}mei^{33}tɕe^{55}、tɕe^{55}mo^{55}，使用频率依次降低。

（4）从语音形式上看，有些疑问代词属于早期的汉语方言层次，如 khɯ^{31}"几"，有些则同晚近的西南官话形式相同，如 sʅ^{31}mo^{55}"什么"。

（5）蔡家话的疑问代词也具有非疑问用法，可以表示遍指或者"每"，这一点和普通话中一般使用重叠形式表达是不同的。

余 论

从上面的讨论可以看出，蔡家话的代词还有很多需要进一步研究的问题。

（1）词源问题。尤其是指示代词的词源尚不清楚。

（2）代词的层次问题。通过对语料的研究，我们大体可以看出蔡家话代词有三个层次：底层层次（很可能是来自藏缅语的底层），早期的汉语方言层次，以及晚近的西南官话层次。但底层来源，以及早期的汉语层次属于哪种汉语方言还需要进一步研究。

当然，这些问题的研究和蔡家话整体的历史地位的研究是密不可分的，对于语音形式的判定也有赖于我们对蔡家话语音历史的正确认识。

参考文献

薄文泽：《蔡家话概况》，《民族语文》2004年第2期；《蔡家话》，载孙宏开、胡增益、黄行主编《中国的语言》，商务印书馆，2007。

储泽祥：《指示代词的类型和共性》，《当代语言学》2003年第4期。

黄布凡主编《藏缅语族语言词汇》，中央民族学院出版社，1992。

孙宏开、胡增益、黄行主编《中国的语言》，商务印书馆，2007。

徐琳、赵衍荪编《白语简志》，民族出版社，1984。

郑张尚芳：《蔡家话白语关系及词根比较》，潘悟云、沈钟伟主编《研究之乐：庆祝王士元先生七十五寿辰学术论文集》，上海教育出版社，2010。

拉坞戎语及物动词形态变化的特点*

尹蔚彬**

内容提要：本文在说明拉坞戎语业隆方言及物动词形态变化特点的同时，在方言内部比较的基础上，将之与嘉戎语及物动词进行比较，旨在说明拉坞戎语与嘉戎语在体现及物动词时既有共同性，又各有特点，为学界全面认识拉坞戎语及物动词的特点提供视角。

关键词：拉坞戎语　及物动词　形态变化

及物动词是指能带多个论元的动词。Payne（1997）在其著作《田野调查的形态句法》（*Describing Morphosyntax: A Guide for Field Linguists*）①中，对世界语言动词的及物属性在句法结构层面的表现给予了充分关注。之后，R. M. W. Dixon（2010）在其论著《基础语言学理论》（*Basic Linguistic Theory*）一书中对及物动词的性质特点进行了论述。② 在汉藏语系众多的少数民族语言中，拉坞戎语是一种依靠动词形态变化区别及物性质与否的语言。拉坞戎语及物动词形态变化的特点：词形变化不但与句法结构中主语的人称和数保持一致，与宾语也有一致关系，在体范畴的表达中，已行体的前缀同样区别动词的性质。

---

* 本文获中国社会科学院民族学与人类学研究所"第二届青年论坛"三等奖，承蒙与会专家以及编委提出宝贵意见，特此致谢。
** 尹蔚彬，中国社会科学院民族学与人类学研究所副研究员。
① Thomas E. Payne, *Describing Morphosyntax: A Guide for Field Linguists*, published in Cambridge University Press, 1997, pp. 131 – 143.
② R. M. W. Dixon: *Basic Linguistic Theory*, published in the United States by Oxford University Press Inc., New York, 2010, pp. 115 – 159.

一 拉坞戎语及物动词人称和数的一致关系

拉坞戎语及物动词在表达人称和数范畴的时候，可以分为三种情况：第一种是单表主语的人称和数，第二种是单表宾语的人称和数，第三种是兼表主—宾语的人称和数。就句子的主语和宾语本身来说，又有单纯主宾语和复合主宾语之分，单纯的主语或宾语是一种表达方式，复合的主语或宾语又因主、宾语不同人称之间的组合，及物动词在体现这些不同的情况时而有差别。不仅如此，拉坞戎语动词在表达人称和数范畴时，词形的变化又因动词本身语音结构的不同而异。情况非常复杂，本文逐一进行分析说明。[①] 文中 1、2、3 分别代表第一、第二和第三人称；SG、DL、PL 分别代表单数、双数和复数，AGT 是施事格标记，DIR 是方向标记，DAT 是对象格标记，PERF 是已行体标记，NON-PERF 是非已行体标记，PAST 是过去时标记（非过去时不标记），DEF 是定指标记，NOM 是名物化标记，NEG 是否定标记，EVD 是示证标记，CONJ 是连词，COP 是系词，MOD 是语气词。

（一）表主语的人称和数

1. 表示单纯主语人称和数的方法

拉坞戎语句子中，宾语为第三人称代词或非人称代词时，及物动词只反映主语的人称和数。这里所说的只体现主语的人称和数，是指动词的词形变化，无论其前缀、后缀，还是元音屈折变化均以主语的人称和数为准。以动词 ɣdoʔ^{55} "打（人）"为例：

(1) ŋə^{55}　ji^{55}　ai^{55}ti^{33}　ɣdo–ŋ^{55}.　　　　　我打他。
　　 我　AGT　他　　　打–1SG

(2) gi^{55}　ji^{55}　ai^{55}ti^{33}　o^{33}–ɣdu–i^{55}.　　　我们打了他。
　　 我们 AGT　他　　 PERF–打：PAST–1PL

(3) ai^{55}ti^{33}　ji^{33}　khe^{55}ne^{55}　te^{33}　rgas^{55}ɣdoʔ^{55}.　他经常打狗。
　　 他　　AGT　狗　　　　DEF　经常　打–3SG

---

① 更多说明和例句见尹蔚彬《拉坞戎语动词的人称范畴》，《民族语文》2013 年第 4 期。

(4) ai⁵⁵ti³³   ɟjo³³   ji³³   sŋa⁵⁵   li³³ - ɣdu - ĩ⁵⁵.   他们打了孩子。
    他   们   AGT   孩子   PERF - 打：PAST - 3PL

在句（1）中，动词 ɣdo - ŋ⁵⁵ 的人称后缀是 - ŋ，表示主语为第一人称单数。

在句（2）中，动词的已行体前缀 o - 和人称后缀 - ŋ，均与第一人称主语保持一致。

在句（3）中，动词只体现单数第三人称形式，即动词以原形形式出现。

在句（4）中，动词的已行体用 li - ，只有第三人称主语才能使用这个前缀，动词 ɣdu - ĩ⁵⁵ 的后缀是 - ĩ，表示主语为第三人称复数。

动词在表达单纯主语的人称和数时，词形变化又因动词本身语音结构的不同而有差别。如开音节与闭音节动词的词形变化就不同，闭音节动词的变化因韵尾辅音的不同而异。①

表 1　开音节动词词形变化（以动词的非过去时为例）

		第一人称			第二人称			第三人称		
		单数	双数	复数	单数	双数	复数	单数	双数	复数
动词的主要元音	i	u - ŋ	u - itɕ	i - ĩ	i - n	i - ntɕ	i - ĩ	i	i - itɕ	i - ĩ
	e	a - ŋ	a - itɕ	e - ĩ	e - n	e - ntɕ	e - ĩ	e	e - itɕ	e - ĩ
	a	a - ŋ	a - itɕ	a - ĩ	a - n	a - ntɕ	a - ĩ	a	a - itɕ	a - ĩ
	o	o - ŋ	o - itɕ	o - ĩ	o - n	o - ntɕ	o - ĩ	o	o - itɕ	o - ĩ
	u	u - ŋ	u - itɕ	u - ĩ	u - n	u - ntɕ	u - ĩ	u	u - itɕ	u - ĩ
	ə	u - ŋ	u - itɕ	ə - ĩ	ə - n	ə - ntɕ	ə - ĩ	ə	ə - i itɕ	ə - ĩ

资料来源：尹蔚彬：《业隆拉坞戎语研究》，民族出版社，2007，第 107~109 页。

下面仅以动词 ntɕhi⁵⁵"杀、宰（牛、鸡、羊等）"为例，介绍其音变形式。如表 2 所示。

表 2　动词 ntɕhi⁵⁵ 音变形式

ntɕhi⁵⁵杀、宰（牛、鸡、羊等）		
ntɕhu - ŋ⁵⁵（我）杀	ntɕhi - n⁵⁵（你）将杀	ntɕhi⁵⁵（他/她）杀

---

① 尹蔚彬：《业隆拉坞戎语研究》，民族出版社，2007，第 109~127 页。

ntɕhi⁵⁵ 杀、宰（牛、鸡、羊等）		
ntɕhi – itɕ⁵⁵（我俩）杀	ntɕhi – ntɕ⁵⁵（你俩）杀	ntɕhi – i˜tɕ⁵⁵（他俩）杀
ntɕhi – i⁵⁵（我们）杀	ntɕhi – i（你们）杀	ntɕhi – i⁵⁵（他们）杀

2. 复合主语的表示法

如果句子中没有人称代词作宾语或宾语为第三人称代词时，拉坞戎语的及物动词体现主语的人称和数。如果主语是由不同人称代词组成的复合主语，几个并列成分的人称和数可能不一致，拉坞戎语动词在体现这种情况时，在人称上体现第一人称优先原则，其次是第二人称；在数方面，则是各个成分的总和。例如：

（5）ŋo⁵⁵　za³³　nə⁵⁵jo⁵⁵　e⁵⁵rtɕa⁵⁵　dze⁵⁵　dzə – i⁵⁵ a⁵⁵.
　　　我　CONJ　你　　一起　　饭　　吃 – 1PL MOD
　　　我和你一起吃饭。

（6）nə⁵⁵jo⁵⁵ za³³　ŋo⁵⁵　e⁵⁵rtɕa⁵⁵　dze⁵⁵　dzə⁵⁵　ɕe – i⁵⁵.
　　　你　CONJ　我　一起　　饭　　吃　去 – 1PL
　　　你和我一起去吃饭。

（7）ai⁵⁵ti³³　ɟjo³³ ŋo³³ɟjo⁵⁵　e⁵⁵rtɕa⁵⁵　dze⁵⁵　dzə – i⁵⁵　spək⁵⁵.
　　　他　们　你　们　一起　饭　吃 – 2PL　将
　　　他们和你们将一起吃饭。

（8）lao³³sʅ⁵⁵ ɕao³³sen⁵⁵　dze⁵⁵　e⁵⁵ – dzə – i⁵⁵　spe⁵⁵
　　　老师　　学生　　　饭　　3NON – PERF – 吃 – 3PL NOM
ŋos³³.
COP
　　　老师和学生们吃饭。

尽管在拉坞戎语中多数动词不带表示非完成意义的体前缀，但有一些动词却带有此类前缀，这类前缀能体现动词的人称，但不区分数的意义。在上面两个句子中，动词的词形略有变化，在句（7）中，动词 dzə – i⁵⁵ 不带前缀，虽然在拉坞戎语中动词第二、第三人称复数词形变化相同，在此也不能看作是动词体现第三人称的数，因为在句（8）中动词的形式是 e⁵⁵ – dzə – i⁵⁵，前缀 e⁵⁵ – 只出现在第三人称及物动词上。可见，拉坞戎语及物动词的表达重心在第一和第二人称代词上，第三人称代词一直处于被忽略的位置。

（二）表示宾语的人称和数

拉坞戎语中动词的人称变化除了与主语一致外，在一定条件下，还与宾语保持一致关系，即在第一、第二人称代词作宾语的句子里，动词所表达的重心由主语的人称和数转向宾语的人称和数。此时的动词只体现宾语的人称和数。动词形态变化体现第一、第二人称代词的事实，反映了拉坞戎语人在言语活动中，对说话双方的关注程度要高于对第三方关注程度的思维习惯。例如：

(9) ai^{55}ti^{33}　ji^{33}　ŋo^{55}　e^{55} - ɣdo - ŋ^{55}.　　　他打我。
　　　 他　　AGT　我　 3NON - PERF - 打 - 1SG

(10) ai^{55}ti^{33}　ji^{33}　gi^{55}ne^{33}　e^{55} - ɣdo - itɕ^{55}.　他打我俩。
　　　 他　　AGT　我俩　　3NON - PERF - 打 - 2DL

(11) ni^{55}　ji^{55}　gi^{55}　ɣdo - i^{55}.　　　你打我们。
　　　 你　 AGT　我们　 打 - 1PL

(12) ŋə^{55}　ji^{55}　nə^{55}jo^{55}　ɣdo - n^{33}.　　　我打你。
　　　 我　 AGT　你　　 打 - 2SG

(13) ŋə^{55}　ji^{55}　ɲo^{33}ɟjo^{55}　ɣdo - i^{33}.　　我打你们。
　　　 我　 AGT　你们　　 打 - 2PL

(14) ai^{55}ti^{33}　ji^{55}　nə^{55}jo^{55}　ɣdo - n^{33}.　　他打你。
　　　 他　　AGT　你　　 打 - 2SG

(15) ai^{55}ti^{33}　ji^{55}　ɲo^{33}ɟjo^{55}　ɣdo - i^{33}.　他打你们。
　　　 他　　AGT　你们　　 打 - 2PL

(16) gi^{55}ɟjo^{55}　ji^{33}　nə^{55}jo^{55}　ɣdo - n^{33}.　我们打你。
　　　 我们　　AGT　你　　 打 - 2SG

(17) ŋə^{55}　ji^{55}　ai^{55}ti^{33}　ɣdo - ŋ^{33}.　　我打他。
　　　 我　 AGT　他　　 打 - 1SG

(18) ŋə^{55}　ji^{55}　ai^{55}ti^{33}ɟjo^{33}　ɣdo - ŋ^{33}.　我打他们。
　　　 我　 AGT　他们　　 打 - 1SG

(19) gi^{55}　ji^{55}　ai^{55}ti^{33}　ɣdo - i^{33}.　　我们打他。
　　　 我们　AGT　他　 打 - 1PL

人称代词作间接宾语时，拉坞戎语要在人称代词后添加对象格助词

khe³³，表明动词所涉及的对象，此时动词只体现主语的人称和数。例如：

(20) ŋo⁵⁵ ai⁵⁵ti³³ khe³³ ndzoʔ-ŋs⁵³.　　　　我向他学习。
　　　我　他　　DAT　　学习-1SG

(21) ŋo⁵⁵ nə⁵⁵jo⁵⁵ khe³³ ndzoʔ-ŋs⁵³.　　　　我向你学习。
　　　我　你　　　DAT　　学习-1SG

(22) ai⁵⁵ti³³ ji³³ ŋo⁵⁵ khe³³ ɕin³³ rgas⁵⁵ e⁵⁵-χcçhoʔ⁵⁵.　他常给我寄信。
　　　他　AGT 我 DAT　信　经常 3NON-PERF-寄-3SG

当句中有并列的复合宾语时，动词表示宾语人称和数的原则是：复合宾语中，有第一人称时，动词体现第一人称的复数形式；若无第一人称代词，而有第二人称代词时，动词则体现第二人称复数形式；若复合宾语中只有第三人称代词，动词则体现主语的人称和数。例如：

(23) ai⁵⁵ti³³ ji³³ ŋo⁵⁵ za³³ ȵo⁵⁵ e³³-ɣdo-i⁵⁵. 他打我和你。
　　　他　AGT 我 CONJ 你　3NON-PERF-打-1PL

(24) gi⁵⁵ɟjo⁵⁵ ji³³ ŋo⁵⁵ɟjo⁵⁵ za³³ ai⁵⁵ti³³ ɣdo-i⁻⁵⁵. 我们打你们和他。
　　　我们　AGT 你们　CONJ 他　　打-2PL

（三）兼表主语、宾语的人称和数

拉坞戎语动词在体现主宾语人称和数时，受动词时体的制约。也就是说，在第一、第二人称代词作宾语的句子中，拉坞戎语动词只有在已行体和将行体的形式中，才能兼表主宾语，即动词的体前缀兼表主语的人称，动词的后缀则表示宾语的人称和数。例如：

(25) ai⁵⁵ti³³ ji³³ nə⁵⁵jo⁵⁵ li³³-ɣdo-n⁵⁵.　　他打了你。
　　　他　AGT 你　　　3PERF-打:PAST-2SG

(26) ŋə⁵⁵ ji⁵⁵ ŋo⁵⁵ o³³-ɣdo-n⁵⁵.　　我打了你。
　　　我　AGT 你　1PERF-打:PAST-2SG

在一般体和进行体中，动词只体现宾语人称，不体现主语人称。例如：

(27) ai⁵⁵ti³³ ji³³ ŋo⁵⁵ ɣdo-ŋ⁵⁵. 他常打我。（一般体）
　　　他　AGT 我　打-1SG

(28) ai⁵⁵ti³³　ji³³　ŋo⁵⁵jo⁵⁵　ɣdo - ŋ⁵⁵ khrə³³. 他正在打我。(进行体)
　　　他　　AGT　　我　　　打 1SG 进行

二　拉坞戎语业隆方言与观音桥方言比较

不仅拉坞戎语业隆方言及物动词具有区别主、宾语人称和数的特点，拉坞戎语观音桥方言中也存在类似语言现象。俄热土语"区分及物和不及物主要表现在第三人称将行体和已行前缀上，将行体的及物标志是加前缀 ru -，已行体的及物标志是将前缀元音变为 u"①。例如：

表3　dzi⁵³ 吃

人称（单数）	将行体	已行体
一	dzi - ɑŋ⁵³	a³³ - dzɑ - ŋ⁵⁵
二	dzi - n⁵³	a³³ - dzi - n⁵⁵
三	ru³³ - dzi⁵³	u³³ - dzi⁵⁵

表4　ræ⁵⁵ 写

人称（单数）	将行体	已行体
一	rɑ - ŋ⁵⁵	næ³³ - rɑ - ŋ⁵³
二	ræ - n⁵⁵	næ³³ - ri - n⁵³
三	ru³³ - ræ⁵⁵	nu³³ - ri⁵³

表5　rje⁵³ 坐（不及物动词）

人称（单数）	将行体	已行体
一	rjə - ŋ⁵³	nə³³ - rjɑ - ŋ⁵⁵
二	rje - n⁵³	nə³³ - rje - n⁵⁵
三	rje⁵³	nə³ - ³rje⁵⁵

---

① 黄布凡：《观音桥话语属问题研究》，台湾中研究院语言学研究所编《语言暨语言学》，2001（2，1）。

"观音桥镇土语的及物标志也是表现在第三人称前缀上，将行体的及物标志是加前缀 ɯ²²-，已行体的及物标志是将前缀元音变为 ɯ。不及物动词则不加也不变。"① 如表6、表7表示。

表6　dzi⁴⁴/³⁵ 吃（及物动词）

人称（单数）	将行体	已行体
一	dzi - aŋ³⁵kɯ²²je²²	æ²² - dzi - ŋ⁵³
二	dzi - n³⁵kɯ²²je²²	æ²² - dzi - n⁵³
三	ɯ²² - dzi³⁵kɯ²²je²²	ɯ²² - dzi⁵³

表7　nvɑɯ⁴⁴ 醉（不及物动词）

人称（单数）	将行体	已行体
一	nvɑ - ŋ⁴⁴	nɛ²² nvu - ŋ⁵³
二	nvɑɯ - n⁴⁴	nɛ²² nvɑɯ - n⁵³
三	nvɑɯ⁴⁴	nɛ²² nvɑɯ⁵³

这种情况与拉坞戎语业隆方言很接近，不同的是业隆方言在第三人称动词的已行体中依靠前缀区分动词的及物与否性质。

表8　拉坞戎语业隆方言动词已行体前缀

动词已行体			
及物动词前缀		不及物动词前缀	
第一、第二人称	第三人称	第一、第二人称	第三人称
o -	li -	o -	o -
na -	ni -	na -	na -
ko -	ki -	ko -	ko -
ni -	ni -	ni -	ni -

---

① 黄布凡：《观音桥话语属问题研究》，台湾中研院语言学研究所编《语言暨语言学》，2001（2.1）。

表9 dzəʔ⁵⁵ 吃（及物动词）

人称（单数）	将行体	已行体
一	dzu – ŋ³³ spək⁵⁵	o³³ – dza – ŋ⁵⁵
二	dzə – n³³ spək⁵⁵	o³³ – dze – n⁵⁵
三	e⁵⁵ – dzəʔ⁵⁵ spək⁵⁵	li³³ – dze⁵⁵

表10 nvək⁵⁵ 醉（不及物动词）

人称（单数）	将行体	已行体
一	nvə – ŋ⁵⁵ mi⁵⁵ ŋos³³	ni³³ – nvu – ŋ⁵⁵
二	nvə – n⁵⁵ mi⁵⁵ ŋos³³	ni³³ – nvə – n⁵⁵
三	nvək⁵⁵ mi⁵⁵ ŋos³³	ni³³ – nvək⁵⁵

通过上文的比较可以看出，拉坞戎语业隆方言依靠前缀区分动词及物性质；而俄热土语、观音桥镇土语依靠前缀、后缀区分动词性质。拉坞戎语方言土语之间在区分动词及物与否性质方面，内部比较一致，即在第三人称代词作主语的句子中，动词以相应的手段区分及物性质。

三 拉坞戎语及物动词与嘉戎语及物动词特点比较

拉坞戎语与嘉戎语动词都有相应的语法手段区分动词及物与否的性质，无论出现的语法范畴，还是标记方式都有所不同。嘉戎语卓克基方言区分动词及物与否，出现在第三人称的将行体中。第三人称单数及物动词的将行体是在词根后加后缀 – u，而不及物动词什么也不加；第三人称及物动词的双数和复数形式，加前缀 wə – 标记，不及物动词的双数和复数形式，添加前缀 kə – 标记。比较有趣的是嘉戎语卓克基方言，当动词的主语为第二人称单数时，同样也区分动词的性质。第二人称及物动词是通过前缀 tə – 和后缀 – u 来标记的，不及物动词的前、后缀分别是 tə – 和 – n。以开音节动词的将行体为例：

表 11　嘉戎语卓克基方言动词与人称词形变化

数	人称	开音节动词 及物	开音节动词 不及物
单数	ŋa 我	-ŋ	-ŋ
单数	no 你	tə- -u	tə- -n
单数	wəjo（mə）他	-u	o*
复数	jo 咱们（ŋəɲe 我们）	-i	-i
复数	ɲo 你们	tə- -ɲ	tə- -ɲ
复数	wəjoɲe（məɲe）他们	-ɲ wə- -o	-ɲ kə- -o
双数	ndʑo 咱俩（ŋəndʑe 我俩）	-tʃ	-tʃ
双数	ndʑo 你俩	tə- -ntʃ	tə- -ntʃ
双数	wəjondʑəs（mədʑəs）他俩	-ntʃ wə- -o	-ntʃ wə- -o

＊原文中的 o 和 -o 均表示动词的零形态。——笔者注
资料来源：林向荣：《嘉戎语研究》，四川民族出版社，1993，第 200 页。

表 12　ka-zɐ 吃、ka-ɲi 坐

动词性质 人称	及物动词"ka-zɐ 吃" 单数	及物动词"ka-zɐ 吃" 双数	及物动词"ka-zɐ 吃" 复数	不及物动词"ka-ɲi 坐" 单数	不及物动词"ka-ɲi 坐" 双数	不及物动词"ka-ɲi 坐" 复数
第三人称	zɐ-u	wə-za/ wə-za-ntʃ	wə-za/ wə-za-ɲ	ɲi	kə-ɲi/ ɲi-ntʃ	kə-ɲi/ ɲi-ɲ
	及物动词"ka-ki 买" 单数	及物动词"ka-ki 买" 双数	及物动词"ka-ki 买" 复数	不及物动词"ka-ptʂe 走" 单数	不及物动词"ka-ptʂe 走" 双数	不及物动词"ka-ptʂe 走" 复数
第三人称	ki-u	wə-ki/ ki-ntʃ	wə-ki/ ki-ɲ	ptʂe	kə-ptʂe/ ptʂe-ntʃ	kə-ptʂe/ ptʂe-ɲ

资料来源：林向荣：《嘉戎语研究》，四川民族出版社，1993，第 197~200、201~202 页。

综上所述，拉坞戎语与嘉戎语及物动词的不同表现主要在以下几个方面。

1. 出现的语言环境不同

拉坞戎语动词及物与否的标志只出现在第三人称动词的已行体范畴中，而嘉戎语卓克基方言动词的及物标志不只出现在动词的体范畴中，还出现在动词的情态范畴中，并且嘉戎语卓克基话及物标志在第一、第二和

第三人称中都有反映。就现有材料而言，未发现拉坞戎语其他人称中，有区分动词及物性质的情况，也未发现拉坞戎语动词将行体能区分动词的及物性质。

表13　嘉戎语与拉坞戎语动词及物标记出现语言环境对照

拉坞戎语业隆方言		嘉戎语卓克基话	
人称	语法范畴	人称	语法范畴
第一人称	—	第一人称	自觉与不自觉情态、过去时
第二人称	—	第二人称	将行体（仅限单数）、自觉与不自觉情态
第三人称	已行体	第三人称	将行体、自觉与不自觉情态

嘉戎语卓克基方言动词自觉与不自觉情态的表达与动词的及物性质有关。及物动词的自觉情态依靠前缀区分，不需添加后缀；而不及物动词的第一人称的自觉与不自觉情态通过后缀 - s 区分，自觉情态在动词后添加后缀 - s，不自觉情态什么也不加。

以及物动词 ka - no "赶" 为例：

(29a) ŋa　　to - no - ŋ.　　我往直上方赶了（动作是自觉进行的）。
　　　 我　 (前缀) 赶 (后缀)

(29b) ŋa　　ta - no - ŋ.　　我往直上方赶了（动作是不自觉、无意识中进行的）。
　　　 我　 (前缀) 赶 (后缀)

下面以不及物动词 "ka - rma 睡" 为例：

(30a) ŋa　　nɐ - rmɐ - ŋ - s.　　我睡了（动作是自觉进行的）。
　　　 我　 (时态前缀) 睡 (人称后缀) (情态后缀)

(30b) ŋa　　nɐ - rmɐ - ŋ. 我睡了（动作是不自觉、无意识中进行的）。
　　　 我　 (时态前缀) 睡 (人称后缀)①

2. 标记及物性质的语法手段不同

拉坞戎语第三人称动词的已行体前缀区分动词及物与不及物的性质，

---

① 林向荣：《嘉戎语研究》，四川民族出版社，1993，第234页。

及物动词用第一套前缀，不及物动词用第二套前缀，如表 14 所示。

表 14 第三人称动词已行体前缀

动词性质 人称	及物动词 第一套前缀	不及物动词 第二套前缀
第三人称动词已行体前缀	li -	o -
	ni -	na -
	ki -	ko -
	ni -	ni -

下面以第三人称单数及物动词为例：

(31) ai^{55}ti^{33}　ji^{33}　dze^{55}　li^{33} - dze^{55}. 他吃了饭。
　　　他　　AGT　饭　　PERF - 吃：PAST

(32) ai^{55}ti^{33}　ji^{33}　ɢeʔ^{55}　　ni^{33} - ɢrut^{55}　　tshe^{33}. 他剪了衣服。
　　　他　　AGT　衣服　　PERF - 剪：PAST　　EVD

(33) ai^{55}ti^{33}　ji^{33}　ɣrə^{55}　ki^{33} - theʔ^{55}. 他喝了水。
　　　他　　AGT　水　　PERF - 喝：PAST

(34) ai^{55}ti^{33}　ji^{33}　breʔ^{55}　　ni^{33} - ɣle^{55}. 他搓了绳子。
　　　他　　AGT　绳子　　PERF　搓：PAST

第三人称单数不及物动词举例：

(35) ai^{55}ti^{33}　o^{55} - ŋgo^{55}. 他病了。
　　　他　　PERF 病：PAST

(36) ai^{55}ti^{33}　na^{33} - ɕit^{55}. 他走了。
　　　他　　PERF　走：PAST

(37) ai^{55}ti^{33}　ko^{33} - jup^{55}. 他睡了。
　　　他　　PERF　睡：PAST

(38) ai^{55}ti^{33}　ni^{33} - mo^{55}　se^{33}. 他饿了。
　　　他　PERF 饿：PAST　EVD

总之，在标记及物动词性质方面，拉坞戎语与嘉戎语存在较大差别。首先，拉坞戎语动词及物性质的区别标记只出现在第三人称动词的已行体中，而嘉戎语卓克基话动词及物与否的标记不仅出现在动词的将行体中，还出现在动词的情态变化中。其次，拉坞戎语主要依靠已行体前缀区分动词是否及物的性质；嘉戎语卓克基话不仅通过前缀，而且还在后缀上体现动词的性质，如上文所述，嘉戎语卓克基话第三人称及物动词的将行体应在动词词根后添加后缀 - u，而自觉情态是在不及物动词后加后缀 - s 标记动词不及物的性质。就现有材料，还未发现拉坞戎语中动词的情态变化体现动词及物的性质。

拉坞戎语用相应的形态变化区分动词及物与否的性质，这类现象很可能是原始嘉戎语时期就有的，因为现今多数的嘉戎语组语言或方言中，动词的及物性质都有体现，比如嘉戎语草登方言（孙天心、石丹罗，2002）、茶堡方言大藏话（林幼菁、罗尔武，2003）、茶堡方言龙尔甲话（向柏霖，2008、2012）等都存在用相应的形态变化来区分动词及物与不及物性质的现象。尤其是在茶堡嘉戎语大藏话中，据林幼菁和罗尔武的研究，嘉戎语大藏话动词"词干的交替须视动词的及物性而有不同的条件"①，也就是说动词及物与否的性质决定了动词形态交替出现的环境。

由此可以推知，拉坞戎语及物动词形态变化的特点，是原始嘉戎语时期就有的，只是这种现象发展到今天在不同的语言或方言中，其分布与表现手段已经发生了变异，有的出现在将行体中（如嘉戎语卓克基话），有的出现在已行体中（如拉坞戎语业隆方言），有的通过前缀标记，有的是前缀后缀兼用，有的是通过词干语音交替，上述变异很可能是有条件的，但分化的条件究竟是什么，还需进一步研究。

参考文献

黄布凡：《道孚语语音和动词形态变化》，《民族语文》1990 年第 5 期。

黄布凡：《拉坞戎语研究》，民族出版社，2007。

金鹏：《嘉戎语梭磨话的语音和形态》，《语言研究》1958 年第 2、3 期。

林向荣：《嘉戎语构词法研究》，《民族语文》1983 年第 3 期。

林向荣：《嘉戎语研究》，四川民族出版社，1993。

林向荣：《嘉绒语的演变轨迹》，《阿坝师专学报》1992 年第 1 期。

林幼菁、罗尔武：《茶堡嘉戎语大藏话的趋向前缀与动词词干的变化》，《民族语文》2003 年第 4 期。

瞿霭堂：《嘉戎语动词的人称范畴》，《民族语文》1983 年第 4 期。

---

① 林幼菁、罗尔武：《茶堡嘉戎语大藏话的趋向前缀与动词词干的变化》，《民族语文》2003 年第 4 期，第 23 页。

瞿霭堂：《嘉戎语概况》，《民族语文》1984 年第 2 期。

瞿霭堂：《嘉戎语的方言》，《民族语文》1990 年第 4、5 期。

向柏霖：《茶堡话的重叠形式》，《民族语文》2004 年第 4 期。

向柏霖：《嘉绒语研究》，民族出版社，2008。

向柏霖、陈珍：《茶堡话的不及物前缀及相关问题》，*Language and Linguistics*，8.4 (2007)，Instisute of Linguistic，Academia Sinnca，Taipei，pp. 883 – 912.

Thomas，E. Payne，*Describing Morphosyntax：A Guide for Field Linguists*，published in Cambridge University Press，Cambridge，1997，pp. 131 – 143.

R. M. W. Dixon：*Basic Linguistic Theory*，published in the United States by Oxford University Press Inc.，New York，2010，pp. 115 – 159.

Guiliaume Jacques，"The Inverse in Japhug Rgyalrong"，*Language and Linguistics*，11.1 (2010)，Instisute of Linguistic，Academia Sinnca，Taipei，pp. 127 – 157.

Guiliaume Jacques，"Agreement of Morphology：The Case of Rgyalrongiic and Kiranti"，*Language and Linguistics*，13.1 (2012)，Instisute of Linguistic，Academia Sinnca，Taipei，pp. 83 – 116.

傈僳语与 mɯ^{31} hɑ^{33}（"雨"）结合的动词词汇化研究[*]

李文宇[**]

内容提要：在傈僳语中选用不同的动词与"雨"结合来表示"下雨"这一个动作及其过程，不同动词的选用暗含了所描述雨量的大小、雨势的强弱以及人们对雨的主观感知。本文对傈僳语与"雨"有关的7个动词，分别从语音、语义和语用上进行具体的分析，揭示出了它们之间存在的细微差异。

关键词：傈僳语　动词　语义　隐喻　词汇化

引　言

傈僳族是一个古老的民族，据史料记载，傈僳族在战国时期属于氐羌部落。关于其直接的史籍记载，最早见于唐代樊绰《蛮书》名类里"栗粟两性蛮"。傈僳族自称 li^{44}su^{44}，据第六次人口普查统计，我国傈僳族有70多万人，主要分布在云南、四川两省的怒江、澜沧江和金沙江三江并流腹地及附近的区域。傈僳语属于汉藏语系藏缅语族彝语支，根据词汇和语音的差别，傈僳语可分为怒江、永胜、禄劝三大方言。各地的傈僳语语音差别小，语法结构基本一致，词汇差别稍大，因此三大方言里部分地区之间的互相交际存在一定的难度。

---

[*] 本文写作过程中得到导师黄成龙老师以及普忠良老师、韦学纯老师、杨将领老师、陈国庆老师的悉心指导，在此向几位老师表示衷心的感谢。

[**] 李文宇，中国社会科学院研究生院民族学系研究生。

动词是每种语言词类系统中最重要的一个类别，与其他词类相比，动词在句法结构中活动能力最强，大部分词类都要跟它发生一定的组合关系。傈僳语的动词十分丰富，有很细腻的分类，虽然表示的都是同一个动作、状态，但是它们之间有着很细微的差别。本文对傈僳语中与"雨"结合的几个动词 li^{44}、$dz\varepsilon^{42}$、tho^{35}、$hɑ^{33}$、$\int\eta^{55}$、thi^{31}、ho^{42} 从语义和语用上进行深入的分析，探求这七个动词之间存在的语义和语用上的细微差异，以揭示出傈僳族特有的思维认识与表达。

一 傈僳语与 $mɯ^{31}hɑ^{33}$ "雨" 常结合的几个动词①

在傈僳语中 $mɯ^{31}hɑ^{33}$ 是"雨"的意思，名词"雨"与动词"下"结合表达"下雨"，在傈僳语中有不同的表达方式，即：$mɯ^{31}hɑ^{33}li^{44}$、$mɯ^{31}hɑ^{33}dz\varepsilon^{42}$、$mɯ^{31}hɑ^{33}tho^{35}$、$mɯ^{31}hɑ^{33}hɑ^{33}$、$mɯ^{31}hɑ^{33}\int\eta^{55}$、$mɯ^{31}hɑ^{33}thi^{31}$、$mɯ^{31}hɑ^{33}ho^{42}$。动词 li^{44}、$dz\varepsilon^{42}$、tho^{35}、$hɑ^{33}$、$\int\eta^{55}$、thi^{31}、ho^{42} 的词义如下。

1. li^{44}

li^{44} 作为一个动词单独使用时，有"缠""绕""卷"的意思，如：

(1) $tɕi^{33}\ tɕi^{33} - zɑ^{42}\ li^{44} - hɑ^{35} - dʑi^{44}.$
　　好　好　地　绕-状态-使
　　（把）什么好好地绕着。

此外，li^{44} 是一个构词性很强词素，一般可与 $l\varepsilon^{44}$ "来"、ge^{33} "去"等组成 $li^{44}l\varepsilon^{44}$ "回来"、$li^{44}ge^{33}$ "回去"、$mɑ^{42}li^{44}l\varepsilon^{44}$ "不回来"、$mɑ^{42}li^{44}ge^{33}$ "不回去"等动词词组。

2. $dz\varepsilon^{42}$

$dz\varepsilon^{42}$ 在傈僳语里有"滴落""滴下"的意思，用于描述液体一点点、一滴滴落下、渗出的状态。如：

(2) $ni^{44}mo^{33}!\ dʒi^{33}phɯ^{42} - mɑ^{33}\quad dz\varepsilon^{42}\ do^{33}\ l\varepsilon^{44}\ o^{33}!$
　　看！　酒 - 话题标记　滴　出　来　啦
　　看！酒一滴滴出来啦！②

---

① 本文笔者的母语为维西傈僳语，文中大部分语料均为维西的傈僳语。
② 傈僳族大多喜欢自酿酒水，通过发酵、蒸煮玉米、小麦等粮食来酿酒，此句用于描述蒸酒时看到酒一滴滴从管道里滴落出的情景。

3. tho³⁵

tho³⁵有"叮""咬"的意思，主要用于描述蚊子、虱子、蛇以及飞鸟家禽等发出的一系列快、准、狠的"叮""咬""啄"等动作。如：

（3）fu³³ – ne⁴⁴　　　tho³⁵　lɛ⁴⁴ – dɛ⁵⁵　rɑ³³ mu³³.
　　　蛇 – 施事标记　　咬　　来 – 语调单位　担　心
　　　当心被蛇咬了。

此外，tho³⁵还有"剁"的意思，如 huɑ³¹ tho³⁵ 是"剁肉"的意思。

4. hɑ³³

hɑ³³为"传送""寄送""邮寄"的意思：

（4）nu³³ – dɛ³³　　　du⁴² dɛ³¹　diɛ³⁵ – mɑ³³　　　tho³¹ ɣɯ³¹ lɛ³¹ ʃu³³ guɑ³³
　　　你 – 接受者标记　想念　　着 – 语调单位　　　书　信　　里
jo⁵⁵　　hɑ³³ fu⁴⁴　lɛ⁴⁴.
通过　　传递　　　来
　　　用书信传递对你的思念之情。

5. ʃŋ⁵⁵

在傈僳语里 ʃŋ⁵⁵ 有"播散""撒（种）""飘""飘洒""拧""过滤""榨干"等意思。如：dzɑ³³ ʃŋ⁵⁵（粮种）ʃŋ⁵⁵ 是"撒种、播种"的意思。miɛ⁴⁴ phu⁴⁴（白眼）ʃŋ⁵⁵ 字面的意思是"白眼飘过"，其准确的理解是"遭人白眼"，如例句（5）和（6）：

（5）ŋuɑ³³　mɯ⁴⁴ nɛ³³ – guɑ³³　dzɑ³³　ʃŋ⁵⁵　ʃŋ⁵⁵　ge³³.
　　　我　　大地 – 位格　　　　粮　种　　撒　　去
　　　我去地里撒种。

（6）nu⁴⁴ ŋuɑ³³ – dɛ³³　miɛ⁴⁴ phu⁴⁴ thɑ⁴²　ʃŋ⁵⁵　ŋɛ³⁵.
　　　你　我 – 接受者标记　白眼　　　别　　飘　（表示警告）
　　　你别老对我翻白眼。

6. thi⁴²

thi⁴² 这个词在傈僳语里表示"泡""泼""烫着""填"等意思，如：

（7）ŋuɑ³³ – dɛ³³　　　o³¹ phiɑ³¹　hɑ⁴⁴　ɑ⁵⁵ dɛ⁵⁵　thi⁴²　go⁴⁴.
　　　我 – 接受者标记　菜　　汤　　　一点　　泡　　给
　　　给我泡点菜汤吧！

7. ho⁴²

ho⁴² 原本读 ho⁵⁵，有"倒""泼""斟"的意思，如：

(8) $e^{44}dʒɛ^{33}-ma^{33}$　　　$ho^{55}ɣɯ^{35}$　　ge^{33}.
　　水-话题标记　　　倒　掉　　去
　　去把水倒掉。

在跟"雨"结合表示"下雨"时 ho^{55} 产生了音变，读成 ho^{42}。

二　与 $mɯ^{31}ha^{33}$（"雨"）有关的动词的词汇化

词汇化是一种句法单位成词的凝固化（王灿龙，2005）。一般来说，语言的发展演变涉及多种形式，像语法化一样，词汇化也只是众多形式中的一种。词汇化为语言系统提供新词，使语言系统的词汇日益丰富。词汇化是人类语言演变的一个较为普遍的现象，它在各种语言中都有不同程度的反应。

傈僳语中上述7个动词，在与"雨"结合表示"下雨"时一定程度上都历经了词汇化的过程。

1. $mɯ^{31}ha^{33}li^{44}$

在傈僳语中表示"下雨"最为常见、最普遍的说法为 $mɯ^{31}ha^{33}li^{44}$，如：

(9) $mɯ^{44}sɛ^{33}-gua^{33}$　$mi^{42}hi^{33}tɕo^{42}-niɛ^{35}$,　$ʃa^{55}gɯ^{33}-na^{42}mɯ^{31}ha^{33}$
　　外面-位格　　　风　吹-进行体　　明天-焦点　　　雨
　　li^{44}　$ŋo^{33}tɕo^{42}$.
　　绕　　可　能
　　屋外刮风了，明天要下雨了吧！

$mɯ^{31}ha^{33}li^{44}$ 是对"下雨"的通称，在不知道雨量大小以及雨势如何的情况下，"下雨"通常被说成 $mɯ^{31}ha^{33}li^{44}$，傈僳人把"雨"比喻成"线、丝"，$mɯ^{31}ha^{33}li^{44}$ 是傈僳人对"雨"如线、丝一般"缠绕"向大地这种情景的直观认识。此外，li^{44} 也常常与 wa^{31}"雪"、$wa^{31}lo^{33}bo^{33}$"冰雹"等结合表示"下雪""下冰雹"等，而另外几个动词则只能与"雨"结合，表示"下雨"，不能与"雪"和"冰雹"等结合表示"下雪""下冰雹"等天气现象，如：

(10) $go^{33}-dɛ^{44}$　wa^{31}　$li^{44}-niɛ^{35}$.
　　　山-位格　　雪　　绕-进行体
　　　山上正在下雪。

（11） tshɑ⁴⁴ tsʅ⁵⁵ tɕhi⁴⁴ thε³⁵ wɑ³¹ lo³³ bo³³ li⁴⁴ gu⁵⁵.
　　　 热　天　到　的时候　冰雹　绕　会
　　　 夏天会下冰雹。

这也说明傈僳语中"雪"和"冰雹"只有通称，没有像"雨"那样有细微的区分。

2. mɯ³¹ hɑ³³ dzε⁴²

mɯ³¹ hɑ³³ dzε⁴² 表示"下雨"时着重于揭示说话人对雨点大小和形状的感受。具体用于描述大雨前或是大雨转小后，稀稀落落降下颗粒状、豆点状雨滴的情景，如：

（12） thi³³ bɑ³³ – nɑ⁴² 　mɯ³¹ hɑ³³ 　dzε⁴² nɑ³¹ 　zi³³ 　– gu³³ wɑ³³.
　　　 这　会儿 – 焦点　　雨　　　滴落　停止 – 状态变 – 完成体 了
　　　 现在雨快要停了。

3. mɯ³¹ hɑ³³ tho³⁵

mɯ³¹ hɑ³³ tho³⁵ 除用于描述夏天突然下的阵雨，还用于描述屋内漏雨的情形。当"下雨"被表述为 mɯ³¹ hɑ³³ tho³⁵ 时，则表明这时所下的雨雨量非常大，雨势急速，并且暗含着说话人对雨的感受（如被"叮、咬"，身上有疼痛感）。由于傈僳族群众大多居住在地势陡峭的山区、半山区，所居住的房屋多为木楞房、竹篾房和土木结构房，故屋顶的防风挡雨功能不是很好，因此每当夏天大雨倾盆时屋内不免会漏雨。mɯ³¹ hɑ³³ tho³⁵ 十分恰当地表达出说话人对"屋内漏雨"这一特定情形的描述，表达所说的"下雨"是发生在房屋里这一特定地点的，如：

（13） hi⁴⁴ – khu³¹ guɑ⁴⁴ 　mɯ³¹ hɑ³³ 　　tho³⁵ 　　　ni³³！
　　　 屋 – 位格　　　　　雨　　　　　叮、咬（表抱怨、感叹）
　　　 屋里漏雨漏得不得了啦！

4. mɯ³¹ hɑ³³ hɑ³³

傈僳族原始宗教信仰认为，天地日月、山川河流乃至动植物都统归各种各样的精灵、鬼神所管。因此，傈僳族朴素地认为"下雨"这件事情也是由上苍管理的，在干旱的年头只要勤于祈祷上苍就会"传送"雨水。mɯ³¹ hɑ³³ hɑ³³ 这个词多用于人们祈雨时的场合。当一年中下雨的次数很少、恰逢干旱的年头下雨时，用 mɯ³¹ hɑ³³ hɑ³³。同时 mɯ³¹ hɑ³³ hɑ³³ 也用于描述久旱后，恰逢甘霖普降时人们对上苍的感激、感恩之情。

mɯ³¹ hɑ³³ hɑ³³ 这一表示"下雨"的说法，揭示了傈僳族的原始宗教信仰以及他们所处的生活环境和所从事的生产认知方式：

（14） mɯ^{31} hɑ^{33} hɑ^{33} lɛ^{44} hɑ^{33} lɛ^{44} o^{33}！
　　　　雨　　送　来　送　来　吧
　　　下雨吧！下雨吧！

5. mɯ^{31} hɑ^{33} ʃɿ^{55}

mɯ^{31} hɑ^{33} ʃɿ^{55} 表明下雨时还夹杂着风的情景，是一种和风细雨的状态，表明这时的雨量不是很大，雨点细小且只是零星飘落而下，是一种细雨被风吹动着，随着风向左摇右摆、飘飘洒洒的情景：

（15） mɯ^{31} hɑ^{33} hɯ^{33} le^{33}　lei^{33}　　ʃɿ^{55} – niɛ^{35}　ŋɑ^{33} lɛ^{33}！
　　　　雨　　碎　点　只是　　撒 – 进行体（表感叹）
　　　只是在撒点零星的小雨啦！

6. mɯ^{31} hɑ^{33} thi^{31}

mɯ^{31} hɑ^{33} thi^{31} 表示"下雨"，特指春天所下的蒙蒙细雨，描述下雨的过程中细雨"浇""淋"而下、无风的情景。此外，mɯ^{31} hɑ^{33} thi^{31} 所指的雨要比 mɯ^{31} hɑ^{33} ʃɿ^{55} 所描述的雨，雨量小、雨丝细密、雨势更为静谧：

（16） mɯ^{31} hɑ^{33} thi^{31} – niɛ^{35}　ŋɛ^{33}
　　　　雨　　浇 – 进行体　吗？
　　　是在下毛毛雨吗？

7. mɯ^{31} hɑ^{33} ho^{42}

在傈僳语中，mɯ^{31} hɑ^{33} ho^{42} 表明所下的雨为大雨或是暴雨，雨量很大，雨势急促。在傈僳语中 ho^{42} 大多只与 mɯ^{31} hɑ^{33} dɑ^{44} mɑ^{33}（dɑ^{44} mɑ^{33} 表示"巨大"的东西）连用来表示"下雨"，它是一个固定的搭配，例如：

（17） thi^{33} thɛ^{35} mɯ^{31} hɑ^{33} dɑ^{44} mɑ^{33}　tʃɿ^{42} ho^{55}　　dɑ^{55}　　mɑ^{33}！
　　　　此 刻　雨　　大　　端起　倒掉　　的样子　　呐
　　　此刻真是暴雨倾盆呐！

结　语

每一种语言都是一个民族灵感的源泉，语言多样性是文化多样性的重要组成部分。一种语言对概念的分类，与一个民族所居住的生态环境、所处的文化氛围以及多年习成的生活方式、思维模式等有关。

在汉语中，通常在动词"下"和名词"雨"之间添加形容词词素

"大""小""中""暴"等，组成诸如"下小雨""下大雨""下阵雨""下暴雨"等词组。这些词组所表示的"下雨"雨量及雨势的差异，主要体现在所选用的不同形容词上。而如上所述，傈僳语通过选用不同的动词跟"雨"搭配组成的动词词组"下雨"，这些动词基本看不出原义了，与"雨"词汇化后连带暗含了对雨量多少和雨势强弱进行描述的"大""小""暴"等形容词。对于不同季节、不同时段（雨前、雨中、雨后）的雨，在表示"下雨"时也要用不同的动词来搭配，如：$dzɛ^{42}$ 用于描述刚下雨时和大雨过后的情景，用 thi^{31} 则指春天下的雨，用 tho^{35} 和 ho^{42} 指夏天所下的雨，而用 $hɑ^{33}$ 时则表明当地长时间没有下雨或是正在遭受干旱。傈僳语这种语义和语用间的细小差异主要体现在所选用的不同动词上，它不需要像汉语一样通过在动词"下"和名词"雨"之间添加不同的形容词来体现这种语义和语用的差异。

傈僳语中"下雨"这一自然现象的感知用图 1 表示。

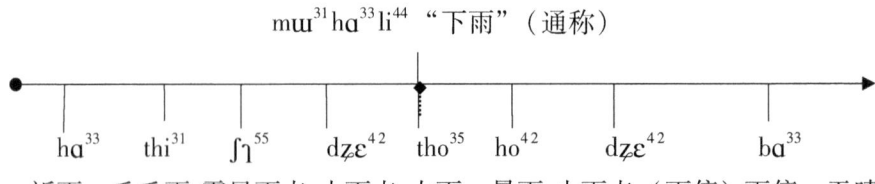

$$mɯ^{31}hɑ^{33}li^{44}\text{"下雨"（通称）}$$

$hɑ^{33}$	thi^{31}	$\int^{55}$	$dzɛ^{42}$	tho^{35}	ho^{42}	$dzɛ^{42}$	$bɑ^{33}$
祈雨	毛毛雨	零星雨点	小雨点	大雨	暴雨	小雨点（雨停）	雨停、天晴

图 1 傈僳语"下雨"运动过程的分类

说明：除了 li^{44} 能与"雪""冰""雹"等结合表示"下雪""下冰雹"之外，其他的几个动词均不能与"雪""冰""雹"结合表示其他的天气现象。

图 1 所呈现的是"下雨"这一自然现象有一个开始到结束的过程，在这个事件过程中，会有不同的雨量以及雨势，构成了一个事件从开始到结束的过程。

参考文献

侯兴华：《傈僳族历史文化探幽》，云南大学出版社，2010。

罗常培：《语言与文化》，语文出版社，1989。

王灿龙：《词汇化二例——兼谈词汇化和语法化的关系》，《当代语言学》2005 年第 3 期。

徐琳、木玉璋、盖兴之：《傈僳语简志》，民族出版社，1986。

现代书面藏语名词短语的组合模式

龙从军*

内容提要：名词短语的识别是自然语言处理中的热门话题，通过分析名词短语的内部结构，提取出名词短语组合模式，以规则和统计相结合的方法识别名词短语是一种有效的方法。本文主要讨论书面藏语的名词短语的基本类型和扩展类型，并分析了各类名词短语的组合模式，为实现名词短语的识别提供理论依据。

关键词：名词短语 组合模式 藏语

引 言

基本名词短语、最长名词短语等研究在英、汉语中已经获得了很多成果。[1] Church 也给出了英语的基本名词短语的经典定义[2]，这个定义在汉语名词短语研究中广泛使用。但是不同语言之间存在一些差异，英语、汉语的基本名词短语的定义是否符合藏语基本名词短语呢？这是个值得探讨的问题，到目前为止，怎样来定义藏语的名词短语，还没有一个确切的说

---

* 龙从军，中国社会科学院民族学与人类学研究所助理研究员。
[1] 赵军、黄昌宁：《汉语基本名词短语结构分析模型》，《计算机学报》1999 年第 2 期；赵军：《汉语基本名词短语识别及结构分析研究》，清华大学博士学位论文，1998；周强：《汉语语料库的短语自动划分和标注研究》，北京大学博士学位论文，1996；赵军、黄昌宁：《汉语基本名词短语结构分析模型》，《计算机学报》，1999 年第 2 期，第 141~146 页；赵军、黄昌宁：《结合句法组成模板识别汉语基本名词短语的概率模型》，《计算机研究与发展》1999 年第 11 期；梁颖红、赵铁军、岳琪：《英语基本名词短语识别技术研究》，《信息技术》2004 年第 12 期；徐艳华：《基于语料库的基本名词短语研究》，《语言文字应用》2008 年第 1 期。
[2] K. Church, A stochastic parts program and noun phrase parser for unrestricted text, In: Proc of the Second Conf on Applied Natural Language Processing, Austin, Texas, 1988.

法。名词短语可以包括以名词为核心、句法结构上相当于名词的短语，也可以包括不以名词为核心、句法结构上相当于名词的短语，如动词名词化后的名词性短语。本文所说的藏语名词短语是指以名词为核心，带有若干个修饰成分的名词短语。如：

（1） lo 60 vkhor bar rten vbrel zhu bavi tshogs chen thog gi gsung bshad
年 60 转 – NO① 庆祝　　　　NG② 大会　　上 – GEN③ 讲话
庆祝西藏六十周年的大会上的讲话

例子中的中心名词是 gsung bshad "讲话"，带有多个修饰成分，是本文讨论的名词短语。

（2） bod zhi bas bcings vgrol btang ba
西藏和平 – INS④ 解放　　NOM⑤
西藏和平解放

例（2）是一个动词短语带上名词化标记 ba/pa，ba/pa 使整个动词短语名词化，但是该例子中没有中心名词，因此不是本文讨论的名词短语。

名词短语的研究具有重要意义，从语言学角度来看，中心名词与修饰词之间的位置关系对于一种语言的语序研究和类型研究十分重要。从应用角度来看，名词短语的正确分析和识别对机器翻译、信息检索、文本分类以及句法分析都具有重要作用。藏语名词短语的语言学和自动识别研究的成果不多；江荻等对藏语名词短语组合模式和标记形式做了初步探讨⑥；诺名花等以汉语短语为基础，根据藏语词串频率统计方法（TSM）和藏语词序列相交算法（TIA）来获取藏语名词短语的译文，进而构建汉藏名词短语库⑦，该研究没有充分考虑藏语短语的基本结构和类型，获取的藏语名词短语的合理性值得商榷。那么藏语的名词短语的类型有哪些？它们的结构如何？中心名词与修饰词之间的关系有哪些？词序位置如何等这些基

---

① NO = NOM – OBJ。
② NG = NOM – GEN。
③ GEN，属格标记。
④ INS，工具格标记。
⑤ NOM，名词化标记。
⑥ 黄行、孙宏开、江荻等：《现代藏语名词组块的类型及形式标记特征》，《全国第八届计算语言学联合学术会议（JSCL – 2005）论文集》，2005。
⑦ 诺名花等：《基于中心语块扩展的汉藏基本名词短语对的识别》，《中文信息学报》2013年第4期。

本的问题都需要详细描述，本文旨在回答上述这些问题。

一　藏语名词短语的基本类型

藏语名词短语以中心名词为核心，修饰成分可以放在中心名词之后（以指示词、形容词、数词为主），可以放在中心名词之前（包括名词、形容词、代词和名词性短语），中心名词的前后可以同时有多个修饰成分，当形容词放在中心名词之前时，一部分需要添加标记 vi、gi、gyi、kyi、yi，名词修饰中心名词时，包括有标记和无标记两种情况。动词或动词短语如果修饰名词需要名词化后再添加标记，然后才能修饰中心名词。本文把名词短语分成两个层次来探讨：基本名词短语，即只有一种结构层次分析的名词短语；扩展名词短语，即存在不同结构层次分析的名词短语。首先分析基本名词短语，基本名词短语有如下几类。

（一）名词 + 形容词（N + A），名词与形容词之间无标记

bod rnying pa "旧西藏"、skad chen po "大声"、gnod skyon chen po "大灾害"、dbyug pa sbom po "粗棍子"、lag pa gtsang ma "脏手"、phru gu bzang po "好孩子"。

（二）名词 + 指代词（N + RD），名词与指示词之间无标记

seng phrug de "那只小狮子"、tshong pa de "那个商人"、rgyal po vdi "这个国王"、rtswa phran vdi dag "这些小草"、rnam vgyur de vdra "那样的变化"、snying stobs vdra "这样的勇气"。

（三）名词 + 数词（N + M），名词、量词和数词之间无标记

ma smad gnyis "母子俩"、lo tog thengs gnyis "两季庄稼"、gzav vkhor gsum "三周"。

（四）形容词 + 标记 + 名词（A + GEN + N），形容词与名词之间有标记

由于藏语中的名词和形容词经常兼类，置于中心名词之前的带有标记的词是形容词还是名词，不好判断。形容词的主要功能是修饰名词或者与

判断、存在动词一起充当描写句的谓语，名词的主要句法功能是充当句子的主宾语等，两类词在功能上的差别有助于确定具体文本中词的词性。如例子中的 mthun pa "和谐"、rlabs chen "伟大"、gtso bo "主要" 是形容词。

mthun pavi spyi tshogs "和谐的社会"、rlabs chen gyi gsar brje "伟大的革命"、gtso bovi sgul shugs "主要的动力"、gal chevi gans bab "重要的地位"。

（五）形容词+名词（A+N），形容词与名词之间无标记

这种类型在书面文本中存在，但是数量较少。该类形容词最后一个语素往往是动词性的。比如：

phul byung srol rgyun "优秀传统"、rang byung thon khungs "天然产区"、khyon bsdoms mi grangs "总的人数"。

（六）名词+名词（N+N），名词与名词之间无标记

mi rigs srid jus "民族政策"、spyi tshogs gans tshul "社会情况"、rgyal yongs mi dmangs "全国人民"、zhing vbrog mang tshogs "农牧群众"、krung go mi dmangs "中国人民"、lo rgyus rang bzhin "历史性"。

（七）名词+标记+名词（N+GEN+N），名词与名词之间有标记

spyi tshogs kyi lam lugs "社会的制度"、mi dmangs kyi vtsho ba "人民的生活"、grong gseb kyi mang tshogs "农村的群众"、dgun khavi dus "冬天的时候"。

（八）动词（动词短语）+名词化标记+属格标记+名词（V+NOM+GEN+N），名词与动词或动词短语之间有标记。此类以动词短语的**名词化最为常见**

kha phral gtong *rgyuvi* ngan jus
分裂　　　　　NG　诡计
干分裂活动的诡计

bed spyod byas *pavi*　bod yig
使用　　　　　NG　　藏文

使用的藏文

ljongs yongs *kyi* grong khyer dang grong gseb *kyi* mang tshogs la khebs pa*vi*
区域　全 – GEN　城市　　C　　农村 – GEN　　群众　　　　OBJ 覆
spyi tshogs　　vgan srung ma lag
盖 – NG 社会　保障　　体系

覆盖全藏城市和农村群众的社会保障体系

（九）人称代词＋标记＋名词（Rh＋GEN＋N），人称代词可以加表示复数的语素

ngavi a ma "我的妈妈"、khovi slob grogs "他的朋友"、nga tshovi skyi pags "我们的皮肤"、rang gi bu mo "你的女儿"。

（十）名词＋同位语（N＋N），名词与其同位语之间无标记

blo mthun huvu cin thavo "胡锦涛同志"、rgyal po srong btsan sgam po "国王松赞干布"。

（十二）指代词＋标记＋名词（RD＋GEN＋N），指示代词置于名词之前，一般需要带有标记

de dag gi nang "那些的里面"、de dag gi ngos "那些的表面"、devi thabs "这个方法"、devi steng "这个上面"。

但是指代词主要置于中心名词之后，经常与所修饰的名词一起构成名词短语，作为另一个中心名词的修饰语。添加在指代词上的属格标记实际是加在具有修饰功能的整个名词短语上，然后再修饰其面的中心名词。如：

skad sgra devi phyog "那声音的方向"、ras vdivi kha dog "这布的颜色"、sa zhing de dag gi thon vbab "那些田地的收成"、rtswa phran vdi dag gi byas rjes "这些小草的功劳"。指代词置于名词前也有少量不带标记的情况，如 vdi skad "这话"。

（十三）人称代词或者一些名词（指人或指地）+反指代词（Rh/N + RD），人称代词或者一些名词和反指代词之间无标记，构成名词短语

khong rang nyid "他自己"、sbyin bdag rang nyid "施主自己"、rgyal po srong btsan rang nyid "松赞干布自己"、mi rigs rang nyid "人民自己"、khong tsho rang nyid "他们自己"。

（十四）名词或者名词短语+方位名词，方位名词是中心名词

lo rgyus thog "历史上"、dphral bavi steng "额头上"、chu nang "水里"、sa vog "地下"、lus povi thog "身体上"。

（十五）几个特殊的中心名词，ngang、sgo 等表示比较抽象状貌性的名词

dgav tshor chen povi ngang "高兴的状貌"、vdzum dmul dmul ngang "笑眯眯的样子"、bde blag ngang "安全的样子"、dro sob sob ngang "暖洋洋的样子"、brel ba chen povi sgo "很繁忙的样子"、rang vgul gyi sgo "自动的状态"。

（十六）并列关系的名词短语

chab srid dang, dpal vbyor, rig gnas, spyi tshogs bcas kyi khe dbang 政治、经济、文化、社会等的权力。

这个名词短语虽然较长，但是层次结构清晰，只有一个中心名词，不同的修饰词与中心名词发生直接关系，而各个修饰名词之间的语义关系并不十分密切。但是名词短语 ljongs yongs kyi grong khyer dang grong gseb mang tshogs kyi yong vbab "全藏城市和农村群众的收入"，它的层次结构多，并列的 grong khyer dang grong gseb 既可能是嵌套名词短语的并列中心名词，构成了 ljong yong kyi grong khyer dang grong gseb "全藏的城市和农村" 这个名词短语；也可能是其他中心名词的并列修饰语，如 grong khyer dang grong gseb mang tshogs "城市和农村群众"，因此这个短语结构层次多，不是基本名词短语。下面详细描述扩充的名词短语的类型。

二 藏语名词短语的扩充类型

除了上述基本名词短语之外，藏语名词短语还可以根据不同的需要通过在中心名词的前后添加多层修饰语进行扩充。扩充的名词短语的一些典型类型有如下几种。

（一）多个名词组合，名词之间无标记

krung dbyang sku tshab tshogs pa "中央代表团"、bod sdod mi dmangs bcings vgrol dmag dpung sde "驻藏人民解放军部队"、krung dbyang mi dmangs srid gzhung "中央人民政府"。

（二）多个名词组合，每两个名词之间有标记

vgro ba mivi ma mthavi khe dbang "人的最低权利"、spyi tshogs kyi khongs mivi bar "社会公民之间"、vdzam gling gi zhi bdevi srung skyong "世界的和平的保护"。

（三）多个名词组合，部分名词与名词之间有标记

tang gi mi rigs srid jus "党的民族政策"、mang tshogs kyi chos lugs dad mos "群众的宗教信仰"、mi dmangs bcings vgrol dmag dpung sdevi bkod vthab pa "人民解放军队的指战员"、krung go mi dmangs kyi bcings vgrol bya gzhag "中国人民的解放事业"。

（四）名词与多个形容词组合

这些类型在理论上是合理的，但是在实际的文本中例子很少。藏语名词的修饰词可以同时置于中心名词的前后，这为中心名词修饰语的扩充提供了较大的空间，中心名词左边的修饰词更加容易得到扩展

（五）名词、形容词、数、量、指代词组合，词与词之间无标记（基本）

srol rgyun bzang po zhig "一个好传统"、cha rkyen bzang po vdi "这个好条件"、tsho pa chen po gnyis "两个大集团"、khrung khrung khyu gcig "一群大雁"、rje blon vdi gnyis "这君臣俩"、bzo bkod zhib tshags pa dre vdra

"那样细致的结构"、khang pa gsar pa vdri vdra "这样新的房子"、bu mo chung chung de "那个小女孩"、lag rtsal bzang po vdi "这好手艺"、me long chen po vdi "这个大镜子"。

（六）多个（副）形容词、名词与中心名词组合

ches rgya che bavi mi dmangs mang tshogs kyi rtsa bavi khe phan "最广大人民群众的根本利益"。

（七）带有方位名词短语的扩展

nyal khang gi cog tsevi thog "卧室的桌子的上面"、lag g－yon pavi mthe bong gi sen movi steng "右手拇指的指甲上"、gdod mavi yin lugs kyi bsam blovi rmang gzhivi thog "以前的原始宗教的思想基础上"。

（八）带有名词化的动词短语的扩充

krung govi khyad chos ldan pavi spyi tshogs ring lugs bya gzhag "中国特色社会主义事业"、lo 60 vkhor bar rten vbrel zhu bavi tshogs chen thog gi gsung bshad "在庆祝六十周年的大会上的讲话"。

（九）带有并列标记的名词短语的扩充

krung dbyang mi dmangs srid gzhung dang de sngavi bod sa gnas srid gzhung "中央人民政府和先前的西藏地方政府"、rgyal khab dang spyi tshogs kyi bdag po "国家和社会的主人"。

（十）中心名词双向受到多层修饰，其中又表现出不同的组合结构

N＋GEN＋N＋A：spyi tshogs kyi bya gzhag khag "社会的各种事业"（基本）；DE＋GEN＋N＋A：de vdravi rmi lam bzang po "这样的好梦"；N＋N＋N＋DE：dpal vbyor vdzugs skrun lte ba vdi "经济建设这个中心"；shog bu bzo bavi rgya cha bzang po zhig "做风筝的一种好材料"。

三 名词短语的歧义结构分析

上面我们把书面藏语名词短语的基本类型和扩充类型进行了全面的描

述，其根本目的是通过研究名词短语的内部结构，为句法分析、语义消歧、句法树库的建设提供一些理论支持。那么藏语名词短语的歧义状况又如何呢？如果从机器自动分析方面看，名词短语的歧义表现在两个方面：一是结构性歧义，二是语义性歧义。所谓结构性歧义是一个短语可以有不同的层次结构，但是这些不同层次结构不会造成语义上太大的差异；所谓语义性歧义是结构上的不同分析造成语义上有较大的差异。如图1中，spyi tshogs vgan srung ma lag "社会保障体系"就可以出现两种结构分析，语义上虽然有细微的差别，但不会出现理解偏误，因此两种结构分析都是合法的。

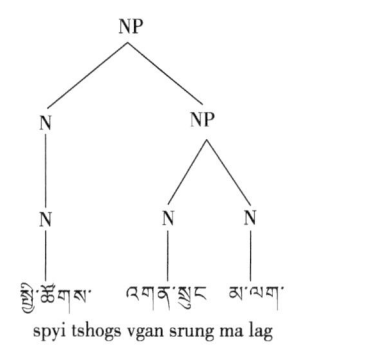

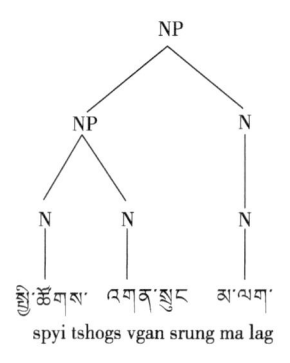

图 1　语义性歧义结构

有些名词短语结构分析时有歧义，但一部分结构分析却不符合语义要求，比如：vgro ba mivi ma mthavi khe dbang "人类最低的权利"在结构上也有两种分析结果，但第一种分析在语义上不合法。

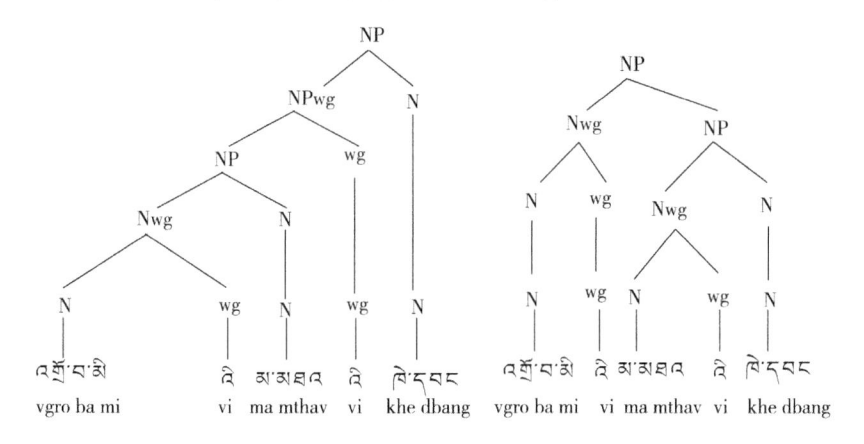

图 2　结构性歧义结构

藏语基本名词短语一般来说，结构和语义性歧义较少。中心名词的前或者后修饰词与中心名词在语义上直接关联。我们可以用三个典型的结构表示基本名词短语的结构关系和语义关系。

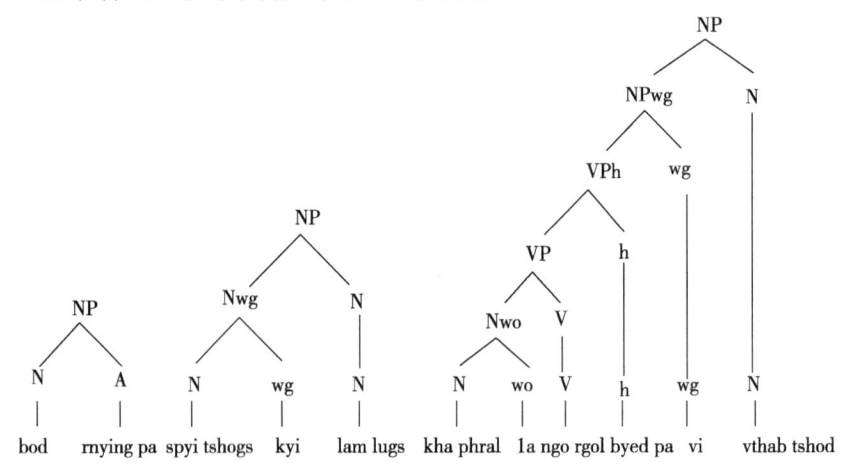

图3　基本名词短语结构与语义关系

但是对于扩充的名词短语来说情况就比较复杂，各种类型的内部结构关系将会出现多种分析的可能，但正如前面所述，结构分析的多样性并不意味着语义理解的多样性，这与名词短语中的具体名词的语义类别有密切的关系，而与名词短语的类型关系并不十分紧密；同一类型的两个不同的名词短语的歧义状况不同。如：vgro ba mivi ma mthavi khe dbang "人类最低的权利"这个短语结构歧义中的一种语义不合法，但是同一类型的 bod kyi spyi tshogs kyi thon skyed nus shugs "西藏社会的生产力"就有两种分析结果，而语义上也都是合法的，如图4所示。

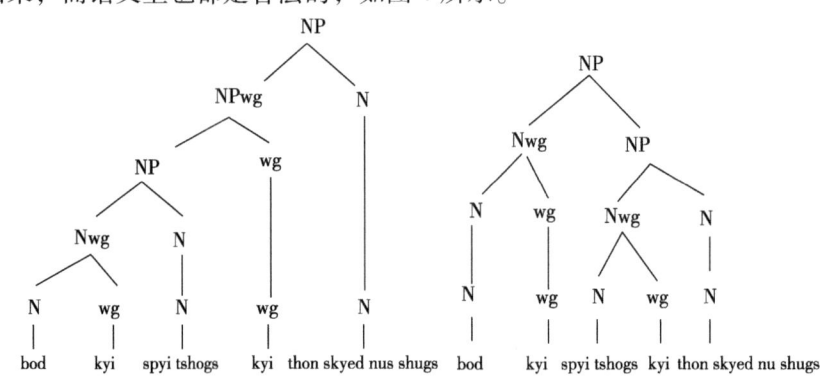

图4　同一短语两种不同结构

同样，中心名词的修饰语层级的增多也并不意味着语义上的歧义增加，有时候一个具有多层修饰关系的名词短语却只有一种语义理解。比如：lo 60 vkhor bar rten bar rten vbrel zhu bavi tshogs chen thog gi gsung bshad "在庆祝六十周年的大会上的讲话"，只能有一种语义理解。总之，中心名词带有双向修饰语时的结构歧义性要多于中心名词带单向修饰语的情况。

总　结

本文描述了藏语名词短语的基本类型和扩充类型，并分析了它们结构上、语义上可能出现的歧义，其目的是为了进一步研究名词短语的自动识别和句法分析。实际上关于上述各种类型的名词短语中哪一类或者哪几类名词短语在特定的文本语料中属于强势模式，哪些类属于弱势模式，各种类型的名词短语在特定文本中的出现比例对名词短语识别名词短语的自动识别、抽取都具有重要的作用。我们将在本文研究的基础上进一步对这些问题展开讨论。

语料来源

bod zhi bas bcings vgrol btang nas lo 60 vkhor bar rten vbrel zhu bavi tshogs chen thog gi gsung bshad，"在庆祝西藏和平解放60周年大会上的讲话"。

srid gzhung gi las don snyan zhu，政府工作报告（2011）。

ljongs zhing lngavi mnyam sgrig bslab gzhi, vgan babs slob gsovi bslab tshad gzhivi tshod ltavi slob deb，五省藏区统编教材，义务教育课程的基本试用本（1~9年级）。

东嘎、洛桑赤列：《论西藏政教合一制度（藏文版）》，民族出版社，1983。

旦增格列：《藏族民间故事精选（藏文）》，西藏人民出版社，2007。

藏缅语存在类动词的概念结构*

黄成龙**

内容提要：本文从认知语言学、语言人类学和认知心理学的角度分析和讨论了 62 种藏缅语族语言和方言存在类动词的形式及其功能分布。通过亲属语言之间跨语言比较，探讨了存在动词在这些语言中概念结构的相似性和差异性。

关键词：认知语义学　存在观　语义图

引　言

人类的存在概念在不同语言里的表现形式既有相似性，也存在差异性，所以，人类的"存在"观一直是语言学和哲学关注的热点问题之一。东西方存在观的差异早在 20 世纪 50 年代末就被英国语言哲学家葛瑞汉（Graham, 1959）观察到并做过系统的讨论。在 20 世纪 60 年代，西方语言学者和语言哲学家对不同语言的系词和存在动词做过一些讨论（Graham, 1965；Owens, 1968；Lehiste, 1969），尤其是凯恩对希腊语中"系词/存在动词"的一系列讨论（Kahn, 1966、1972、1973、2004、2009），以及维哈尔（Verhaar, 1967～1973）编辑的《动词"是"及其同义词——哲学和语法研究》（*The Verb "Be" and Its Synonyms – Philosophical*

---

* 本文于 2013 年 1 月 26 日在"中国社会科学院民族学与人类学研究所青年学术论坛"上进行报告，得到了诸位老师的鼓励，在此一并致谢。戴庆厦老师对本文提出十分宝贵的修改意见，谨此深表感谢。此外，本文部分内容于 2012 年 12 月 16 日在中央民族大学民族学与社会学学院主办的"多视角藏羌彝走廊"学术研讨会上做过报告，林幼菁博士提出许多宝贵意见，笔者在此向会议主办者张曦博士和林幼菁博士表示诚挚谢意。本文发表于《民族语文》2013 年第 2 期。

** 黄成龙，中国社会科学院民族学与人类学研究所研究员。

and Grammatical Studies）第 1~6 分册，从语言学和哲学角度对希腊语的系词和一些非印欧语的"系词/存在动词"做了尝试性描写和分析。国内金克木（1979）讨论了梵语中的"有—存在"义，他认为梵语区分静态绝对存在和运动变化存在，存在动词 as 所指示的意义为"绝对真实的存在"，而存在动词 bhuū 所表示的意义为"带有变化和运动意义的相对的存在"。近 10 年来有学者开始从认知语言学视角、利用语言类型学中的语义图模型（Semantic Map Model）方法讨论斯拉夫语系的"系词"和"存在动词"之间的关联性（Clancy，2001、2004、2010）。

汉语的处所动词"在"以及存在/领有动词"有"一直是学者们关注的热点问题之一，尤其是近 10 年来学者们从语法化、配价语法、题元理论等视角对汉语处所动词"在"以及存在/领有动词"有"做了许多探讨，在一定程度上促进了人们对现存结构的认识。如果我们不将研究视野仅局限于汉语和印欧语，而是更多地认识和了解非汉语与非印欧语的"存在"概念，那么不仅对深入认识和了解人类的"存在"观及其背后的文化和认知结构具有重要意义，而且对研究哲学中的"存在"概念也会有重要的参考价值。

存在类动词在藏缅语内部丰富多样，然而，过去学者们对此问题关注不够，目前我们仅能找到 9 篇讨论 7 种语言的存在动词的文章，如藏语（金鹏，1981），西夏语（史金波，1984；池田巧，2010），哈尼语（白碧波，1991），羌语（黄成龙，2000；LaPolla & Huang，2007），彝语（Walters and Ndaxit Atqi，2006），扎巴语（Shirai，2008）和木雅语（池田巧，2010）。本文以笔者收集的国内外 100 多种藏缅语族语言和方言语料为基础，从认知语言学、语言人类学和认知心理学的角度，讨论藏缅语存在类动词的形式、功能以及概念结构的相似性和差异性。

一 存在类动词的相似性及其概念结构

藏缅语的存在类动词在某些语支内是共同创新的，但在整个语族内无法构拟其原始形式，是后起的。存在类动词在藏缅语各语言中是经过语法化后平行发展形成的（LaPolla，1994）。

（一） 存在类动词的相似性

许多藏缅语中同一个存在类动词出现在处所结构、存在结构和领有结构中，是存在类动词的共同特征，即相似性特征。若要表达"处所义"、"存在义"或"领有义"，就要通过论元的不同位置来表达，藏缅语的处所结构、存在结构和领有结构用公式表示如下：

公式1　处所结构：存在物　　+　　处所　　　+　　存在类动词
公式2　存在结构：处所　　　+　　存在物　　+　　存在类动词
公式3　领有结构：领有者　　+　　被领有者　+　　存在类动词

从公式1可以看出，藏缅语的处所、存在和领有结构句尾都用存在类动词，处所结构与存在结构的区别在于，处所结构中处所词在存在物之后，而存在结构中处所词在存在物之前。领有结构一般是领有者在被领有者之前，如蒲溪羌语（1）（黄成龙，2007：176–177）：

(1) ① a - va[存在物] tɕiu[处所] zə[存在类动词]·
　　妈妈　　　家　　在
　　妈妈在家里。（处所结构）

② [tsə][处所] qe¹χa [tsə ʂtu χsi - la][存在物] zə - i[存在类动词]·
　　这里　从前　兄弟　三－个　　　有－状态变化
　　从前这里有三个兄弟。（存在结构）

③ ŋa[领有者] [tutsu a - la][被领有者] zə -¹[存在类动词]·
　　我　　　弟弟　一－个　　　　有－1单
　　我有一个弟弟。（领有结构）

在我们统计的100多种藏缅语里，有27种藏缅语只有1个存在类动词，可用于处所、存在和领有结构，只有1个存在类动词的语言见表1。

表1　只有1个存在类动词的语言

语言	处所义	存在义	领有义	汉义	资料出处
白语	tsɯ³³	tsɯ³³	tsɯ³³	在/有	徐琳、赵衍荪（1984：39）
拉祜语	tsɔ²	tsɔ²	tsɔ²	在/有	常竑恩（1986：26）
卡卓语	tso²⁴	tso²	tso²	在/有	木仕华（2003：113，115）
毕苏语	duŋ⁵⁵/aŋ³³tsa³³	aŋ³³tsa³³	aŋ³³tsa³³	在/有	徐世璇（1998：144–145，256）

续表

语言	处所义	存在义	领有义	汉义	资料出处
倒话	jiu³	jiu³	jiu³	在/有	阿错（2004：85-88）
缅语	hyí	hyí	hyí	在/有	Okell（1969：138）
Kadu	ngā	ngā	ngā	在/有	Sangdong（2012：226-228）
Chantyal	mu	mu	mu	在/有	Noonan（2003a：326）
DhankuteTamang	mu	mu	mu	在/有	Poudel（2006：135-136）
Nar-phu	mû	mû	mû	在/有	Noonan（2003b：346-347）
Tamang	mu¹	mu¹	mu¹	在/有	Mazaudon（2003：294）
Dolakha Newar	dɑm（u）	dɑm（u）	dɑm（u）	在/有	Genetti（2003：359）
苏龙语	wa²⁵⁵	wa²⁵⁵	wa²⁵⁵	在/有	李大勤（2004：97-98）
崩尼—博嘎尔语	dɑː	dɑː	dɑː	在/有	欧阳觉亚（1985：43-44）
Kulung	tuː	tuː	tuː	在/有	Tolsma（2006：82）
Garo	dong	dong	dong	在/有	Burling（2004：115）
Rabha	to~toŋ	to~toŋ	to~toŋ	在/有	Joseph（2007：241）
Atong	ganang	ganang	ganang	在/有	van Breugel（2008：90-91）
Hakha Lai	ʔum	ʔum	ʔum	在/有	Peterson（2003：424）
Tshangla	chɑ	chɑ	chɑ	在/有	Andvik（2003：448-449）
Lepcha	nyi	nyi	nyi	在/有	Plaisier（2007：111）
Jero	bɑ	bɑ	bɑ	在/有	Opgenort（2005：106-107）
Meithei	ləy	ləy	ləy	在/有	Chelliah（1997：342）
Manipuri	ləy	ləy	ləy	在/有	Singh（2000：166-168）
Darma	lee	lee	lee	在/有	Willis（2007：335-337）
Sema	ani	ani	ani	在/有	Sreedhar（1980：119）
Ao Naga	ali	ali	ali	在/有	Clark（1893：117）

除以上藏缅语只有一个存在类动词外，大多数藏缅语有 2~10 个存在类动词，绝大多数存在类动词可出现在处所结构、存在结构和领有结构。

尽管藏缅语存在类动词的数量不同，最少的只有 1 个，如白语、拉祜语和缅语等，最多的有 10 个，如哈尼语绿春话（白碧波，1991），但是这些存在类动词都可以用一个词表示"处所义"、"存在义"和"领有义"。这个特征与汉藏语的汉语、侗台语、苗瑶语以及印欧语的英语、希腊语不同，如彝语北部方言（诺苏话）存在类动词的功能分布见表 2（陈康、巫达，1998：148-151）。

表2 彝语北部方言（诺苏话）存在类动词的功能分布

存在类动词	处所义	存在义	领有义	汉义
dʐo³³	+	+	+	在/有
dʐu³³	+	+	+	在/有
dʐi²¹	+	+	+	在/有
bo²¹	—	+	+	有
ndɿ⁵⁵	—	+	+	有
i⁵⁵	—	+	+	有

从表2可以看出，彝语北部方言诺苏话有6个存在动词，前3个存在动词 dʐo³³、dʐu³³ 和 dʐi²¹ 在处所义、存在义和领有义结构中都可以出现，而后3个存在动词 bo²¹、ndɿ⁵⁵ 和 i⁵⁵ 不能出现在处所义结构中，只能出现在存在义和领有义结构里。

（二）存在类动词的概念结构

概念对人类表达和理解世界的有关信息至关重要（Moss, et al., 2007），是人类思维与行为的基石，人的知识体系是以概念为核心，并具有结构性的系统，这个结构性系统被称为概念结构（conceptual structure）。概念结构由概念以及概念之间的依赖关系构成，是人类进行一切认知活动的基础。罗施等（Rosch et al., 1976）早就通过实验观察到自然范畴的特征不是孤立的，特征与特征之间是相互依存的。词语的意义依赖于认知者的概念结构，任何语义结构的分析都必须依靠对概念结构的分析（郎天万、蒋勇，2000）。

一般而言，处所动词表示事物所处的位置，存在动词表示事物的存在，领有动词表示事物的拥有，包括临时拥有或者拥有所有权，三者在概念结构方面有什么区别与联系呢？不同语言中存在类动词的概念结构是否一致？这些语言存在类动词的概念结构有没有相似性？跨语言存在类动词的概念结构，见图1。

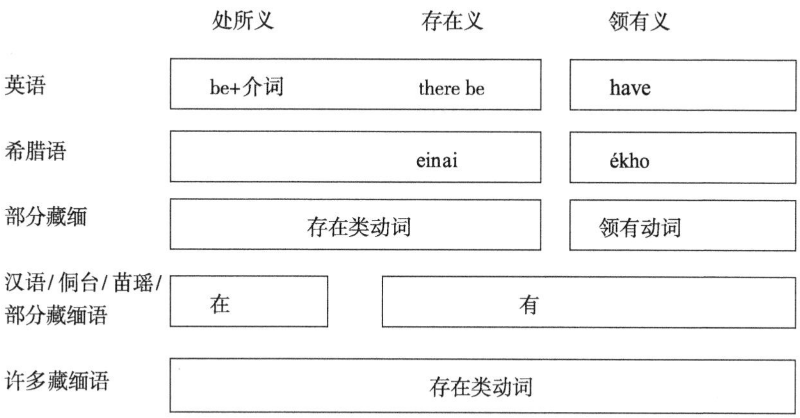

	处所义	存在义	领有义
英语	be+介词	there be	have
希腊语		einai	ékho
部分藏缅		存在类动词	领有动词
汉语/侗台/苗瑶/部分藏缅语	在	有	
许多藏缅语		存在类动词	

图 1　跨语言比较存在类动词的概念结构

从图 1 跨语言比较存在类动词的概念结构可以看出，存在类动词的概念结构具有多样性：①一个词表示处所义和存在义（即处所义＝存在义），另一个词表示领有义，如英语、希腊语和部分藏缅语。②处所义动词一个词，存在义和领有义用同一个词（即存在义＝领有义），如汉语、侗台、苗瑶和部分藏缅语。③一个词表示处所义、存在义和领有义（即处所义＝存在义＝领有义），如藏羌彝走廊藏缅语。①

语义范畴因语言而呈现差异，然而，其差异不是无限制的，而是有限制的（constrained）。许多逻辑上可能的语义范畴，在语言中并没有得到证实。相似的语义范畴经常在毫不相干的语言中出现。这种现象有其共同的概念基础，由此，不同的语言提供相同概念结构的不同图像。语义图是捕捉这种概念图像的一种方法。这种方法最初是由 Lloyd Anderson 提出（Anderson，1986），在 Haspelmath（1997）和 Stassen（1997）的著作里广泛采用（Croft，1997）。语义图模型是在没有一套预设的共性前提下针对具体

---

① 20 世纪 70 年代末，费孝通先生（1978）最先提出"藏彝走廊"概念，指"北自甘肃南部、青海东部、向南经过四川西部、西藏东南部，到云南西部以及缅甸、印度北部的这一条狭长地带"（孙宏开，1983a），并以南北走向的六江流域（岷江、大渡河、雅砻江、金沙江、澜沧江、怒江流域和嘉陵江上游、雅鲁藏布江）藏缅语的分布（孙宏开，1983b：100），画出走廊大致的地理空间位置和范围（张曦，2012）。2011 年，张曦博士提出要把"藏彝走廊"更名为"藏羌彝走廊"才符合历史与现实。不久，时任四川省委书记的刘奇葆在《党建》杂志 2011 年第 12 期中提出"藏羌彝走廊"为核心区域的民族文化产业带。

语言的语法形式和词汇进行归类的方法。把任何一种语言的单个形式范畴相关联的功能在语义模型图上排列在一起，概念空间结构体现功能的相似性，但功能之间的关系是从语法范畴的功能组织里归纳出来的。

简单地说，同一语言不同方言的一词多义或者跨语言中的同一形式表示多个意义，可以通过"语义图"呈现出来。跨语言呈现的存在类动词的概念结构的相似性和差异性可以用语义图模型呈现出来（见图2）。

	处所义	存在义	领有义
英语	be + 介词	there be	have
希腊语	einai		ékho
部分藏缅语		存在类动词	领有动词
汉语/侗台语/苗瑶语/部分藏缅语	在	有	
62种藏缅语		存在类动词	

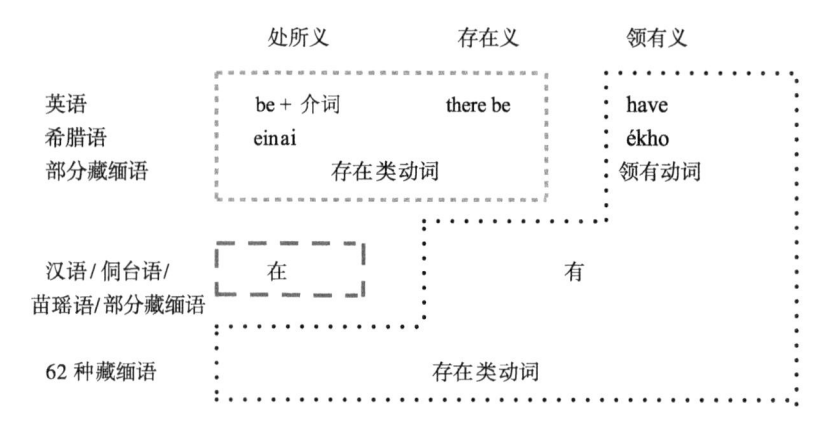

图 2　跨语言存在类动词的语义图模型

图2呈现了两个大的语义图，方点框内是英语和希腊语"处所义和存在义"的语义图，圆点框内是英语和希腊语（领有义）[①]、汉语（存在义 = 领有义）和藏缅语（处所义 = 存在义 = 领有义）的地图。这两个大的语义图在多数语言中界线清楚，这说明"存在/处所/领有义"之间确实有种关联性。

与此同时，因不同民族对存在类动词的感知不同，因此，在有些语言里存在类动词的概念存在着差异，在小框内，汉语的处所义动词"在"相对独立。藏缅语中处所义 = 存在义 = 领有义是一个概念。

二　存在类动词的差异性及其概念结构

在藏缅语族语言中，有的根据信息源的不同使用不同的存在类动词，

[①] 部分藏缅语与英语、希腊语类似，有一个领有义动词用于领有结构，因篇幅所限，笔者另文单独讨论。

有的根据语义把存在类动词分为不同的类别。藏缅语内部存在类动词呈现多样性，表明藏缅语各民族对存在概念有认知上的差异。

（一）凸显信息源

藏语系词/存在动词分类的依据可归纳为两个参项（parameters）。①以说话人"自我"及其有关联的事物—自我（egophoric）：[①] 确知、熟悉。②根据信息源：亲见与非亲见，熟知与否—非自我（non-egophoric）：刚发现、不确知。所谓用于一般语气或者泛泛陈述的存在动词，称为中性，藏语系词与存在动词的功能分类见表3（黄成龙，2012）。

表3 藏语系词与存在动词的功能分类

系词/存在动词	自我：确知、熟悉	非自我：刚发现、不确知	中性
yin	+	—	—
red	—	+	—
yod	+	—	—
dug	—	+	—
yog. red*	—	—	+

* 据周毛草女士告诉笔者，安多藏语很少用 yog. red，在南部藏语里也没有这个词，这个词是系词 red 和 yog 结合而成，应该是后来发展来的。

在藏语周边受藏语影响的邻近语言，如嘉绒语（又作嘉戎语）和仓洛门巴语中发现根据信息源对存在动词进行分类，这两种语言与藏语类似，根据信息源（新旧信息/亲见非亲见）的不同，使用不同的存在类动词见表4（黄成龙，2010）。

表4 嘉绒语和仓洛门巴语存在类动词的分类

语言	旧信息（熟知）	新信息（新发觉）	汉义	资料出处
嘉绒语	tu	ɣ ɣʐu	在/有	向柏霖（2008：303-305）
仓洛门巴语	tɕa^{55}ka^{55}/tɕa^{55}（现在） tɕao^{55}（过去）	la^{13}	在/有	张济川（1986：62-65）

[①] Tournadre（2007）也指出藏语的人称 conjunct 与 disjunct 同指概念不适合用于描写藏语的人称标记，他建议用 egophoric 表示"本人知识"（personal knowledge）以别于其他示证（evidential）"感知或者推断的知识"。

嘉绒语有两个存在类动词 tu 和 ɣɤzu，存在类动词 tu 表示熟知的信息，即旧信息，它应借自藏语的 dug；ɣɤzu 表示刚发现的存在，即新信息（向柏霖，2008：304－305），表示新信息的存在动词 ɣɤzu 与藏语不同源，应该是平行发展的。仓洛门巴语表示熟知的存在有两个 tɕa^{55}ka^{55}/tɕa^{55} 和 tɕʰo^{55}，存在类动词 tɕa^{55}ka^{55}/tɕa^{55} 表示现在熟知的存在，而 tɕʰo^{55} 表示过去熟知的存在。仓洛门巴语的存在类动词 la^{13} 表示新发觉的存在。仓洛门巴语的存在类动词与藏语的形式不同，应该是与藏语平行发展的，以茶堡嘉绒语的存在类动词 tu 和 ɣɤzu 为例（向柏霖，2008：304－305）：

(1) nɤ-kaŋkaŋ ɯ-ŋgɯ　　nɤ-tʂʰa 　ɯ-ɣɤzu?
你的－杯子　它的－里面 你的－茶　问－有
你杯子里有没有茶？　　　（新信息）

(2) nɯ ʁo　　kɯ-pʰɤn ci tu ri,　nɯɯ aʑo a-rqo 　mɤ-ɬoʁ ma…
那 助词 名物化－有效 一 有连词 那 我 伟大－喉咙　否定－出来 连词
确实有一个有效的办法，但我难以启齿……　　　（旧信息）

除了嘉绒语和仓洛门巴语的存在类动词与藏语类似，根据信息源（新旧信息/亲见非亲见）的不同，使用不同的存在类动词外，藏语和受藏语影响的邻近语言以及在尼泊尔、印度等的吉兰提（Kiranti）语支语言中系词与存在类动词不区分生命度，但系词和存在类动词后来语法化发展为时体和示证标记。

（二）凸显生命度

许多藏缅语言在量词、动词的人称范畴、施受标记、名物化等方面反映生命度等级差异。尤其是在藏羌彝走廊多数藏缅语中，生命度等级差异还反映在存在类动词上。从笔者统计的 100 多种藏缅语言和方言看，存在类动词的表达形式呈现较强的区域性特征，藏语的系词和存在动词较多，其用法也较为复杂。分布在尼泊尔境内的一些语言只用一个词来表"处所义""存在义""领有义"，或者用一个词表"系词""处所义""存在义""领有义"。从川西往南一直到缅甸以北，藏缅语存在类动词系统根据所指性质（有生命与无生命）的不同使用不同的存在动词，这些语言根据生命度（animacy）区分有生命与无生命事物的存在，在说这些语言的人的心智中生命度/活动性（mobility）非常重要（La Polla，1994），如荣红羌语：

(3) tɕile kuː zdʐytɑː zi.
我们 哥哥 成都 位格 在
我哥在成都。

如果存在物是有生命的，只能用存在类动词 z_i；如果存在物是无生命的，使用其他存在类动词（参见下面的例句）。许多藏缅语，尤其是藏羌彝走廊多数藏缅语也凸显生命度差异，存在物是有生命时，只能用表示有生命的存在类动词；存在物是无生命时，使用其他存在类动词。藏羌彝走廊藏缅语存在类动词凸显生命度差异如表5所示。

表5 藏缅语存在类动词的生命度差异

语言	有生命	无生命	附着	上在……里	语义	资料出处
格曼语	tɕɑu⁵⁵	kɑm³⁵	—	—	在/有	李大勤（2002：126-127）
义都语	dʑi⁵⁵~i³³	kʰɑ³³	—	—	在/有	江荻（2005：83-84）
基诺语	ŋ⁴²tɔ⁴⁴~tʃə³⁵	tʃɑ³⁵~kʰɑ³³	—	—	在/有	盖兴之（1986：110-111）
傈僳语	nɛ³⁵	dʒo³⁵	—	—	在/有	木玉璋、孙宏开（2012：71-72）
柔若语	ŋi³³	tɕʰi¹³	—	—	在/有	孙宏开、黄成龙、周毛草（2002：92）
景颇语	ŋa³¹	ŋa³¹	ŋa³¹	ʒoŋ³³	在/有	戴庆厦、徐悉艰（1992：62-63）
独龙语	ɿɕɿ⁵³/ɑ̃l⁵³	ɑl⁵³	—	dzəŋ⁵³	在/有	杨将领博士提供（2010）*
怒苏语	ŋi³⁵	dzɑ⁵³	—	kʰui³¹	在/有	孙宏开、刘璐（1986：68-69）
桑孔语	tɕaŋ⁵⁵	tɕa³³	—	qø³³	在/有	李永燧（2002：133-135）
撒都语	tsʰŋ⁵⁵~dzu²¹	—	ŋi²¹	—	在/有	白碧波等（2012：96-97）
纳木兹语	dzo⁵³	zɿ³¹	ndzæ³¹	—	在/有	黄布凡等（1991：169-170）
贵琼语	nɔ⁵³	jɛ̃	bɵ³⁵	—	在/有	宋伶俐（2011：118-119）

*杨将领先生提供独龙语存在动词语料，在此谨致谢意。

从表5看，这12种藏缅语中，格曼、义都、基诺、傈僳和柔若5种藏缅语只有2个存在类动词，分别用于有生物的存在和无生物的存在。景颇语有2个存在类动词，一个用于有生物和附着物的存在，另一个用于容器内存在。撒都语也有2个存在类动词，一个用于有生命的存在，另一个用于表示附着在某物上。独龙、怒苏、桑孔、纳木兹和贵琼语都有3个存在类动词，除了一个用于有生物的存在，另一个用于无生物的存在外，独龙语、怒苏语和桑孔语第3个存在类动词表示容器内存在，而纳木兹语和贵琼语第3个存在类动词表示附着在某物上。这些语言主要根据生命度区分有生物和无生物的存在。

(三) 凸显所处的位置

藏羌彝走廊语言的存在类动词不仅用于区分生命度等级差异，而且还用于区分类别。根据存在物所处的位置（可否移动、附着以及容器等）使用不同的存在类动词，我们称之为背景凸显（ground saliency），如羌语存在类动词的类别见表6（黄成龙，2000；La Polla and Huang，2007）。

表6 羌语存在类动词的类别

方言土语	有生命	在平面上	附着某物上	容器内	资料出处
曲谷羌语	ʑi	hū	we	le	（黄布凡、周发成，2006：123-126）
麻窝羌语	ʑi	xtʃə ~ tsi	wa	la	（刘光坤，1998：184-189）
荣红羌语	ʐ̩i	ʂə	we	le	（La Polla and Huang，2007）
蒲溪羌语	zə	ŋa	wa	la	（黄成龙，2007 [2006]：176-178）
桃坪羌语	ʐ̩^{33}	ŋa^{31}	ye^{33}	lie^{33}	（孙宏开，1981：120-122）

从表6看，羌语5个土语存在类动词都用于区分生命度，表示有生命存在物的存在类动词在各土语中基本一致，用 ʑi/ʐ̩i/zə/ʐ̩^{33}；而在容器内存在，各土语相同，都用 le/la/lie^{33}；无生命存在物附着在某处所时，除了桃坪羌语用 ye^{33} 外，其他4个土语都用 we/wa。无生命物在平面上时，南北方言呈现差异，但方言内部相似或者相同，南部方言蒲溪羌语和桃坪羌语用 ŋa/ŋa^{31}，北部方言的曲谷话用 hū、麻窝羌语用 xtʃə ~ tsi、荣红羌语用 ʂə，以荣红羌语为例。

(4) ləɣz - le - pən   tʂuɑts - teː - tɑ   ʂə.
书 - 定指 - 量   桌子 - 定指：量 - 位格   在
那本书在桌子上。   （存在物在平面上）

(5) dʐeu - leː   qʰɑts - teː - tɑ   we.
绳子 - 定指：量 墙 - 定指：量 - 位格 在
那根绳子在墙上。   （存在物附着在墙上）

(6) qʰɑl - leː   dʐə - laː - ʁɑ   le.
馍馍 - 定指：量 锅 - 定指：量 - 位格 在
那个馍馍在锅里。   （存在物在容器里）

从上面例句可以看出，羌语中如果存在物是无生命的，在水平支撑平面上时，只能用存在类动词 ʂə；如果存在物附着在平面上或者立体空间时，只能用存在类动词 we；如果存在物在容器内时，只能用存在动词 le。藏羌彝走廊许多藏缅语与羌语类似，不仅凸显生命度，而且还凸显存在物所处的位置，如表7所示。

表7 凸显存在物所处的位置（背景凸显）

语言	有生命	水平支撑	附着上	在……里	语义	资料出处
载瓦语	ŋji⁵¹	tʃoʔ³¹	toŋ⁵¹	luŋ⁵⁵	在/有	徐悉艰、徐桂珍（1984：80－81）
波拉语	ŋji⁵⁵	tʃaʔ³¹	tɛʔ³¹	pa³¹~lauŋ³⁵	在/有	戴庆厦等（2007：111－114）
浪速语	na³¹	tʂoʔ³¹	tuŋ³⁵	lauŋ³⁵	在/有	戴庆厦（2005：52－53）
阿侬语	ŋo⁵⁵~no⁵⁵	a³¹ dɑ⁵⁵	io⁵⁵~dem⁵⁵	ɑnɛ⁵⁵	在/有	孙宏开、刘光坤（2005：99－101）
纳西语	ndʐy³³	dʑy³³	dʑɯ³¹	zi³³	在/有	和即仁、姜竹仪（1985：51－53）
西夏语	nriuɦ	diu̯	wɪɛ~ɣəɦ	tʂhiu	在/有	史金波（1984）
普米语	ʐø⁵⁵	ʂə¹³	diɑ̯u¹³	kui⁵⁵	在/有	陆绍尊（1983：52－53）
道孚语	dʑi	duə	wui	ndʑə	在/有	多尔吉（1998：51－53）
扎巴语	tɕyi⁵⁵	nə³⁵~tɕa⁵⁵	ɕi⁵⁵	tɕə⁵⁵~ndʐu⁵⁵	在/有	龚群虎（2007：93－95）
拉坞戎语	jje⁵³~də³³	sti⁵³	ɑɣ⁵³	khu⁵³	在/有	黄布凡（2007：63－65）
却域语	tʃi⁵⁵	ɕi¹³	ʁo¹³	tɕy¹³	在/有	王天习（1991：61）
木雅语	ndʑə⁵³	mə⁵³	tɕə	khuə²⁴	在/有	黄布凡（1991：124－125）
吕苏语	dʐu⁵³	dʐua³¹	hiæ³¹	dʐu	在/有	黄布凡等（1991：147－148）
史兴语	ji	ɑ̃	ɛ	khua	在/有	孙宏开（1983：208）

表7列举的藏缅语尽管存在类动词的多少不一，有的多达8~9个。这些语言除了区分有生物的存在外，无生物的存在根据无生物所处的位置使用不同的存在动词，其中无生物存在于平面（水平面）、附着（平面或者立体）、容器内是这些语言共有的参项。

(四) 凸显存在的方式

有的语言不仅凸显存在物的性质和存在物所处的位置，而且还可以凸显存在物存在的方式，即表示以什么方式，如站着、挂着、坐着、立着或者躺着等方式存在，如凉山彝语存在类动词比较见表8①。

表8 凉山彝语存在类动词比较

静态动词	彝语北部方言 陈康、巫达 (1998：148–151)	Susan Walters and Ndaxit Atqi, 2006	语义
dzo³³ "在、有"通用	dzo³³	dzo³³	一切事物的存在
bo²¹ "怀着有、拥有"	bo²¹	—	非人动物、无生命
dzu³³ "竖立、矗立、立有"	dzu³³	dzu 33	无生命
ndɪ⁵⁵ "挂、黏着"	ndɪ⁵⁵	ndɪ⁵⁵	无生命附着、悬吊
i⁵⁵ "住、躺着"	i⁵⁵	i⁵⁵	有生命/无生命（容器内）
dzi²¹ "投靠有、喜欢地有"	dzi²¹	—	固定、不可移动
ȵi³³ "坐有"	—	ȵi³³	有生命
hi⁵⁵ "站有"	—	hi⁵⁵	有生命
khɯ³³ "挂有"	—	khɯ³³	兽穴所处的位置

四川省甘孜州康定县木居村木雅语的存在类动词的分类很有意思，一方面凸显信息源，即亲见与非亲见；另一方面又凸显生命度和存在物所处的位置，介于藏语、嘉绒语与藏羌彝走廊其他语言之间（黄布凡，1991：124–125）。② 我们把木雅语存在类动词的凸显特征归纳为信息源、生命度、处所三个特征，见表9。

表9 木雅语存在类动词的凸显特征

存在类动词	信息源	生命度	处所	汉义
mə³³	+	+	+③	说话者所熟知（非亲见）的可移动物体的存在

---

① 普忠良副编审对彝语语料提供了宝贵的意见，在谨致谢意。
② 尹蔚彬博士和池田巧先生对木雅语语料提供了宝贵意见，在此谨致谢意。
③ 尹蔚彬博士提供木雅语存在动词 mə⁵³ 可用于有生命物的存在和处所动词。

续表

存在类动词	信息源	生命度	处所	汉义
tɕə²⁴	+	−	+	说话者所亲见的可移动物体的存在
ndʐə⁵³	−	+	+	有生命物体的存在，或领有、具有、附有某物
ndʐui⁵³	−	−	+	贵重物品的存在
kʰuə²⁴	−	−	+	事物存在于一定的容器或者范围内
ndʐe²⁴	−	−	+	一事物掺有或混杂有另一事物
ndə²⁴	−	−	+	抽象事物的存在

在藏缅语中，哈尼语哈雅方言的存在类动词最为复杂，分类最细，哈尼语哈雅方言绿春话有 10 个存在动词（白碧波，1991），而其他方言存在动词相对较少，如泰国的阿卡语只有 6 个（戴庆厦等，2009：96 – 99），而云南省墨江县的西摩洛语的存在类动词更少，只有 3 个（戴庆厦等，2009：105 – 107）。哈尼语方言土语存在类动词比较见表 10。

表 10 哈尼语方言土语存在类动词比较

语义	哈雅方言（绿春话）李永燧、王尔松（1986：54 – 55）	哈雅方言 白碧波（1991）	西摩洛语 戴庆厦等（2009）	阿卡语 戴庆厦等（2009）
人及其器官	bo³³	dzo⁵⁵	tʃo⁵⁵	bo³³
人与动物	dzɔ⁵⁵	dzɔ⁵⁵		dzɔ⁵⁵
昆虫（蜜蜂、蚂蚁）				
植物	de³¹	de³¹	—	dɛ³¹
表面支撑	dza³³	dza³³	tʃa³³	gja³³
容器内（固体）	—	tsʰɔ³¹	tʃɔ³¹	dɤŋ³¹ ~ ɤŋ⁵⁵（内部）
容器内（液气体）	dɔ³¹	dɔ³¹		u⁵⁵（里面）
附着（字、画、绣花）		da³³		
印迹（路、痕迹、足迹）		dɔ⁵⁵		
部分（有无生命物）	kɤ³¹	kɤ³³		
存在（无意识中发现）	—	ja³³		
文学（诗歌）中	sɔ⁵⁵	—		

从表 10 可以看出，哈尼语存在动词在不同方言里既有相似性，也有差异性。哈尼语 3 种方言的存在类动词都区分生命度等级差异，人和动物的

存在用 dʑo⁵⁵（绿春县大寨话）、tʃo⁵⁵（墨江县西摩洛语）或者 dzɔ⁵⁵（泰国阿卡语），绿春话在有生命的存在物中还区分昆虫的存在，如 dzɔ⁵⁵ 用于蜜蜂、蚂蚁等的存在。无生命物的存在用 dʑa³³（绿春县大寨话）、tʃa³³（墨江县西摩洛语）、gja³³（泰国阿卡语），绿春话和泰国阿卡语在无生命存在物中还区分植物的存在，如 de³¹（绿春县大寨话）和 dɛ³¹（泰国阿卡语）。3 种方言表示存在物在容器内时，呈现差异，哈雅方言区分固体的存在 tsʰɔ³¹ 和液体的存在 dɔ³¹，凸显存在物的性质，而泰国阿卡语去区分存在物在容器的内部 dɤŋ³¹~ɤŋ⁵⁵ 与容器的里面 u⁵⁵，凸显容器。墨江县西摩洛语存在物在容器里时，既不区分固体的存在或者液体的存在，也不区分存在物在容器的内部或者在容器的里面，都用 tʃɔ³¹（墨江县西摩洛语）。哈雅方言和泰国阿卡语还区分存在物的拥有，如果拥有人或者人体器官时，用领有动词 bo³³。除此之外，哈雅方言还区分存在物存在的方式，如存在物附着 da³³ 或者印迹 dɔ⁵⁵ 以及部分存在 kɤ³³ 和无意识中发现的存在物 ja³³。

尽管（处所义＝存在义＝领有义）在许多藏缅语言中是一个概念，然而，在川西藏羌彝走廊藏缅语言中生命度/活动性十分重要，首先看存在物是否有生命，有生命的存在物用一个存在类动词，无生命物又根据存在物所处的空间位置分为是否表面支撑（在……上）、是否附着（平面或者立体空间）、是否在容器内，其概念结构如图 3 所示。

	有生命	表面支撑	附着	容器内
藏语等 30 种语言：		藏语、白语、拉祜语、缅语等		
格曼语等 5 种语言：	有生命物		无生命物	
怒苏语等 7 种语言：	有生命物	无生命物	其他存在物	
西夏语等 20 种语言：	有生命物	水平面支撑	附着	容器内

图 3　藏缅语族语言存在类动词概念结构的差异性

从藏缅语存在类动词概念结构的差异性可以看出，藏缅语存在类动词的差异性主要从语言的功能去理解，也就是从语言的结构之外去解释。藏缅语存在类动词的差异性可归为 4 个参项：存在物的生命度、存在物所处的位置、信息源和存在物的存在方式。藏缅语存在类动词的凸显特征见表11①。

表11 藏缅语存在类动词的凸显特征

语言	生命度	处所（背景）	信息源	存在的方式
白语	–	–	–	–
拉祜语	–	–	–	–
卡卓语	–	–	–	–
毕苏语	–	–	–	–
倒话	–	–	–	–
缅语	–	–	–	–
Kadu	–	–	–	–
苏龙语	–	–	–	–
崩尼—博嘎尔语	–	–	–	–
Chantyal	–	–	–	–
DhankuteTamang	–	–	–	–
Nar-phu	–	–	–	–
Tamang	–	–	–	–
Dolakha Newar	–	–	–	–
Kulung	–	–	–	–
Garo	–	–	–	–
Rabha	–	–	–	–
Atong	–	–	–	–
Hakha Lai	–	–	–	–
Tshangla	–	–	–	–
Lepcha	–	–	–	–
Jero	–	–	–	–
Meithei	–	–	–	–

① 此表格以及前面所有的表格都是在现有语料的基础上归纳出来的，今后随着对具体语言存在类动词的深入描写和分析，可能还会发现存在类动词的其他一些特征，个别语言存在动词的分类也会有出入，这些都是正常的。笔者也希望能得到各位专家学者的批评指正。

续表

语言	生命度	处所（背景）	信息源	存在的方式
Manipuri	-	-	-	-
Darma	-	-	-	-
Sema	-	-	-	-
Ao Naga	-	-	-	-
格曼语	+	-	-	-
义都语	+	-	-	-
基诺语	+	-	-	-
傈僳语	+	-	-	-
柔若语	+	-	-	-
独龙语	+	+	-	-
阿侬语	+	+	-	??
景颇语	+	+	-	??
载瓦语	+	+	-	??
浪速语	+	+	-	??
怒苏语	+	+	-	??
桑孔语	+	+	-	??
撒都语	+	+	-	??
纳西语	+	+	-	??
羌语	+	+	-	-
西夏语	+	+	-	??
普米语	+	+	-	??
拉坞戎语	+	+	-	??
道孚语	+	+	-	??
木雅语	+	+	-	??
却域语	+	+	-	??
贵琼语	+	+	-	??
扎巴语	+	+	-	??
尔苏语	+	+	-	??
纳木兹语	+	+	-	??
吕苏语	+	+	-	??

续表

语言	生命度	处所（背景）	信息源	存在的方式
史兴语	+	+	−	??
西摩洛语	+	+	−	??
阿卡语	+	+	−	??
彝语	+	+	−	+
哈尼语（绿春话）	+	+	+	+
藏语	−	−	+	−
仓洛门巴语	−	−	+	−
嘉绒语茶堡话	−	−	+	−

说明：双问号在此表示文献中未提及存在类动词是否体现存在物存在的方式。

结　语

本文讨论了藏缅语存在类动词概念结构的相似性和差异性，其相似性在于62种藏缅语的存在类动词既可以出现在处所结构，也可以出现在存在结构和领有结构，这种特征在印欧语和其他东亚、东南亚语言中较少见。这些藏缅语所表达的"处所义"、"存在义"和"领有义"根据论元的不同位置决定，若表达"处所义"，处所词就出现在存在物之后；若表达"存在义"，处所词就出现在存在物之前；若表达"领有义"，领有者出现在被领有者之前。

藏缅语存在类动词的差异性体现在每种语言存在类动词的数量不同，有27种语言只有1个存在类动词、近40种语言有两个以上的存在类动词。藏缅语存在类动词差异性还表现在以下4个方面。

（1）凸显信息源　藏语和受藏语影响的邻近语言，如嘉绒语和仓洛门巴语，根据信息源（新旧信息/亲见非亲见）的不同，使用不同的存在类动词。

（2）凸显生命度　从四川西部往南一直到缅甸以北藏羌彝走廊藏缅语族语言中，存在类动词系统根据存在物的性质（有生命与无生命）的不同使用不同的存在类动词，这些语言根据生命度区分有生命与无生命事物的存在，在说这些语言的人的心智中生命度/活动性非常重要。

（3）凸显存在的处所　川西往南一直到缅甸以北藏缅语语言中存在类

动词系统除了以生命度区分有生命与无生命事物的存在外,无生命物根据事物所处的空间位置的不同使用不同的存在动词。

(4)凸显存在的方式 目前我们只知道彝语和哈尼语除了凸显生命度、凸显存在的处所外,还凸显存在物以什么方式,如挂着、坐着、躺着等方式存在。其他藏缅语是否有这种现象,还需要深入描写和分析每种语言的存在类动词。

藏缅语存在类动词的概念结构的相似性一方面从共同创新、平行发展以及语言接触等方面去观察,另一方面还应该从不同语言的规约性(convention)、文化和认知中去理解。要理解藏缅语存在类动词概念结构的差异性,只能从不同语言存在类动词的具体的语义和语用去理解,离开了该语言的情境,无法真正理解该语言的存在类动词。总之,藏缅语存在类动词的多样性、相似性与差异性几乎涵盖了人类语言的存在概念的绝大多数特征,深入研究藏缅语存在类动词对于我们认识和了解人类的存在观具有十分重要的意义。

参考文献

白碧波:《哈尼语存在动词初探》,《民族语文》1991年第5期。

白碧波、许鲜明等:《撒都语研究》,民族出版社,2012。

常竑恩:《拉祜语简志》,民族出版社,1986。

陈康、巫达:《彝语语法》,中央民族大学出版社,1998。

池田巧:《西夏语与木雅语的存在动词》,聂鸿音、孙伯君编《中国多文字时代的历史文献研究》,社会科学文献出版社,2010。

戴庆厦、黄布凡等:《藏缅语十五种》,北京燕山出版社,1991。

戴庆厦、徐悉艰:《景颇语语法》,中央民族学院出版社,1992。

戴庆厦:《浪速语研究》,民族出版社,2005。

戴庆厦、蒋颖、孔志恩:《波拉语研究》,民族出版社,2007。

戴庆厦等:《泰国阿卡语研究》,中国社会科学出版社,2009。

戴庆厦等:《西摩洛语研究》,民族出版社,2009。

多尔吉:《道孚语格什扎话研究》,中国藏学出版社,1998。

费孝通:《关于我国民族的识别问题》(1978),《民族研究文集》,民族出版社,1988。

盖兴之:《基诺语简志》,民族出版社,1986。

龚群虎:《扎巴语研究》,民族出版社,2007。

和即仁、姜竹仪：《纳西语简志》，民族出版社，1985。
黄布凡：《拉坞戎语研究》，民族出版社，2007。
黄布凡、周发成：《羌语研究》，四川人民出版社，2006。
黄成龙：《羌语的存在动词》，《民族语文》2000年第4期。
黄成龙：《蒲溪羌语研究》，民族出版社，2007。
黄成龙：《汉藏语的处所动词》，"中国语言的比较与类型学国际研讨会"会议报告，香港科技大学中国语言学研究中心，2010年5月9日。
黄成龙：《藏语与喜马拉雅语言中存在类动词的概念结构》，"当代语言科学创新与发展国际学术研讨会暨《语言科学》创刊十周年庆典"会议上报告，2012年10月27日。
江荻：《义都语研究》，民族出版社，2005。
金克木：《试论梵语中的"有—存在"》，《哲学研究》1980年第7期。
金鹏：《藏语拉萨话判断动词和存在动词的用法》，《西藏民族学院学报》1981年第4期。
郎天万、蒋勇：《概念结构对语义原子论和语义场理论的整合》，《四川外语学院学报》2000年第4期。
李大勤：《格曼语研究》，民族出版社，2002。
李大勤：《苏龙语研究》，民族出版社，2004。
李永燧、王尔松：《哈尼语简志》，民族出版社，1986。
李永燧：《桑孔语研究》，中央民族大学出版社，2002。
刘光坤：《麻窝羌语研究》，四川民族出版社，1998。
刘璐：《景颇族语言简志》（景颇语），民族出版社，1984。
刘奇葆：《以先进文化引领巴蜀文化繁荣发展 促进西部经济发展高地建设》，《党建》2011年第12期。
陆绍尊：《普米语简志》，民族出版社，1983。
木仕华：《卡卓语研究》，民族出版社，2003。
木玉璋、孙宏开：《傈僳语方言研究》，民族出版社，2012。
欧阳觉亚：《珞巴族语言简志（崩尼—博嘎尔语）》，民族出版社，1985。
史金波：《西夏语的存在动词》，《语言研究》1984年第1期。
宋伶俐：《贵琼语研究》，民族出版社，2011。
孙宏开：《羌语简志》，民族出版社，1981。
孙宏开：《川西民族走廊地区的语言》（1983a），中国西南民族研究会编《西南民族研究》，四川民族出版社，1983。
孙宏开：《六江流域的民族语言及其系属分类》（1983b），《民族学报》1983年第3辑。

孙宏开、刘璐:《怒族语言简志》(怒苏语),民族出版社,1986。

孙宏开、黄成龙、周毛草:《柔若语研究》,中央民族大学出版社,2002。

孙宏开、齐卡佳、刘光坤:《白马语研究》,民族出版社,2007。

王瑞晶:《语义地图:理论简介与发展史简评》,《语言学论丛》2010 年第 41 辑,商务印书馆。

吴福祥、张定:《语义图模型:语言类型学的新视角》,《当代语言学》2011 年第 4 期。

向柏霖:《嘉绒语研究》,民族出版社,2008。

徐琳、赵衍荪:《白语简志》,民族出版社,1984。

徐琳、木玉璋、盖兴之:《傈僳语简志》,民族出版社,1986。

徐世璇:《毕苏语研究》,上海远东出版社,1998。

徐悉艰、徐桂珍:《景颇族语言简志》(载瓦语),民族出版社,1984。

意西微萨·阿错:《倒话研究》,民族出版社,2004。

张济川:《仓洛门巴语简志》,民族出版社,1986。

张敏:《"语义地图模型":原理、操作及在汉语多功能语法形式研究中的运用》,《语言学论丛》2010 年第 41 辑,商务印书馆。

张曦:《藏羌彝走廊的研究路径》,《西北民族研究》2012 年第 3 期。

Lloyd B. Anderson, Evidentials, 1986, paths of change, and mental maps: typologically regular asymmetries. In: Wallace Chafe & Johanna Nichols (eds.) *Evidentiality: The Linguistic Encoding of Epistemology*, Norwood: Ablex.

Erik Andvik, Tsangla, 2003, *The Sino - Tibetan Languages*, ed. by Graham Thurgood & Randy J. La Polla, London & New York: Routledge.

Burling, Robins, 2004. "Language of the Modhupur Mandi (Garo)", Volume I. *Grammar*. New Delhi: Bibliophile South Asia.

Chelliah, Shobhana L. 1997. *A Grammar of Meithei*. Berlin: Mouton de Gruyter.

Clancy, Steven J. 2001. Semantic Maps for BE and HAVE in Slavic. *Glossos* 1: 1 – 14.

Clancy, Steven J. 2004. The Conceptual Nexus of BE and HAVE: A network of BE, HAVE, and their semantic neighbors. *Glossos* 5: 1 – 27.

Clancy, Steven J. 2010. *The Chain of Being and Having in Slavic*. Amsterdam / Philadelphia: John Benjamins Publishing Company.

Clark, E. W. 1893. *Ao Naga Grammar with Illustrative Phrases and Vocabulary*. Printed at the Assam secretariat printing office.

Croft, William. 1997. "Typology and linguistic theory in the past decade: A personal view." *Linguistic Typology* 11: 79 – 91. (威廉·克罗福特:《十年间的类型学与语言学理论之我见》,黄成龙译,《语言类型学译丛》第 1 辑,戴庆厦、罗仁地、汪锋主编,

商务印书馆，2013）。

Denwood, Philip. 1999. *Tibetan*、Amsterdam/Philadelphia：John Benjamins.

Genetti, Carol. 2003. Dolakhā Newār, *The Sino – Tibetan Languages*, ed. by Graham Thurgood & Randy J. LaPolla. London & New York：Routledge.

A. C. Graham, 1959. "Being in Western Philosophy Compared with shi/fei and yu/wu in Chinese Philosophy." *Asia Major*, Vol. 7, No. 1 – 2：79 – 112.（《西方哲学中的"Being"与中国哲学中的"是非"和"有无"之比较》，宋继杰译，罗嘉昌等主编《场与有》（五），中国社会科学出版社，1998）。

Graham, A. C. 1965. 'Being' in linguistics and philosophy：A preliminary inquiry. *Foundations of Language*, Vol. 1, No. 3：223 – 231.

Haspelmath, Martin. 1997. *Indefinite Pronoun*. Clarendon Press.

Hongladaron, Krisadawan. 1992. Semantic peculiarities of Tibetan verbs of being. Paper presented at *the Pan – Asiatic Linguistic Conference*, *Third International Symposium on Language and Linguistics*, January 1992, Chulalongkorn University.

Joseph, U. V. 2007. *Rabha*. Leiden：BRILL Academic Publishers.

Kahn, Charles H. 1966. The Greek verb "To Be" and the concept of being. *Foundations of Language*, Vol. 2, No. 3：245 – 265.

Kahn, Charles H. 1972. On the Terminology for Copula and Existence. in S. M. Stern, A. Houvani, and V. Brown (eds.), *Islamic Philosophy and the Classical Tradition*：*Essays presented… to Richard Walzer*, Oxford：Cassirer, 141 – 58.

Kahn, Charles H. 2003 [1973]. *The Verb "Be" in Ancient Greek*. Hackett Pub. Co. Inc..

Kahn, Charles H. 2004. A Return to the Theory of the Verb Be and the Concept of Being. *Ancient Philosophy*, 24：381 – 405.

Kahn, Charles H. 2009. *Essays on Being*. Oxford：Oxford University Press.

LaPolla, Randy, J. 1994. Parallel grammaticalizations in Tibeto – Burman：Evidence of Sapir's 'drift'. *Linguistics of Tibeto – Burman Area* 17.1：61 – 80.

LaPolla, Randy J. with Chenglong Huang. 2003. *A Grammar of Qiang*, *with annotated texts and glossary*. Berlin：Mouton de Gruyter.

LaPolla, Randy J. and Chenglong Huang. 2007. The Copula and Existential Verbs in Qiang, *Bulletin of Chinese Linguistics*《中国语言学集刊》Vol. 2, No. 1：233 – 248。香港科技大学中国语言学研究中心编，中华书局。

Lehiste, Ilse. 1969. "Being" and "Having" in Estonian. *Foundations of Language*, Vol. 5, No. 3：324 – 341.

Lyons, J. 1967. A note on possessive, existential and locative sentences. *Foundations of Language* 3：390 – 396.

Mazaudon, Martine. 2003. Chantyal. *The Sino - Tibetan Languages*, ed. by Graham Thurgood & Randy J. LaPolla, 291 - 314. London & New York: Routledge.

Moss, Helen E., Tyler, Lorraine K. & Taylor, Kirsten I. 2007. Conceptual Structure. In *Oxford Handbook of Psycholinguistics*, ed. by Gareth Gaskell. Oxford: Oxford University Press.

Noonan, Michael. 2003a. Chantyal. *The Sino - Tibetan Languages*, ed. by Graham Thurgood & Randy J. LaPolla, 315 - 335. London & New York: Routledge.

Okell, John. 1969. *A Reference Grammar of Colloquial Burmese*, Part I. London: Oxford University Press.

Opgenort, Jean R. 2005. *A Grammar of Jero: With a Historical Comparative Study of the Kiranti Languages*. Leiden: BRILL Academic Publishers.

Owens, Joseph. 1968. *An Interpretation of Existence*. Texas: Center for Thomistic Studies, University of St. Thomas.

Peterson, David. 2003. Hakha Lai. *The Sino - Tibetan Languages*, ed. by Graham Thurgood & Randy J. LaPolla, 409 - 426. London & New York: Routledge.

Plaisier, Heleen. 2003. *A Grammar of Lepcha*. Leiden: BRILL Academic Publishers.

Poudel, Kedar P. 2006. *Dhankute Tamang Grammar*. München: LINCOM Publishers.

Sangdong, David. 2012. A Grammar of the Kadu (Asak) Language. PhD Dissertation, La Trobe University, Australia.

Shirai, Satoko（白井聪子）. 2008. Effects of Animacy on Existential Sentences in nDrapa. 《言語研究（Gengo Kenkyu）》134: 1 - 22 (2008).

Singh, Chungkham Y. 2000. *Manipuri Grammar*. Rajesh Publications.

Sreedhar, M. V. 1980. *A Sema Grammar*. Central Institute of Indian Languages.

Stassen, Leon. 1997. *Intransitive Predication*. Oxford: Clarendon Press.

Tolsma, Gerard J. 2006. *A Grammar of Kulung*. Leiden: BRILL Academic Publishers.

Tournadre, Nicolas. 2008. Arguments against the concept of "conjunct" / "disjunct" in Tibetan. *Chomolangma, Demawend und Kasbek*, Festschrift für Roland Bielmeier (2008), 281 - 308.

Van Breugel, Seino. 2008. *A Grammar of Atong*. Ph. D. dissertation, RCLT, La Trobe University.

Verhaar, John W. M. 1968 (ed.). *The Verb "be" and Its Synonyms: Philosophical and grammatical studies*. (2), Eskimo/Hindi/Zuni/Modern Greek /Malayalam/Kurukh. Netherlands: D. Reidel Publishing Company, 1968.

Willis, Christina M. 2007. *A Descriptive Grammar of Darma: An Endangered Tibeto-Burman Language*. PhD. Dissertation, UT Austin.

朝鲜语汉字音声母的历史演变

——以端组字为例

千玉花[*]

内容提要：本文通过文献考察朝鲜语汉字音端组字声母的历史演变。朝鲜语汉字音端组字声母与汉语端组字声母有着不同的历史演变，这种变化是由朝鲜语内部音系演变规律的影响而引起的。

关键词：朝鲜语汉字音　端组　腭化

朝鲜语汉字音系不等于中国汉字音系，有着自己的演变轨迹，并与中国汉字音系演变不同步，这是学术界的共识。近些年来，有学者认为朝鲜语汉字音一直到16世纪还保持端、知组以及章组音值的舌头、舌上不分的现象，喻母四等字读舌音声母（聂鸿音，1984；严冀相，1997）。李得春（1986）则认为朝鲜语汉字音体系早在16世纪以前就已经确立。在16世纪以后的几百年中，朝鲜语汉字音最大的变化是端组开口四等字与知组开合口三等字的演变，端组一等字和知组二等字大部分并无变化。

朝鲜语汉字音端组字的声母可以归纳如下：

　　端组——一等　t　　th
　　　　　　四等　ts　 tsh

对照现代汉语和朝鲜语汉字音，我们发现端母、透母和定母的四等字在朝鲜语和汉语中的发音有所不同。王力（1985）认为汉语上古端组字在

---

[*] 千玉花，中国社会科学院民族学与人类学研究所助理研究员。

魏晋时期开始发生舌头与舌上的分化，其中端组二、三等字变为舌上音，后来分化为知组字；一等和四等字仍为舌头音。这种变化的结果一直保留到现代汉语中。朝鲜语汉字音声母中古端组二、三等字与汉语一样变为齿音，一等字仍是舌头音。但有所不同的是端组四等字并没有保持中古的舌头音，而是演变为同知组字一样的齿音，即腭化。

朝鲜语腭化音变声母的一般规律是声母 t、th 和 i 或以 y 为韵头的韵母相拼时，其声母变为 ts、tsh 的音变现象。李明桂（1990）认为朝鲜语腭化音变从 15 世纪开始，18 世纪初已基本完成。例如：

声母 t 腭化演变为 ts：
  tiam > tsiaŋ，tyə > tsyə > tsə
声母 th 腭化演变为 tsh：
  thak > tshyak > tshak，thaŋ > tshyaŋ > tshaŋ

本文拟通过朝鲜语汉字音材料的分析，考察朝鲜语汉字音声母的历史演变，并探讨汉语和朝鲜语自身音系对朝鲜语汉字音演变的影响。

（1）大部分端组一等字声母同汉语一样没经过腭化过程，其声母为 t- 或 th-（如表 1 所示）。

表 1

文献	年份	多	单	答	当	桶
《广韵》*	中古	端哥开一平果	端寒开一平山	端合开一入咸	端唐开一平宕	透董合一上通
《东国正韵》	1448	ts-/t-	t-, ss-	t-	t-	th-, y-
《训蒙字会》	1527	t-	t-, t-	t-	t-	th-, y-
《新增类合》	1576	t-	t-	t-	t-	th-, y-
《三韵声汇》	1751	t-	t-, t-	t-	t-	th-, y-
《全韵玉篇》	1799	t-	t-	t-	t-	th-, y-
《字类注释》	1856	t-	t-	t-	t-	th-, y-
《字典释要》	1909	t-	t-	t-	t-	th-, y-
《新字典》	1915	t-	t-, t-	t-	t-	th-, y-
《朝鲜语词典》	1940	t-	t-	t-	t-	th-, y-

* 《广韵》的拟音采用了郭锡良的《汉字古音手册》。

表 1 中端组一等字没经过腭化音变，只是"多"字在《东国正韵》中出现 t 和 ts 两个声母。笔者认为这是在《东国正韵》初刊本消失的情况下，后人在翻印过程中过度矫正的产物。"单"字出现两个声母 t 和 ss，是因为多音字的关系。"桶"字在朝鲜语汉字音中拥有两个音［thoŋ］、［yoŋ］。但"单"字和"桶"字都不是声母 t 和 ts 之间的变换，不影响本文的讨论。

（2）声母演变为 th 和 ts/tsh 的汉字（如表 2 所示）。

表 2

文献	年份	梲		推		拓	
《广韵》	中古	透末合一入山	章薛合三入山	透灰合一平蟹		透铎开一入宕	章昔开三入梗
《东国正韵》	1448	th-	ts-	th-	tsh-	th-	
《训蒙字会》	1527	—	ts-	th-	tsh-	th-	
《新增类合》	1576	—	ts-	th-	tsh-	th-	
《三韵声汇》	1751	—	ts-	—	tsh-	—	tsh-
《全韵玉篇》	1799	—	ts-	th-	tsh-	th-	
《字类注释》	1856	—	ts-	th-	tsh-	th-	
《字典释要》	1909	—	ts-	th-	tsh-	th-	
《新字典》	1915	—	ts-	th-	tsh-	th-	
《朝鲜语词典》	1940	th-	ts-	th-	tsh-	th-	

表 2 中"梲、推、拓"三个字有 th 和 ts/tsh 声母，反映了汉语中古音的差异。但是，端组一等字中也存在例外（如表 3 所示）。

表 3

文献	年份	凸		掇		逮	
《广韵》	中古	—		端末合一入山		定代开一去蟹	
《东国正韵》	1448	tty-	—	th-	tsh-	ttʌy	tty
《训蒙字会》	1527	ty-	—	th-	tsh-	thy-	
《新增类合》	1576						
《三韵声汇》	1751	thy-	—		tsh-	thy-	t-
《全韵玉篇》	1799	thy-	—	th-	tsh-	thy-	thʌy

续表

文献	年份	凸		掇		逮	
《字类注释》	1856	thy-	ty-	th-	tsh-	thy-	thʌy-
《字典释要》	1909	thy-	tsh-	th-	tsh-	thʌy-	thy-
《新字典》	1915	thy-	—	th-	tsh-	thy-	th-
《朝鲜语词典》	1940	tsh-	ty-	th-	tsh-	tsh-	—

表3 的"凸、掇、逮"是端组一等字，但它们都是原有 y 或后产生 y 的汉字。笔者考察的 5000 多个汉字中只有这几个字是例外。

（3）大部分端组四等字的汉字都演变为塞擦音（如表 4 所示）。

表 4

文献	年份	底		丁		天	庭
《广韵》	中古	端荠开四上蟹		端青开四平梗	知耕开二平梗	透先开四平山	定青开四平梗
《东国正韵》	1448	ty-	ts-	ty-	t-	thy-	tty-
《训蒙字会》	1527	—	—	ty-		thy-	ty-
《新增类合》	1576	ty-	—	—		thy-	ty-
《三韵声汇》	1751	ty-	ts-			thy-	ty-
《全韵玉篇》	1799	ty-	—	ts-		thy-	ty-
《字类注释》	1856	ty-	—			thy-	ty-
《字典释要》	1909	ty-	ts-		ty-	ty-, ts	ty-, ts
《新字典》	1915	ty-	—	ts-		ty-	ty-
《朝鲜语词典》	1940	ts-	ts-	—	th-	ts-	ts-

端组四等字的变化条件也是韵母 y。在表 4 中"底"字在 1448 年已有声母 ts。但"底"字是多音字，t-和 ts-表不同音的声母。除"底"字外，其他端组四等字腭化的例子从 1751 年开始出现，1909 年大部分端组四等字都已演变为腭化音。

表 4 中我们发现，与朝鲜语的腭化音变从 15 世纪开始到 18 世纪基本完成不同，汉字音的腭化音变时间明显滞后。这与汉字音的保守性不无关系。

(4)端组 4 等字中没变为腭化音的例子（如表 5 所示）。

表 5

文献	年份	挑		跳
《广韵》	中古	透萧开四平效	定筱开四上效	定萧开四平效
《东国正韵》	1448	ts-/t-	t-, ss-	t-
《训蒙字会》	1527	t-	t-, t-	t-
《新增类合》	1576	t-	t-, t-	t-
《三韵声汇》	1751	t-	t-, t-	t-
《全韵玉篇》	1799	t-	t-, t-	t-
《字类注释》	1856	t-	t-, t-	t-
《字典释要》	1909	t-	t-, t-	t-
《新字典》	1915	t-	t-, t-	t-
《朝鲜语词典》	1940	t-	t-, t-	t-

上述"挑""跳"已具备腭化音的条件，但没演变为腭化音。

以上我们考察了朝鲜语汉字音端组字声母的历史演变，分析了朝鲜语汉字音端组字声母不同于汉语的特殊演变规律。汉语端组二、三等字在中唐时期已发生音变，分化形成知组字，其一、四等字则没有变化，这种现象一直保留到现代汉语中。朝鲜语汉字音端组字声母除了一等字以外，二、三、四等字都发生了变化；端组二、三等字的音变主要受汉语的影响，朝鲜语学者把它描写成齿音腭化。朝鲜语端组四等字的腭化是在朝鲜语自身音系的影响下慢慢进行的，其演变轨迹总结如下：

第一，端组四等字开始演变时期可以定为 18 世纪中期，比知组字演变时期晚一些；

第二，18 世纪中期至 19 世纪中期几乎看不到端组字的变化；

第三，20 世纪初端组等字的演变基本完成。

根据上述朝鲜语汉字音端组字的演变过程，我们认为朝鲜汉字音端组字从《训蒙字会》以后的变化，是其自身音韵的演变规律导致的。这一变化速度是缓慢的，其分化是比较保守的。因此，历经几个世纪的演变之后，20 世纪初除了西北方言区外，端组等字的演变基本完成。

参考文献

董同龢:《汉语音韵学》,中华书局,2004。
郭锡良:《汉字古音手册》,北京大学出版社,1986。
河野六郎:《朝鲜汉字音研究》,《朝鲜学报》,1965。
朴炳采:《古代国语研究》,首尔,高丽大学校出版部,1972。
王力:《汉语音韵史》,山东教育出版社,1987。
安炳浩:《朝鲜汉字音体系的研究》,平壤,金日成综合大学出版社,1987。
南广佑:《朝鲜(李朝)汉字音研究》,一潮阁,1983,重印本。
李得春:《朝鲜语汉字语音研究》,韩国,博英社,1994。
李得春:《韩文与中国音韵》,黑龙江朝鲜民族出版社,1998。
李基文:《国语音韵史研究》,韩国,塔出版社,1972。
李基文:《国语语汇史研究》,韩国,东亚出版社,1991。
柳烈:《朝鲜语历史》,平壤,社会科学院出版社,1988。
聂鸿音:《切韵重纽三四等字的朝鲜读音》,《民族语文》1984年第3期。
潘悟云:《汉语历史音韵学》,上海教育出版社,2000。
朴炳采:《古代国语阁音韵比较的研究》,韩国,高丽大学出版部,1971。
沈小喜:《中古汉语重纽研究》,《语言学论丛》(第22辑),商务印书馆,1997。
王力:《汉语语音史》,中国社会科学出版社,1985。
武斌:《中华文化海外传播史》,陕西人民出版社,1998。
宣德武、赵习、金淳培:《朝鲜语方言调查报告》,延边人民出版社,1993。
严翼相:《韩国古代汉字为中国上古音说》,《语言研究》1997年第1期。
俞昌均:《韩国古代汉字音的研究 I》,韩国,启明大学出版部,1983。
张辉女:《汉字和汉语与朝鲜半岛语言的关系》,《民族语文》2002年第5期。
郑仁甲:《论三等韵的丫介音——兼论重纽》,《音韵学研究》(第3辑),中华书局,1994。
郑仁甲:《朝鲜语汉字词音系考》,《语言研究》1998年增刊。